해석 가능한 AI

설명 가능한 머신러닝 시스템 구축

아제이 탐피 지음   최영재 옮김

에이콘

에이콘출판의 기틀을 마련하신 故 정완재 선생님(1935~2004)

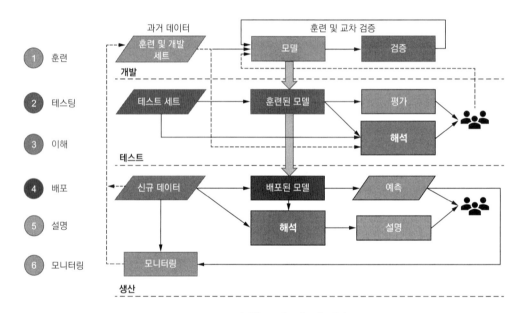

▲ 강건한 AI 시스템 구축 과정

해석 가능한 AI

아간^{Achan}, 암마^{Amma}, 암무^{Ammu}
그리고 나의 사랑하는 미루^{Miru}에게

| 지은이 소개 |

아제이 탐피 ^{Ajay Thampi}

머신러닝에 대한 확고한 배경을 갖고 있다. 신호 처리와 머신러닝에 중점을 둔 주제의 논문으로 박사 학위를 받았다. 5G 셀룰러 네트워크에 적용되는 강화 학습, 볼록 최적화, 전통 머신러닝 기술에 대한 주제로 주요 콘퍼런스 및 잡지에 논문을 발표했다. 현재 책임 있는 AI와 공정성에 관심을 두고 대형 기술 회사에서 머신러닝 엔지니어로 근무하고 있다. 과거에는 마이크로소프트의 선임 데이터 과학자로서 제조, 소매, 금융 등 여러 산업의 고객을 위한 AI 솔루션을 배포했다.

지금까지 10년 동안 데이터 및 머신러닝과 함께한 것은 행운이었습니다. 저의 배경은 머신러닝이며 박사 학위는 무선 네트워크에 머신러닝을 적용하는 주제에 중점을 뒀습니다. 저는 5G 셀룰러 네트워크에 강화 학습, 볼록 최적화, 전통 머신러닝 기술 적용을 주제로 한 주요 콘퍼런스 및 저널에 논문을 발표하고 있습니다(http://mng.bz/zQR6).

박사 과정을 마친 후 데이터 과학자 및 머신러닝 엔지니어로 일하기 시작했고 제조, 소매, 금융 등과 같은 다양한 산업에서 고객에게 AI 솔루션을 배포하는 경험을 했습니다. 해석 가능한 AI의 중요성을 깨닫고 본격적으로 연구하기 시작한 것도 이 시기입니다. 또한 데이터 과학자, 비즈니스 이해 관계자, 관련 전문가가 머신러닝 모델을 더 깊이 이해할 수 있도록 실제 환경에 해석 가능성 기술을 구현하고 배포하기 시작했습니다.

해석 가능한 AI를 다룬 블로그 포스팅(http://mng.bz/0wnE)을 작성하고, 강건하고 설명 가능한 AI 시스템을 구축하기 위한 원칙을 준수하는 접근 방식을 제시했습니다. 이 게시물은 다양한 산업 분야의 데이터 과학자, 연구원, 실무자로부터 놀라울 정도로 큰 반응을 얻었습니다. 다양한 AI 및 머신러닝 콘퍼런스에서 이 주제로 발표하기도 했습니다. 콘텐츠를 배포하고 주요 콘퍼런스에서 연설하면서 다음을 배웠습니다.

- 이 주제에 관심이 있는 사람은 나만이 아니었다는 점
- 커뮤니티에서 관심을 갖는 구체적인 주제에 대한 좀 더 자세한 이해

이러한 배움이 지금 읽고 있는 책으로 이어졌습니다. 설문 조사 결과, 블로그 게시물, 책 등 해석 가능한 AI를 파악하는 데 도움이 되는 자료를 찾을 수 있었지만, AI 실무자에게 중요한 모든 해석 기술을 다루는 단일 자원이나 책은 찾을 수 없었습니다. 이러한 최신 기술을 구현하는 방법을 설명하는 실용적인 지침도 없습니다. 이 책의 목표는 활발한 연구가 이뤄지고 있는 영역의 구조를 제시하고 여러 해석 기술을 다뤄 이런 격차를 메우는

것입니다. 이 책의 전반에 걸쳐 구체적인 실제 사례를 살펴보고 최신 기술을 사용해 정교한 모델을 구축하고 해석하는 방법을 살펴봅니다.

저는 실제로 배포되고 있는 복잡한 머신러닝 모델을 이해하는 것이 매우 중요하다고 생각합니다. 깊이 있는 이해가 부족하면 모델이 편향된 결과를 전파할 수 있다는 것을 사법 체계, 정치, 소매, 안면 인식, 자연어 처리 분야를 통해 경험했습니다. 이 모든 것이 신뢰에 나쁜 영향을 미칩니다. 제 경험에 비춰 볼 때 이것이 기업에서 AI를 사용하는 것에 저항하는 주된 이유 중 하나입니다. 여러분도 이런 이해의 중요성을 깨닫게 된 것을 기쁘게 생각합니다. 이 책에서 많은 것을 배우기 바랍니다.

| 감사의 말 |

책을 쓴다는 것은 생각보다 어렵고 손이 많이 가는 일입니다. 부모님인 크리슈난 탐피Krishnan Thampi와 라크시미 탐피Lakshmi Thampi, 아내인 슈루티 메논Shruti Menon 그리고 내 형제 아룬 탐피Arun Thampi의 지원과 이해 없이는 불가능했을 것입니다. 부모님은 저를 평생 학습의 길로 인도하셨고 항상 제가 꿈을 좇을 수 있는 힘을 주셨습니다. 또한 책을 집필하는 과정 동안 끈기 있게 제 아이디어를 들어 주고 초고를 검토하며 책을 완성할 수 있을 것이라 믿어 준 아내에게도 깊은 감사를 드립니다. 항상 제 편이 돼 준 형제에게도 감사한 마음을 전합니다.

매닝 팀에게도 감사의 말을 전하고 싶습니다. 브라이언 소이어Brian Sawyer는 제 블로그 게시물을 읽고 책을 써 보는 것이 어떻겠느냐는 제안을 해 줬습니다. 편집자인 매튜 스퍼Matthew Spaur, 레슬리 트라이츠Lesley Trites, 코스타스 파사디스Kostas Passadis가 수준 높은 피드백을 제공하고 어려울 때도 인내심을 갖고 일해 준 것에 감사드립니다. 전체 프로젝트를 승인해 준 마르얀 바스Marjan Bace에게도 감사드립니다. 저와 함께 책의 제작과 홍보에 참여해 주신 매닝의 다른 모든 분께도 감사드립니다. 제작 편집자인 디어드리 히암Deirdre Hiam, 편집자 파멜라 헌트Pamela Hunt 그리고 페이지 교정자인 멜로디 돌랩Melody Dolab에게 감사드립니다.

시간을 내어 개발 과정의 여러 단계에서 원고를 읽고 귀중한 피드백을 제공해 준 검토자들에게도 감사드립니다. 알 라히미Al Rahimi, 알랭 쿠니오Alain Couniot, 알레한드로 벨로긴 쿠키Alejandro Bellogin Kouki, 아리엘 가미노Ariel Gamiño, 크레이그 E. 파이퍼Craig E. Pfeifer, 조르제 부켈리치Djordje Vukelic, 도밍고 살라자르Domingo Salazar, 카니시카 타야기 박사Dr. Kanishka Tyagi, 이즈하르 하크Izhar Haq, 제임스 J. 바일레키James J. Byleckie, 조나단 우드Jonathan Wood, 카이 겔리엔Kai Gellien, 킴 폴크 요르겐센Kim Falk Jorgensen, 마크 파라디Marc Paradis, 올리버 코르텐Oliver Korten, 파블로 로카타글리아타Pablo Roccatagliata, 패트릭 게츠Patrick Goetz, 패트

릭 레이건Patrick Regan, 레이몬드 청Raymond Cheung, 리차드 본Richard Vaughan, 세르히오 고보니Sergio Govoni, 샤생크 폴라사 벤카타Sha-shank Polasa Venkata, 스리람 마찰라Sriram Macharla, 스테파노 온가렐로Stefano Ongarello, 테레사 폰타넬라 데산티스Teresa Fontanella DeSantis, 티클루 강굴리Tiklu Ganguly, 비디아 비나이Vidhya Vinay, 비자얀트 싱Vijayant Singh, 비슈웨시 라비 슈리말리Vishwesh Ravi Shrimali, 비탈 다마라주Vittal Damaraju에게 감사드리며 책이 제작되기 직전 마지막으로 코드를 자세히 검토해 준 제임스 바일레키와 비슈웨시 라비 슈리말리에게 특별히 감사드립니다.

| 옮긴이 소개 |

최영재(youngjae.choi1977@gmail.com)

소프트웨어 분야에서 일하면서 좀 더 좋은 품질의 제품을 만들기 위해 노력해 왔다. 현재는 소프트웨어 공학과 관련된 강의를 하고 있으며 어떻게 하면 사용자가 안심하고 사용할 수 있는 AI 소프트웨어를 만들 수 있는지를 고민하고 있다.

소프트웨어와 관련된 국내외 표준과 여러 지식 체계의 개발에 참여하고 있으며 최근에는 누구나 믿고 사용할 수 있는 AI 시스템을 만드는 방법에 관심을 갖고 있다. 예측 모델, 추천 시스템 등 AI가 인간의 삶에 줄 수 있는 많은 가치를 실현하기 위해서는 모델이 가진 한계를 이해하고 AI가 뭔가를 어떤 방식으로 예측했는지 이해할 필요가 있다고 생각한다.

| 옮긴이의 말 |

1950년대에 AI가 처음 소개됐을 때까지만 하더라도 소수의 전문가가 복잡한 수식과 많은 연산 자원을 이용해 연구하던 영역이었습니다. 하지만 최근 들어서는 관련 하드웨어의 발전과 여러 기업이나 단체에서 제공하는 오픈소스 도구를 활용해 누구라도 필요한 도구를 간단하게 설치하고 직접 경험해 볼 수 있습니다. 오늘날 AI 기술은 매우 빠르게 발전하고 있습니다. 하루가 멀다하고 새로운 기술이 개발되고 있고 지금 배우는 기법이나 도구가 1년 후에도 여전히 쓰일지 알 수 없습니다. 하지만 실습을 통해 AI가 기본적으로 어떻게 예측에 도달하는지, 근간을 이루는 개념은 무엇인지에 익숙해지면 향후 새로운 기법과 도구를 좀 더 쉽게 활용할 수 있을 것입니다.

AI 기술이 발전하고 그것을 활용한 사례가 늘어남에 따라 모델이 왜 그런 예측에 도달했는지, 어떻게 하면 결과가 달라졌을지 설명을 해야 할 상황도 늘어나고 있습니다. 이 책은 머신러닝 모델에 최신 해석 기술을 적용해 공정하고 설명 가능한 AI 시스템을 구축하는 데 도움이 되고자 합니다. 해석 가능성에 대한 이야기는 많지만, 실무에 필요한 기술을 설명하거나 실용적인 지침을 제공하는 자료는 거의 없습니다. 이 책은 그 격차를 해소하고자 합니다.

머신러닝, 딥러닝 분야의 용어는 대부분 영어입니다. 국내에서도 활발하게 사용되기 시작한 지 어느 정도 시간이 지났기 때문에 용어를 원문 그대로 사용하는 것이 편한 사람이 많습니다. 원서를 번역하는 과정에서도 원문의 의미를 해치지 않는 범위에서 업계에서 흔히 사용하는 용어를 사용하고자 노력했습니다.

마지막으로 이 책을 번역할 기회를 주신 에이콘출판사와 격려해 준 가족에게 감사드립니다.

차례

복잡한 머신러닝 모델에 최첨단 해석 기술을 적용하고 공정하고 설명 가능한 AI 시스템을 구축하는 데 도움이 되고자 쓰인 책이다. '해석 가능성'은 연구계에서 뜨거운 주제이며 실무에서 담당자에게 가치 있는 중요한 기술을 설명하거나 실용적인 지침을 제공하는 자료가 거의 없다. 이 책의 목표는 그 격차를 해소하는 것이다.

이 책을 읽어야 할 사람

AI는 모델의 동작 방식과 공정하고 편향 없는 모델의 구축 방법을 더 깊이 이해하고자 하는 데이터 과학자 및 엔지니어를 위한 책이다. 공정성을 보장하고 비즈니스 사용자와 브랜드를 보호하기 위해 AI 시스템의 근간을 이루는 모델을 이해하려는 설계자와 비즈니스 이해 관계자에게도 유용할 것이다.

이 책의 구성: 로드맵

이 책은 9개의 장과 4개의 부로 구성돼 있다.

1부에서는 해석 가능한 AI의 세계를 소개한다.

- 1장은 다양한 유형의 AI 시스템을 살펴보고 해석 가능성과 그 중요성을 정의한다. 화이트박스와 블랙박스 모델을 살펴보고 해석 가능한 AI 시스템을 구축하는 방법을 소개한다.
- 2장은 화이트박스 모델과 이를 해석하는 방법, 특히 선형 회귀, 결정 트리, GAM Generalized Additive Model, 일반화 가산 모델에 초점을 둔다.

2부에서는 블랙박스 모델에 초점을 맞추고 모델이 입력을 처리하고 최종 예측에 도달하는 방법을 소개한다.

- 3장은 트리 앙상블이라는 블랙박스 모델 클래스와 PDP^{Partial Dependence Plots, 부분 의존성 도표} 및 특성 상호작용 도표 등 범위가 글로벌하거나 모델의 유형에 상관없이 훈련 후에 적용할 수 있는 기법을 사용해 이를 해석하는 방법을 다룬다.

- 4장은 심층 신경망을 설명하고 LIME^{Local Interpretable Model-agnostic Explanations, 로컬 해석 가능한 모델 애그노스틱 설명}, SHAP^{SHapley Additive exPlanations, 샤플리 첨가 설명}, 앵커^{anchor}와 같이 범위가 로컬이면서 모델의 유형에 상관없이 훈련 후에 적용할 수 있는 기법을 사용해 이를 해석하는 방법을 다룬다.

- 5장은 합성곱 신경망과 돌출 맵^{saliency map}을 사용해 모델이 집중하고 있는 영역을 시각화하는 방법을 다룬다. 특히 경사, 유도 역전파, Grad-CAM^{Gradient-weighted Class Activation Mapping, 경사 가중 클래스 활성화 매핑}, 유도 Grad-CAM, SmoothGrad(평탄화 경사) 등과 같은 기술에 중점을 둔다.

3부에서는 블랙박스 모델을 계속 다루지만, 블랙박스 모델이 학습한 특성이나 표현을 이해하는 단계로 이동한다.

- 6장은 합성곱 신경망을 분석해 신경망의 중간 및 히든 레이어에서 학습한 데이터 표현을 이해하는 방법을 살펴본다.

- 7장은 언어 모델과 PCA^{Principal Component Analysis, 주성분 분석} 및 t-SNE^{t-distributed Stochastic Neighbor Embedding, t-분산 확률적 이웃 임베딩}와 같은 기술을 사용해 그것이 학습한 고차원 표현을 시각화하는 방법을 다룬다.

4부에서는 공정성과 편향에 초점을 맞춰 설명 가능한 AI를 위한 길을 제시한다.

- 8장은 공정성에 대한 다양한 정의와 모델이 편향됐는지 확인하는 방법을 다룬다. 또한 편향을 완화하는 기법과 AI 시스템의 이해 관계자 및 사용자에 대한 모델의 투명성과 책임성을 개선하는 데 도움이 되는 데이터시트^{datasheet}를 사용한 데이터 세트의 정보를 문서화하는 표준 접근 방식을 설명한다.

- 9장은 설명 가능한 AI 시스템을 구축하는 방법을 이해함으로써 시스템을 구축할 수 있는 길을 제시하고 반사실적 예를 사용한 대조적인 설명을 다룬다.

코드에 대해

이 책에는 많은 소스 코드 예제가 포함돼 있다. 대부분의 경우, 소스 코드는 일반 텍스트와 구분하기 위해 너비가 고정된 글꼴을 사용했다.

원본 소스 코드의 서술 방법이 바뀐 경우도 있다. 이 책에서는 사용 가능한 공간을 감안해서 줄 바꿈을 추가하고 들여쓰기를 수정하기도 했다. 드물게는 줄 바꿈 표시(➡)를 추가로 사용하기도 했다. 또한 텍스트에서 코드를 설명하는 경우, 소스 코드에서 주석을 제거하기도 했다. 많은 경우, 코드 주석을 추가해서 중요한 개념을 설명했다.

이 책의 예제에 사용된 전체 코드는 매닝 웹 사이트(https://www.manning.com/books/interpretable-ai)와 깃허브(http://mng.bz/KBdZ)에서 다운로드할 수 있다. 동일한 코드를 에이콘출판사 도서 정보 페이지(http://acornpub.co.kr/book/interpretable-ai)에서도 다운로드할 수 있다.

Part 1

해석 가능성 개요

1부에서는 해석 가능한 AI$^{interpretable AI}$의 세계를 소개한다.

1장에서는 다양한 AI 시스템 유형, 해석 가능성과 그것의 중요성, 화이트박스$^{white-box}$와 블랙박스$^{black-box}$ 모델^{model}, 해석 가능한 AI 시스템을 구축하는 방법 등을 살펴본다.

2장에서는 화이트박스 모델은 투명하게 하고 블랙박스 모델은 불투명하게 할 수밖에 없게 하는 특성을 배운다. 가장 먼저 선형 회귀$^{linear regression}$, 결정 트리$^{decision tree}$ 등 단순 화이트박스 모델을 해석하는 방법을 알아보고 그다음으로 GAM$^{Generalized Additive Model,}$ $^{일반화 가산 모델}$에 초점을 맞춰 살펴본다. GAM의 높은 예측력에 기여하는 특성과 그것을 해석하는 방법도 배운다. GAM은 예측력이 매우 높고 해석 가능성도 높기 때문에 GAM을 사용하는 것이 가성비가 좋다고 볼 수 있다.

1

소개

1장에서 다루는 내용

- 다양한 머신러닝 시스템 유형
- 머신러닝 시스템 구축 방법
- 해석 가능성은 무엇이고 그것이 왜 중요한지
- 해석 가능한 머신러닝 시스템 구축 방법
- 이 책에서 다루는 여러 해석 기법에 대한 요약

해석 가능한 AI의 세계에 온 것을 환영하며 여러분의 여정에 가이드가 된 것을 기쁘게 생각한다. 우리는 지난 5년간 AI 분야, 특히 이미지 식별, 자연어 처리, 바둑 등 보드 게임 분야에서 굉장한 발전을 경험했다. AI가 의료, 금융 등과 같은 산업에서 인간이 하는 중요한 결정에 더 많은 영향을 미치기 시작하면서 이런 AI 시스템에 사용되는 머신러닝 모델을 강건하면서 편향성은 낮게 만드는 것이 더욱 중요해지고 있다. 이 책에서는 해석 가능한 AI 시스템과 그런 시스템을 구축하는 방법에 대한 실용적인 지침을 제공하고자 한다. 1장은 구체적인 예제를 바탕으로 해석 가능성이 왜 중요한지를 설명하면서 이후 내용을 위한 기반을 마련한다.

1.1 진단+ AI — AI 시스템 예제

다양한 질병을 진단하는 진단+라는 의료 서비스를 예제로 삼아 구체적으로 살펴보자. 의사는 진단+에서 혈액 도말 표본을 분석해 양성 또는 음성 진단을 한다. 진단+의 현재 상태는 그림 1.1과 같다.

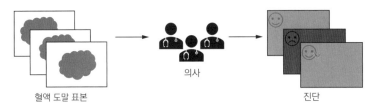

▲ **그림 1.1** 진단+의 현재 상태

현재의 문제는 의사가 수동으로 혈액 도말 표본을 분석한다는 점이다. 가용 자원은 유한 하기 때문에 진단하는 데 많은 시간이 필요하다. 진단+는 AI로 과정을 자동화해서 더 많 은 혈액 도말 표본을 진단하고 환자가 더욱 빠르게 적절한 치료를 받을 수 있도록 하고자 한다. 진단+의 미래 모습은 그림 1.2와 같다.

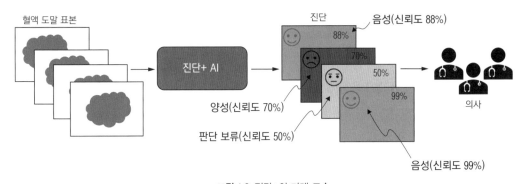

▲ **그림 1.2** 진단+의 미래 모습

진단+ AI의 목표는 혈액 도말 표본 이미지를 환자의 다른 메타데이터와 함께 사용해 양 성, 음성, 판단 보류 진단 결과를 신뢰도 수치와 함께 제공하는 것이다. 진단+는 이런 과 정, 특히 진단이 어려운 경우에 의사가 참여하게 함으로써 진단 결과를 검토하고 AI 시스 템이 자신의 실수에서 배울 수 있도록 하고자 한다.

1.2 머신러닝 시스템 유형

진단+ AI에 사용할 수 있는 머신러닝은 크게 지도 학습, 비지도 학습, 강화 학습으로 나눌 수 있다.

1.2.1 데이터 표현

머신러닝 시스템이 이해할 수 있도록 데이터를 표현하는 방법을 살펴보자. 진단+의 경우, 과거 혈액 도말 표본 데이터가 이미지와 환자 메타데이터로 존재한다는 것을 알고 있다.

이미지는 어떻게 해야 가장 잘 표현하는 것일까? 이 과정은 그림 1.3과 같다. 혈액 도말 표본 이미지는 256×256픽셀 크기의 컬러 이미지로 빨강(R, Red), 초록(G, Green), 파랑(B, Blue)의 주요 채널로 구성돼 있다고 가정해 보자. 수학적으로 이 RGB 이미지를 픽셀 값으로 구성된 3개의 행렬로 표현할 수 있다. 각 행렬은 하나의 채널을 대변하고 256×256의 크기를 갖게 된다. 그리고 2차원 행렬 3개는 RGB 이미지를 표현하는 256×256×3 크기의 다차원 행렬로 합쳐질 수 있다. 일반적으로 이미지를 표현하는 행렬의 차원은 다음과 같다.

{세로축 픽셀 수} × {가로축 픽셀 수} × {채널 수}

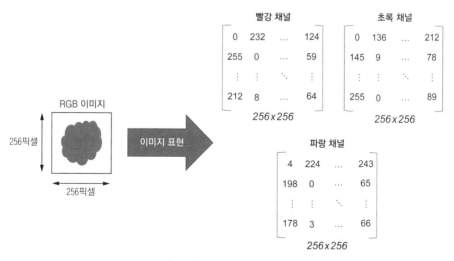

▲ **그림 1.3** 혈액 도말 표본 이미지의 표현

이제 환자의 메타데이터를 가장 잘 표현하는 방법을 살펴보자. 메타데이터는 환자 식별자(ID), 나이, 성별, 최종 진단 정보로 구성돼 있다고 가정한다. 메타데이터는 그림 1.4처럼 N개의 열과 M개의 행을 가진 표로 표현할 수 있다. 이렇게 표로 표현된 메타데이터는 $M \times N$ 행렬로 손쉽게 변환할 수 있다. 그림 1.4에서는 환자 ID, 성별, 진단 열의 범주형 데이터를 정수로 인코딩^encoding한 모습을 볼 수 있다. 예를 들어, 환자 ID "AAABBCC"는 정수 0, 성별 "M"(남성)은 정수 0, 진단 "양성"은 정수 1로 인코딩할 수 있다.

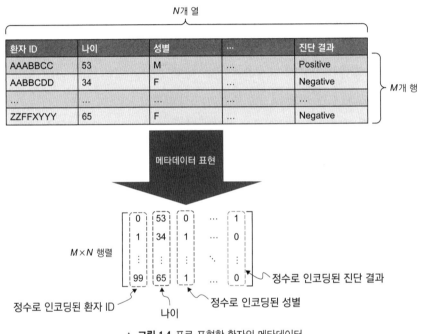

▲ **그림 1.4** 표로 표현한 환자의 메타데이터

1.2.2 지도 학습

지도 학습의 목적은 학습 예제로 제공되는 입력-출력 페어^pair로부터 입출력 간의 매핑 ^mapping을 배우는 데 있다. 이를 위해 입력('특성'이라고도 함)과 연관된 라벨('목표'라고도 함)이 명시된, 즉 라벨링^labeling된 학습 데이터가 필요하다. 이런 데이터는 어떻게 표현할 것인가? 입력 특성은 보통 다차원 배열 데이터 구조나 수학적으로 행렬 X로 표현한다. 출력 또는 목표는 1차원 배열 데이터 구조로 표현하거나 수학적으로는 벡터 y로 표현한다. 행렬 X의 차원은 일반적으로 $m \times n$으로, 여기서 m은 예제 또는 라벨링된 데이터의 수, n은 특성의 개수를 나타낸다. 벡터 y의 차원은 보통 $m \times 1$을 나타낸다. 여기서 m은 예제 또는 라벨의 수를 나타낸다. 목적은 입력 특성 X를 y로 매핑하는 함수를 배우는 것이다(그림 1.5 참조).

그림 1.5에서 알 수 있듯이 지도 학습의 경우, X로 표현된 여러 개의 입력 특성으로부터 목적 변수 y로 표현된 이미 알고 있는 라벨label 또는 값을 구하는 함수 f를 학습한다. 그림 1.5의 아래쪽은 라벨링된 데이터 세트가 주어졌을 때 지도 학습을 통해 입력 특성과 출력 간을 매핑하는 과정을 배우는 과정을 보여 주고 있다.

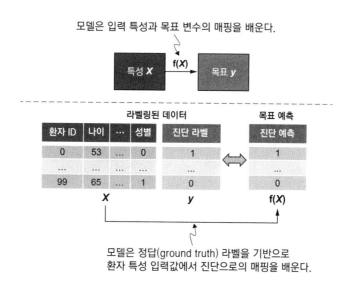

▲ **그림 1.5** 지도 학습

여기서 f는 다변수 함수로, 여러 개의 입력 변수 또는 특성을 하나의 목표로 매핑한다. 지도 학습의 문제는 크게 다음과 같이 분류할 수 있다.

- **회귀** – 목표 벡터 y가 연속형이다. 예를 들어, 미국 특정 지역의 주택 가격을 미화로 예측하는 것은 회귀 문제로 볼 수 있다.
- **분류** – 목표 변수 y는 이산discrete적이고 범위가 정해져 있다. 예를 들어, 특정 이메일이 스팸인지 아닌지 예측하는 것은 분류 문제가 된다.

1.2.3 비지도 학습

비지도 학습의 목적은 데이터를 가장 적절하게 설명하는 표현을 배우는 것이다. 라벨링된 데이터가 없고 원시 데이터가 가진 어떤 패턴pattern을 배운다. 입력 특성은 행렬 X로 표현되고 시스템은 X에서 입력 데이터의 패턴이나 표현으로 매핑하는 함수 f를 학습한다(그림 1.6 참조). 비지도 학습의 예로는 군집화clustering를 들 수 있다. 여기서는 비슷한 속성이나 성질을 가진 데이터 포인트point를 집단group 또는 군집cluster으로 묶게 된다. 이 과정을 그림 1.6의 아래쪽에 보여 주고 있다. 라벨링되지 않은 데이터는 2개의 특성을 갖고 있으며 데이터 포인트는 2차원 공간에 표시돼 있다. 라벨은 없으며 비지도 학습 시스템의 목적은 데이터에 있는 잠재적인 패턴을 배우는 것이다. 이 그림에서 시스템은 데이터 포인트 간의 근접성 또는 유사성을 바탕으로 군집으로 매핑한다. 데이터 세트가 라벨링돼 있지 않아 사전에 이런 군집을 알 수 없기 때문에 학습 과정은 비지도 형태로 이뤄진다.

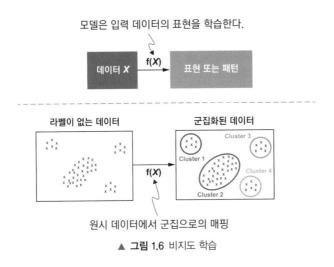

▲ **그림 1.6** 비지도 학습

1.2.4 강화 학습

강화 학습은 그림 1.7과 같이 어떤 환경과 상호작용하면서 배우는 에이전트agent를 갖고 진행된다. 학습 에이전트는 환경 내에서 특정 행동을 하게 되며 그 결과에 따라 보상 또는 벌칙을 받게 된다. 그리고 에이전트는 취한 행동을 기반으로 하나의 상태에서 다른 상태로 옮겨가게 된다. 에이전트의 목적은 보상의 총합을 최대화하는 입력 상태에서 행동으로 매핑하는 정책 함수 f를 배우는 것이다. 강화 학습의 예로는 집을 청소하기 위한 최적의 동선을 학습하는 로봇 청소기, 체스chess 또는 바둑과 같은 보드 게임을 배우는 인공 에이전트를 들 수 있다.

그림 1.7의 아래쪽은 강화 학습 시스템을 보여 주고 있다. 시스템은 로봇(에이전트)과 미로(환경)로 구성돼 있다. 학습 에이전트의 목표는 현재 위치에서 별(★)로 표시된 결승점(최종 상태)으로 옮겨가는 데 필요한 최적의 행동 세트set를 판단하는 것이다. 에이전트는 왼쪽, 오른쪽, 위, 아래로 움직일 수 있다.

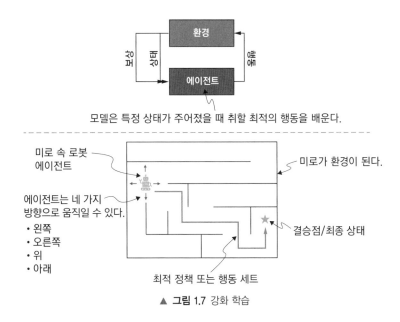

▲ **그림 1.7** 강화 학습

1.2.5 진단+ AI를 위한 머신러닝 시스템

지금까지 머신러닝 시스템의 세 가지 유형을 살펴봤다. 그러면 진단+ AI에 가장 적합한 것은 무엇일까? 데이터 세트가 라벨링된 상태이고 과거 데이터를 이용하면 환자와 혈액 도말 표본별로 어떤 진단이 내려졌는지 알 수 있기 때문에 진단+ AI에 적합한 머신러닝 시스템은 '지도 학습'이다. 그렇다면 어떤 유형의 지도 학습 문제인가? 지도 학습 문제의 목표는 '진단'이다. 진단은 양성 또는 음성일 수 있다. 목표가 이산적이고 경계가 명확하기 때문에 이 문제는 분류 문제로 볼 수 있다.

1.3 진단+ AI 구축

진단+ AI가 지도 학습 시스템이 될 것이라고 판단했기 때문에 이제 그것을 어떻게 구축할 것인지 생각해야 한다. 진단+ AI 구축은 일반적으로 다음과 같은 3단계를 거친다.

- 훈련
- 테스팅
- 배포

훈련 단계에서는 모든 작업이 개발 환경 안에서 이뤄지며 데이터를 훈련 세트$^{\text{training set}}$와 개발 세트$^{\text{dev set}}$라고 불리는 2개의 서브세트^{subset}로 나눠 사용한다. 이름에서 알 수 있듯이 훈련 세트는 입력 특성 X(여기서는 혈액 도말 표본 이미지와 메타데이터)에서 목표 y(여기서는 진단)로 매핑하는 함수 f를 배우게 될 머신러닝 모델을 훈련할 때 사용된다. 모델을 훈련하고 나면 개발 세트는 검증 목적으로 사용해 그것을 대상으로 한 모델의 성능을 갖고 모델 튜닝^{tuning}을 진행한다. 모델 튜닝이란, 가장 좋은 성능을 보여 주는 최적의 모델 매개변수, 즉 초매개변수를 식별하는 과정이다. 이는 반복적인 과정으로, 모델이 적합한 수준의 성능을 보여 줄 때까지 계속된다.

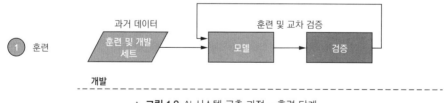

▲ **그림 1.8** AI 시스템 구축 과정 – 훈련 단계

그림 1.9에서 보여 주고 있는 테스팅 단계에서는 테스트 환경으로 넘어가서 테스트 세트라는 다른 서브세트를 사용한다. 테스트 세트는 훈련 세트와 달라야 한다. 목적은 모델의 정확성을 편견 없이 평가하는 것이다. 이때 이해 관계자와 전문가(여기서는 의사)는 시스템의 기능과 테스트 세트를 대상으로 한 모델의 성능을 평가한다. 이런 추가적인 테스팅은 사용자 인수 테스팅UAT, User Acceptance Testing이라고 하며 모든 소프트웨어 시스템 개발의 마지막 단계가 된다. 만약 성능이 만족스럽지 않다면 다시 1단계로 돌아가서 성능이 더 좋은 모델을 만들기 위해 다시 훈련을 진행한다. 성능이 적합하다면 3단계, 즉 배포 단계로 넘어간다.

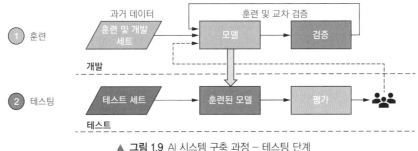

▲ **그림 1.9** AI 시스템 구축 과정 – 테스팅 단계

마지막으로 배포 단계에서는 훈련된 모델을 최종 시스템에 배포하게 되고 여기서 모델은 이전에 보지 못한 새로운 데이터를 만나게 된다. 그림 1.10은 전체 과정을 보여 주고 있다. 진단+ AI에서 이런 데이터는 새로운 혈액 도말 표본 및 환자 정보가 될 것이고 이를 이용해 모델은 진단이 양성 또는 음성인지를 신뢰도 측정값과 함께 예측한다. 이런 정보는 이후 전문가(즉, 의사)가 활용하고 궁극적으로 최종 사용자(즉, 환자)에게 제공된다.

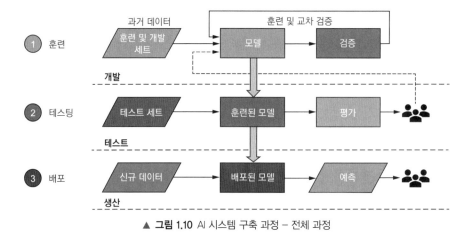

▲ **그림 1.10** AI 시스템 구축 과정 – 전체 과정

1.4 진단+ AI의 문제점

그림 1.10에서는 진단+ AI 시스템이 갖고 있는 주요 문제점을 발견할 수 있다. 이 AI 시스템은 배포된 모델이 생산 환경에서 기대와 다르게 동작할 수 있게 하는 보편적인 문제에 대처하고 있지 않다. 이런 문제는 진단 센터의 비즈니스에 나쁜 영향을 미칠 수 있다. 이런 일반적인 문제로는 다음과 같은 것들이 있다.

- 데이터 누출Data leakage
- 편향Bias
- 규제 미준수
- (개념) 드리프트Concept drift

1.4.1 데이터 누출

데이터 누출이란, 훈련, 개발, 테스트 세트에 포함된 특성이 생산 환경에서 만나게 될 신규 데이터에는 나타나지 않을 정보를 의도치 않게 노출할 때를 말한다. 진단+에서 의사가 진단 내용을 메모한 정보를 하나의 특성 또는 모델 입력값으로 사용했다고 가정해 보자. 테스트 세트를 갖고 모델을 평가할 때는 과장된 성능 측정값을 얻어 매우 훌륭한 모델을 구축했다고 속을 수 있다. 의사가 기록한 메모에는 목적 변수에 관한 정보를 노출하는 최종 진단에 관한 정보가 있을 수 있다. 이런 문제를 일찍 발견하지 못하고 모델이 실제 환경에 배포되고 나면 심각한 결과를 초래할 수 있다. 실제 환경에서는 의사가 진단 결과를 검토하고 메모를 추가하기 전에 모델이 사용된다. 따라서 모델은 실사용 환경에서 필요한 특성이 없어서 동작하지 않거나 수준이 떨어지는 진단을 한다.

데이터 누출과 관련된 대표적인 연구로는 2008년에 있었던 KDD 컵 챌린지(https://www.kdd.org/kdd-cup/view/kdd-cup-2008)를 들 수 있다. 해당 머신러닝 대회의 목적은 실제 엑스레이$^{X-ray}$ 이미지 데이터를 이용해 유방암 세포가 양성인지, 악성인지를 판단하는 것이었다. 이에 관련된 연구(http://kdd.org/exploration_files/ KDDCup08-P1.pdf)에 따르면, 대회에서 가장 좋은 점수를 기록한 팀들은 병원에서 환자를 위해 만든 식별자였던 환자 ID를 특성으로 사용했던 것으로 나타났다. 이 연구 결과에 따르면, 일부 병원에서 환자가 병원에 입원했을 때 상태의 심각도를 나타내기 위해 환자 ID를 사용했기 때문에 목적 변수에 관한 정보가 누출됐던 것으로 보인다.

1.4.2 편향

편향은 머신러닝 모델이 어떤 특정 사람 또는 집단에 유리한, 불공정한 예측을 하는 것을 말한다. 불공정한 예측은 데이터 또는 모델 자체 때문에 나타날 수 있다. 훈련에 사용된 데이터 예제와 실제 데이터 간의 어떤 체계적인 차이가 나게 하는 샘플링 편향성이 있을 수도 있다. 모델이 습득하게 되는 체계적인 사회적 편향성은 데이터로부터 도출될 수 있고 훈련된 모델에 문제가 있을 수도 있다. 예를 들어, 반대의 증거가 충분한데도 어떤 선입견을 품고 있을 수 있다. 진단+ AI의 경우, 샘플링 편향성이 있었다면 모델은 특정 집단에 대해서는 정확한 예측을 할 수 있겠지만, 전체 모집단을 대상으로 한 일반화는 잘 안 될 수 있다. 이것이 이상적이지 않은 이유는 진단 센터는 새로운 AI 시스템을 집단과 관계없이 모든 환자를 대상으로 사용하고 싶어하기 때문이다.

기계 편향성에 관한 대표적인 사례로는 미국 법원에서 미래 범죄자 예측을 위해 사용한 콤파스^{COMPAS} AI 시스템을 들 수 있다. 이 연구는 프로퍼블리카^{ProPublica}에 의해 수행됐으며(http://mng.bz/7Ww4)(웹 페이지는 사용된 데이터 세트와 분석 결과 링크를 제공) 미국 플로

리다 주의 어떤 카운티^{county}(미국 행정 구역 단위)에서 체포된 7,000명의 콤파스 점수를 수집했는데, 이 점수를 활용하면 재범죄율을 정확하게 예측할 수 없다는 사실을 발견했다. 강력 범죄를 일으킬 것으로 예측된 인원 중 20%만이 실제로 범죄를 일으켰다. 좀 더 중요한 것은 모델이 심각한 인종 편향성을 갖고 있다는 것을 발견했다는 점이다.

1.4.3 규제 미준수

유럽개인정보보호법^{GDPR, General Data Protection Regulation}(https://gdpr.eu/)은 유럽 의회에서 2016년에 채택한 포괄적 규정으로, 외국 회사에서 데이터를 수집, 저장, 처리하는 과정을 다루고 있다. 해당 규정에는 17조(https://gdpr-info.eu/art-17-gdpr/)의 '잊힐 권리'가 있는데, 개인은 자신의 데이터를 수집하는 회사를 대상으로 자신의 모든 개인정보의 삭제를 요청할 수 있게 돼 있다. 또한 22조(https://gdpr-info.eu/art-22-gdpr/)에서는 개인이 자신의 개인정보를 활용하는 알고리듬이나 AI 시스템이 내린 결정에 이의를 제기할 수 있도록 명시하고 있다. 이 규정에 따라 알고리듬이 어떤 결정을 한 이유에 대한 해석이나 설명이 제공될 필요가 있다. 현재의 진단+ AI 시스템은 두 가지 조항 모두 만족하고 있지 않다. 17조를 준수하는 것과 관련된 자료는 온라인에 많기 때문에 이 책에서는 22조에만 초점을 둔다.

1.4.4 (개념) 드리프트

(개념) 드리프트는 모델을 훈련 및 평가하기 위해 사용된 과거 데이터에 비해 생산 환경 데이터의 속성 또는 분포가 변한 경우에 발생한다. 진단+ AI의 경우, 과거 데이터는 포착하고 있지 않은 환자 및 질병의 새로운 특성이 나타날 때 발생할 수 있다. 드리프트가 발생하면 시간에 따라 머신러닝 모델의 성능이 떨어진다. 현재의 진단+ AI 시스템은 이런 드리프트를 제대로 처리하고 있지 않다.

1.5 강건한 진단+ AI 시스템 구축

1.4절에서 살펴본 문제점을 해결하고 강건한 진단+ AI 시스템을 구축하려면 모델을 만드는 과정을 일부 수정하면 된다. 우선 그림 1.11에서 보여 주고 있듯이 테스팅 단계 이후 배포 단계 이전에 모델 이해 단계를 추가할 필요가 있다.

이 새로운 이해 단계의 목적은 "왜"라는 중요한 질문에 대한 답을 구하는 것이다. 모델이 어떻게 특정 혈액 도말 표본에 양성 진단을 했는가? 이에 대한 답을 하기 위해서는 모델이 사용한 주요 특성을 이해한 후 '그런 특성들이 어떻게 상호작용하는지', '모델이 학습한 패턴은 무엇이고 설명이 안 되는 부분은 어디인지', '데이터에 존재하는 편향성을 식별할 수 있는지'를 알아야 하고, 그런 편향성이 모델에 전파되지 않도록 해야 한다. 이 이해 단계는 1.4.1절과 1.4.2절에서 각각 설명한 데이터 누출과 편향성 문제로부터 AI 시스템을 보호한다.

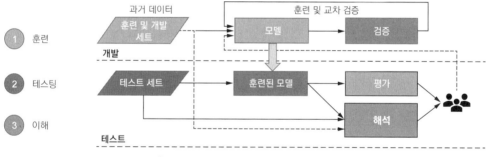

▲ **그림 1.11** 강건한 AI 시스템 구축 과정 – 이해 단계

두 번째 변화는 그림 1.12에서 보여 주고 있듯이 배포 단계 이후에 설명 단계를 추가하는 것이다. 설명 단계의 목적은 모델이 생산 환경에서 처음 본 새로운 데이터를 이용해 예측할 때 어떻게 했는지를 해석하는 것이다. 새로운 데이터를 대상으로 한 예측을 해석하거나 시스템의 전문 사용자 중 배포된 모델의 예측에 이의를 제기하는 사람이 있으면 필요에 따라 해석한 정보를 제공할 수 있다. 또 다른 목적은 사람이 이해할 수 있는 형태의 설명을 AI 시스템의 일반 사용자에게 제공하는 것이다. 해석 단계를 추가하면 1.4.3절에서 언급한 규정 미준수 문제에 대처할 수 있게 된다.

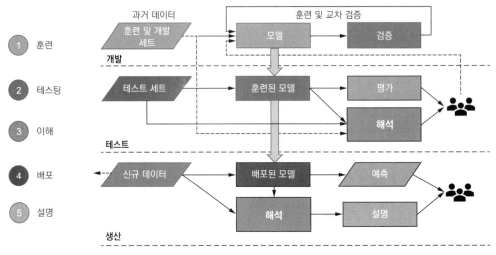

▲ **그림 1.12** 강건한 AI 시스템 구축 과정 – 설명 단계

마지막으로, 1.4.4절에서 이야기한 드리프트 문제에 대처하기 위해서는 생산 환경에 모니터링^{monitoring} 단계를 추가해야 한다. 이렇게 해야만 그림 1.13에서 보여 주고 있는 그림이 완성된다. 모니터링 단계의 목적은 생산 환경에서 데이터의 분포뿐만 아니라 배포된 모델의 성능을 추적하기 위한 것이다. 데이터 분포가 변하거나 모델의 성능이 떨어질 경우, 다시 훈련 단계로 돌아가 생산 환경에 나타난 새로운 데이터를 추가해서 모델을 다시 훈련할 필요가 있다.

이 책의 주요 목적

이 책의 핵심 목적은 이해 및 설명 단계의 해석 과정에 초점을 맞추는 것이다. 중요한 "왜" 문제에 답하고 데이터 누출, 편향, 규정 미준수 등에 대처하기 위해 사용할 수 있는 다양한 해석 기법을 살펴본다. 설명 가능성과 모니터링 단계도 중요하지만, 이 책에서 중점적으로 다루는 주제는 아니다. 또한 해석 가능성과 설명 가능성을 구별하는 것이 중요하다. 이와 관련해서는 이어지는 절에서 설명한다.

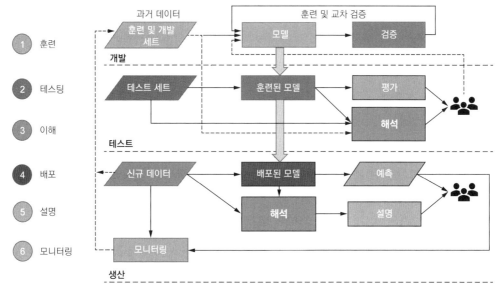

▲ **그림 1.13** 강건한 AI 시스템 구축 과정 – 완성

1.6 해석 가능성 대 설명 가능성

해석 가능성과 설명 가능성은 같은 의미로 사용되는 경우도 있지만, 두 용어를 구별하는 것이 중요하다.

해석 가능성은 AI 시스템 내에서 원인과 결과를 이해하는 것과 관련돼 있다. 특정 입력값이 주어졌을 때 모델이 무엇을 예측할지 일관되게 추정하는 것과 모델이 어떻게 그런 예측을 하게 됐는지를 이해하고 입력 또는 알고리듬 매개변수의 변화에 따라 예측이 어떻게 바뀔지, 마지막으로 모델이 언제 실수했는지 이해할 수 있는 정도를 말한다. 해석 가능성은 AI 시스템으로 구축, 배포, 사용하는 전문가가 식별할 수 있으며 이런 기법은 궁극적으로 설명 가능성을 달성할 수 있도록 지원하는 요소가 된다.

반면, 설명 가능성은 해석 가능성을 넘어 모델이 예측한 방법과 이유를 사람이 이해할 수 있는 형태로 제공하는 것과 관련돼 있다. 시스템의 내부 동작 방법을 훨씬 더 많은 사람이 이해할 수 있게 해 준다. 설명 가능성을 달성하기 위해서는 해석 가능성 외에 인간 컴퓨터 상호작용^{HCI, Human-Computer Interaction}, 법률, 도덕성 등 여러 영역을 고려해야 한다.

이 책은 설명 가능성보다 해석 가능성에 초점을 맞추고 있다. 해석 가능성만 하더라도 다뤄야 하는 내용이 많으며 그것만으로도 향후에 설명 가능한 AI 시스템을 구축할 수 있는 토대를 제공하게 될 것이다.

해석 가능성을 위해서는 네 가지 다른 역할을 알고 있어야 한다. AI 시스템을 구축하는 데이터 과학자 또는 엔지니어, 자신의 비즈니스를 위해 AI 시스템을 배포하고자 하는 비즈니스 이해 관계자, AI 시스템의 최종 사용자 그리고 마지막으로 AI 시스템을 모니터링하거나 감사하는 전문가 또는 규제 기관이 있다. 이때 유의해야 할 점은 각 역할에 따라 해석 가능성의 의미가 달라진다는 것이다.

- 데이터 과학자나 엔지니어에게는 모델이 특정 예측을 어떻게 하게 됐는지 더 깊이 있게 이해하고 어떤 특성이 중요한지, 모델이 예측을 잘하지 못한 경우를 분석해 문제를 디버깅debugging하는 것 등을 의미한다. 이런 이해를 바탕으로 데이터 과학자는 좀 더 강건한 모델을 구축할 수 있다.
- 비즈니스 이해 관계자에게는 모델이 예측한 방법을 이해해 공정성을 보장하고 비즈니스 사용자 및 브랜드를 보호하는 것을 의미한다.
- 최종 사용자에게는 모델이 실수한 경우, 의미 있는 이의를 제기할 수 있도록 모델이 결정하는 방법을 이해하는 것을 말한다.
- 전문가 또는 규제 기관에는 모델 및 AI 시스템에 대한 심사를 진행하고 특히 뭔가 잘못됐을 때 결정이 이뤄지는 과정을 추적하는 것을 의미한다.

1.6.1 해석 기법 유형

그림 1.14는 다양한 해석 기법 유형을 요약해 보여 주고 있다. 본질적인 해석 기법Intrinsic interpretability techniques은 구조가 단순한 머신러닝 모델, 즉 화이트박스 모델과 관련돼 있다. 화이트박스 모델은 본질적으로 투명하기 때문에 모델의 내부를 해석하는 방법이 직관적이다. 이런 모델의 경우, 처음부터 해석 가능성을 갖고 있다. 사후 해석 기법post hoc interpretability techniques은 보통 모델 훈련 후에 적용되며 모델 예측에 특정 입력값이 갖는 중요성을 해석하거나 이해하는 데 사용된다. 사후 해석 기법은 화이트박스와 블랙박스

모델 모두에 적용할 수 있다. 블랙박스 모델은 '본질적으로 투명하지 않은 모델'을 말한다.

해석 기법은 특정 모델에만 적용되는 것이 있고 보편적인 것이 있다. 특정 모델용 해석 기법은 이름이 말해 주고 있듯이 특정 유형의 모델에만 적용될 수 있다. 본질적인 해석 기법은 태생적으로 모델 전용인데, 사용되는 모델의 특정 구조와 연결돼 있기 때문이다. 하지만 보편적인, 즉 모델 애그노스틱^model-agnostic한 해석 기법은 사용되는 모델의 유형과 상관없이 적용할 수 있다. 이런 기법은 모델의 내부 구조와는 독립적이기 때문에 어떠한 모델에도 적용될 수 있다. 사후 해석 기법은 대부분 태생적으로 모델 애그노스틱하다.

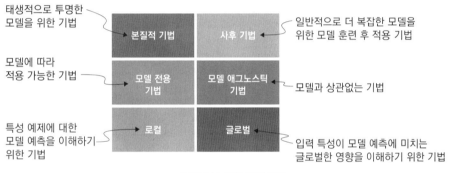

▲ **그림 1.14** 해석 기법 유형

해석 기법은 그 범위가 글로벌^global하거나 로컬^local로 한정될 수 있다. 로컬 해석 기법의 목표는 특정 인스턴스^instance나 예제에 대한 모델 예측을 잘 이해하는 것이다. 반면, 글로벌^global 해석 기법은 모델 전체에 대한 이해를 높이고자 한다. 다시 말해, 입력 특성이 모델 예측에 미치는 전역적인 영향을 이해하고자 한다. 이 책에서는 이러한 기법 유형을 다룬다. 이제 이 책을 통해 배우게 될 내용을 구체적으로 살펴보자.

1.7 이 책에서는 무엇을 배우나?

그림 1.15는 이 책에서 배우게 될 해석 기법을 보여 주고 있다. 지도 학습 모델을 해석하는 경우, 화이트박스와 블랙박스 모델을 구별하는 것이 중요하다. 화이트박스 모델로는

선형 회귀, 논리 회귀, 결정 트리, GAM 등이 있다. 블랙박스 모델의 예로는 랜덤 포레스트random forest, 부스트 트리boosted trees 등과 같은 트리 앙상블tree ensembles과 신경망이 있다. 화이트박스 모델이 블랙박스 모델보다 해석하기 쉽다. 반면, 블랙박스 모델은 화이트박스 모델에 비해 예측력이 매우 높다. 따라서 예측력과 해석 가능성 간의 균형을 찾아야 한다. 또한 상황이 화이트박스 모델을 적용하기에 적합한지, 블랙박스 모델에 적합한지를 이해하는 것이 중요하다.

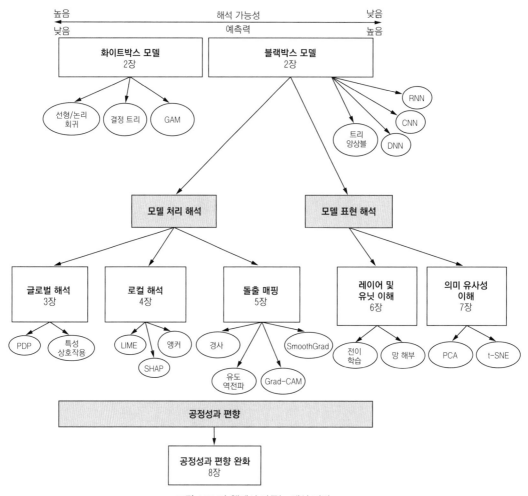

▲ **그림 1.15** 이 책에서 다루는 해석 기법

2장에서는 화이트박스 모델은 투명하게 하고 블랙박스 모델은 불투명하게 하는 특성에 대해 배운다. 우선 선형 회귀, 결정 트리와 같은 단순한 화이트박스 모델을 해석하는 방법을 살펴본 후 GAM으로 옮겨간다. GAM은 예측력이 높을 뿐만 아니라 해석도 쉽기 때문에 가성비가 좋다고 볼 수 있다. GAM의 예측력을 좋게 해 주는 특성과 이를 해석하는 방법도 배운다. 이 책을 집필한 시기를 기준으로 아직은 GAM 모델 내부를 이해하고 그것을 해석하기 위해 사용할 수 있는 실습 예제가 많지 않다. 이런 괴리를 극복하기 위해 2장에서는 GAM을 집중적으로 다루고 나머지 장에서는 블랙박스 모델을 다룬다.

블랙박스 모델은 두 가지 방법으로 해석한다. 하나는 모델 처리를 해석하는 방식이다. 즉, 모델이 입력을 처리하는 방법과 최종 예측에 도달하는 과정을 이해하는 것이다. 3장부터 5장까지는 모델의 처리 과정을 해석하는 것을 집중적으로 다룬다. 다른 방식은 모델 표현을 해석하는 방법으로, 심층 신경망에만 적용될 수 있다. 6장과 7장의 목표는 모델 표현 해석에 초점을 맞추고 신경망이 학습한 특성과 패턴을 이해하는 것이다.

3장에서는 블랙박스 모델의 한 유형인 트리 앙상블의 특징과 이 모델이 왜 '블랙박스'인지를 배운다. 글로벌 사후 모델 애그노스틱 기법을 사용해 이를 해석하는 방법도 배운다. 특히, PDP^{Partial Dependence Plots, 부분 의존도}, ICE^{Individual Conditional Expectation, 개별 조건 기대} 도표, 기능 상호작용 도표 등을 집중적으로 살펴본다.

4장에서는 심층 신경망, 특히 바닐라 완전 연결 신경망^{vanilla fully connected neural networks}에 초점을 맞춘다. 이런 모델이 블랙박스이도록 하는 특성을 배우고 로컬 사후 모델 애그노스틱 기법을 갖고 이를 해석하는 방법을 살펴본다. LIME^{Local Interpretable Model-agnostic Explanations, 로컬 해석 가능한 모델 애그노스틱 설명}, SHAP^{SHapley Additive exPlanations, 샤플리 첨가 설명}, 앵커^{anchor} 등과 같은 기법을 배운다.

5장에서는 이미지 분류 및 객체 식별과 같은 시각적 과업에 주로 사용하는 고급 아키텍처인 합성곱 신경망^{CNN, Covolutional Neural Network}을 집중적으로 다룬다. 돌출 맵^{saliency maps}을 사용해 모델이 집중적으로 보고 있는 것을 시각화하는 방법을 배운다. 경사, 유도 역전파(줄여서 백프롭^{backprop}), Grad-CAM(경사 가중 클래스 활성화 매핑), 유도 Grad-CAM, SmoothGrad 등과 같은 기법도 배운다.

6장과 7장은 합성곱 신경망과 자연어 처리 신경망에 집중한다. 신경망을 해부하는 방법과 신경망의 중간 레이어 또는 히든 레이어에서 학습한 데이터의 표현을 이해하는 방법을 배운다. PCA^{Principal Component Analysis, 주성분 분석}, t−SNE^{t-distributed Stochastic Neighbor Embedding, t-분산 확률적 이웃 임베딩}와 같은 기법을 활용해서 모델이 학습한 고차원 표현을 시각화하는 방법을 살펴본다.

이 책의 후반부에서는 공정하고 편향 없는 모델을 구축하는 주제와 설명 가능한 AI 시스템을 구축하는 데 필요한 사항을 다룬다. 8장에서는 공정성에 대한 여러 정의와 모델에 편향이 있는지 확인하는 방법을 살펴본다. 중화^{neutralizing} 기법을 통해 편향을 완화하는 방법도 배운다. 시스템의 이해 관계자와 사용자가 느끼는 투명성과 책임성을 개선하기 위해 사용할 수 있는 데이터 세트 정보 문서화 표준을 논의한다. 9장은 설명 가능한 AI로 가는 길을 열기 위해 그런 시스템을 구축하는 방법을 살펴보고 반사실적 예제를 통한 대조적 설명 방법을 살펴본다.

이 책을 끝내고 나면 다양한 해석 기법을 습득하게 될 것이다. 하지만 모든 모델을 이해할 수 있는 방법은 없다. 어떤 해석 기법이라도 모든 상황에 적용할 수 있는 것은 없다. 따라서 여러 해석 기법을 적용해 모델을 다양한 관점에서 살펴볼 필요가 있다. 이 책은 상황에 적합한 도구를 식별하는 데 필요한 정보를 제공한다.

1.7.1 이 책을 읽는 동안 어떤 도구를 사용하게 되는가?

모델과 해석 기법은 파이썬을 사용해서 구현한다. 파이썬을 선정한 이유는 대부분의 최신 해석 기법이 이 언어를 기반으로 개발되고 있기 때문이다. 그림 1.16에서는 이 책에서 사용하는 도구를 소개한다. 데이터 표현을 위해서는 파이썬 데이터 구조와 판다스^{Pandas}, 넘파이^{NumPy} 등과 같이 널리 사용되는 라이브러리^{library}를 활용한다. 화이트박스 모델의 경우, 단순 선형 회귀, 결정 트리를 위해서는 사이킷런^{Scikit-Learn} 라이브러리, GAM을 위해서는 pyGAM을 사용한다. 블랙박스 모델의 경우, 트리 앙상블은 사이킷런, 신경망은 파이토치^{PyTorch}와 텐서플로^{TensorFlow}를 사용한다. 모델 처리를 이해하는 데 활용할 해석 기법에는 시각화를 위한 맷플롯립^{Matplotlib}을 사용하고 이 밖에도 PDP, LIME, SHAP,

앵커, 경사, 유도 역전파, 유도 Grad-CAM, SmoothGrad 등의 기법을 적용하기 위한 오픈소스open source 라이브러리를 사용한다. 모델 표현을 해석하기 위해서는 넷다이섹트 NetDissect와 t-SNE를 구현하기 위한 도구를 사용하며 맷플롯립 라이브러리를 사용해 시각화한다. 마지막으로 편향 완화를 위해서는 파이토치와 텐서플로를 적용해 편향성 중화 기법을 구현하고 적대적adversarial 편향 완화를 위해서는 GAN을 사용한다.

▲ **그림 1.16** 이 책에서 사용하는 도구 소개

1.7.2 이 책을 읽기 전에 무엇을 알아야 하는가?

이 책은 파이썬 프로그래밍 경험이 있는 데이터 과학자나 엔지니어를 고려해서 저술했다. 넘파이, 판다스, 맷플롯립, 사이킷런 등 많이 사용되는 파이썬 데이터 과학 라이브러리에 대한 지식이 있다면 도움이 될 수 있지만, 꼭 필요한 것은 아니다. 이 책에서는 이런 라이브러리를 사용해 데이터를 로딩loading하고 표현하는 방법을 보여 주기는 하지만, 라이브러리 자체에 대한 자세한 설명은 이 책의 범위를 넘어서기 때문에 따로 하지 않는다.

독자는 선형 대수, 특히 벡터와 행렬의 개념, 이를 활용한 다양한 연산, 즉 점곱dot product, 행렬 곱셈, 전치행렬, 역행렬 등에 대한 지식을 갖고 있을 필요가 있다. 또한 확률 및 통계

기초, 특히 무작위 변수, 기본적인 이산과 연속 확률 분포, 조건부 확률, 베이즈 정리$^{Bayes'}$ ^{theorem}를 이해하고 있어야 한다. 기본적인 미적분 지식도 필요하며, 특히 단일 변수, 다변량 함수와 그것에 대한 이산(경사)과 편미분에 관해 이해하고 있어야 한다.

이 책이 모델 해석에 필요한 수학적 이론에 많은 시간을 할애하지는 않지만, 머신러닝 모델을 구축하고자 하는 데이터 과학자나 엔지니어에게는 이런 수학적 기초가 필요하다.

머신러닝에 관한 기본적인 지식이나 머신러닝 모델을 훈련해 본 경험이 도움이 되겠지만, 꼭 필요한 것은 아니다. 또한 머신러닝을 다루는 다른 서적이나 자료는 풍부하기 때문에 여기서 머신러닝 자체를 깊이 있게 다루지 않는다. 하지만 이 책에서 사용하는 머신러닝 모델에 관한 기본적인 설명은 제공하며 이런 모델을 훈련하고 평가하는 방법도 알려 준다. 이 책에서 다루는 핵심은 해석 가능성과 연관된 이론과 모델을 훈련한 후 해당 모델을 해석하는 데 필요한 기법을 적용하는 방법을 설명하는 것이다.

요약

- 머신러닝 시스템은 크게 지도 학습, 비지도 학습 그리고 강화 학습으로 분류할 수 있다. 이 책은 지도 학습 시스템을 위한 해석 기법에 초점을 맞추고 있다. 회귀와 분류 유형의 문제 모두 이에 해당한다.

- AI 시스템을 구축하는 경우, 모델을 만드는 과정에 해석, 모델 이해, 모니터링 등을 추가하는 것이 중요하다. 추가하지 않는다면 데이터 누출, 편향, (개념) 드리프트, 전반적 신뢰도 하락과 같은 심각한 문제가 발생할 수 있다. GDPR로 인해 AI 개발 과정에 해석 가능성을 추가해야 하는 법적인 책임도 있다.

- 해석 가능성과 설명 가능성 간의 차이를 이해하는 것이 중요하다.

- 해석 가능성은 모델의 예측을 일관되게 추정하거나, 모델이 예측하는 방법을 이해하거나, 모델이 실수한 경우, 그것을 이해할 수 있는 정도와 관련돼 있다. 해석 기법은 결국 설명 가능성을 달성하는 데 필요한 기초적인 요소가 된다.

- 설명 가능성은 해석 가능성을 넘어서서 인간이 이해할 수 있는 형태로 모델이 예측을 어떻게, 왜 하게 됐는지를 설명하는 것이다. 이를 위해서는 해석 기법 외에

인간 컴퓨터 상호작용^{HCI, Human-Computer Interaction}, 법률, 도덕성과 같은 측면을 고려해야 한다.

- AI 시스템을 사용 및 구축하는 다양한 역할에 유의해야 한다. 해석 가능성은 사람에 따라 그것을 갖는 의미가 다르다.

- 해석 기법은 본질적이거나 사후적일 수 있고 특정 모델에만 적용되거나 모든 모델에 적용될 수 있으며 로컬로 국한되거나 글로벌할 수 있다.

- 본질적으로 투명한 모델은 '화이트박스 모델', 태생적으로 불투명한 모델은 '블랙박스 모델'이라고 한다. 화이트박스 모델은 해석하기 쉽지만, 일반적으로 블랙박스 모델에 비해 예측력이 부족하다.

- 블랙박스 모델의 경우, 해석 기법이 크게 두 가지로 분류될 수 있다. 하나는 모델의 처리 과정을 해석하는 것, 다른 하나는 모델이 학습한 표현을 해석하는 것에 초점을 둔다.

2 화이트박스 모델

해석 가능한 AI 시스템을 구현하기 위해서는 AI 시스템에 사용되는 다양한 모델 유형과 그것을 해석하는 데 적용할 수 있는 기법을 이해하고 있어야 한다. 2장에서는 태생적으로 투명한 주요 화이트박스 모델 세 가지, 즉 선형 회귀, 결정 트리, 일반화 가산 모델을 다룬다. 또한 이런 모델을 구현, 적용, 해석하는 방법을 배운다. 블랙박스 모델도 짧게 소개한다. 이런 모델을 적용하는 상황과 블랙박스 모델을 해석하기 어렵게 만드는 속성도 배운다. 2장에서는 화이트박스 모델, 나머지 장에서는 좀 더 복잡한 블랙박스 모델의 해석에 초점을 맞춘다.

1장에서는 강건하고 해석 가능한 AI 시스템을 구현하는 방법을 배웠다. 그림 2.1은 이 과정을 다시 보여 주고 있다. 2장부터는 화이트박스와 블랙박스 모델을 포함한 모든 머신러닝 모델을 더욱 잘 이해하기 위해 사용할 수 있는 해석 기법을 적용하는 것에 초점을 두고 있다. 그림 2.1에서는 이와 연관된 영역을 보여 주고 있다. 이런 해석 기법은 모델 개발 및 테스팅 단계에 적용된다. 모델 훈련 및 테스팅에 대해 배우고, 특히 적용 측면을 자세히 살펴본다. 모델 훈련, 테스팅, 이해 단계는 서로 연관성이 높기 때문에 이 3단계는 함께 다루는 것이 중요하다. 이미 모델 훈련과 테스팅 단계에 익숙한 독자는 바로 해석 부분으로 넘어가도 좋다.

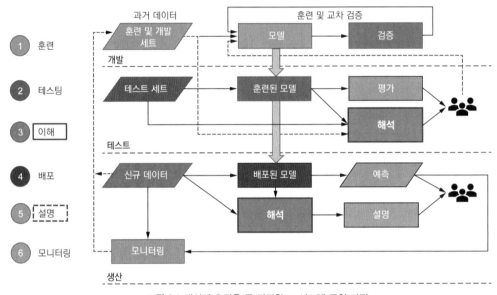

▲ **그림 2.1** 해석에 초점을 둔 강건한 AI 시스템 구현 과정

해석 기법을 실제로 적용할 때는 시스템의 최종 사용자를 위해 사람이 이해할 수 있는 설명을 만들어 내는 설명-생산 시스템을 구현하는 것을 고려해야 한다. 하지만 설명 가능성은 이 책에서 다루고자 하는 범위를 벗어나므로 이 책은 모델 개발과 테스팅 중 이해 가능성에 초점을 맞춘다.

2.1 화이트박스 모델

화이트박스 모델은 본질적으로 투명하며 이렇게 되도록 하는 속성은 다음과 같다.

- 머신러닝에 사용되는 알고리듬이 직관적이고 이해하기 쉬우며 입력 특성이 어떻게 출력 및 목표 변수로 변환되는지를 명확하게 해석할 수 있다.
- 목표 변수를 예측하기 위해 가장 중요한 특성을 식별할 수 있으며 이런 특성을 이해할 수 있다.

화이트박스 모델의 예로는 선형 회귀, 논리 회귀, 결정 트리, GAM 등을 들 수 있다. 표 2.1은 이런 모델을 적용할 수 있는 머신러닝 과업을 보여 주고 있다.

▼ **표 2.1** 화이트박스 모델과 머신러닝 과업 매핑

화이트박스 모델	머신러닝 과업
선형 회귀	회귀
논리 회귀	분류
결정 트리	회귀 및 분류
GAM	회귀 및 분류

2장은 선형 회귀, 결정 트리, GAM에 집중한다. 그림 2.2의 x축은 해석 가능성, y축은 예측력인 2차원 공간에 이런 기법을 표시하고 있다. 왼쪽에서 오른쪽으로 갈수록 모델의 해석 가능성이 커진다. 또한 아래쪽에서 위쪽으로 갈수록 모델의 예측력이 높아진다. 선형 회귀와 결정 트리는 해석 가능성은 높지만, 예측력은 중간 이하이다. 반면, GAM은 예측력도 높고 해석 가능성도 높다. 그림 2.2는 블랙박스 모델을 기울임꼴로 보여 주고 있다. 이와 관련된 내용은 2.6절에서 다룬다.

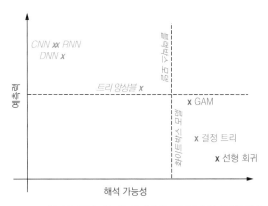

▲ **그림 2.2** 해석 가능성 대 예측력 공간에서의 화이트박스 모델

선형 회귀와 결정 트리 모델을 해석하고 GAM의 세계를 자세히 살펴본다. 각 화이트박스 모델에 대해 알고리듬이 어떻게 동작하는지, 태생적으로 투명하게 하는 속성은 무엇인지 알아본다. 화이트박스 모델은 입력 특성이 어떻게 모델 출력 및 예측으로 변환되는지를 해석할 수 있게 해 주기 때문에 중요하다. 또한 각 입력 특성의 중요성을 정량적으로 측정할 수 있도록 해 준다. 우선 파이썬을 사용해 이런 모델을 훈련하고 평가하는 방법을 배우고 이어서 해석을 다룬다. 앞에서 언급했듯이 모델 훈련, 테스팅, 이해 단계는 서로 연관성을 갖기 때문에 3개 단계를 함께 다루는 것이 중요하다.

2.2 진단+ — 당뇨병 진행

화이트박스 모델을 구체적인 예제로 살펴보자. 1장에서 사용했던 진단+ AI 예제를 떠올려 보자. 진단+ 센터는 그림 2.3처럼 최초 진단 후 1년이 지난 상황에서 환자의 당뇨병 진행 상황을 판단하고자 한다. 센터는 새로 채용한 데이터 과학자인 독자에게 진단+ AI에 사용할 수 있는 1년 후 당뇨병 진행 예측 모델을 구축할 것을 요청했다. 예측 결과를 두고 의사가 환자에게 적합한 치료 계획을 세우게 된다. 의사가 모델을 신뢰하게 하기 위해 정확한 예측을 제공하는 것도 중요하지만, 모델이 어떻게 그런 예측을 하게 됐는지를 보여 주는 것도 중요하다. 어떻게 해야 할까?

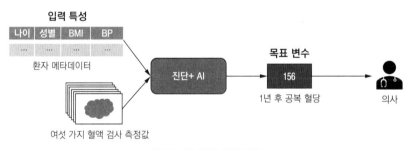

▲ **그림 2.3** 당뇨병을 위한 진단+ AI

우선 가용한 데이터가 무엇인지 살펴보자. 진단+ 센터는 나이, 성별, 체질량 지수^{BMI}, 혈압^{BP} 등과 같은 메타데이터가 포함된 환자 데이터 440건 정도를 수집했다. 환자를 대상으로 혈액 검사도 해서 다음 여섯 가지 결과를 수집했다.

- LDL(나쁜 콜레스테롤)

- HDL(좋은 콜레스테롤)

- 총 콜레스테롤

- 갑상선 자극 호르몬

- 저안압 녹내장

- 공복 혈당

데이터에 최초 측정 후 1년이 지난 시점의 모든 환자의 공복 혈당 수치도 포함돼 있다. 이 값이 모델의 목표 변수가 된다. 이런 상황을 어떻게 머신러닝 문제로 변환할 수 있을까? 데이터가 라벨링돼 있기 때문에 입력 특성이 10개 있고 목표 변수가 하나 있는 이 문제는 지도 학습 문제로 만들 수 있다. 목표 변수는 특정 값 또는 상대적인 값이기 때문에 회귀 과업으로 볼 수 있다. 목표는 입력 특성 x가 주어졌을 때 목표 변수 y를 예측하는 함수 f를 학습하는 것이다.

이제 데이터를 파이썬으로 가져와 입력 특성이 얼마나 연관돼 있는지, 목표 변수와 어떤 관계가 있는지 살펴보자. 입력 특성이 목표 변수와 연관성이 높다면 이를 이용해 예측하는 모델을 훈련할 수 있을 것이다. 하지만 목표 변수와의 연관성이 떨어진다면 데이터에 노이즈noise가 있는지 판단하기 위해 추가 탐색이 필요할 수 있다. 다음과 같이 데이터를 파이썬에 로딩할 수 있다.

```
from sklearn.datasets import load_diabetes      ❶
diabetes=load_diabetes()                        ❷
X, y=diabetes['data'], diabetes['target']       ❸
```

❶ 공개 당뇨병 데이터 세트를 로딩하기 위한 사이킷런 함수 임포트
❷ 당뇨병 데이터 세트 로딩
❸ 특성 및 목표 변수 추출

이제 모든 특성과 목표 변수를 포함한 2차원 데이터 구조인 판다스 데이터프레임Pandas DataFrame을 만들게 된다. 사이킷런이 제공하는 당뇨병 데이터 세트의 특성 명칭 중 이해하기 어려운 것들이 있다. 혈액 표본 측정값은 s1, s2, s3, s4, s5, s6으로 명명됐기 때문

에 측정된 특성이 무엇인지 이해하기 어렵다. 하지만 관련 문서에 매핑이 제공되기 때문에 다음처럼 열의 제목을 이해하기 쉬운 명칭으로 바꿔 볼 수 있다.

```
feature_rename={'age': 'Age',                         ❶
                'sex': 'Sex',                         ❶
                'bmi': 'BMI',                         ❶
                'bp': 'BP',                           ❶
                's1': 'Total Cholesterol',            ❶
                's2': 'LDL',                          ❶
                's3': 'HDL',                          ❶
                's4': 'Thyroid',                      ❶
                's5': 'Glaucoma',                     ❶
                's6': 'Glucose'}                      ❶

df_data=pd.DataFrame(X,                               ❷
                     columns=diabetes['feature_names'])  ❸
df_data.rename(columns=feature_rename, inplace=True)  ❹
df_data['target']=y                                   ❺
```

❶ 사이킷런이 제공하는 특성명을 이해하기 쉬운 형태로 매핑
❷ 모든 특성(x)을 데이터프레임에 로딩
❸ 열 제목으로 사이킷런 특성명 사용
❹ 이해하기 쉬운 형태로 사이킷런 특성명 변경
❺ 독립적인 열로 목표 변수(y)를 포함

이제 열 간의 페어와이즈 상관계수$^{pairwise\ correlation}$를 구해 입력 특성 간, 목표 변수와의 연관성을 판단해 보자. 판다스에서는 다음과 같이 쉽게 할 수 있다.

```
corr=df_data.corr()
```

기본적으로 판다스의 corr() 함수는 피어슨^{Pearson} 또는 표준 상관계수를 계산한다. 이 계수는 값이 +1과 −1 사이인 2개 변수 간의 선형 상관계수를 나타낸다. 계수가 0.7 이상이면 연관성이 매우 높다는 것을 의미한다. 만약 계수가 0.5와 0.7 사이이면 비교적 높은 연관성이 있다는 것, 0.3과 0.5 사이이면 연관성이 낮다는 것, 0.3보다 낮으면 연관성이 없다는 것을 의미한다. 파이썬에서 상관계수는 그림 2.4와 같이 도표로 그려 볼 수 있다.

```
import matplotlib.pyplot as plt          ❶
import seaborn as sns                     ❶
sns.set(style='whitegrid')                ❶
sns.set_palette('bright')                 ❶

f, ax=plt.subplots(figsize=(10, 10))      ❷
sns.heatmap(                              ❸
    corr,                                 ❸
    vmin=-1, vmax=1, center=0,            ❸
    cmap="PiYG",                          ❸
    square=True,                          ❸
    ax=ax                                 ❸
)                                         ❸
ax.set_xticklabels(                       ❹
    ax.get_xticklabels(),                 ❹
    rotation=90,                          ❹
    horizontalalignment='right'           ❹
);                                        ❹
```

❶ 상관계수 행렬을 그리기 위한 맷플롯립과 시본 임포트
❷ 정해진 크기의 맷플롯립 도표 초기화
❸ 상관계수 히트맵(heatmap)을 그리기 위해 시본 사용
❹ x축 라벨을 90도 회전

이제 그림 2.4에서 마지막 행과 열을 살펴보자. 여기서 각 입력 특성과 목표 변수 간의
연관성을 보여 주고 있다. BMI, BP, 총 콜레스테롤, 갑상선, 녹내장, 혈당 등 일곱 가지
특성이 목표 변수와 비교적 높거나 매우 높은 연관성을 가진다는 것을 볼 수 있다. 또한
좋은 콜레스테롤^{HDL}은 당뇨병의 진행과 마이너스 상관계수를 가진다는 것도 알 수 있다.
이는 HDL 값이 높을수록 1년 후 환자의 공복 혈당이 낮다는 것을 의미한다. 당뇨병 진행
예측을 하는데, 이 입력 특성들이 비교적 좋은 지표가 되는 것으로 보이기 때문에 이제
이를 이용해 모델을 훈련해 보자. 실습으로 각 특성이 서로 간에 얼마나 연관돼 있는지
살펴보는 것도 좋다. 예를 들어, 총 콜레스테롤은 나쁜 콜레스테롤, 즉 LDL과 매우 높은
연관성을 갖는 것으로 보인다. 2.3.1절에서 선형 회귀 모델을 해석할 때 이 부분을 다시
살펴본다.

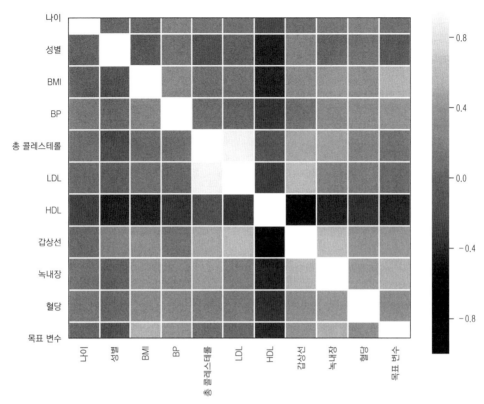

▲ **그림 2.4** 당뇨병 진단 데이터 세트의 입력 특성과 목표 변수 간 연관성 도표

2.3 선형 회귀

회귀 과업에 사용할 수 있는 간단한 모델 중 하나가 선형 회귀이다. 선형 회귀에서 함수 f는 그림 2.5에서 보여 주고 있듯이 입력 특성의 선형 조합으로 표현된다. 이미 알고 있는 변수는 회색 박스로 표현된 특성 값들이며 목적은 목표 변수를 입력의 선형 조합으로 표현하는 것이다. 머신러닝 알고리듬이 배워야 하는 가중치가 아직은 모르는 변수가 된다.

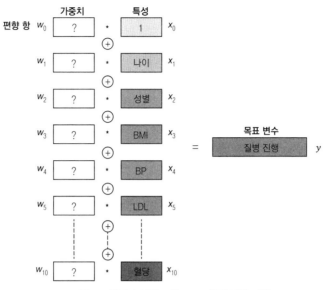

▲ **그림 2.5** 입력의 선형 조합으로 표현된 질병 진행

일반적으로 선형 회귀를 위한 함수 f는 다음과 같이 표현한다. 여기서 n은 특성의 총수를 나타낸다.

$$y = w_0 + w_1 x_1 + w_2 x_2 + \cdots + w_n x_n$$
$$= w_0 + \sum_{i=1}^{n} w_i x_i$$

선형 회귀 학습 알고리듬의 목적은 훈련 세트에 포함된 모든 환자의 목표 변수를 정확하게 예측하는 가중치를 구하는 것이다. 다음 기법을 적용할 수 있다.

- 경사하강법
- 폐쇄형 솔루션(**예** 뉴턴 방정식)

경사하강법은 다수의 특성과 학습 예제를 비교적 잘 처리하기 때문에 많이 사용된다. 실제 목표 변수 대비 예측한 목표 변수가 갖는 오류의 제곱이 최소화되도록 가중치를 업데이트하는 과정으로 진행된다.

경사하강 알고리듬의 목적은 훈련 세트에 포함된 모든 예제에 대해 예측한 목표 변숫값과 실제 값 간의 차이, 즉 오류의 제곱이 최소가 되도록 하는 것이다. 이 알고리듬이 최적의 가중치 집합을 찾아내는 이유는 알고리듬이 오류의 제곱을 최소화하기 때문이다. 선형 회귀 모델은 파이썬 사이킷런 패키지를 사용해 쉽게 훈련할 수 있다. 모델을 훈련하기 위한 코드는 다음과 같다. 이때 주의할 점은 사이킷런에서 제공하는 공개 당뇨병 데이터 세트를 사용했다는 것과 이 데이터 세트는 이미 정규화됐기 때문에 모든 입력 특성에 대한 평균 및 단위 분산이 0으로 처리된 상태라는 점이다. 특성 정규화는 선형 회귀, 논리회귀 그리고 신경망을 기반으로 하는 좀 더 복잡한 모델 등 많은 머신러닝 모델에 사용되는 데이터 세트를 대상으로 널리 적용되는 전처리 과정이다. 이 과정은 모델에 사용되는 학습 알고리듬이 좀 더 빠르게 최적의 답을 찾을 수 있게 해 준다.

```
from sklearn.model_selection import train_test_split    ❶
from sklearn.linear_model import LinearRegression        ❷
import numpy as np                                        ❸

X_train, X_test, y_train, y_test=train_test_split(X, y,   ❹
    test_size=0.2,                                        ❹
    random_state=42)                                      ❹

lr_model=LinearRegression()                               ❺

lr_model.fit(X_train, y_train)                            ❻

y_pred=lr_model.predict(X_test)                           ❼

mae=np.mean(np.abs(y_test - y_pred))                      ❽
```

❶ 데이터를 훈련 및 테스트 세트로 분할하기 위한 사이킷런 함수 임포트

❷ 선형 회귀를 위해 사이킷런 클래스 임포트

❸ 모델의 성능을 평가하기 위해 넘파이 임포트

❹ 데이터를 훈련 및 테스트 세트로 분할하고 80%는 훈련 세트, 20%는 테스트를 위해 할당. random_state 매개변수를 갖고 랜덤 수 생성기의 시드(seed)를 정의해서 일관된 훈련-테스트 분할이 되게 한다.

❺ 최소 제곱을 기반으로 한 선형 회귀 모델 초기화

❻ 훈련 세트에 피팅해서 모델의 가중치를 학습

❼ 학습된 가중치로 테스트 세트에 포함된 환자의 질병 진행 예측

❽ 모델의 성능을 MAE 측정 지표로 평가

훈련된 선형 회귀 모델의 성능은 테스트 세트 대상 예측 결과를 실제 값과 비교해서 정략적으로 나타낼 수 있다. 사용할 수 있는 측정 지표에는 여러 가지가 있다. 대표적인 예로 평균 제곱근 오차$^{\text{RMSE, Root Mean Squared Error}}$, 평균 절대 오차$^{\text{MAE, Mean Absolute Error}}$, 평균 절대 백분율 오차$^{\text{MAPE, Mean Absolute Percentage Error}}$ 등을 들 수 있다. 각 측정 지표는 장단점을 갖고 있으며 모델이 얼마나 좋은지 나타내기 위해 복수의 측정 지표를 같이 사용하는 것이 좋을 수 있다. MAE와 RMSE는 모두 목표 변수와 같은 단위를 사용하기 때문에 이런 측면에서는 이해하기 쉽다. 하지만 이 지표를 갖고 오류의 정도를 이해하는 것은 쉽지 않다. 예를 들어, 오류가 10이라면 작아 보일 수 있지만, 실제로 비교하는 값이 100이라면 상대적으로 오차가 작지 않을 수 있다. 이렇게 상대적 차이를 이해하는 것이 중요한 상황에서 MAPE가 유용한 이유는 오류가 백분율(%)로 나타나기 때문이다. 모델의 성능을 측정하는 것은 중요하지만, 이 책에서 다루고자 하는 내용은 아니다. 이와 관련된 자료는 온라인에서 쉽게 구할 수 있다. 해당 주제에 대해 저자도 블로그(http://mng.bz/ZzNP)에 올려 놓은 글이 있다.

앞에서 훈련한 선형 회귀 모델을 MAE 지표를 갖고 평가하면 결과는 42.8이다. 그런데 과연 이 수치는 성능이 좋다는 것을 나타낼까? 모델의 성능이 좋은지 알기 위해서는 어떤 베이스라인^{baseline}과 비교해 볼 필요가 있다. 진단+의 경우, 모든 환자의 당뇨 진행 상황 중간 값을 예측하는 베이스라인 모델을 의사들이 사용해 왔다. 이 베이스라인 모델의 MAE 값은 62.2이다. 이제 이 베이스라인을 선형 회귀 모델과 비교해 보면 MAE가 19.4 떨어진 것을 알 수 있기 때문에 성능이 상대적으로 좋다는 것을 알 수 있다. 괜찮은 모델을 만들어 냈지만, 모델은 예측 결과에 어떻게 도달했는지, 어떤 입력 특성이 가장 중요했는지는 알려 주지 않는다. 이와 관련된 내용은 이어지는 절에서 다룬다.

2.3.1 선형 회귀 해석

앞 절에서는 모델을 개발하면서 선형 회귀 모델을 훈련했고 테스팅 과정에서 MAE 지표를 갖고 모델 성능을 평가했다. 진단+ AI를 구축하고 있는 데이터 과학자인 독자는 이 결과를 의사들에게 공유했고 그들은 성능에 비교적 만족했다. 그러나 누락된 부분이 있다.

의사가 모델이 최종 진단에 어떻게 도달했는지를 명확하게 이해할 수 있는 방법이 없다. 경사하강법 자체를 설명하는 것이 도움이 안 되는 이유는 비교적 넓은 특성 공간, 즉 총 10개의 입력 특성을 다루고 있기 때문이다. 10차원 공간에서 알고리듬이 최종 예측에 도달하는 경로를 시각화하는 것은 불가능하다. 일반적으로 머신러닝 알고리듬을 설명하고 묘사하는 것이 해석 가능성을 보장하지 않는다. 그렇다면 모델을 해석하는 가장 좋은 방법은 무엇일까?

선형 회귀에서 최종 예측이 가중된 입력 특성의 총합이기 때문에 학습된 가중치만 살펴보면 된다. 이것이 선형 회귀가 화이트박스 모델이 되게 하는 속성이다. 가중치는 무엇을 알려 주는가? 가중치가 양의 값일 경우, 입력에 긍정적인 변화가 있다면 결과에 긍정적인 영향을 미칠 것이고, 부정적인 변화가 있다면 부정적인 영향을 미칠 것이다. 이와 마찬가지로 가중치가 음의 값일 경우, 입력에 긍정적인 변화가 있다면 결과에 부정적인 영향을 미칠 것이고, 부정적인 변화가 있다면 긍정적인 영향을 미칠 것이다. 이렇게 학습된 함수를 선형, 즉 단조 함수라고 한다(그림 2.6 참조).

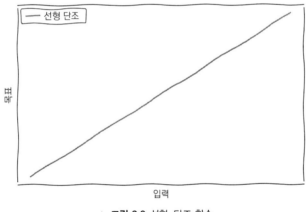

▲ **그림 2.6** 선형, 단조 함수

또한 목표 변수를 예측하는 데 어떤 특성이 갖는 중요성은 연관된 가중치의 절댓값을 살펴보면 알 수 있다. 가중치의 절댓값이 클수록 중요성이 크다고 볼 수 있다. 그림 2.7은 10개 특성의 가중치를 큰 것부터 순차적으로 보여 주고 있다.

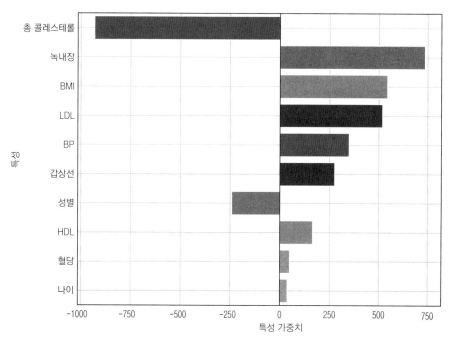

▲ **그림 2.7** 당뇨병 선형 회귀 모델에서 각 특성의 중요성

가장 중요한 특성은 총 콜레스테롤 측정값이다. 가중치는 매우 큰 음의 값을 갖고 있다. 이는 콜레스테롤 수치에 어떤 긍정적인 변화가 주어지면 당뇨병 진행 예측에 부정적인 영향을 미치게 된다는 것을 의미한다. 총 콜레스테롤 측정값에 좋은 콜레스테롤도 포함 돼 있기 때문일 수 있다.

나쁜 콜레스테롤, 즉 LDL 특성을 살펴보면 가중치가 큰 양의 값을 가진다는 것을 알 수 있다. 당뇨병의 진행을 예측하는 데 있어 네 번째로 중요한 특성이라는 것도 알 수 있다. 즉, LDL에 미치는 긍정적인 변화는 1년 후 당뇨병 진단에 매우 긍정적인 영향을 미친다 는 것을 의미한다. 좋은 콜레스테롤, 즉 HDL 특성은 값이 작은 양의 가중치를 갖고 있고 영향이 세 번째로 작은 특성이다. 왜 그럴까? 그림 2.4의 상관계수를 그렸던 2.2절의 탐 색적 분석을 상기해 보자. 총 콜레스테롤, LDL, HDL 간의 상관계수를 살펴보면 총 콜레 스테롤과 LDL 간에 연관성이 매우 높고 총 콜레스테롤과 HDL 간에는 비교적 높았던 것 을 알 수 있다. 이 연관성 때문에 모델은 HDL을 불필요한 특성이라고 판단한다.

또한 환자의 베이스라인 혈당 측정값도 1년 후 당뇨병 진행 예측에 미치는 영향이 매우 제한적인 것으로 보인다. 그림 2.4의 상관계수 도표를 다시 살펴보면 혈당 측정값이 베이스라인 혈당 측정값(모델의 두 번째로 중요한 특성, 총 콜레스테롤 측정값(모델의 가장 중요한 특성))과 밀접하게 연관돼 있다는 것을 알 수 있다. 따라서 모델은 많은 정보를 총 콜레스테롤과 녹내장 특성에서 가져오고 혈당은 불필요하다고 판단한다.

만약 어떤 입력 특성이 다른 하나 또는 여러 개의 특성과 연관성이 높으면 '다중 공선적 multicollinear'이라고 한다. 다중 공선성은 최소 제곱을 기반으로 하는 선형 회귀 모델의 성능에 해로울 수 있다. x_1과 x_2라는 2개의 특성을 사용해 목표 변수 y를 예측한다고 가정해 보자. 선형 회귀 모델은 목표 변수를 예측할 때 오류의 제곱이 최소가 되도록 하는 각 특성의 가중치를 추정하는 것으로 볼 수 있다. 최소 제곱법을 이용해서 x_2는 상수로 두고 목표 변수 y에 대한 특성 x_1의 영향, 즉 가중치를 구한다. 이와 마찬가지로 x_2의 가중치도 x_1을 상수로 두고 구한다. 만약 x_1과 x_2가 공선적, 즉 같이 움직인다면 그것이 목표 변수에 미치는 영향을 정확하게 예측하기가 매우 어려워진다. 결국 둘 중 하나는 모델에게 완전하게 불필요한 값이 된다.

앞의 당뇨병 모델에서 이런 공선성이 미치는 영향을 살펴봤다. HDL, 혈당 등 목표 변수와 연관성이 비교적 높았던 특성의 중요성이 최종 모델에서는 매우 떨어지게 됐다. 다중 공선성의 문제는 모델에게 불필요한 특성을 제외해서 극복할 수 있다. 이렇게 했을 때 선형 회귀 모델의 성능을 높일 수 있는지 살펴보면 많은 도움이 될 것이다.

머신러닝 모델을 훈련하는 과정에서 우선 데이터를 살펴보고 각 특성이 서로 간의 목표 변수와 얼마나 연관돼 있는지 판단하는 것이 중요하다. 다중 공선 문제는 모델을 훈련하기 전에 비교적 일찍 식별할 수 있으며, 만약 그때 하지 못했다면 모델을 해석하면서 발견할 수 있다. 그림 2.7에 나와 있는 도표는 다음 파이썬 코드를 실행해 얻을 수 있다.

```
import numpy as np                          ❶
import matplotlib.pyplot as plt             ❷
import seaborn as sns                       ❷
sns.set(style='whitegrid')                  ❷
sns.set_palette('bright')                   ❷

weights=lr_model.coef_                      ❸
```

```
feature_importance_idx=np.argsort(np.abs(weights))[::-1]                    ❹
feature_importance=[feature_names[idx].upper() for idx in                   ❺
  feature_importance_idx]                                                   ❺
feature_importance_values=[weights[idx] for idx in                         ❺
  feature_importance_idx]                                                   ❺

f, ax=plt.subplots(figsize=(10, 8))                                        ❻
sns.barplot(x=feature_importance_values, y=feature_importance, ax=ax)      ❻
ax.grid(True)                                                              ❻
ax.set_xlabel('Feature Weights')                                          ❻
ax.set_ylabel('Features')                                                  ❻
```

❶ 벡터를 최적의 방법으로 처리하기 위해 넘파이 임포트
❷ 특성 중요도를 그리기 위해 맷플롯립과 시본 임포트
❸ coef_parameter를 사용해서 앞에서 훈련한 선형 회귀 모델의 가중치 추출
❹ 가중치를 중요도가 낮은 것부터 정렬해서 인덱스 획득
❺ 나열된 인덱스를 갖고 특성명과 연관 가중치 획득
❻ 그림 2.7의 도표 생성

2.3.2 선형 회귀의 한계

앞 절에서 선형 회귀 모델을 해석하는 것이 얼마나 쉬운지 살펴봤다. 이런 모델은 투명성이 매우 높고 이해하기도 쉽다. 하지만 예측력이 낮고, 특히 입력 특성과 목표 간의 관계가 비선형일 경우, 성능이 떨어진다. 그림 2.8이 보여 주는 예제를 살펴보자.

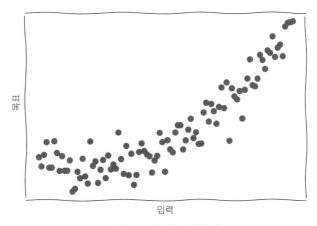

▲ **그림 2.8** 비선형 데이터 세트

이 데이터 세트를 갖고 선형 회귀 모델을 훈련하면 그림 2.9에서 보여 주는 것처럼 직선인 선형 피팅fitting을 얻게 된다. 그림 2.9를 통해 알 수 있듯이 모델은 데이터를 적절하게 구분하지 못하며 비선형 관계를 제대로 포착하지도 못한다. 이런 선형 회귀의 한계는 보통 '과소적합underfitting'이라고 하며 모델은 높은 편향성을 갖게 된다. 예측력이 더 높은 복잡한 모델을 사용해 이런 문제를 극복하는 방법은 이어지는 절에서 살펴본다.

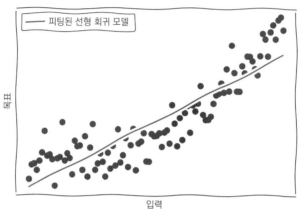

▲ **그림 2.9** 과소적합 문제(높은 편향성)

2.4 결정 트리

결정 트리는 복잡한 비선형 관계를 모델링하기 좋은 머신러닝 알고리듬이다. 회귀 또는 분류 과업 모두에 적용할 수 있다. 일반적으로 선형 회귀보다 높은 예측력을 가지며 해석 가능성도 높다. 결정 트리의 기본적인 접근 방식은 출력 및 목표 변수를 가장 잘 예측하는 최적의 데이터 분할을 찾는 것이다. 그림 2.10은 이런 과정을 BMI와 나이 특성으로 묘사하고 있다. 결정 트리는 데이터 세트를 3개의 연령대 집합과 2개의 BMI 집합 등 총 5개의 집단으로 분할한다.

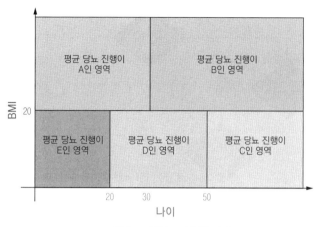

▲ **그림 2.10** 결정 트리 분할 전략

최적 분할을 판단할 때 일반적으로 많이 사용하는 것은 분류 및 회귀 트리^{CART, classification} ^{and regression tree} 알고리듬이다. 이 알고리듬은 우선 하나의 특성을 골라 해당 특성에 대한 임곗값을 결정한다. 특성과 임곗값을 기반으로 알고리듬은 다음과 같은 2개의 서브세트로 데이터 세트를 분할한다.

- 서브세트 1, 특성의 값이 임곗값과 동일하거나 낮은 경우
- 서브세트 2, 특성의 값이 임곗값보다 높은 경우

알고리듬은 손실 함수 또는 조건을 최소화하는 특성과 임곗값을 선정한다. 회귀 과업의 경우, 보통 조건으로 MSE를 사용하며 분류 과업은 일반적으로 지니 불순도^{gini impurity} 또는 엔트로피^{entropy}를 사용한다. 그런 다음 알고리듬은 조건이 더 이상 낮아지지 않거나 더 이상 분할할 수 없을 때까지 분할을 계속 진행한다. 그림 2.10의 분할 전략은 그림 2.11에 이진 트리^{binary tree}로 표현돼 있다.

결정 트리 모델은 사이킷런 패키지를 사용해 파이썬으로 다음과 같이 훈련할 수 있다. 당뇨병 공개 데이터 세트를 로딩하고 이를 학습 및 테스트 세트로 분할하기 위한 코드는 2.3절의 선형 회귀와 같기 때문에 여기에서는 반복하지 않는다.

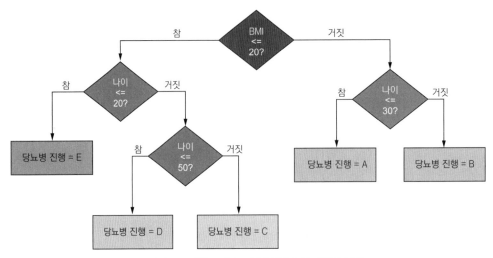

▲ **그림 2.11** 이진 트리로 묘사된 결정 트리 데이터 분할

```
from sklearn.tree import DecisionTreeRegressor                    ❶

dt_model=DecisionTreeRegressor(max_depth=None, random_state=42)   ❷
dt_model.fit(X_train, y_train)                                    ❸

y_pred=dt_model.predict(X_test)                                   ❹

mae=np.mean(np.abs(y_test - y_pred))                              ❺
```

❶ 분류 트리 회귀를 위한 사이킷런 클래스 임포트
❷ 결정 트리 회귀 초기화. 지속적이고 재현 가능한 결과를 얻기 위해 random_state 값을 설정하는 것이 중요
❸ 결정 트리 모델 훈련
❹ 테스트 세트에 포함된 환자의 질병 진행 예측을 위해 훈련된 결정 트리 모델 사용
❺ MAE 측정 지표로 모델 성능 평가

훈련한 결정 트리 모델은 MAE 지표로 평가됐으며 성능은 54.7이었던 것으로 판별됐다. 만약 max_depth 초매개변수를 3으로 튜닝하면 MAE 성능은 48.6으로 개선될 수 있다. 설사 그렇다고 하더라도 이 성능은 2.2절에서 훈련했던 회귀 모델보다 떨어진다. 그 이유는 2.4.2절에서 살펴본다. 우선 다음 절에서 결정 트리를 해석하는 방법을 이야기해 보자.

분류 과업을 위한 결정 트리

이번 절에서 이야기했듯이 결정 트리는 분류 과업에도 사용할 수 있다. CART 알고리듬에서 지니 불순도 또는 엔트로피는 손실 함수로 사용된다. 사이킷런으로 다음과 같이 간단하게 결정 트리 분류기를 훈련할 수 있다.

```python
from sklearn.tree import DecisionTreeClassifier
dt_model=DecisionTreeClassifier(criterion='gini', max_depth=None)
dt_model.fit(X_train, y_train)
```

DecisionTreeClassifier 내 criterion 매개변수는 CART 알고리듬의 손실 함수를 지정하기 위해 사용할 수 있다. 기본값은 gini이지만, entropy로 바꿀 수 있다.

2.4.1 결정 트리 해석

결정 트리는 입력과 출력 간 비선형 관계를 모델링하기 좋은 알고리듬이다. 특성을 기준으로 데이터를 분할하기 때문에 모델은 기본적으로 비선형인 함수를 학습한다. 함수는 단조 함수일 수 있다. 즉, 입력의 변화는 결과가 같은 방향으로 움직이게 한다. 또는 입력이 변했을 때 결과가 여러 방향으로 다양한 정도로 옮겨가도록 하는 비단조 함수일 수도 있다. 그림 2.12는 이런 과정을 보여 주고 있다.

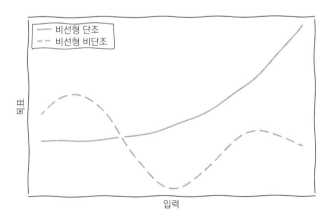

▲ **그림 2.12** 비선형, 단조, 비단조 함수

이렇게 학습된 비선형 함수를 어떻게 해석할까? 앞 절에서 살펴봤듯이 결정 트리는 여러 개의 if-else 조건을 합쳐 놓은 모습으로 묘사할 수 있으며 여기서 각 조건은 데이터를 2개의 집합으로 나누게 된다. 이런 모델은 그림 2.11처럼 이진 트리로 쉽게 시각화할 수 있다. 당뇨병 진단을 위해 훈련된 결정 트리 모델의 경우, 이를 이진 트리로 시각화한 모습을 그림 2.13이 보여 주고 있다. 해당 트리는 다음과 같이 해석할 수 있다.

나무의 뿌리root에서 시작해 우선 정규화된 BMI가 0 이하인지 확인한다. 만약 참이라면 트리의 왼쪽, 거짓이라면 오른쪽으로 이동한다. 뿌리에서 시작하기 때문에 해당 노드node는 데이터의 100%를 갖고 있다. 따라서 표본 크기가 100%이다. 또한 max_depth를 0으로 하고 당뇨병의 진행을 예측한다면 데이터에 포함된 모든 표본의 평균값, 즉 트리에 명시된 153.7을 사용한다. 153.7을 예측했을 때 MSE는 6076.4가 된다.

정규화된 BMI가 0 이하라면 트리의 왼쪽으로 가서 정규화된 녹내장이 0 이하인지 확인한다. 만약 BMI가 0 이하라면 전체 데이터 중 약 59%를 포함하게 되고 MSE는 부모 노드의 6076.4에서 3612.7으로 낮아지게 된다. 이런 과정을 트리의 잎leaf 노드에 이를 때까지 반복할 수 있다. 예를 들어, 가장 오른쪽에 있는 잎 노드는 BMI > 0, BMI > 0.1, LDL > 0이라는 조건에 해당된다. 여기서는 데이터 중 2.3%에 대해 225.8를 예측하게 되고 결과적으로 MSE는 2757.9가 된다.

이때 유의할 점은 그림 2.13의 결정 트리의 경우, max_depth가 3으로 설정됐다는 점이다. 입력 특성의 수를 늘리거나 max_depth를 키울수록 트리의 복잡도는 올라가게 될 것이다.

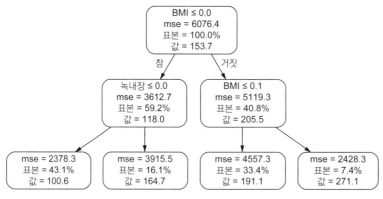

▲ **그림 2.13** 당뇨병 결정 트리 모델의 시각화

그림 2.13은 다음 파이썬 코드로 만들 수 있다.

```
from sklearn.externals.six import StringIO                              ❶
from IPython.display import Image                                       ❶
from sklearn.tree import export_graphviz                                ❶
import pydotplus                                                        ❶

diabetes_dt_dot_data=StringIO()                                         ❷
export_graphviz(dt_model,
                out_file=diabetes_dt_dot_data,
                filled=False, rounded=True,
                feature_names=feature_names,
                proportion=True,
                precision=1,
                special_characters=True)                               ❸

dt_graph=pydotplus.graph_from_dot_data(diabetes_dt_dot_data.getvalue()) ❹
Image(dt_graph.create_png())                                           ❺
```

❶ 이진 트리 생성 및 시각화에 필요한 라이브러리 임포트
❷ DOT 포맷으로 이진 트리/그래프를 저장하기 위한 스트링 버퍼 초기화
❸ DOT 포맷 이진 트리로 결정 트리 모델 추출
❹ DOT 포맷 스트링을 사용해서 이진 트리의 시각화 생성
❺ Image 클래스를 사용해서 이진 트리 시각화

결정 트리는 입력 특성과 목표 간 비선형 관계를 학습하기 때문에 각 입력의 변화가 어떻게 결과에 영향을 미치는지 선형 회귀만큼 직관적이지 않고 이해하기 어렵다. 하지만 상위 수준에서 각 입력 특성이 목표를 예측하는 데 갖는 상대적 중요도를 계산해 볼 수 있다. 특성의 중요도를 계산하기 위해서는 우선 이진 트리에서 노드의 중요도를 계산해야 한다. 노드의 중요도는 트리에서 해당 노드에 도달할 확률을 가중치로 한 상태에서 노드의 손실 함수 또는 불순도 측정값의 하락 정도로 계산된다. 이를 수학적으로 표현하면 다음과 같다.

$$I_k^{node} = \underbrace{p_k}_{} \cdot \underbrace{m_k}_{} - \underbrace{p_k^{(left)}}_{} \cdot \underbrace{m_k^{(left)}}_{} - \underbrace{p_k^{(right)}}_{} \cdot \underbrace{m_k^{(right)}}_{}$$

노드 k에 도달한 표본 비율 (p_k) / 노드 k의 불순도 측정값 (m_k) / 노드 k의 왼쪽 하위 트리에 도달한 표본 비율 ($p_k^{(left)}$) / 노드 k의 왼쪽 하위 트리의 불순도 측정값 ($m_k^{(left)}$) / 노드 k의 오른쪽 하위 트리에 도달한 표본 비율 ($p_k^{(right)}$) / 노드 k의 오른쪽 하위 트리의 불순도 측정값 ($m_k^{(right)}$)

I_k^{node}: 노드 k의 중요도

그런 다음 특성의 중요도는 해당 특성에서 분할하는 노드들의 중요도를 합하고 트리 내 모든 노드의 중요도로 정규화해서 구할 수 있다. 이를 수학적으로 표현하면 다음과 같다. 결정 트리에서 특성의 중요도는 0과 1 사이의 값을 가지며 값이 높을수록 중요하다는 것을 의미한다.

$$I_i^{feature} = \frac{\sum_{j\in\mathbb{J}} I_j^{node}}{\sum_{k\in\mathbb{K}} I_k^{node}}$$

$I_i^{feature}$: 특성 i의 중요도 / 특성 i에서 분할하는 모든 노드 j의 중요도 합 / 결정 트리 내 모든 노드 k의 중요도의 합

파이썬에서 특성 중요도는 다음과 같이 사이킷런 결정 트리 모델에서 추출해 시각화할 수 있다.

```
weights=dt_model.feature_importances_                                    ❶

feature_importance_idx=np.argsort(np.abs(weights))[::-1]                 ❷
feature_importance=[feature_names[idx].upper() for idx in               ❸
    feature_importance_idx]                                             ❸
feature_importance_values=[weights[idx] for idx in                     ❸
    feature_importance_idx]                                             ❸

f, ax=plt.subplots(figsize=(10, 8))                                     ❹
sns.barplot(x=feature_importance_values, y=feature_importance, ax=ax)   ❹
ax.grid(True)                                                          ❹
ax.set_xlabel('Feature Weights')                                       ❹
ax.set_ylabel('Features')                                              ❹
```

❶ 훈련된 결정 트리 모델에서 특성 중요도 추출
❷ 특성 가중치 인덱스를 중요도가 낮은 것부터 정렬
❸ 중요도가 낮은 것부터 특성명과 특성 가중치 추출
❹ 그림 2.14의 도표 생성

그림 2.14는 내림차순으로 특성의 중요도와 연관된 가중치를 보여 주고 있다. 그림에서 알 수 있듯이 특성의 중요도 순서가 선형 회귀와 다르다. 가장 중요한 특성은 BMI로, 전체 모델 중요도의 약 42%를 차지하고 있다. 그다음은 녹내장 측정값으로, 모델 중요도의 15% 정도를 차지한다. 이런 주요 값은 목표 변수를 예측하는 데 어떤 특성이 가장 많은 영향을 미치는지 판단할 때 유용하다. 결정 트리에서 다중 공선성이 나타나지 않는 이유는 알고리듬이 목표와 연관성이 매우 높고 손실 함수 또는 불순도를 가장 많이 낮추는 특성을 선별하기 때문이다. 데이터 과학자가 그림 2.13처럼 훈련된 결정 트리를 시각화하는 것이 중요한 이유는 모델이 어떻게 최종 결정에 이르게 됐는지 이해할 수 있도록 하기 위한 것이다. 트리의 복잡성은 max_depth 초매개변수 또는 모델에 입력하는 특성 수를 줄여서 낮출 수 있다. 그림 2.14처럼 글로벌 특성의 중요도를 시각화해서 제외할 특성을 식별할 수 있다.

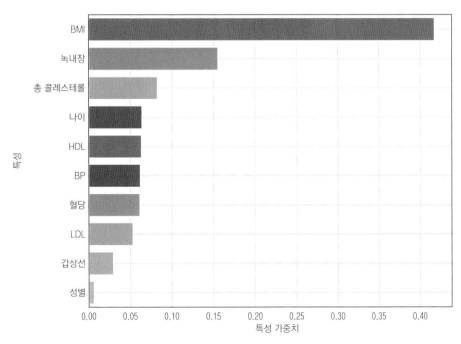

▲ **그림 2.14** 결정 트리의 당뇨병 특성별 중요도

2.4.2 결정 트리의 한계

결정 트리는 회귀 및 분류 과업 모두에 적용할 수 있고 또한 비선형 관계를 모델링할 수 있기 때문에 꽤 유연하다고 볼 수 있다. 하지만 이 알고리듬은 과적합^{overfitting} 문제가 생길 수 있으며 모델의 분산이 높은 것으로 알려져 있다.

과적합 문제는 모델이 훈련 데이터에 거의 완벽하게 피팅^{fitting}돼서 기존에 보지 못한 새로운 데이터, 예를 들어 테스트 세트를 대상으로 일반화하지 못할 때 나타나게 된다. 그림 2.15는 이를 보여 주고 있다. 모델에 과적합이 발생한 경우, 훈련 세트를 대상으로 정말 높은 성능을 보게 되지만, 테스트 세트를 대상으로 할 때는 성능이 떨어지게 된다. 당뇨병 데이터 세트를 갖고 훈련된 결정 트리 모델이 선형 회귀 모델보다 낮은 성능을 보이는 것도 이런 이유 때문일 수 있다.

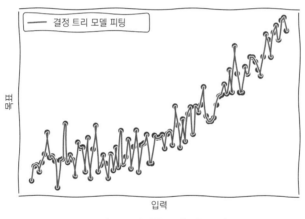

▲ **그림 2.15** 과적합 문제(높은 분산)

과적합 문제는 결정 트리의 일부 초매개변수를 튜닝해서 극복할 수 있다. 예를 들어, max_depth와 잎 노드가 요구하는 최소 예제 수 등이 이에 해당한다. 결정 트리 모델을 묘사한 그림 2.13처럼 하나의 잎 노드에 전체 표본 중 약 0.8%만이 도달한다. 이는 해당 노드에서 예측이 약 3명의 환자만 갖고 이뤄진다는 것을 의미한다. 필요한 최소 예제 수를 5 또는 10으로 늘리면 테스트 세트를 대상으로 한 모델의 성능을 높일 수 있을 것이다.

2.5 GAM

진단+와 의사들은 지금까지 만든 모델 2개에 어느 정도 만족하지만, 그렇다고 성능이 너무 뛰어난 것은 아니다. 모델을 해석하면서 부족한 부분도 일부 발견했다. 선형 회귀 모델은 총 콜레스테롤, LDL, HDL 등 서로 연관성이 높은 특성을 제대로 처리하지 못하고 있다. 결정 트리 모델은 선형 회귀보다 성능이 떨어지며 훈련 데이터에 과적합된 것으로 보인다.

당뇨병 데이터에 포함된 특성을 하나 살펴보자. 그림 2.16은 나이와 목표 변수 간 비선형 관계를 보여 주고 있다. 여기서 양쪽 변수 모두 정규화돼 있다. 이런 관계를 과적합하지 않고 어떻게 하면 가장 잘 모델링할 수 있을까? 한 가지 접근법은 목표 변수를 입력 특성 세트의 n차 다항식으로 모델링하도록 선형 회귀 모델을 확장하는 것이다. 이런 형태의 회귀를 다항 회귀라고 한다.

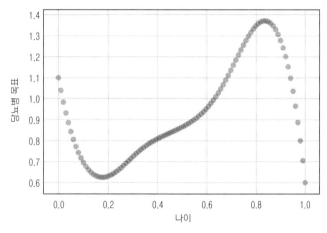

▲ **그림 2.16** 진단+ AI를 위한 비선형 관계

다음 수식은 다양한 차수의 다항 회귀를 보여 주고 있다. 이 수식에서 목표 변수 y를 모델링하기 위해 오직 하나의 특성 x_1만을 고려하고 있다. 1차 다항 회귀는 선형 회귀와 같다. 2차 다항 회귀는 추가로 하나의 특성, 즉 x_1의 제곱을 추가한다.

3차 다항 회귀의 경우, 두 가지 특성을 추가한다. 하나는 x_1의 제곱, 나머지 하나는 x_1의 세제곱이다.

$$y = w_0 + w_1 x_1 \text{(1차)}$$
$$y = w_0 + w_1 x_1 + w_2 x_1^2 \text{(2차)}$$
$$y = w_0 + w_1 x_1 + w_2 x_1^2 + w_3 x_1^3 \text{(3차)}$$

다항 회귀 모델의 가중치는 선형 회귀 알고리듬, 즉 경사하강을 사용한 최소 제곱법을 갖고 구할 수 있다. 그림 2.17은 이 세 가지 다항 회귀 모델로 구할 수 있는 최적의 피팅을 보여 준다.

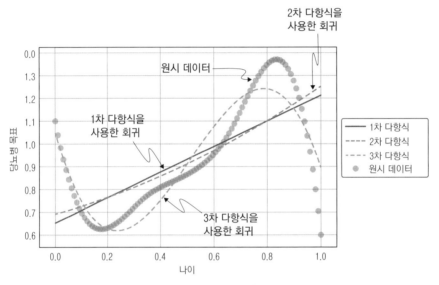

▲ **그림 2.17** 비선형 관계 모델링을 위한 다항 회귀

3차 다항 회귀가 2차, 1차보다 원시 데이터에 더 잘 피팅된다는 것을 볼 수 있다. 다항 회귀 모델을 선형 회귀와 같은 방법으로 해석할 수 있는 이유는 해당 모델은 고차수를 포함한 특성의 선형 조합으로 볼 수 있기 때문이다.

하지만 다항 회귀도 한계가 있다. 특성 수 또는 특성 공간 차원이 늘수록 모델 복잡도가 올라간다. 따라서 데이터에 과적합하는 경향을 가진다. 또한 각 특성의 차수를 판단하기 힘들다. 특히 고차수 특성 공간에서 더욱 그렇다.

그렇다면 이런 한계를 극복하면서 동시에 해석 가능성을 확보할 수 있는 모델은 무엇일까? 여기서 GAM이 등장한다! GAM은 예측력이 평균 이상이면서 해석 가능성도 높은 모델이다. 비선형 관계는 각 특성에 평탄화 함수를 적용하고 모두 합쳐서 모델링한다. 다음 수식은 이런 과정을 보여 주고 있다.

$$y = w_0 + \underbrace{f_1(x_1)}_{\substack{\text{특성 } x_1\text{의} \\ \text{평탄화 함수}}} + \underbrace{f_2(x_2)}_{\substack{\text{특성 } x_2\text{의} \\ \text{평탄화 함수}}} + ... + \underbrace{f_n(x_n)}_{\substack{\text{특성 } x_n\text{의} \\ \text{평탄화 함수}}}$$

이 수식에서 각 특성은 해당 특성과 목표 간의 관계를 가장 잘 모델링하는 자신만의 평탄화 함수를 갖고 있다. 여러 평탄화 함수를 사용할 수 있지만, 실용적이면서 연산 효율이 높아 많이 쓰이는 평탄화 함수에는 회귀 스플라인$^{regression\ spline}$이 있다. 이 책은 회귀 스플라인에 집중한다. 이제 회귀 스플라인을 사용해서 GAM의 세계를 자세히 살펴보자!

2.5.1 회귀 스플라인

회귀 스플라인은 기저 함수$^{basis\ function}$의 가중된 합으로 표현된다. 수학적으로는 다음과 같다. 이 수식에서 함수 f_j는 특성 x_j와 목표 변수 간 관계를 모델링하는 함수이다. 이 함수는 기저 함수의 가중된 합으로 표현되며 가중치는 w_k, 기저 함수는 b_k로 표현돼 있다. GAM에서 이 함수 f_j를 평탄화 함수라고 한다.

$$f_j(x_j) = \underbrace{\sum_{k=1}^{K} w_k b_k(x_j)}_{\substack{\text{기저 함수의 가중된 합으로} \\ \text{표현된 평탄화 함수}}}$$

그렇다면 기저 함수는 무엇인가? 기저 함수란, 어떤 형태 또는 비선형 관계를 포착하기 위해 사용할 수 있는 변환의 집합이다. 회귀 스플라인이라는 이름에서 알 수 있듯이 기저 함수로 스플라인^{spline}을 사용한다. 스플라인은 n차 다항식으로 $n-1$차 도함수를 갖게 된다. 스플라인은 그림을 통해 이해하는 것이 훨씬 쉽다. 그림 2.18은 다양한 차수의 스플라인을 보여 주고 있다. 왼쪽 상단 그래프는 차수가 0인 가장 단순한 형태의 스플라인을 보여 주고 있다. 더 높은 차수의 스플라인은 이를 바탕으로 만들어진다. 왼쪽 상단 그래프에 총 6개의 스플라인이 그려져 있다. 여기서 하고자 하는 것은 데이터를 분할한 후 분할된 데이터마다 하나의 스플라인을 피팅하는 것이다. 이 그림에서 데이터가 6개의 분할로 나눠져 있으며 각 분할을 0차 스플라인으로 모델링하고 있다.

1차 스플라인은 오른쪽 상단의 그래프처럼 0차 스플라인을 자신으로 합성곱해서 구할 수 있다. 합성곱은 2개의 함수를 갖고 다른 함수를 만드는 수학적 연산이다. 이때 결과 함수는 첫 번째 함수와 두 번째 함수를 지연한 것의 상관관계를 나타내게 된다. 함수를 자신과 합성곱하면 함수가 지연된 자신과 갖는 상관관계를 나타낸다고 볼 수 있다. 합성곱에 관해서는 크리스토퍼 올라$^{Christopher\ Olah}$의 블로그 글이 자세히 설명하고 있다 (http://mng.bz/5Kdq). 0차 스플라인을 자신과 합성곱하면 1차 스플라인을 얻게 되는데, 이것은 삼각 구조로 연속되는 0차 도함수를 갖게 된다.

만약 1차 스플라인을 자신과 합성곱하면 2차 스플라인을 얻게 되며, 이것은 왼쪽 하단의 그래프에서 보여 주고 있다. 이 2차 스플라인은 1차 도함수를 가진다. 이와 마찬가지로 2차 스플라인을 합성곱해서 3차 스플라인을 얻을 수 있으며 이것은 2차 도함수를 가진다. 일반적으로 n차 스플라인은 $n-1$차 도함수를 가진다. n이 무한에 가까워지면 가우시안 분포를 닮은 스플라인을 얻게 된다. 실무에서 3차 스플라인, 즉 입방^{cube} 스플라인을 사용하는 이유는 이것으로 대부분의 형태를 포착할 수 있기 때문이다.

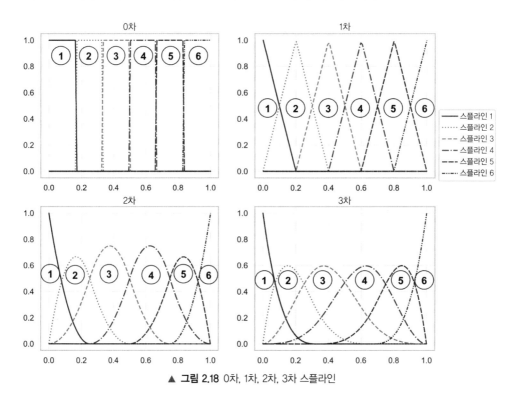

▲ **그림 2.18** 0차, 1차, 2차, 3차 스플라인

앞에서 언급했듯이 그림 2.18에서 데이터를 6개의 분할로 나눠 6개의 스플라인을 그리고 있다. 앞 수식에서 분할 또는 스플라인의 개수는 변수 K로 표현했다. 회귀 스플라인의 목적은 각 스플라인의 가중치를 학습해서 각 분할 내 데이터 분포를 모델링하는 것이다. 그래프의 분할 또는 스플라인의 개수, 즉 K는 자유도 차수라고도 한다. 일반적으로 그래프에 K개의 스플라인을 두면 분할 지점이 $K+3$개 생기며 이를 매듭^{knot}이라고 한다.

이제 그림 2.19의 입방 스플라인을 확대해서 살펴보자. 6개의 스플라인 또는 6차의 자유도가 있다는 것을 알 수 있으며 결국 분할 지점, 즉 매듭은 9개가 된다.

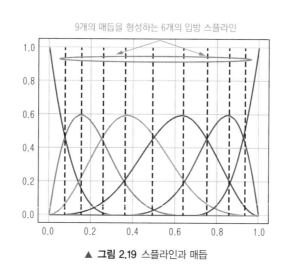

▲ **그림 2.19** 스플라인과 매듭

일반적인 형태를 포착하기 위해서는 스플라인의 가중된 합을 사용해야 한다. 여기서 입방 스플라인을 사용한다. 그림 2.20에서 같은 6개의 스플라인을 겹쳐서 9개의 매듭을 만들고 있다. 왼쪽 그래프에서는 6개 스플라인 모두에 같은 가중치를 설정했다. 상상할 수 있듯이 동일하게 가중된 6개의 스플라인을 합치면 수평적인 직선을 얻게 될 것이다. 이런 모양은 원시 데이터에 적절하게 피팅하지 않은 것이다. 하지만 오른쪽 그래프처럼 6개의 스플라인을 각각 다르게 가중해서 합치면 원시 데이터를 완벽하게 피팅하는 모양을 만들 수 있다. 이를 통해 회귀 스플라인과 GAM의 위력을 알 수 있다. 스플라인의 개수를 늘리거나 데이터를 더 많은 분할로 나누면 더 복잡한 비선형 관계를 모델링할 수 있다. 회귀 스플라인을 기반으로 한 GAM은 목표 변수와의 비선형 관계를 각 특성에 대해 독립적으로 모델링한 후 그것을 모두 합쳐 최종 예측을 한다.

그림 2.20에서 원시 데이터를 가장 잘 표현하는 가중치는 시행착오를 거쳐 구하고 있다. 그렇다면 특성과 목표 간의 관계를 가장 잘 포착하는 회귀 스플라인 가중치를 구하는 알고리듬은 어떻게 구할 수 있을까?

이번 절을 시작하면서 회귀 스플라인은 기저 함수 또는 스플라인의 가중된 합이라고 했던 내용을 상기해 보자. 즉, 기본적으로 선형 회귀 문제이기 때문에 최소 제곱 또는 경사 하강법을 통해 가중치를 학습할 수 있다. 그래도 매듭 수 또는 자유도 차수는 명시해야 할 필요가 있다. 이를 하나의 초매개변수로 취급할 수 있기 때문에 교차 검증cross-validation이라는 기법을 통해 구할 수 있다. 교차 검증을 사용해서 데이터 일부는 제외하고 남아 있는 데이터를 대상으로 사전에 정한 매듭 수를 갖고 회귀 스플라인을 피팅한다. 그런 다음 회귀 스플라인을 제외했던, 즉 홀드 아웃hold-out 데이터 세트를 갖고 평가한다. 최적의 매듭 수는 홀드 아웃 데이터 세트를 대상으로 가장 좋은 성능을 보이는 것으로 정한다.

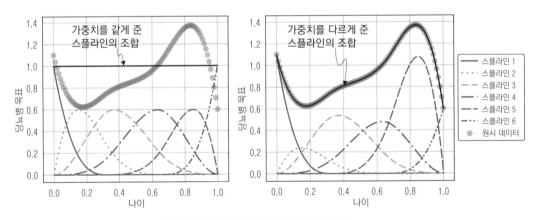

▲ **그림 2.20** 비선형 관계 모델링을 위한 스플라인

GAM에서 스플라인 개수 또는 자유도 차수를 늘리면 과적합이 쉽게 나타날 수 있다. 스플라인의 개수가 너무 많으면 결과적으로 얻는 스플라인의 가중된 합인 평탄화 함수는 상당히 '꾸불꾸불'해져서 데이터에 있는 노이즈까지 피팅하기 시작한다. 이렇게 꾸불꾸불해지는 현상, 즉 과적합을 어떻게 하면 방지할 수 있을까? 이때는 정칙화regularization라는

기법을 사용한다. 정칙화에서는 꾸불꾸불함의 정도를 정하는 최소 제곱 손실 함수에 어떤 항을 추가한다. 그런 다음 함수의 2차 도함수의 제곱을 적분해서 평탄화 함수의 꾸불꾸불함 정도를 정량화할 수 있다. 이후 λ 초매개변수(정칙화 매개변수라고 함)를 갖고 꾸불꾸불함의 정도를 조절할 수 있다. λ 값이 높으면 꾸불꾸불함이 상당히 완화된다. λ 값은 다른 초매개변수와 마찬가지로 교차 검증을 통해 판단할 수 있다.

GAM 요약

GAM은 강력한 모델로, 각 특성과 목표 간의 관계를 대변하는 평탄화 함수의 합이 목표 변수가 된다. 평탄화 함수로 어떤 비선형 관계라도 포착할 수 있다. 수학적으로는 다음과 같이 표현할 수 있다.

$$y = w_0 + f_1(x_1) + f_2(x_2) + \cdots + f_n(x_n)$$

이것은 화이트박스 모델이다. 즉, 각 특성이 평탄화 함수를 통해 출력으로 어떻게 변환되는지 쉽게 알아볼 수 있다. 보통 회귀 스플라인으로 평탄화 함수를 표현한다. 회귀 스플라인은 단순하게 기저 함수의 가중된 합으로 표현할 수 있다. GAM에 많이 사용하는 기저 함수로는 입방 스플라인이 있다. 스플라인 개수 또는 자유도 차수를 늘리면 데이터를 더 작은 분할로 나누고 각 분할을 독립적으로 모델링할 수 있다. 이렇게 하면 매우 복잡한 비선형 관계도 포착할 수 있다. 학습 알고리듬은 궁극적으로 회귀 스플라인의 가중치를 판단해야 한다. 이것은 선형 회귀와 마찬가지로 최소 제곱 또는 경사하강법을 통해 할 수 있다. 스플라인의 개수는 교차 검증 기법을 사용해서 찾을 수 있다. 스플라인의 개수가 늘어날수록 GAM은 네이터에 과석합하는 경향을 가진다. 이를 방지하기 위해 정칙화 기법을 사용한다. 정칙화 매개변수 λ를 사용해서 꾸불꾸불함의 정도를 조절할 수 있다. λ가 높을수록 더 평탄화된 함수가 된다. 매개변수 λ도 교차 검증을 통해 판단할 수 있다.

GAM은 변수 간 상호작용을 모델링하는 데 사용할 수도 있다. GAM의 한 가지 유형인 GA2M은 2개 변수 간의 상호작용을 모델링한다. 다음은 GA2M을 수학적으로 표현한 것이다.

$$y = w_0 + f_1(x_1) + f_2(x_2) + \underbrace{f_3(x_1, x_2)}_{\substack{x_1 \text{과 } x_2 \text{ 간의} \\ \text{상호작용 모델링}}} + f_4(x_4) + \cdots + f_n(x_n)$$

주제 전문가[SME, Subject Matter Expert], 즉 진단+ 예제에서는 의사의 도움을 받아 어떤 특성 간의 상호작용을 모델링해야 하는지 판단할 수 있다. 또한 특성 간 상관관계를 살펴보면서 함께 모델링돼야 하는 특성이 무엇인지 이해할 수 있다.

파이썬에서 pyGAM 패키지를 사용해서 GAM을 구축 및 훈련할 수 있다. pyGAM은 R 언어에서 널리 사용되는 mgcv 패키지의 영향을 받아 구성됐다. 파이썬 pip 패키지를 활용해서 다음 명령어로 pyGAM을 설치할 수 있다.

```
pip install pygam
```

2.5.2 진단+ 당뇨병을 위한 GAM

이제 진단+ 예제로 돌아가서 10개 특성 모두를 사용해서 당뇨병 진행을 예측하는 GAM 을 훈련해 보자. 이때 주의할 점은 환자의 성별은 범주형 및 불연속 특성이라는 점이다. 이 특성을 사용하는 평탄화 함수를 갖고 모델링할 필요는 없다. GAM에서 이런 범주형 특성은 인자 항으로 취급할 수 있다. pyGAM 패키지로 다음과 같이 GAM을 훈련할 수 있다. 결정 트리와 마찬가지로 당뇨병 데이터 세트를 로딩하고 훈련 및 테스트 세트로 분할하는 코드는 반복하지 않는다. 해당 코드는 2.2절을 참조하면 된다.

```
from pygam import LinearGAM          ❶
from pygam import s                  ❷
from pygam import f                  ❸

# 2.2절 코드로 데이터 로딩

gam=LinearGAM(s(0) +                 ❹
 f(1) +                             ❺
 s(2) +                             ❻
 s(3) +                             ❼
 s(4) +                             ❽
 s(5) +                             ❾
 s(6) +                             ❿
 s(7) +                             ⓫
 s(8) +                             ⓬
 s(9),                              ⓭
 n_splines=35)                      ⓮

gam.gridsearch(X_train, y_train)     ⓯

y_pred=gam.predict(X_test)           ⓰

mae=np.mean(np.abs(y_test - y_pred)) ⓱
```

❶ 회귀 과업을 위한 GAM 훈련에 사용할 pygam LinearGAM 클래스 임포트

❷ 수치 특성을 위한 평탄화 항 함수 임포트

❸ 범주형 특성을 위한 요인항 함수 임포트

❹ 나이 특성을 위한 입방 스플라인 항

❺ 범주형인 성별 특성을 위한 요인 항

❻ BMI 특성을 위한 입방 스플라인 항

❼ BP 특성을 위한 입방 스플라인 항

❽ 총 콜레스테롤 특성을 위한 입방 스플라인 항

❾ LDL 특성을 위한 입방 스플라인 항

❿ HDL 특성을 위한 입방 스플라인 항

⓫ 갑상선 특성을 위한 입방 스플라인 항

⓬ 녹내장 특성을 위한 입방 스플라인 항

⓭ 혈당 특성을 위한 입방 스플라인 항

⓮ 특성별로 사용할 스플라인의 최댓값

⓯ 스플라인 개수, 정칙화 매개변수 람다, 특성별 회귀 스플라인의 최적 가중치 등을 식별하기 위한 훈련과 교차 검증에 그리드 탐색(grid search) 사용

⓰ 테스트 데이터를 갖고 예측하기 위해 훈련된 GAM 모델 사용

⓱ MAE 측정 지표로 테스트 세트 대상 모델의 성능 평가

이제 결과를 살펴보자! GAM의 성능은 어떤가? GAM의 MAE 성능은 41.4로 선형 회귀나 결정 트리 모델과 비교해 봤을 때 상당히 개선된 것을 알 수 있다. 표 2.2는 세 가지 모델의 성능을 비교하고 있다. 진단+ 센터와 의사들이 사용해 오던 베이스라인 모델, 즉 모든 환자의 당뇨병 진행 상황의 중간 값을 사용하던 모델의 성능도 함께 표시돼 있다. 모든 모델은 베이스라인과 비교해서 표현돼 있으며 이를 통해 각 모델이 의사에게 어느 정도 개선된 예측을 제공하는지 알 수 있다. 모든 성능 측정 지표를 기준으로 봤을 때 GAM이 가장 좋은 모델인 것으로 보인다.

▼ 표 2.2 진단+ 베이스라인 대비 선형 회귀, 결정 트리, GAM 성능

	MAE	RMSE	MAPE
베이스라인	62.2	74.7	51.6
선형 회귀	42.8(−19.4)	53.8(−20.9)	37.5(−14.1)
결정 트리	48.6(−13.6)	60.5(−14.2)	44.4(−7.2)
GAM	41.4(−20.8)	52.2(−22.5)	35.7(−15.9)

이를 통해 GAM이 가진 예측력을 확인할 수 있었다. 특성, 특히 콜레스테롤 특성 간 또는 콜레스테롤과 BMI처럼 서로 연관성이 높은 특성들 간의 상호작용을 모델링해서 성능을 더욱 개선할 수도 있다. GAM을 사용해 특성 상호작용을 모델링해 볼 것을 권한다.

GAM은 화이트박스이며 쉽게 해석할 수 있다. 다음 절에서 GAM을 해석하는 방법을 살펴본다.

분류 과업을 위한 GAM

응답 y가 0 또는 1인 논리 링크 함수를 사용해서 이진 분류를 위한 GAM을 훈련할 수 있다. pyGAM 패키지에서 이진 분류 문제를 위해 논리 GAM을 다음과 같이 사용할 수 있다.

```
from pygam import
LogisticGAM gam=LogisticGAM()
gam.gridsearch(X_train, y_train)
```

2.5.3 GAM 해석

비록 각 평탄화 함수는 기저 함수의 선형 조합으로 얻게 되지만, 각 특성에 대한 최종 평탄화 함수는 비선형이기 때문에 선형 회귀에서 하는 것과 같은 방법으로 가중치를 해석할 수 없다. 하지만 각 특성이 목표 변수에 미치는 영향은 부분 의존 또는 부분 영향 도표를 갖고 쉽게 시각화할 수 있다. 부분 의존은 나머지 특성을 제외하고 하나의 특성이 미치는 영향을 식별할 수 있게 해 준다. 각 특성의 값이 목표 변수에 미치는 평균 영향을 볼 수 있기 때문에 해석하기 쉽다. 특성에 대한 목표의 반응이 선형, 비선형, 단조, 비단조인지 알 수 있다. 그림 2.21은 각 환자 특성이 목표 변수에 미치는 영향을 보여 주고 있다. 98% 신뢰도 구간도 함께 표시돼 있다. 이를 통해 표본 크기가 작은 데이터 포인트에 대한 모델의 민감도를 판단할 수 있다.

이제 그림 2.21에서 BMI와 BP 특성을 살펴보자. 목표 변수에 BMI가 미치는 영향이 왼쪽 하단 그래프에 보이고 있다. x축은 정규화된 BMI 값을 나타내고 있으며 y축에서 BMI가 환자의 당뇨병 진행에 미치는 영향을 볼 수 있다. BMI가 증가하면 당뇨병 진행에 미치는 영향이 늘어난다는 것을 볼 수 있다. 오른쪽 하단 그래프에서 BP 역시 이와 비슷한 경향을 보인다는 것을 알 수 있다. BP가 높아질수록 당뇨병 진행에 미치는 영향이 늘어난다는 것을 알 수 있다. 95% 신뢰도 구간을 보면(그림 2.21의 점선) BMI와 BP의 아래쪽과 위쪽 끝으로 갈수록 신뢰도 구간이 넓어진다는 것을 알 수 있다. 그 이유는 이 범위에 포함된 환자 표본이 적기 때문이다. 따라서 해당 범위에서 특성이 미치는 영향에 대한 불확실성이 커지게 된다.

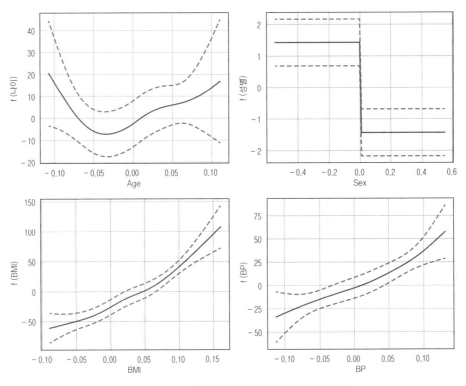

▲ **그림 2.21** 각 환자의 특성이 목표 변수에 미치는 영향

그림 2.21을 그리기 위한 코드는 다음과 같다.

```
grid_locs1=[(0, 0),(0, 1),            ❶
          (1, 0),(1, 1)]              ❶
fig, ax=plt.subplots(2, 2, figsize=(10, 8))   ❷
for i, feature in enumerate(feature_names[:4]):   ❸
```

```
    gl=grid_locs1[i]                                                       ❹
    XX=gam.generate_X_grid(term=i)                                         ❺
    ax[gl[0], gl[1]].plot(XX[:, i], gam.partial_dependence(term=i, X=XX))  ❻
    ax[gl[0], gl[1]].plot(XX[:, i], gam.partial_dependence(term=i, X=XX,
    ➥ width=.95)[1], c='r', ls='--')                                      ❼
    ax[gl[0], gl[1]].set_xlabel('%s' % feature)                           ❽
    ax[gl[0], gl[1]].set_ylabel('f( %s )' % feature)                      ❽
```

❶ 2×2 맷플롯립 도표에서 4개 그래프 위치

❷ 맷플롯립 그래프로 구성된 2×2 도표 생성

❸ 네 가지 환자 메타데이터 특성을 반복 처리

❹ 2×2 도표에서 특성 위치 추출

❺ 목표에 나머지 특성이 미치는 영향을 제외했을 때 특성 값에 대한 부분 의존성 생성

❻ 부분 의존성 값을 실선으로 표시

❼ 부분 의존성 값을 기준으로 95% 신뢰도 구간을 점선으로 표시

❽ x축과 y축 라벨 추가

그림 2.22는 여섯 가지 혈액 검사 측정값이 목표에 미치는 영향을 보여 주고 있다. 총 콜레스테롤, LDL, HDL, 녹내장 등이 당뇨병의 진행에 미치는 영향을 살펴보자. LDL(나쁜 콜레스테롤) 값이 크면 목표 변수에 어떤 영향을 미치는가? 총 콜레스테롤은 왜 목표 변수에 미치는 영향이 적은가? 이런 질문에 답하기 위해 콜레스테롤이 매우 높은 몇몇 환자를 살펴보자. 다음 코드는 이런 환자를 좀 더 자세히 살펴볼 수 있게 해 준다.

```
print(df_data[(df_data['Total Cholesterol'] > 0.15) &
              (df_data['LDL'] > 0.19)])
```

이 코드를 실행하면 442명의 환자 중 총 콜레스테롤이 0.15보다 높고 LDL이 0.19를 초과하는 환자는 1명만 있다는 것을 알 수 있다. 해당 환자의 1년 후 공복 혈당(목표 변수)은 정상 범위에 속하는 84인 것으로 보인다. 그림 2.22에서 총 콜레스테롤이 0.15를 초과하는 범위에서 목표 변수에 큰 부정적인 영향을 미치는 이유가 이것 때문일 수 있다. 목표에 총 콜레스테롤이 미치는 부정적인 영향은 LDL이 미치는 긍정적인 영향보다 큰 것으로 보인다. 신뢰도 간격은 이 범위에서 훨씬 큰 것으로 보인다. 모델이 이 이상 값에 과적합한 것일 수 있기 때문에 이런 영향에 너무 크게 신경 쓰지 않아도 된다. 이런 영향을 관찰해서 모델 예측에 대해 신뢰도가 높은 예제 또는 범위를 식별할 수 있고 이와 반대로

불확실성이 큰 구간도 알아 낼 수 있다. 불확실성이 큰 경우, 다시 진단 센터로 돌아가 대표성을 갖는 환자의 데이터를 추가로 수집해야 한다.

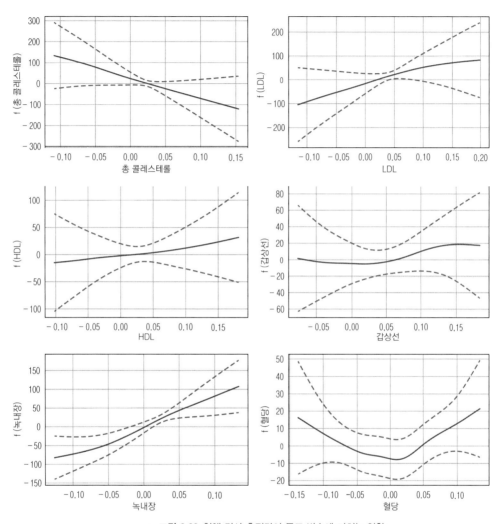

▲ **그림 2.22** 혈액 검사 측정값이 목표 변수에 미치는 영향

그림 2.22를 그리기 위한 코드는 다음과 같다.

```
grid_locs2=[(0, 0),(0, 1),          ❶
            (1, 0),(1, 1),          ❶
            (2, 0),(2, 1)]          ❶
```

```
fig2, ax2=plt.subplots(3, 2, figsize=(12, 12))                          ❷
for i, feature in enumerate(feature_names[4:]):                         ❸
    idx=i + 4                                                           ❹
    gl=grid_locs2[i]                                                    ❹
    XX=gam.generate_X_grid(term=idx)                                    ❺
    ax2[gl[0], gl[1]].plot(XX[:, idx], gam.partial_dependence(term=idx, X=XX))   ❻
    ax2[gl[0], gl[1]].plot(XX[:, idx], gam.partial_dependence(term=idx, X=XX,
    ➥ width=.95)[1], c='r', ls='--')                                   ❼
    ax2[gl[0], gl[1]].set_xlabel('%s' % feature)                        ❽
    ax2[gl[0], gl[1]].set_ylabel('f( %s )' % feature)                   ❽
```

❶ 3×2 맷플롯립 도표에서 6개 그래프 위치

❷ 맷플롯립 그래프로 구성된 3×2 도표 생성

❸ 여섯 가지 혈액 검사 측정값 특성 반복 처리

❹ 3×2 도표에서 특성 위치 추출

❺ 목표에 나머지 특성이 미치는 영향을 제외했을 때 특성 값에 대한 부분 의존성 생성

❻ 부분 의존성 값을 실선으로 표시

❼ 부분 의존성 값을 기준으로 95% 신뢰도 구간을 점선으로 표시

❽ x축과 y축의 라벨 추가

그림 2.21과 그림 2.22를 통해 목표 변수에 각 특성의 값이 미치는 구체적인 영향을 훨씬 깊이 이해할 수 있게 됐다. 부분 의존성 도표는 모델에 발생하는 문제를 디버깅하는 데 유용하다. 부분 의존성 값에 대한 95% 신뢰도 구간을 그려서 표본 크기가 작은 데이터 포인트를 식별할 수 있다. 표본 크기가 작은 특성의 값이 목표에 너무 큰 영향을 미치고 있다면 과적합 문제가 발생했을 수도 있다. 평탄화 함수의 꾸불꾸불함을 시각화해서 모델이 데이터에 포함된 노이즈에 피팅했는지 판단할 수도 있다. 이런 과적합 문제는 정칙화 매개변숫값을 늘려서 해결할 수 있다. 이런 부분 의존 도표를 주제 전문가, 여기서는 의사와 공유해서 그들의 신뢰도를 높이기 위한 검증 과정을 거칠 수도 있다.

2.5.4 GAM 한계

지금까지 GAM의 장점을 예측력과 해석 가능성 측면에서 살펴봤다. GAM은 과적합하는 경향을 갖지만, 정칙화를 통해 극복할 수 있다. 하지만 GAM이 갖는 다음과 같은 한계는 인식하고 있을 필요가 있다.

- GAM은 훈련 세트에 포함된 범위를 벗어나는 특성 값에 민감하게 반응하며 이런 이상 값이 있을 경우, 예측력이 떨어지게 된다.
- 비즈니스에 치명적인 영향을 미치는 과업에 GAM을 사용하기에 예측력이 부족한 경우가 있으며 이 경우, 좀 더 강력한 블랙박스 모델을 사용해야 할 수도 있다.

2.6 앞으로 살펴볼 블랙박스 모델

블랙박스 모델은 예측력이 상당히 높은 모델로, 보통 모델 성능이(예를 들어, 정확성이) 매우 중요한 과업에 적용한다. 하지만 태생적으로 불투명하며 그럴 수밖에 없게 하는 속성은 다음과 같다.

- 머신러닝 과정이 복잡하며 입력 특성이 어떻게 출력 또는 목표 변수로 변환되는지 이해하기 어렵다.
- 목표 변수 예측에 가장 중요한 특성을 식별하기가 어렵다.

블랙박스 모델의 예로 랜덤 포레스트^{random forest}나 경사 부스트 트리^{gradient-boosted tree}와 같은 트리 앙상블과 심층 신경망^{DNN, Deep Neural Network}, 합성곱 신경망^{CNN, Covolutional Neural Networks}, 순환 신경망^{RNN, Recurrent Neural Network} 등이 있다. 표 2.3은 이와 같은 모델을 보편적으로 사용하는 머신러닝 과업을 보여 주고 있다.

▼ **표 2.3** 블랙박스 모델과 머신러닝 과업 매핑

블랙박스 모델	머신러닝 과업
트리 앙상블(랜덤 포레스트, 경사 부스트 트리)	회귀 및 분류
심층 신경망(DNN)	회귀 및 분류
합성곱 신경망(CNN)	이미지 분류, 객체 식별
순환 신경망(RNN)	순차 모델링, 자연어 이해

그림 2.23은 2.1절에서 소개했던 예측력 대 해석 가능성 공간의 블랙박스 모델을 보여 주고 있다.

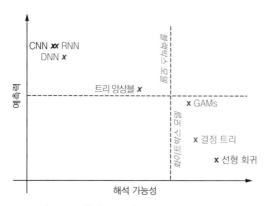

▲ **그림 2.23** 예측력 대 해석 가능성 공간의 블랙박스 모델

블랙박스 모델은 예측력이 높지만, 해석 가능성은 낮기 때문에 왼쪽 상단에 주로 포진해 있다. 비즈니스에 치명적인 과업이면 해석 가능성을 위해 성능(정확성 등)을 희생하지 않는 것이 중요하다. 이런 과업에는 블랙박스 모델을 적용해야 하며 결국 이런 블랙박스 모델을 해석하는 방법을 찾아야 한다. 블랙박스 모델은 여러 방법으로 해석할 수 있으며 이는 이어지는 장에서 집중적으로 다뤄 볼 주제이다. 3장에서는 트리 앙상블에 초점을 맞춰 그것을 상위 수준에서 모델의 종류와 관계없이, 즉 모델 애그노스틱하게 해석하는 방법을 다룬다.

요약

- 화이트박스 모델은 태생적으로 투명하다. 머신러닝 과정을 직관적으로 이해할 수 있으며 입력 특성이 어떻게 출력으로 변환되는지 투명하게 해석할 수 있다. 화이트박스 모델을 사용하면 주요 특성을 식별할 수 있으며 그런 특성을 이해할 수 있다.
- 선형 회귀는 가장 간단한 화이트박스 모델 중 하나로, 목표 변수는 입력 특성의 선형 조합으로 모델링된다. 최소 제곱이나 경사하강법을 통해 가중치를 판단할 수 있다.
- 선형 회귀는 사이킷런 패키지의 LinearRegression 클래스를 사용해서 파이썬으로 구현할 수 있다. 모델은 상관계수 및 학습된 가중치를 기반으로 해석할 수 있다.

각 특성의 중요도는 가중치로 판단할 수 있다. 하지만 선형 회귀는 다중 공선성과 과소적합 문제를 갖고 있다.

- 결정 트리는 선형 회귀보다 약간 개선된 화이트박스 모델로, 회귀 및 분류 과업 모두에 사용할 수 있다. 목표 변수는 손실 함수를 최소로 하도록 데이터를 모든 특성에 대해 분할해서 예측할 수 있다. 분할을 학습하기 위한 CART 알고리듬을 배웠다.

- 회귀 과업을 위한 결정 트리는 파이썬에서 사이킷런의 DecisionTreeRegressor 클래스를 사용해서 구현할 수 있다. 분류 과업을 위한 결정 트리는 사이킷런의 DecisionTreeClassifier 클래스를 사용해서 구현할 수 있다. 결정 트리는 CART를 사용해서 이진 트리로 시각화하고 해석할 수 있다. 사이킷런을 사용해서 구현하면 특성 중요도를 계산할 수 있다. 결정 트리는 비선형 관계를 모델링하기 위해 사용할 수 있지만, 과적합하는 경향이 있다.

- GAM은 강력한 화이트박스 모델로, 각 특성과 목표 간의 관계를 대변하는 평탄화 함수의 합이 목표 변수가 된다. 평탄화 함수를 표현하기 위해 회귀 스플라인과 입방 스플라인이 많이 사용된다는 것을 배웠다.

- 회귀 스플라인과 GAM은 파이썬 pyGAM 패키지를 사용해서 구현할 수 있다. 회귀 과업은 LinearGAM 클래스, 분류 과업은 LogisticGAM 클래스를 사용할 수 있다. 목표에 대한 각 특성의 부분 의존성을 그려서 GAM을 해석할 수 있다. GAM은 과적합하는 경향이 있지만, 이런 문제는 정칙화를 통해 완화할 수 있다.

- 블랙박스 모델은 예측력이 상당히 높은 모델로, 보통 모델 성능이(예를 들어, 정확성이) 매우 중요한 과업에 적용한다. 하지만 태생적으로 불투명하다. 머신러닝 과정은 복잡하며 입력 특성이 어떻게 출력 또는 목표 변수로 변환되는지 이해하기 어렵다. 결과적으로 목표 변수 예측에 가장 중요한 특성을 식별하기 어렵다.

## Part 2

모델 처리 해석

2부에서는 블랙박스 모델을 살펴보고 모델이 입력을 어떻게 처리해서 최종 예측에 도달하는지 알아본다.

3장에서는 블랙박스 모델의 한 유형인 트리 앙상블^{tree ensemble}을 살펴본다. 이것의 속성과 왜 블랙박스일 수밖에 없는지를 배운다. 또한 글로벌^{global}(전역적) 수준에서 부분 의존성 도표^{PDP, Partial Dependence Plot}, 상호작용 도표 등 모델의 유형과 관계없이 적용할 수 있는 모델 애그노스틱한 사후 기법을 사용해서 모델을 해석하는 방법도 알아본다.

4장에서는 심층 신경망, 특히 바닐라 완전 연결 신경망^{vanilla fully connected neural networks}에 초점을 맞춘다. 이런 모델이 블랙박스이도록 하는 특성을 배우고 LIME^{Local Interpretable Model-agnostic Explanations, 로컬 해석 가능한 모델 애그노스틱 설명}, SHAP^{SHapley Additive exPlanations, 샤플리 첨가 설명}, 앵커^{anchor} 등 로컬^{local}(지역적) 사후 기법을 갖고 그것을 해석하는 방법을 살펴본다.

5장에서는 이미지 분류 및 객체 식별과 같은 시각 과업에 주로 사용하는 고급 아키텍처인 합성곱 신경망^{CNN, Convolutional Neural Network}을 집중적으로 다룬다. 돌출 맵^{saliency map}을 사용해 모델이 집중해서 보고 있는 것을 시각화하는 방법을 배운다. 경사, 유도 역전파(줄여서 백프롭^{backprop}), 경사 가중 클래스 활성화 매핑^{Grad-CAM}, 유도 Grad-CAM, SmoothGrad(평탄화 경사) 등과 같은 기법도 배워 본다.

3

모델 애그노스틱 기법: 글로벌 해석 가능성

3장에서 다루는 내용

- 모델 애그노스틱 기법과 글로벌 해석 가능성의 특징
- 트리 앙상블, 특히 블랙박스 모델인 랜덤 포레스트 구현 방법
- 랜덤 포레스트 모델 해석 방법
- 부분 의존성 도표(PDP)라는 모델 애그노스틱 기법을 사용한 블랙박스 모델 해석 방법
- 특성 상호작용을 활용한 편향 식별 방법

2장에서 화이트박스와 블랙박스라는 두 가지 유형의 머신러닝 모델을 살펴보고 화이트박스 모델을 해석하는 방법을 살펴봤다. 블랙박스 모델은 좀 더 높은 예측력을 갖고 있으며 이름에서 알 수 있듯이 해석하기가 어렵다. 3장에서는 블랙박스 모델을 해석하는 방법을 집중적으로 살펴본다. 특히, 모델 애그노스틱하고 글로벌global(전역적) 수준에서 적용하는 기법을 배우게 될 것이다. 모델 애그노스틱한 해석 기법은 사용하는 모델의 유형과 관계없이 적용할 수 있다는 것을 1장에서 설명했다. 이런 기법은 모델의 내부 구조와 독립적이기 때문에 어떠한 모델에도 적용할 수 있다. 또한 글로벌 수준에서 이뤄지는 해석 기법은 모델을 전반적으로 이해할 수 있도록 해 준다. 그리고 트리 앙상블, 특히 랜덤 포레스트random forest를 집중적으로 살펴본다. 비록 랜덤 포레스트를 갖고 설명하지만,

3장에서 배우는 모델 애그노스틱 기법은 다른 모델에도 적용할 수 있다. 신경망과 같은 복잡한 블랙박스 모델은 4장에서 다룬다. 4장은 로컬 수준에서 적용할 수 있는 LIME, SHAP, 앵커 등 모델 애그노스틱 기법을 설명한다.

3장의 구조는 2장과 비슷하다. 우선 구체적인 예제를 살펴본다. 3장은 진단+가 아닌 교육과 관련된 다른 예제를 다룬다. 이 예제를 선택한 이유는 데이터 세트에 몇 가지 흥미로운 속성이 포함돼 있으며 3장에서 배우게 될 해석 기법을 통해 데이터 세트가 갖고 있는 문제를 식별할 수 있기 때문이다. 3장의 핵심 목적은 2장과 마찬가지로 해석 기법을 구현해서 블랙박스 모델(트리 앙상블)을 좀 더 구체적으로 이해하는 데 있다. 이런 해석 기법은 모델 개발 및 테스팅 단계에 적용된다. 모델 훈련 및 테스트를 알아보고, 특히 적용 측면을 자세히 살펴본다. 모델 훈련, 테스팅, 이해 단계는 연관성이 높기 때문에 이 세 가지 단계를 함께 다루는 것이 중요하다. 이미 트리 앙상블 모델의 훈련과 테스팅에 익숙한 독자는 바로 해석 부분으로 넘어가도 된다.

3.1 고등학교 학생 성적 예측기

우선 구체적인 예제를 살펴보자. 이번에는 진단+로 살펴봤던 의료가 아닌 교육 분야를 다룬다. 미국 어떤 학군의 관리자가 지금 겪고 있는 데이터 과학 문제를 도와 달라고 요청해 왔다. 관리자는 수학, 독해, 작문 등 세 가지 핵심 교과목에서 학생들의 성적이 어떤지 이해하고자 한다. 그 결과를 바탕으로 여러 학교에 필요한 예산을 편성하고 모든 학생 성공법^{ESSA, Every Student Succeeds Act}에 따라 학생들이 좋은 학업 성과를 낼 수 있게 하고자 한다.

관리자는 특히 자신의 구역 내 고등학교 학생들의 수학, 독해, 작문 성적을 예상하는 데 도움을 받으려고 한다. 성적은 A, B, C, F일 수 있다. 이런 정보가 주어졌으므로 이를 머신러닝 문제로 표현할 수 있다. 모델의 목표가 성적을 예측하는 것이고 성적은 A, B, C, F 등 네 가지 값을 가질 수 있기 때문에 이 문제는 분류 문제로 볼 수 있다. 관리자는 자신의 학군 내 여러 학교에 다니는 다양한 배경을 가진 1,000명의 데이터를 수집했다. 학생별로 다음과 같은 다섯 가지 정보를 수집했다.

- 성별

- 인종

- 부모의 교육 수준

- 학생 구매 점심 유형

- 시험 준비 수준

이런 데이터를 바탕으로 과목별로 하나씩 총 3개의 분류 모델을 훈련해야 한다. 그림 3.1
은 이와 관련된 내용을 보여 준다.

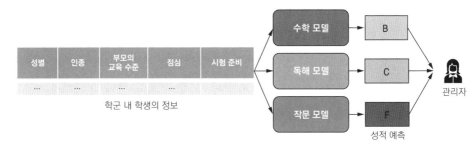

▲ **그림 3.1** 학군 관리자가 필요로 하는 학생 성적 모델

보호 속성과 공정성

보호 속성은 성별, 나이, 인종, 출신 국가, 성적 성향 등 사회적 편향성과 관련된 개인의 속성을 말
한다. 미국, 유럽 등 일부 지역의 법은 거주, 고용, 신용 대출 등 산업에서 이런 보호 속성을 기반으
로 한 차별을 금지하고 있다. 이런 속성을 특성으로 사용하는 머신러닝 모델을 구축할 때는 관련 법
률 및 차별 금지법을 인지하는 것이 중요하다. 머신러닝 모델이 편향성을 갖거나 보호 속성을 기반
으로 특정 개인을 차별하지 않도록 해야 한다. 3장에서 사용하는 데이터 세트는 보호 속성을 2개
갖고 있고 이들은 모델이 특성으로 사용한다. 그리고 해석 기법을 통해 모델이 훈련을 통해 가질 수
있는 잠재적 편향성을 식별한다. 보호 속성과 관련된 법 및 여러 공정성 조건은 8장에서 자세하게
다룬다. 또한 3장에서 사용하는 데이터 세트는 가상 데이터 세트로, 실제 학생의 성적을 반영하고
있지 않다. 인종/민족의 특성 또한 익명으로 처리돼 있다.

3.1.1 탐색적 데이터 분석

새로운 데이터 세트를 사용하기 때문에 모델을 훈련하기 전에 포함된 특성과 그런 특성이 가질 수 있는 값을 이해해야 한다. 데이터 세트에 학생 성별, 인종, 부모의 교육 수준, 구매 점심 유형, 시험 준비 정도 등 다섯 가지 특성이 포함돼 있다. 모든 특성은 범주형 특성으로, 가능한 값은 이산적이고 유한하다. 학생별 목표 변수는 수학 성적, 독해 성적, 작문 성적 등 세 가지가 있다. 성적은 A, B, C, F 중 하나가 된다.

성별은 남성 또는 여성일 수 있으며 여성 비율(52%)이 남성 비율(48%)보다 조금 높다. 이제 다른 특성 두 가지, 즉 인종과 부모의 교육 수준을 살펴보자. 그림 3.2는 이 특성의 가능한 범주 및 범주별로 속한 학생의 비율을 보여 주고 있다. 인종 집단은 5개로, 집단 C와 D가 전체 학생 중 58%로 가장 많은 학생을 데리고 있다. 부모의 교육 수준은 6개 단계로 구분되고 있다. 아래에서부터 고등학교 중퇴, 고졸, 대학교 중퇴, 전문학사, 학사, 석사 집단이 있다. 부모의 교육 수준이 낮은 쪽에 훨씬 많은 학생이 속한 것을 볼 수 있다. 학생 중 약 82%는 고졸, 대학교 중퇴, 학사 학위 수준의 교육을 받은 부모를 가진 것으로 보인다. 부모가 석사 또는 박사 학위를 가진 학생은 전체의 18%이다.

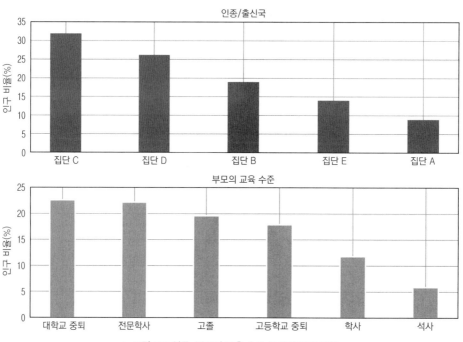

▲ **그림 3.2** 인종, 부모의 교육 수준 특성의 값과 비율

이제 남은 특성 2개, 즉 구매한 점심 유형과 시험 준비 정도를 살펴보자. 대부분은 표준 점심을 구매했고(약 65%) 나머지는 무료/절약 점심을 구매했다. 시험 준비 정도는 학생 중 36%만이 시험 준비를 완료했으며 나머지는 준비를 끝내지 못했거나 모른다고 한 것으로 보인다.

이제 3개 과목에서 A, B, C, F 성적을 거둔 학생의 비율을 살펴보자. 결과는 그림 3.3에서 보여 주고 있다. 대부분의 학생은 B 성적을 받았고(48~50%) F를 받은 학생의 비율은 매우 작다는 것을(3~4%) 알 수 있다. 3개 과목에서 B를 받은 학생은 18~25%, C를 받은 학생은 22~28%이다. 모델을 훈련하기 전에 데이터 자체가 균등하지 않다는 것을 인지할 필요가 있다. 이것은 왜 중요하며, 이런 불균형 데이터를 어떻게 처리해야 할까? 분류 문제에서 특정 클래스에 속한 예제 또는 데이터 포인트가 너무 많을 때 데이터의 불균형이 있다고 이야기한다. 이를 인지하는 것이 중요한 이유는 대부분의 머신러닝 알고리듬은 각 클래스에 속한 데이터의 비율이 비슷할 때 가장 좋은 성능을 내기 때문이다. 대다수의 알고리듬은 오류를 최소화하거나 정확성을 최대화하도록 설계됐기 때문에 비율이 가장 높은 클래스에 편향되는 특징을 갖고 있다. 클래스 간 불균형에 대처하는 방법은 몇 가지가 있으며 다음에 나열돼 있는 것은 대표적인 방법이다.

- 모델을 테스트 및 검증할 때 적합한 성능 측정 지표를 사용한다.
- 다수 클래스를 언더 샘플링under-sampling하거나 소수 클래스를 오버 샘플링over-sampling해서 훈련 데이터를 재편성한다.

이와 관련된 내용은 3.2절에서 다룬다.

데이터를 좀 더 구체적으로 살펴보자. 다음 분석 결과는 3.4절에서 모델이 학습한 것을 해석 및 확인할 때 유용할 것이다. 학부모의 교육 수준이 가장 낮을 때와 가장 높을 때 학생의 성적은 보통 어떨까? 교육 수준이 낮은 부모(고졸)와 가장 높은(석사) 부모를 둔 학생의 성적 분포를 비교해 보자. 그림 3.4는 3개 과목에 대한 이런 분석 결과를 보여 주고 있다.

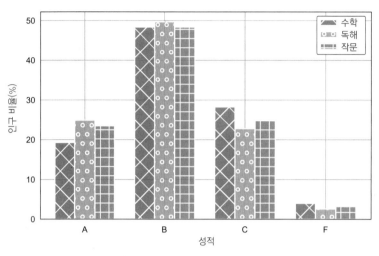

▲ **그림 3.3** 과목별 목표 변수의 값과 비율

고졸 학부모를 둔 학생을 우선 살펴보자. 3개 과목 모두 전체 학생 집단보다 더 많은 수가 F를 받고 A를 받는 학생 비율이 적은 것으로 보인다. 예를 들어, 수학 과목의 경우, 학부모가 고졸이면 10%만이 A 성적을 받는 것으로 보이는 것에 비해 전체로 놓고 봤을 때 A 성적을 받는 학생은 20%이다(그림 3.3 참조). 이제 학부모가 석사 학위를 가진 경우를 살펴보자. 전체 학생과 비교했을 때 좀 더 많은 학생이 A를 받고 F를 받는 학생은 없는 것으로 보인다. 예를 들어, 수학의 경우 석사 학위를 가진 부모를 둔 학생의 약 30%는 A를 받았다. 그림 3.4를 살펴보면 모든 과목에서 부모의 교육 수준이 높은 학생이 상대적으로 높은 성적(A 또는 B)을 받는다는 것을 볼 수 있다.

인종의 경우에는 어떤가? 가장 학생 비율이 높은 집단의 성적이 학생이 가장 적은 집단과 비교했을 때 어떤가? 그림 3.2에서 가장 학생이 많은 집단이 C, 가장 적은 집단이 A라는 것을 알 수 있다. 그림 3.5는 집단 C에 속한 학생과 집단 A에 속한 학생의 성적을 비교하고 있다.

평균적으로 봤을 때 집단 C에 속한 학생이 집단 A보다 우수한 성적을 내는 것으로 보인다. 즉, 높은 학점(A 또는 B)을 받은 학생이 낮은 학점(C 또는 F)을 받은 학생보다 많다. 앞에서 언급했듯이 이번 절에서 분석한 내용은 3.4절에서 모델이 학습한 내용을 해석 및 검증할 때 유용하게 사용될 것이다.

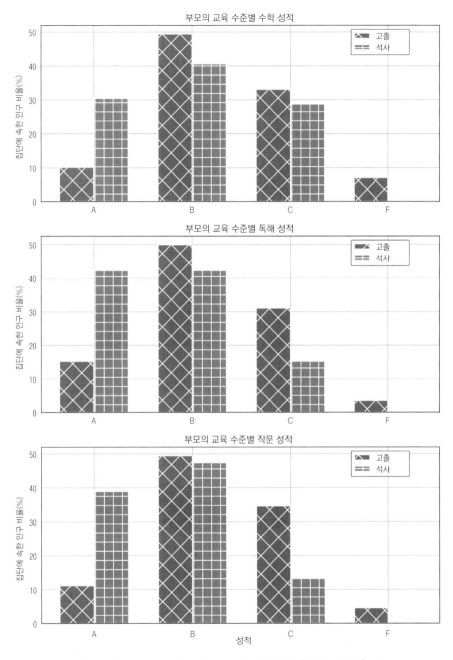

▲ **그림 3.4** 부모의 교육 수준이 고졸인 학생과 석사인 학생의 성적 비율 비교

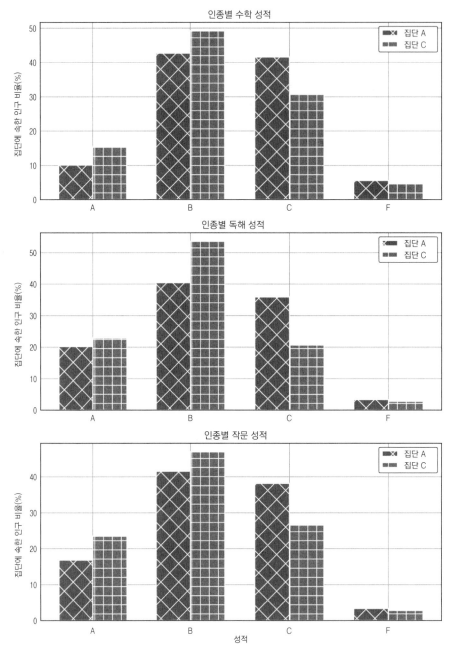

▲ **그림 3.5** 인종 집단 A와 C 학생의 성적 분포

3.2 트리 앙상블

2장에서 비선형 관계를 모델링하는 강력한 방법인 결정 트리를 살펴봤다. 결정 트리는 화이트박스 모델이고 해석하기 쉽다. 하지만 복잡한 결정 트리는 모델이 노이즈나 데이터의 분산에 너무 피팅하는 과적합 문제가 발생한다. 과적합 문제를 극복하기 위해서는 결정 트리의 계층 수와 잎 노드node의 필요 표본 수를 줄여 복잡성을 줄일 수 있다. 그러나 그렇게 했을 때 예측력은 떨어지게 된다.

예측력을 잃지 않으면서 과적합 문제를 피하기 위해 복수의 결정 트리를 합칠 수도 있다. 이것이 트리 앙상블의 기본적인 원리이다. 결정 트리는 크게 다음과 같은 두 가지 방법으로 조합 또는 앙상블할 수 있다.

- **배깅**bagging – 훈련 데이터를 무작위로 여러 서브세트로 나누고 복수의 결정 트리를 서로 다른 서브세트를 사용해 병렬로 훈련한다. 개별 결정 트리로 예측하고 그것을 평균해서 최종 예측을 얻는다. 랜덤 포레스트는 이 배깅 기법을 사용한 트리 앙상블이다. 개별 결정 트리를 훈련하기 위해 데이터의 무작위 서브세트를 사용하는 것 외에도 랜덤 포레스트 알고리듬은 데이터를 분할하기 위해 특성도 무작위로 서브세트로 나누게 된다.

- **부스팅**boosting – 부스팅 기법도 배깅과 마찬가지로 복수의 결정 트리를 훈련하지만, 순차적으로 한다는 것에 차이가 있다. 첫 번째 결정 트리는 보통 계층이 적은 얕은 트리이고 훈련 세트를 갖고 훈련한다. 두 번째 결정 트리의 목적은 첫 번째 트리의 오류에서 배워 성능을 높이는 것이다. 이 기법을 통해 여러 개의 결정 트리를 묶을 수 있으며 각각은 이전 트리의 오류를 줄여 점진적으로 최적화된다. 적응 부스팅adaptive boosting과 경사 부스팅gradient boosting이 대표적인 부스팅 알고리듬이다.

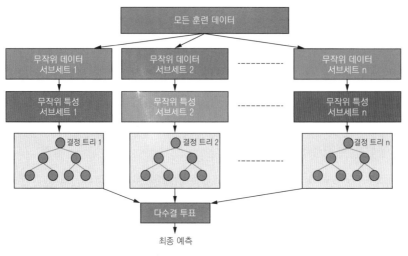

▲ **그림 3.6** 랜덤 포레스트 알고리듬

3장은 배깅 기법, 특히 그림 3.6에서 보여 주고 있는 랜덤 포레스트 알고리듬을 집중적으로 살펴본다. 우선 무작위로 선정된 훈련 데이터의 서브세트를 갖고 개별 결정 트리를 훈련한다. 이후 각 결정 트리를 무작위로 선정된 특성 서브세트를 갖고 분할한다. 최종 예측은 모든 결정 트리의 결과 중 가장 많은 것을 선정한다. 여기서 알 수 있듯이 랜덤 포레스트 모델은 일반적인 결정 트리보다 훨씬 복잡하다. 그리고 앙상블에 속한 트리의 수가 늘어날수록 복잡도는 올라간다. 또한 모든 결정 트리에서 특성이 어떻게 분할되는지 시각화하거나 이해하는 것은 각각의 데이터 및 특성 서브세트 때문에 훨씬 어렵다. 따라서 랜덤 포레스트는 블랙박스 모델이 되고 해석하기 어렵다. 이런 경우, 알고리듬을 설명할 수 있다고 해서 해석 가능성이 확보되지 않는다.

나머지 적응 부스팅 및 경사 부스팅 알고리듬의 동작 원리도 살펴보자. 그림 3.7은 아다부스트^Ada Boost라고 줄여서 이야기하는 적응 부스팅을 보여 주고 있다. 알고리듬은 다음과 같이 동작한다. 우선 모든 훈련 데이터를 갖고 하나의 결정 트리를 훈련한다. 첫 번째 결정 트리는 각 데이터 포인트에 같은 가중치를 준다. 결정 트리를 훈련하고 나면 각 데이터 포인트의 오류를 갖고 가중된 합을 구해서 전체 트리의 오류율을 계산한다. 그런 다음 가중된 오류율을 갖고 해당 결정 트리의 가중치를 결정한다. 만약 해당 트리의 오류율이 높다면 예측력이 낮다는 것을 의미하기 때문에 낮은 가중치를 준다. 오류율이 낮다면 예측력이 높다고 볼 수 있고, 따라서 높은 가중치를 준다. 이후 첫 번째 결정 트리의 가중치를 갖고 두 번째 결정 트리의 각 데이터 포인트에 대한 가중치를 결정한다. 잘못 분류된 데이터 포인트에 높은 가중치를 줘서 두 번째 결정 트리가 오류율을 낮출 수 있도록 한다. 이런 과정을 훈련 중 설정한 트리 개수에 이를 때까지 순차적으로 반복한다. 모든 트리를 훈련한 후에 가중된 다수결로 최종 예측을 한다. 가중치가 높은 결정 트리는 예측력이 높기 때문에 최종 예측에 좀 더 많은 영향을 미치게 된다.

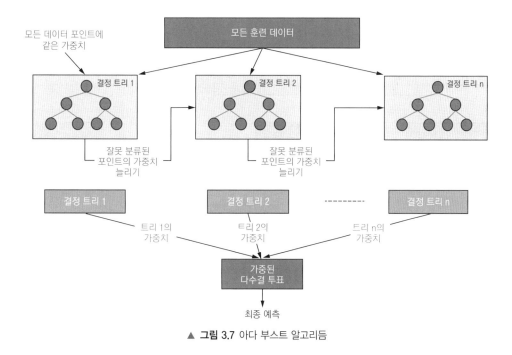

▲ **그림 3.7** 아다 부스트 알고리듬

경사 부스팅 알고리듬의 동작 방식은 약간 다르며 그림 3.8에 묘사돼 있다. 아다 부스트와 마찬가지로 첫 번째 결정 트리는 모든 훈련 데이터로 훈련하게 되지만, 다른 점은 데이터 포인트에 가중치가 주어지지 않는다는 점이다. 첫 번째 결정 트리를 훈련한 후 실제 목푯값과 예측된 값 간의 차이인 잔류 오류 지표를 계산한다. 두 번째 결정 트리는 첫 번째 트리의 잔류 오류를 예측하도록 만든다. 따라서 아다 부스트처럼 각 데이터 포인트의 가중치를 업데이트하지 않고 경사 부스팅은 직접 잔류 오류를 예측한다. 각 트리의 목적은 이전 트리의 오류를 수정하는 것이다. 이런 과정을 훈련 중 설정한 트리 개수가 충족될 때까지 순차적으로 반복한다. 모든 트리를 훈련한 후 예측을 모두 합쳐서 최종 예측을 얻는다.

앞에서 언급했듯이 여기서는 랜덤 포레스트 알고리듬에 초점을 맞추겠지만, 알고리듬을 훈련, 평가, 해석하기 위한 기법은 부스팅 기법에도 적용할 수 있다.

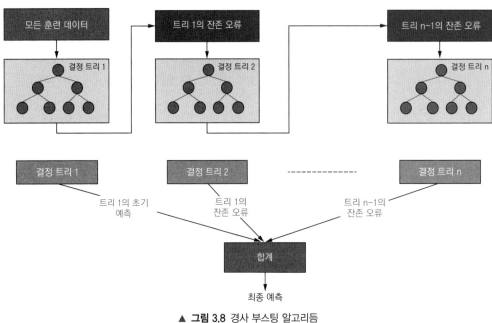

▲ **그림 3.8** 경사 부스팅 알고리듬

3.2.1 랜덤 포레스트 훈련

이제 고등학교 학생의 성적을 예측하는 랜덤 포레스트 모델을 훈련해 보자. 다음 코드는 모델을 훈련하기 전에 데이터를 준비하는 방법을 보여 주고 있다. 데이터를 훈련과 테스트 세트로 나눌 때 테스트에 데이터의 20%가 할당된다는 것을 볼 수 있다. 나머지는 훈련과 검증에 사용된다. 또한 수학 목표 변수를 계층 표본 추출해서 훈련과 테스트 세트에 포함된 성적의 분포가 같아지도록 한다. 이와 마찬가지 방법으로 독해와 작문 성적에 대해서도 이와 비슷한 분할을 만들어 낼 수 있다.

```
import pandas as pd
from sklearn.preprocessing import LabelEncoder

# 데이터 로딩
df=pd.read_csv('data/StudentsPerformance.csv')                                ❶

# 우선 입력 특성 인코딩                                                          ❷
gender_le=LabelEncoder()                                                       ❷
race_le=LabelEncoder()                                                         ❷
parent_le=LabelEncoder()                                                       ❷
lunch_le=LabelEncoder()                                                        ❷
test_prep_le=LabelEncoder()                                                    ❷
df['gender_le']=gender_le.fit_transform(df['gender'])                          ❸
df['race_le']=race_le.fit_transform(df['race/ethnicity'])                      ❸
df['parent_le']=parent_le.fit_transform(df['parental level of education'])     ❸
df['lunch_le']=lunch_le.fit_transform(df['lunch'])                             ❸
df['test_prep_le']=test_prep_le.fit_transform(df['test preparation course']);  ❸

# 이어서 목표 변수 인코딩
math_grade_le=LabelEncoder()                                                   ❹
reading_grade_le=LabelEncoder()                                                ❹
writing_grade_le=LabelEncoder()                                                ❹
df['math_grade_le']=math_grade_le.fit_transform(df['math grade'])             ❺
df['reading_grade_le']=reading_grade_le.fit_transform(df['reading grade'])    ❺
df['writing_grade_le']=writing_grade_le.fit_transform(df['writing grade'])    ❺

# 훈련/검증/테스트 세트 생성
df_train_val, df_test=train_test_split(df, test_size=0.2,                      ❻
stratify=df['math_grade_le'], #F shuffle=True, random_state=42)                ❻
feature_cols=['gender_le', 'race_le',
  'parent_le', 'lunch_le',[CA] 'test_prep_le']
X_train_val=df_train_val[feature_cols]                                         ❼
X_test=df_test[feature_cols]                                                   ❼
y_math_train_val=df_train_val['math_grade_le']                                 ❽
y_reading_train_val=df_train_val['reading_grade_le']                           ❽
y_writing_train_val=df_train_val['writing_grade_le']                           ❽
y_math_test=df_test['math_grade_le']                                           ❽
y_reading_test=df_test['reading_grade_le']                                     ❽
y_writing_test=df_test['writing_grade_le']                                     ❽
```

❶ 데이터를 판다스 데이터프레임에 로딩
❷ 입력 특성은 문자이면서 범주형이기 때문에 이것을 수치 값으로 변환할 필요가 있다.

❸ 입력 특성을 수치적인 값으로 피팅 및 변환

❹ 문자로 표기된 학점을 수치로 변환해야 하기 때문에 목표 변수를 위한 LabelEncoders도 초기화한다.

❺ 목표 변수를 수치로 피팅 및 변환

❻ 데이터를 훈련 세트와 테스트 세트로 분할

❼ 훈련/검증/테스트 세트의 특성 행렬 추출

❽ 훈련/검증/테스트 세트를 위한 수학, 독해, 작문의 목표 벡터 추출

데이터를 준비하고 나면 수학, 독해, 작문을 위한 랜덤 포레스트 모델 3개를 훈련할 준비가 됐다. 다음 코드는 그 과정을 보여 주고 있다. 교차 검증을 통해 랜덤 포레스트 분류 모델의 최적 매개변수를 판단할 수 있다. 또한 랜덤 포레스트 알고리듬은 우선 훈련 데이터의 어떤 무작위 서브세트로 각 결정 트리를 훈련하고 각 결정 트리에서 모델은 데이터를 분할하기 위한 특성의 무작위 서브세트를 사용한다는 점에 유의해야 한다. 알고리듬이 사용하는 이 두 가지 무작위 요소 모두 random_state 매개변수를 사용해서 랜덤 숫자 생성기의 시드^{seed}를 설정하는 것이 중요하다. 시드를 설정하지 않으면 재현을 하거나 일관된 결과를 얻기 힘들다. 우선 헬퍼^{helper} 함수를 사용해서 사전에 정한 매개변수를 갖고 랜덤 포레스트 모델을 만들어 보자.

```python
from sklearn.ensemble import RandomForestClassifier

def create_random_forest_model(n_estimators,              ❶
                               max_depth=10,              ❷
                               criterion='gini',          ❸
                               random_state=42,           ❹
                               n_jobs=4):                 ❺
    return RandomForestClassifier(n_estimators=n_estimators,
                                  max_depth=max_depth,
                                  criterion=criterion,
                                  random_state=random_state,
                                  n_jobs=n_jobs)
```

❶ 랜덤 포레스트에 포함할 결정 트리 개수 설정

❷ 결정 트리의 최대 계층 매개변수

❸ 각 결정 트리를 최적화하기 위한 손실 함수로 지니 불순도를 사용

❹ 재현 가능성을 위해 무작위 숫자 생성기의 시드 설정

❺ n_jobs를 설정한 후 컴퓨터의 모든 가용한 코어를 사용해서 개별 결정 트리를 병렬로 훈련

이 헬퍼 함수를 사용해서 수학, 독해, 작문 과목을 위한 3개의 랜덤 포레스트 모델을 초기화 및 훈련하자. 다음은 이 과정을 보여 주고 있다.

```
math_model=create_random_forest_model(50)                          ❶
math_model.fit(X_train_val, y_math_train_val)                      ❷
y_math_model_test=math_model.predict(X_test)                       ❸

reading_model=create_random_forest_model(25)                       ❹
    reading_model.fit(X_train_val, y_reading_train_val)            ❹
y_reading_model_test=reading_model.predict(X_test)                 ❹

writing_model=create_random_forest_model(40)                       ❺
writing_model.fit(X_train_val, y_writing_train_val)                ❺
y_writing_model_test=writing_model.predict(X_test)                 ❺
```

❶ 수학 과목에 대한 랜덤 포레스트 분류 모델을 결정 트리 50개로 초기화
❷ 수학 성적을 목표 변수로 해서 학생 수학 성적 분류 모델을 훈련 데이터에 피팅
❸ 사전 훈련된 모델을 갖고 테스트 세트에 속한 모든 학생의 수학 성적을 예측
❹ 작문 과목에 대한 랜덤 포레스트 분류 모델을 결정 트리 25개로 초기화
❺ 독해 과목에 대한 랜덤 포레스트 분류 모델을 결정 트리 40개로 초기화

이제 수학, 독해, 작문을 위한 랜덤 포레스트 모델 3개를 훈련했으므로 그것을 평가하고 베이스라인 모델과 비교해 보자. 베이스라인 모델은 모든 과목에 가장 많은 B를 항상 예측하는 모델이다. 분류 문제에 보통 많이 사용하는 측정 지표는 정확성이다. 하지만 이 측정 지표는 클래스 간 분포가 균형적이지 않은 상황에 적합하지 않다. 이번 경우도 학생 성적 데이터는 상당히 불균형적이라는 것을 그림 3.3에서 살펴봤다. 예를 들어, 수학 과목에서 학생의 98%가 B를 받았다면 모든 학생의 성적을 B로 예측해서 정확도가 98%에 이르는 모델을 구축할 수 있다. 모든 클래스에 대한 모델의 성능을 보기 위해서는 정밀도, 재현율, F1 등 좀 더 적합한 측정 지표를 사용해야 한다. 정밀도는 예측한 클래스 중 정확하게 예측한 비율을 측정한다. 재현율은 양성^{positive} 클래스 중 모델이 올바르게 예측한 비율이다. 다음은 정밀도와 재현율의 수식을 보여 주고 있다.

$$정밀도 = \frac{참\ 긍정}{참\ 긍정 + 거짓\ 긍정}$$

$$재현율 = \frac{참\ 긍정}{참\ 긍정 + 거짓\ 부정}$$

완벽한 분류 모델은 거짓 긍정과 거짓 부정이 없기 때문에 정밀도 점수가 1이고 재현율 점수도 1이다. 하지만 실제로는 이 두 가지 측정 지표가 서로 상충하는 관계이다. 거짓 긍정과 거짓 부정 간에 일종의 트레이드오프trade-off가 존재할 수밖에 없다. 거짓 긍정을 줄여서 정밀도를 높이면 거짓 부정이 늘고 재현율이 낮아지게 된다. 정밀도와 재현율 간의 적정한 균형을 찾기 위해 F1이라는 측정 지표를 사용한다. F1 점수는 정밀도와 재현율 간의 조화 평균이다.

$$F1 = 2 \cdot \frac{정밀도 \cdot 재현율}{정밀도 + 재현율}$$

표 3.1은 세 가지 모델의 성능을 보여 준다. 각 과목별로 베이스라인과 비교해서 새로운 모델이 가져오는 성능 향상을 살펴볼 수 있다. 관리자가 사용할 수 있는 적절한 베이스라인은 각 과목에 대해 가장 많이 받은 성적을(여기서는 B를) 항상 예측하는 모델이다.

▼ **표 3.1** 수학, 독해, 작문 모델 성능

	정밀도(%)	재현율(%)	F1 점수(%)
수학 베이스라인	23	49	32
수학 모델	39	41	39
독해 베이스라인	24	49	32
독해 모델	39	43	41
작문 베이스라인	18	43	25
작문 모델	44	45	41

수학과 독해 랜덤 포레스트 모델은 성능 측면에서 정밀도와 F1을 기준으로 베이스라인보다 우수하다는 것을 알 수 있다. 하지만 재현율을 기준으로 봤을 때는 베이스라인 수학과 독해 모델이 랜덤 포레스트 모델보다 좋은 성능을 보인다. 베이스라인 모델은 항상 다수의 클래스를 예측하기 때문에 결국 다수 클래스에 속한 예제에 대한 예측은 맞을 수밖

에 없다. 하지만 정밀도, F1 측정 지표를 통해 전반적으로 예측이 얼마나 잘 됐는지 구체적으로 살펴볼 수 있다. 독해 과목의 랜덤 포레스트 모델은 세 가지 측정 지표 모두를 기준으로 베이스라인보다 좋은 성능을 보였다. 관리자는 이런 성능 향상을 만족스럽게 생각하고 있지만, 이제 모델이 어떻게 예측했는지 궁금한 상황이다. 3.3절과 3.4절에서 랜덤 포레스트 모델을 해석하는 방법을 다룬다.

아다 부스트와 경사 부스팅 트리 훈련

아다 부스트 분류 모델은 사이킷런의 AdaBoostClassifier 클래스를 사용해서 훈련할 수 있다. 파이썬에서 아다 부스트 분류기는 다음과 같이 초기화한다.

```
from sklearn.ensemble import AdaBoostClassifier
math_adaboost_model=AdaBoostClassifier(n_estimators=50)
```

경사 부스팅 트리 분류기는 사이킷런의 GradientBoostingClassifier 클래스를 사용해서 다음과 같이 훈련할 수 있다.

```
from sklearn.ensemble import GradientBoostingClassifier
math_gbt_model=GradientBoostingClassifier(n_estimators=50)
```

모델 훈련은 랜덤 포레스트 분류 모델을 훈련하는 것과 같은 방법으로 할 수 있다. 경사 부스팅 트리 중에 캣부스트(CatBoost), 엑스지부스트(XGBoost)처럼 좀 더 빠르고 확장성을 가진 알고리듬도 있다. 실습으로 3개 과목을 대상으로 한 아다 부스트 모델과 경사 부스팅 분류 모델을 훈련해 보고 랜덤 포레스트 모델과 비교해 볼 것을 추천한다.

3.3 랜덤 포레스트 해석

랜덤 포레스트는 여러 개의 결정 트리로 구성된 앙상블이기 때문에 각 특성의 상대적 글로벌 중요도는 모든 결정 트리의 정규화된 특성 중요도를 평균해서 얻을 수 있다. 2장에서 결정 트리 내 특성의 중요도를 구하는 방법을 살펴봤다. 다음은 어떤 결정 트리 t에 대해 이런 과정을 보여 주고 있다.

상대적 중요도를 계산하기 위해서는 앞에서 보여 준 특성 중요도를 다음과 같이 모든 특성 중요도 값의 합으로 나눠 정규화할 필요가 있다.

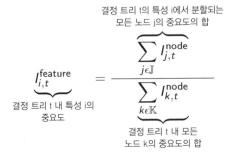

결정 트리 t의 특성 i에서 분할되는
모든 노드 j의 중요도의 합

$$I_{i,t}^{\text{feature}} = \frac{\sum_{j \in \mathbb{J}} I_{j,t}^{\text{node}}}{\sum_{k \in \mathbb{K}} I_{k,t}^{\text{node}}}$$

결정 트리 t 내 특성 i의
중요도

결정 트리 t 내 모든
노드 k의 중요도의 합

이제 랜덤 포레스트 각 특성의 상대적 글로벌 중요도를 다음과 같이 개별 결정 트리 내 해당 특성의 정규화된 중요도를 모두 평균해서 손쉽게 구할 수 있다. 참고로 아다 부스트와 경사 부스팅 트리의 특성 중요도도 이와 같은 방식으로 계산할 수 있다.

모든 결정 트리에서 특성 i의
정규화된 중요도의 합

$$I_i^{\text{feature}} = \frac{\sum_{t \in \text{all trees}} \bar{I}_{i,t}^{\text{feature}}}{T}$$

특성 i의
상대적 중요도

트리 총 개수

파이썬에서 사이킷런 랜덤 포레스트 모델의 특성 중요도는 다음과 같이 도출하고 그려 볼 수 있다.

```
math_fi=math_model.feature_importances_ * 100          ❶
reading_fi=reading_model.feature_importances_ * 100     ❷
writing_fi=writing_model.feature_importances_ * 100     ❸

feature_names=['Gender', 'Ethnicity', 'Parent Level of Education',
        ➥ 'Lunch', 'Test Preparation']                ❹

# 아래 코드는 수학, 독해, 작문 랜덤 포레스트 모델에 대해
# 상대적 특성 중요도를 도표로 그린다.
fig, ax=plt.subplots()
index=np.arange(len(feature_names))
bar_width=0.2
opacity=0.9
error_config={'ecolor': '0.3'}
ax.bar(index, math_fi, bar_width, alpha=opacity, color='r', label='Math Grade Model')
ax.bar(index + bar_width, reading_fi, bar_width, alpha=opacity, color='g',
```

```
        label='Reading Grade Model')
ax.bar(index + bar_width * 2, writing_fi, bar_width, alpha=opacity, color='b',
        label='Writing Grade Model')
ax.set_xlabel('')
ax.set_ylabel('Feature Importance(%)')
ax.set_xticks(index + bar_width)
ax.set_xticklabels(feature_names)
for tick in ax.get_xticklabels():
    tick.set_rotation(90)
ax.legend(loc='center left', bbox_to_anchor=(1, 0.5))
ax.grid(True);
```

❶ 수학 랜덤 포레스트 모델에서 특성 중요도 도출
❷ 독해 랜덤 포레스트 모델에서 특성 중요도 도출
❸ 작문 랜덤 포레스트 모델에서 특성 중요도 도출
❹ 특성명 목록 초기화

그림 3.9는 특성과 그것의 중요도를 보여 주고 있다. 그림 3.9에서 볼 수 있듯이 3개 과목 모두에 가장 중요한 특성을 갖는 부모의 교육 수준과 학생의 출신 인종이다. 이것은 유용한 정보이지만, 교육 수준이 성적에 어떤 영향을 미치는지, 인종과 교육이 상호작용하는 방법은 무엇인지에 관해서는 아무런 정보도 주지 않는다.

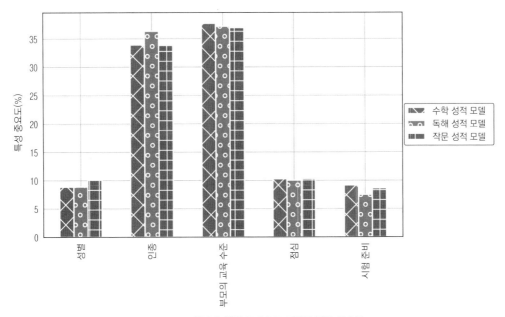

▲ **그림 3.9** 랜덤 포레스트 모델의 특성 중요도

또한 트리 앙상블에서 특성 중요도를 쉽게 계산하거나 시각화할 수 있지만, 신경망이나 다른 더 복잡한 블랙박스 모델을 대상으로 그리기는 훨씬 어렵다. 이와 관련된 내용은 4장에서 다룬다. 따라서 블랙박스 모델 유형과 관계없이 적용할 수 있는 모델 애그노스틱한 해석 기법을 살펴볼 필요가 있다. 이런 모델 애그노스틱 기법은 다음 절에서 소개한다.

3.4 모델 애그노스틱 기법: 글로벌 해석 가능성

지금까지 특정 모델에 적용 가능한 의존도가 있는 해석 기법을 살펴봤다. 화이트박스 모델의 경우, 최소 제곱법을 통해 학습한 가중치를 갖고 선형 회귀 모델을 해석하는 방법을 배웠다. 결정 트리는 CART 알고리듬으로 결정한 특성을 사용해 각 노드를 분할하는 이진 트리로 시각화해 해석했다. 연산이 모델에 의존적이었던 특성의 글로벌 중요도를 시각화할 수 있었다. GAM의 경우, 목표에 대한 베이시스 스플라인의 평균 영향을 시각화한 후 나머지 특성은 제외하고 해석했다. 이런 시각화는 부분 의존성 또는 부분 영향 도표라고 한다는 것도 배웠다.

트리 앙상블과 같은 블랙박스 모델에서 특성의 글로벌 상대적 중요도를 계산할 수 있지만, 신경망과 같은 다른 블랙박스 모델로 그렇게 하기는 힘들다. 블랙박스 모델을 잘 해석하기 위해 어떠한 유형의 모델에도 적용할 수 있는 모델 애그노스틱 기법을 다뤄 보고자 한다. 3장은 범위가 글로벌한 해석 기법에 초점을 맞춘다. 글로벌 해석 기법은 모델전체에 대한 이해도를 높이기 위한 것이다. 즉, 특성이 목표 변수에 미치는 전역적인 영향을 이해하고자 한다. 글로벌한 모델 애그노스틱 해석 기법 중 하나는 부분 의존성 도표(PDP)이다. 다음 절은 2장에서 GAM을 살펴볼 때 배웠던 PDP를 랜덤 포레스트와 같은 블랙박스 모델에 적용하는 방법을 살펴본다. PDP의 정의를 수식으로 표현해 보고 2개 특성 간의 상호작용을 시각화하기 위해 PDP를 확장하는 방법을 살펴 모델이 특성 간의 의존성을 인식했는지 검증한다. 모델 애그노스틱한 해석 기법은 그 범위를 로컬로 한정할 수도 있다. 이런 기법을 특정 로컬 인스턴스[instance] 또는 예측을 해석하기 위해 사용할 수 있다. LIME, SHAP, 앵커 등 모델 애그노스틱하면서 범위가 로컬인 기법에 관련한 내용은 4장에서 살펴본다.

3.4.1 부분 의존성 도표

2장에서 GAM을 다루면서 살펴봤듯이 PDP^{Partial Dependence Plot, 부분 의존성 도표}의 기본적인 개념은 모델 예측에 여러 특성 값이 미치는 독립적 또는 평균적인 영향을 보여 주는 것이다. 모델이 학습한 함수를 f라 하고 고등학생 성적 예측 문제에서 수학, 독해, 작문 과목에 대해 훈련한 랜덤 포레스트 모델이 학습한 함수를 각각 f_{math}, $f_{reading}$, $f_{writing}$이라고 가정해 보자. 각 과목에 대한 함수는 입력 특성이 주어졌을 때 어떤 성적을 받을 확률을 리턴^{return}한다. 이해를 하기 위해 우선 수학 랜덤 포레스트 모델을 살펴보자. 지금 살펴볼 내용은 다른 과목으로 쉽게 확장할 수 있다.

수학 랜덤 포레스트 모델에서 학점을 예측하는 데 부모의 교육 수준이 미치는 영향을 이해하고 싶다. 이를 달성하려면 다음이 필요하다.

- 데이터 세트에서 사용한 값을 나머지 특성에도 동일하게 사용
- 모든 데이터 포인트에 대해 부모의 교육 수준을 살펴보고자 하는 값으로 설정한 가상 데이터 세트를 만든다. 예를 들어, 만약 고등학교 교육이 학생 성적에 미치는 영향을 보고 싶으면 모든 데이터 포인트에 부모의 교육 수준을 고졸로 설정한다.
- 모델에 넣어서 이 가상 세트의 모든 데이터 포인트에 대한 예측을 얻어 낸다.
- 예측값을 평균해서 해당 부모의 교육 수준의 전반적인 평균 영향을 판단한다.

다시 말해 특성 S의 부분 의존성을 도표로 그리기 위해 나머지 특성은 세트 C로 묶어 배제하고 특성 S는 확인하고자 하는 값으로 설정한 후 세트 C의 모든 특성 값은 알고 있다고 가정한 상태에서 특성 S에 대한 수학 모델의 평균 영향도를 살펴본다. 구체적인 예제를 살펴보자. 부모의 교육 수준이 학생의 수학 성적에 미치는 독립적인 영향에 관심이 있다고 가정해 보자. 이 경우, 특성 S가 부모의 교육 수준이 되고 나머지 특성은 C에 넣게 된다. 특정 값, 예를 들어 고졸 수준의 교육이 미치는 영향을 이해하기 위해 특성 S 값을 고졸(즉, 관심 있는 값)로 설정한 후 나머지 특성 값을 알고 있다는 가정 아래 수학 모델 결과의 평균을 살펴본다. 수학적으로는 다음과 같이 표현할 수 있다.

$$\hat{f}_{math,\ x_S}\left(x_S | \mathbf{X}_C\right) = \frac{1}{n} \sum_{i=1}^{n} f_{math}\left(x_S, x_C^{(i)}\right)$$

이 수식에서 특성 S에 대한 부분 함수는 학습된 함수인 f_{math}의 평균을 계산해서 얻게 된다. 이때 세트 C에 속한 특성의 값은 훈련 세트에 있는 모든 예제, 즉 n에 대해 알고 있다고 가정한다.

이때 유의할 점은 특성 S가 세트 C에 속한 특성과 상관관계가 있다면 PDP를 신뢰할 수 없다는 것이다. 왜 그럴까? 특성 S의 어떤 값이 미치는 평균 영향을 판단하려면 세트 C의 다른 나머지 모든 특성은 실제 값을 쓰지만, 특성 S의 값은 관심 대상 값으로 바꾼 가상 데이터 세트를 만들게 된다. 특성 S가 세트 C의 다른 특성과 높은 상관관계가 있다면 실존 가능성이 매우 낮은 가상 데이터 세트를 만드는 것일 수도 있다.

구체적인 예제를 살펴보자. 부모의 교육 수준이 학생 성적에 미치는 평균적인 영향을 이해하는 데 관심이 있다고 가정한다. 훈련 세트의 모든 예제에 부모의 교육 수준을 고졸로 설정했다. 만약 부모의 교육 수준이 인종과 높은 상관관계를 갖고 인종이 주어지면 부모의 교육 수준을 유추할 수 있다면 특정 인종 집단에 속하면서 고등학교 교육만 받았다고 설정된 예제는 실현 가능성이 매우 낮을 수 있다. 결국 원래 훈련 데이터와 맞지 않는 분포를 가진 가상 데이터 세트를 만드는 것이 된다. 모델이 이미 원시 데이터 분포로 훈련됐기 때문에 가상 데이터를 대상으로 한 예측은 동떨어져서 신뢰할 수 없는 PDP를 얻게될 수 있다. 이런 제약과 관련된 내용은 3.4.2절에서 다시 살펴본다.

이제 PDP를 구현하는 방법을 살펴보자. 파이썬 사이킷런에서 제공하는 방법을 사용할 수도 있지만, 그러면 경사 부스팅 회귀 및 분류 모델로 제한될 수 있다. 좀 더 유연하면서 진정으로 모델 애그노스틱한 방법으로 지앙춘 리[Jiangchun Lee]가 개발한 PDPBox가 있다. 이는 다음과 같이 설치할 수 있다.

```
pip install pdpbox
```

이제 PDP가 동작하는 모습을 살펴보자. 우선은 3.3절에서 가장 중요한 특성으로 판명된 (그림 3.9 참조) 부모의 교육 수준을 살펴보자. 다음과 같이 다양한 교육 수준이 수학 성적 A, B, C, D를 예측하는 데 미치는 영향을 살펴볼 수 있다.

```
from pdpbox import pdp                                                    ❶

feature_cols=['gender_le', 'race_le', 'parent_le', 'lunch_le', 'test_prep_le']  ❷

pdp_education=pdp.pdp_isolate(model=math_model,                           ❸
                             dataset=df,                                  ❹
                             model_features=feature_cols,
                             feature='parent_le')                         ❺
ple_xticklabels=['High School',                                          ❻
                 'Some High School',                                     ❻
                 'Some College',                                         ❻
                 "Associate\'s Degree",                                  ❻
                 "Bachelor\'s Degree",                                   ❻
                 "Master\'s Degree"]                                     ❻
# PDP 도표를 위한 매개변수
plot_params={
    # plot title and subtitle
    'title': 'PDP for Parent Level Educations - Math Grade',
    'subtitle': 'Parent Level Education(Legend): \n%s' %(parent_title),
    'title_fontsize': 15,
    'subtitle_fontsize': 12,
    # 윤곽선 색
    'contour_color': 'white',
    'font_family': 'Arial',
    # 상호작용 도표를 위한 맷플롯립 컬러 맵
    'cmap': 'viridis',
    # 상호작용 도표 알파 채색
    'inter_fill_alpha': 0.8,
    # 상호작용 도표 텍스트 폰트 크기
    'inter_fontsize': 9,
}
# 맷플롯립에서 부모의 교육 수준 PDP 도표 작성
fig, axes=pdp.pdp_plot(pdp_isolate_out=pdp_education,
    feature_name='Parent Level Education',
                        center=True, x_quantile=False, ncols=2,
    plot_lines=False, frac_to_plot=100,
                        plot_params=plot_params, figsize=(18, 25))
axes['pdp_ax'][0].set_xlabel('Parent Level Education')
axes['pdp_ax'][1].set_xlabel('Parent Level Education')
axes['pdp_ax'][2].set_xlabel('Parent Level Education')
```

```
axes['pdp_ax'][3].set_xlabel('Parent Level Education')
axes['pdp_ax'][0].set_title('Grade A')
axes['pdp_ax'][1].set_title('Grade B')
axes['pdp_ax'][2].set_title('Grade C')
axes['pdp_ax'][3].set_title('Grade F')
axes['pdp_ax'][0].set_xticks(parent_codes)
axes['pdp_ax'][1].set_xticks(parent_codes)
axes['pdp_ax'][2].set_xticks(parent_codes)
axes['pdp_ax'][3].set_xticks(parent_codes)
axes['pdp_ax'][0].set_xticklabels(ple_xticklabels)
axes['pdp_ax'][1].set_xticklabels(ple_xticklabels)
axes['pdp_ax'][2].set_xticklabels(ple_xticklabels)
axes['pdp_ax'][3].set_xticklabels(ple_xticklabels)
for tick in axes['pdp_ax'][0].get_xticklabels():
    tick.set_rotation(45)
for tick in axes['pdp_ax'][1].get_xticklabels():
    tick.set_rotation(45)
for tick in axes['pdp_ax'][2].get_xticklabels():
    tick.set_rotation(45)
for tick in axes['pdp_ax'][3].get_xticklabels():
    tick.set_rotation(45)
```

❶ PDPBox에서 PDP 함수 임포트
❷ 라벨이 있는 특성 열만 추출
❸ 훈련된 수학 랜덤 포레스트 모델을 불러와서 각 교육 수준별 부분 의존성 함수 도출
❹ 사전에 로딩한 데이터 세트 활용
❺ 부모의 교육 수준 외 나머지 특성 배제
❻ 가장 낮은 교육 수준에서 높은 교육 수준까지 각 수준별 xticks의 라벨 초기화

이 코드로 생성된 그래프는 그림 3.10에서 보여 주고 있다. 부모 교육 수준의 부분 의존성은 A, B, C, F 성적별로 따로 표시돼 있다. 이 분류를 위해 훈련된 수학 모델 함수는 0과 1 사이의 확률을 도출하기 때문에 부분 의존성 함수 결괏값은 0에서 1 사이가 된다. 이제 몇 가지 성적을 구체적으로 살펴보고 학생 성적에 부모의 교육 수준이 미치는 영향을 분석해 보자.

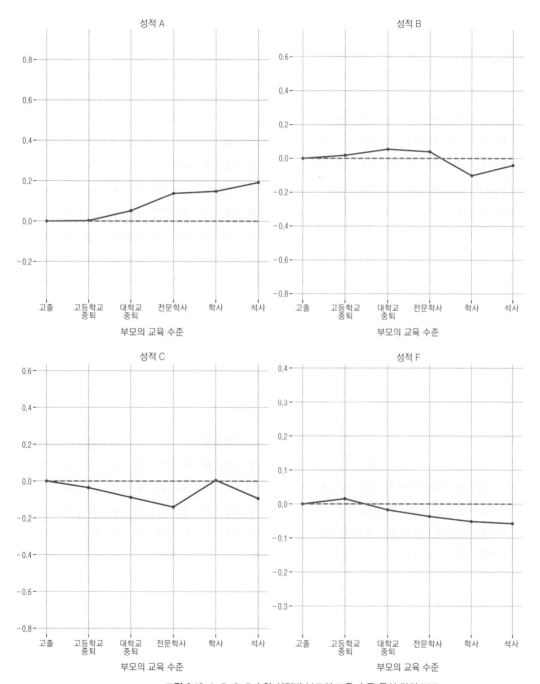

▲ **그림 3.10** A, B, C, F 수학 성적별 부모의 교육 수준 특성 값의 PDP

그림 3.11에서 수학 성적 PDP를 확대해 살펴보자. 3.1.1절에서 부모가 석사 학위를 가졌을 때 고졸인 경우보다 수학에서 A를 받는 학생 비율이 높아진다는 것을 살펴봤다(그림 3.4 참조). 랜덤 포레스트 모델이 이런 패턴을 학습했는가? 그림 3.11에서 부모의 교육 수준이 올라갈수록 A 학점을 받는 것에 미치는 영향이 높아진다는 것을 알 수 있다.

고등학교 수준의 교육을 받은 부모의 경우, 그것이 수학에서 A를 받는 것에 미치는 영향은 0에 가까워서 거의 없다고 볼 수 있다. 이를 통해 고등학교 교육은 모델에 아무런 영향이 없다는 것과 A를 예측할 때 부모의 교육 수준 외에 다른 특성이 영향을 미친다는 것을 알 수 있다. 하지만 부모가 석사 학위를 가진 경우, 대략 +0.2 정도의 긍정적인 영향을 미칠 가능성이 높다는 것도 볼 수 있다. 즉, 석사 학위는 학생이 A를 받을 확률을 약 0.2 올린다는 것을 알 수 있다.

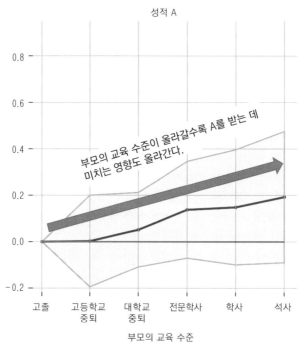

성적 A

부모의 교육 수준이 올라갈수록 A를 받는 데 미치는 영향도 올라간다.

부모의 교육 수준

▲ **그림 3.11** 수학 A 학점에 대한 부모의 교육 수준의 PDP 해석

그림 3.12에서 수학 성적 F의 PDP를 확대해 볼 수 있다. F의 경우, 아래쪽으로 향하는 경향을 볼 수 있다. 즉, 부모의 교육 수준이 올라갈수록 F를 예측하는 데 미치는 부정적인

영향이 올라간다. 부모가 석사 학위를 가진 학생의 경우, F를 예측하는 데 약 −0.05의 부정적인 영향이 있다는 것을 볼 수 있다. 이는 부모가 석사 학위를 가졌을 경우, 학생이 F를 받을 가능성이 낮아진다는 것을 의미한다. 따라서 학생이 A 성적을 받을 확률이 높아지게 된다. 이런 분석은 매우 의미 있는 것으로, 특성 중요도만 봤을 때 얻지 못했을 것이다. 이 시스템의 최종 사용자인 관리자는 사용하는 모델을 좀 더 신뢰할 수 있게 될 것이다.

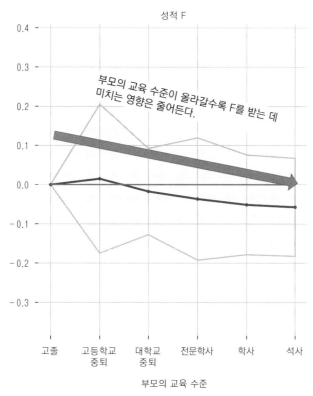

▲ **그림 3.12** 수학 F 학점에 대한 부모의 교육 수준의 PDP 해석

실습으로 수학 성적과 부모의 교육 수준으로 만든 PDP 코드를 독해와 작문 등 다른 과목에 적용해 볼 것을 추천한다. 3.1.1절에서 살펴봤던 패턴(그림 3.4 참조)을 랜덤 포레스트 모델이 학습했는지 확인할 수 있다. 또한 코드를 다른 특성에 적용할 수도 있다. 실습으로 두 번째로 중요한 특성인 학생의 인종 및 출신 국가를 선택해 그것에 대한 PDP를 만들어 보자.

3.4.2 특성 상호작용

PDP를 확장해서 특성 상호작용을 이해하기 위해 사용할 수도 있다. 3.4.1절의 수식으로 돌아가 세트 S에 속한 특성 2개만 남기고 나머지는 배제한다. 수학에서 A, B, C, F 성적을 예측하는 데 가장 중요한 특성 2개, 즉 부모의 교육 수준과 학생 인종 간의 상호작용을 살펴보자. PDPbox를 갖고 다음과 같이 2개 특성 간의 상호작용을 쉽게 시각화할 수 있다.

```
pdp_race_parent=pdp.pdp_interact(model=math_model,          ❶
                                 dataset=df,                ❷
                                 model_features=feature_cols,   ❸
                                 features=['race_le', 'parent_le'])  ❹
```

```
# 특성 상호작용 도표 매개변수
plot_params={
    # 도표 제목과 부제
    'title': 'PDP Interaction - Math Grade',
    'subtitle': 'Race/Ethnicity(Legend): \n%s\nParent Level of Education
    ➥(Legend): \n%s' %(race_title, parent_title),
    'title_fontsize': 15,
    'subtitle_fontsize': 12,
    # 윤곽선 색
    'contour_color': 'white',
    'font_family': 'Arial',
    # 상호작용 도표 맷플롯립 컬러 맵
    'cmap': 'viridis',
    # 상호작용 도표 알파 채색
    'inter_fill_alpha': 0.8,
    # 상호작용 도표 텍스트 폰트 크기
    'inter_fontsize': 9,
}
```

```
# 맷플롯립에서 특성 상호작용 도표 생성
fig, axes=pdp.pdp_interact_plot(pdp_race_parent, [CA]['Race/Ethnicity',
➥ 'Parent Level of Education'],
                                plot_type='grid', plot_pdp=True, plot_params=plot_params)
axes['pdp_inter_ax'][0]['_pdp_x_ax'].set_xlabel('Race/Ethnicity(Grade A)')
axes['pdp_inter_ax'][1]['_pdp_x_ax'].set_xlabel('Race/Ethnicity(Grade B)')
axes['pdp_inter_ax'][2]['_pdp_x_ax'].set_xlabel('Race/Ethnicity(Grade C)')
axes['pdp_inter_ax'][3]['_pdp_x_ax'].set_xlabel('Race/Ethnicity(Grade F)')
```

```
axes['pdp_inter_ax'][0]['_pdp_x_ax'].grid(False)
```

❶ 훈련된 수학 랜덤 포레스트 모델에서 특성 2개 간 특성 상호작용 도출
❷ 사전에 로딩한 데이터 세트 활용
❸ 특성 열명 설정
❹ 특성 상호작용을 도출할 특성 목록

이 코드로 만들어지는 도표는 그림 3.13에서 보여 주고 있다. 학점별로 하나씩, 총 4개의 도표가 그려진다. 특성 상호작용은 2차원 그래프로 시각화되며 이때 y축에는 부모의 교육 수준 값 6개, x축에는 인종 값 5개가 위치한다. A 성적을 확대해서 이 도표가 이야기 하는 것을 구체적으로 살펴보자.

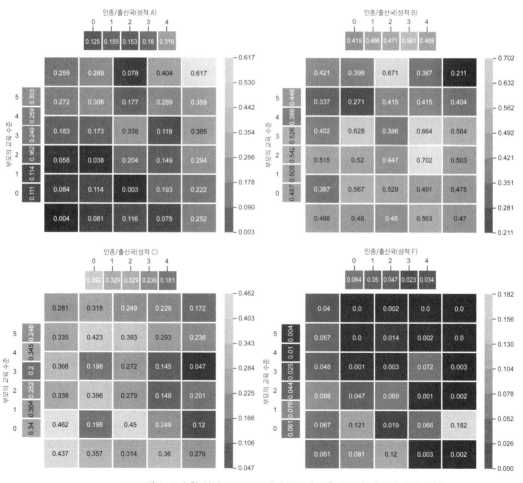

▲ **그림 3.13** 수학 성적 A, B, C, F에서 부모의 교육 수준과 인종 간의 상호작용

그림 3.14는 수학 성적 A에서 특성 상호작용 도표를 보여 주고 있다. y축은 부모의 교육 수준이고 비식별화된 학생의 인종 특성은 x축에 표시됐다. y축을 아래에서 위로 올라갈수록 부모의 교육 수준은 고등학교에서 최종적으로 석사까지 올라간다. 고등학교 교육을 대변하는 값은 0, 석사 학위는 5로 표현돼 있다. x축은 A, B, C, D, E 등 5개 인종 집단을 보여 주고 있다. 인종 집단 A는 값이 0, B는 1, C는 2로 표현돼 있다. 각 칸에 표시된 숫자는 특정 부모의 교육 수준과 학생 인종 값이 A를 받는 데 미치는 영향을 나타내고 있다.

예를 들어, 가장 아래 행의 가장 왼쪽 열에 있는 칸은 인종 집단 A에 속하면서 부모는 고등학교 교육을 받은 학생이 A를 받는 데 미치는 평균적인 영향을 나타내고 있다. 또한 도표 각 칸의 숫자도 살펴볼 필요가 있다. 숫자가 낮을수록 A를 받는 데 미치는 영향이 낮다는 것을 의미하고 이와 반대로 숫자가 높으면 영향이 높다는 것을 의미한다.

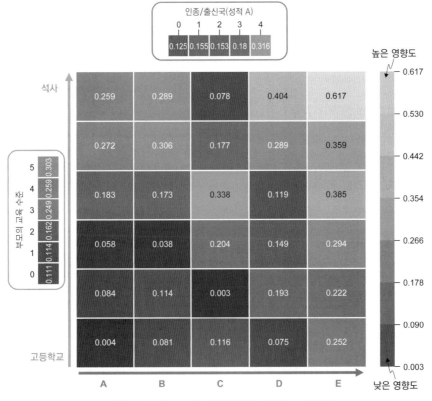

▲ **그림 3.14** 수학 A 성적 확대 및 특성 상호작용 도표 분석

이제 도표의 가장 왼쪽 열에서 보여 주는 인종 집단 A를 살펴보자. 그림 3.15에 해당 부분이 표시돼 있다. 부모의 교육 수준이 올라갈수록 A 예측에 대한 영향도 올라간다는 것을 볼 수 있다. 부모의 교육 수준이 인종보다 큰 영향을 미친다는 것을 보여 주기 때문에 이해가 되는 부분이다. 또한 이런 점은 그림 3.9의 특성 중요도 도표를 통해서도 확인할 수 있다. 따라서 모델은 해당 패턴을 적절하게 학습했다고 볼 수 있다.

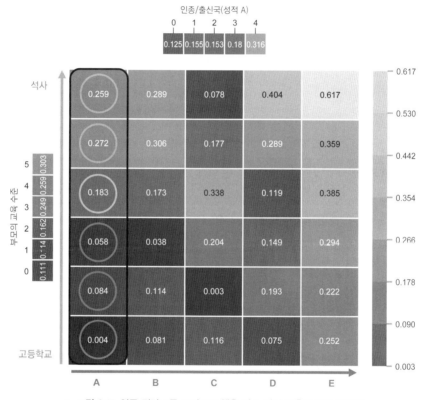

▲ **그림 3.15** 인종 집단 A를 조건으로 했을 때 A 성적 예측에 대한 영향도

그런데 그림 3.16에서 표시하고 있는 세 번째 열, 즉 인종 집단 C에서는 무슨 일이 벌어지고 있는가? 부모가 석사 학위를 가진 경우보다 고졸인 경우가 A 성적 예측에 더 많은 영향을 미치고 있는 것으로 보인다(그림에 표시된 열에서 가장 아래쪽 칸과 가장 위쪽 칸 비교). 또한 전문학사를 가진 부모가 A 예측에 가장 긍정적인 영향을 미친 것으로 보인다(표시된 열에서 위에서 세 번째 칸). 이런 관측이 신경 쓰이는 것은 다음과 같은 문제가 생겼다는 것

을 의미하기 때문이다.

- 부모의 교육 수준이 인종 특성과 상관관계를 갖기 때문에 특성 상호작용 도표를 신뢰할 수 없다.
- 데이터 세트가 모집단을 적절하게 대변하지 못하는 것일 수 있다(특히, 인종 집단 C에 대해). 이런 현상을 샘플링^{sampling} 편향성(편향된 표본 추출)이라고 한다.
- 모델이 편향돼 있으며 부모의 교육 수준과 인종 간의 상호작용을 제대로 학습하지 못했다.
- 사회에 존재하는 실제 편향이 데이터 세트를 통해 보이고 있다.

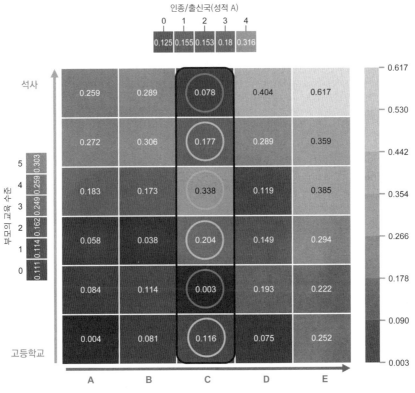

▲ **그림 3.16** 인종 집단 C를 조건으로 했을 때 A 성적 예측에 대한 영향도

첫 번째 문제는 PDP의 한계 때문일 수 있고 이와 관련한 내용은 다음 문단에서 다룬다. 두 번째 문제는 모집단을 대변하는 데이터를 수집해서 해결할 수 있다. 8장에서는 여러

형태의 편향성과 그것을 완화하는 방법을 배운다. 세 번째 문제는 더 많은 특성을 추출 또는 추가하거나 좀 더 좋은 복잡한 모델을 훈련해서 해결할 수 있다. 마지막 문제는 해결하기 훨씬 어려운 것으로, 좋은 정책이나 법이 필요하며 이 책에서 다루고자 하는 범위를 벗어난다.

첫 번째 문제가 정말 일어났는지 판단하기 위해 부모의 교육 수준과 인종 간의 상관관계를 살펴보자. 2장에서 상관관계 행렬을 계산 및 시각화하는 방법을 배웠다. 피어슨 상관계수로 특성 간의 상관관계를 정량화할 수 있다. 이 상관계수는 수치 특성에만 적용할 수 있으며 범주형 특성을 대상으로 계산할 수 없다. 여기서는 범주형 특성을 다루기 때문에 다른 지표를 사용해야 한다. 두 범주형 변수 간의 상관관계를 측정하는 크래머 V 계수 Cramer's V statistic를 사용할 수 있다. 이 계수는 0과 1 사이의 값을 가질 수 있으며 0은 상관관계가 없다는 것과 1은 가장 높은 상관관계를 가졌다는 것을 의미한다. 계산을 하기 위해 다음 헬퍼 함수를 사용할 수 있다.

```
import scipy.stats as ss

def cramers_corrected_stat(confusion_matrix):
    """ Calculate Cramers V statistic for categorial-categorial association.
        uses correction from Bergsma and Wicher,
        Journal of the Korean Statistical Society 42(2013): 323-328
    """
    chi2=ss.chi2_contingency(confusion_matrix)[0]
    n=confusion_matrix.sum().sum()
    phi2=chi2/n
    r,k=confusion_matrix.shape
    phi2corr=max(0, phi2 -((k-1)*(r-1))/(n-1))
    rcorr=r -((r-1)**2)/(n-1)
    kcorr=k -((k-1)**2)/(n-1)
    return np.sqrt(phi2corr / min((kcorr-1),(rcorr-1)))
```

부모의 교육 수준과 인종 간의 상관관계는 다음과 같이 계산할 수 있다.

```
confusion_matrix=pd.crosstab(df['parental level of education'],
                             df['race/ethnicity'])
print(cramers_corrected_stat(confusion_matrix))
```

이 코드를 실행하면 부모의 교육 수준과 인종 간의 상관관계는 0.0486인 것을 알 수 있다. 이는 꽤 낮은 값이기 때문에 특성 상호작용 도표 또는 PDP를 신뢰할 수 없다는 가설은 제외해도 된다.

그림 3.5에서 집단 C에 속한 학생이 전반적으로 집단 A 학생보다 좋은 성적을 낸다는 것을 봤다. 모델이 이런 패턴을 학습한 것일 수도 있다. 그림 3.14, 3.15, 3.16의 제일 위쪽에 있는 범례를 통해 이를 확인할 수 있다. 만약 학생이 집단 C에 속하면 A 예측에 +0.153의 긍정적 영향을 미치며 이는 집단 A 학생에게 주는 +0.125보다 영향이 높다는 것을 의미한다. 이제 그림 3.17을 통해 인종 집단 A와 C 학생의 부모의 교육 수준 분포를 살펴보자.

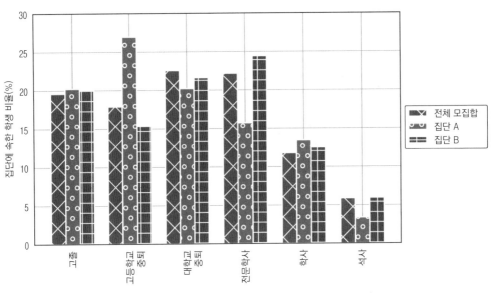

▲ **그림 3.17** 인종 집단 A와 C 학생의 부모의 교육 수준 분포 비교

그림에서 인종 집단 A에 속한 학생은 고졸 또는 고등학교 중퇴 수준의 교육을 받은 부모를 갖고 있을 가능성이 전체 표본 또는 집단 C에 비해 훨씬 크다는 것을 알 수 있다. 또한 집단 C 학생은 전체 표본 또는 집단 A보다 전문학사를 가진 부모의 비율이 높은 것으로 보인다. 분포의 차이가 상당하다. 데이터 세트가 전체 모집단과 각 인종 집단을 제대로 대변하는지 확신할 수 없다. 데이터 과학자로서 이 문제를 이해 관계자에게(여기서는 관리

자에게) 전달하고 데이터 세트가 유효하다는 것과 샘플링 편향성이 없다는 것을 확인하는 것이 중요하다.

이번 절에서 꼭 기억해야 할 점은 해석 기법, 특히 PDP와 특성 상호작용은 모델을 생산으로 넘기기 전에 잠재적인 문제를 식별하는 데 좋은 도구라는 점이다. 여기서 언급한 여러 통찰은 특성 중요도만 봐서는 알아 내기 힘들었을 것이다. 실습으로 PDPBox를 경사 부스팅 트리 등 다른 블랙박스 모델에 적용해 볼 것을 추천한다.

> **누적 로컬 효과**
>
> 3장에서 PDP와 특성 상호작용 도표의 특성이 서로 상관관계를 가진다면 신뢰할 수 없다는 점을 살펴봤다. PDP의 한계를 극복하면서 동시에 편향성이 없는 상호작용 기법은 누적 로컬 효과(ALE, Accumulated local effects)이다. 이 기법은 다니엘 W. 애플리(Daniel W. Apley)와 징위 주(Jingyu Zhu)가 2016년에 제안했다. 이 책을 쓰고 있는 시점에 ALE는 R 언어로만 구현돼 있다. 파이썬으로 구현하는 작업은 아직 진행 중이며 현재 범주형 특성을 지원하지 않는다. ALE는 아직 성숙하지 않기 때문에 해당 기법은 향후 개정판에서 자세히 다룰 계획이다.

4장은 블랙박스 신경망의 세계로 들어가게 된다. 꽤 큰 걸음으로 볼 수 있다. 신경망은 기본적으로 복잡하다. 따라서 너욱 정교한 해석 기법이 필요하다. LIME, SHAP, 앵커 등 모델 애그노스틱이면서 범위는 로컬인 기법을 살펴본다.

요약

- 모델 애그노스틱 해석 기법은 사용되는 모델 유형과 상관없이 적용할 수 있다. 이런 기법은 모델의 내부 구조와 독립적이기 때문에 어떠한 모델에도 적용할 수 있다.

- 글로벌 수준에서 이뤄지는 해석 기법은 모델을 전반적으로 이해할 수 있도록 도와준다.

- 과적합 문제를 피하고자 결정 트리를 크게 두 가지 방법으로 조합 또는 앙상블할 수 있다. 하나는 배깅, 나머지 하나는 부스팅이다.

- 배깅 기법을 통해 훈련 데이터 세트를 무작위로 나눈 여러 서브세트로 복수의 결정 트리를 병렬로 훈련할 수 있다. 각 결정 트리로 예측하고 그 결과를 평균해서

최종 예측을 도출할 수 있다. 랜덤 포레스트는 배깅 기법을 사용하는 트리 앙상블이다.

- 부스팅 기법, 배깅과 동일하게 복수의 결정 트리를 훈련하지만, 차이는 순차적으로 한다는 점이다. 첫 번째 결정 트리는 보통 계층이 적은 얕은 트리이고 전체 훈련 세트를 갖고 훈련한다. 두 번째 결정 트리의 목적은 첫 번째 트리가 일으킨 오류에서 배워 성능을 높이는 것이다. 이 기법을 통해 여러 개의 결정 트리를 묶을 수 있으면 각각은 이전 트리의 오류를 줄여서 점진적으로 최적화한다. 적응 부스팅과 경사 부스팅이 대표적인 부스팅 알고리듬이다.

- 파이썬에서 분류를 위한 랜덤 포레스트 모델은 사이킷런에서 제공하는 Random ForestClassifier 클래스로 훈련할 수 있다. 또한 이 클래스로 특성의 글로벌 상대적 중요도도 쉽게 도출할 수 있다.

- 사이킷런 적응 부스팅 및 경사 부스팅 분류 모델은 각각 AdaBoostClassifier와 GradientBoostingClassifier 클래스로 훈련할 수 있다. 경사 부스팅 트리 중 캣부스트, 엑스지부스트처럼 좀 더 빠르고 확장성을 가진 알고리듬도 있다.

- 트리 앙상블의 경우, 특성의 글로벌 상대적 중요도를 계산할 수 있지만, 신경망과 같은 다른 블랙박스 모델은 그렇게 하기 힘들다.

- PDP는 글로벌 모델 애그노스틱 해석 기법으로, 모델 예측에 다양한 특성 값이 주는 독립적 및 평균적 영향을 이해하기 위해 사용한다. 서로 상관관계를 가진 특성일 경우, PDP를 신뢰할 수 없다. 파이썬 PDPBox로 PDP를 구현할 수 있다.

- PDP를 특성 상호작용을 이해하기 위해 사용할 수도 있다. PDP와 특성 상호작용 도표는 샘플링 편향성, 모델 편향성 등 여러 문제를 식별하기 위해 사용할 수 있다.

4

모델 애그노스틱 기법:
로컬 해석 가능성

4장에서 다루는 내용

- 심층 신경망의 특성
- 태생적으로 블랙박스 모델인 심층 신경망을 구축하는 방법
- LIME, SHAP, 앵커 등 범위가 로컬인 교란 기반 모델 애그노스틱 기법
- LIME, SHAP, 앵커를 활용한 심층 신경망 해석 방법
- LIME, SHAP, 앵커의 장단점

3장에서 트리 앙상블, 특히 랜덤 포레스트 모델을 살펴보고 그런 모델을 PDP, 특성 상호작용 도표 등 범위가 글로벌global인 모델 애그노스틱 기법을 활용해 해석하는 방법을 배웠다. 글로벌 수준에서 개별 특성 값이 최종 모델 예측에 미치는 영향을 이해하는 데 PDP가 좋은 방법이라는 것도 배웠다. PDP 그리고 특성 상호작용 도표를 활용해서 특성이 어떻게 상호작용하는지, 그것을 갖고 편향성 등 잠재적 문제를 식별하는 방법을 살펴봤다. PDP는 이해하기 쉽고 직관적이지만, 특성이 서로 독립적이라고 가정하는 큰 단점이 있다. 또한 특성 상호작용 도표는 고차원 특성 상호작용은 시각화할 수 없다.

4장에서는 블랙박스 신경망, 특히 심층 신경망DNN, Deep Neural Network에 초점을 맞춰 알아본다. 이런 모델은 기본적으로 복잡하며 이해하기 위해서는 좀 더 정교한 해석 기법이 필

요하다. LIME^{Local Interpretable Model- agnostic Explanations, 로컬 해석 가능한 모델 애그노스틱 설명}, SHAP ^{SHapley Additive exPlanations, 샤플리 첨가 설명}, 앵커^{Anchor} 등 범위가 로컬인 기법을 배운다. PDP 및 특성 상호작용 도표와 달리, 이런 기법은 로컬 범위를 다룬다. 즉, 하나의 인스턴스 ^{instance} 또는 예측을 해석하기 위해 사용한다.

4장도 3장과 비슷하게 전개된다. 우선 유방암 진단 모델 구축 예제를 통해 실제 구축 사례를 살펴본다. 새로운 데이터 세트를 살펴보고 파이토치로 DNN을 훈련 및 평가하는 방법을 배운다. 그런 다음 모델을 해석하는 방법을 살펴본다.

4장의 주요 목적은 DNN을 해석하는 방법을 이해하는 것이지만, 이를 위해 DNN의 기본적인 개념과 그것을 훈련 및 테스트하는 방법도 다룬다. 모델 훈련, 테스팅, 이해 단계는 연관성이 높기 때문에 이 세 가지 단계를 함께 다루는 것이 중요하다. 그리고 초반에 이후 모델 해석 과정에 도움을 주는 몇 가지 핵심 개념을 소개한다. 이미 DNN과 그것을 훈련 및 테스트하는 방법에 익숙한 독자는 초반부를 건너뛰고 모델 해석을 다루는 4.4절로 넘어가도 된다.

4.1 진단+ AI: 유방암 진단

실제 구축 예제를 살펴보자. 1, 2장에서 소개한 진단+를 다시 가져온다. 진단 센터는 AI의 기능을 확장해서 유방암 진단까지 하고자 한다. 환자 570명의 유방 체세포 표본을 주사기로 추출해 디지털 데이터로 변환했다. 이렇게 디지털화된 이미지에서 세포핵의 속성을 묘사하는 특성을 추출했다. 각 세포핵의 속성을 묘사하기 위해 다음 10가지 특성을 사용했다.

- 반지름^{Radius}
- 질감^{Texture}
- 둘레^{Perimeter}
- 면적^{Area}
- 매끄러운 정도^{Smoothness}

- 경도^{Compactness}
- 오목함 정도^{Concavity}
- 오목 지점$^{Concave\ points}$
- 대칭 정도^{Symmetry}
- 프랙탈 차원$^{Fractal\ dimension}$

환자 이미지에 포함된 모든 세포핵에 대해 이 10가지 특성 각각의 평균, 표준 오차, 최고 및 최저값을 계산했다. 결국, 환자별로 총 30개의 특성을 도출했다. AI 시스템의 목표는 이런 입력 특성을 갖고 세포가 양성인지, 악성인지 판단하고 의사가 진단할 때 활용할 수 있는 신뢰도 점수를 제공하는 것이다(그림 4.1 참조).

▲ **그림 4.1** 유방암 진단을 위한 진단+ AI

이런 정보가 주어졌을 때 이를 어떻게 머신러닝 문제로 구성할 수 있을까? 모델의 목표가 주어진 유방 체세포가 양성인지, 악성인지 예측하는 것이기 때문에 이 문제는 이진 분류 문제로 변환할 수 있다.

4.2 탐색적 데이터 분석

이제 데이터 세트를 좀 더 구체적으로 살펴보자. 탐색적 데이터 분석은 모델 개발 과정에서 중요한 단계이다. 데이터의 양, 목표 클래스^{class} 분포와 세포의 면적, 반지름, 오목함 정도 등의 특성을 갖고 양성과 악성 클래스 간 구별을 할 수 있는지 살펴보자. 이번 절에서 알아 낸 내용을 바탕으로 모델 훈련에 어떤 특성을 사용하고 모델 평가에 어떤 측정 지표를 적용할 것인지, 4장의 후반에서 다뤄 볼 기법을 갖고 모델 해석을 어떻게 검증할 것인지를 결정한다.

데이터 세트는 총 569명의 환자 데이터와 30개의 특성으로 구성돼 있다. 특성은 모두 연속형이다. 그림 4.2는 전체 환자 데이터 중 양성은 몇 건이고 악성은 몇 건인지 보여 준다. 총 569명의 환자 중 357명(약 62.7%)은 양성, 212명(약 37.3%)은 악성이다.

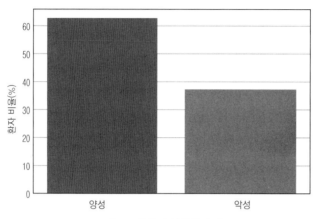

▲ **그림 4.2** 양성 및 악성 환자 분포

이를 통해 데이터 세트가 편향됐다는, 즉 불균형하다는 것을 알 수 있다. 3장에서 살펴봤듯이 특정 클래스에 데이터 예제 또는 포인트point가 과다할 경우, 데이터 세트가 불균형하다고 말한다. 대부분의 머신러닝 알고리듬은 각 클래스에 속한 데이터의 비율이 비슷할 때 가장 좋은 성능을 낸다. 대다수의 알고리듬은 오류를 최소화하거나 정확성을 최대화하도록 설계됐기 때문에 비율이 가장 높은 클래스에 편향되는 특징을 갖고 있다. 따라서 데이터 세트가 불균형할 때는 다음을 고려할 필요가 있다.

- 모델을 테스트 또는 평가할 때 적합한 성능 측정 지표(정밀도, 재현율, F1 등)를 사용한다.
- 다수의 클래스를 언더 샘플링하거나 소수 클래스를 오버 샘플링해서 훈련 데이터를 재편성한다.

이와 관련해 4.3.2절에서 추가로 논의해 본다. 이제 세포의 면적, 반지름, 오목함 정도의 분포를 살펴보고 양성과 악성 사례 간에 차이가 있는지 알아보자. 그림 4.3은 평균 세포 면적의 분포와 최악, 즉 면적이 가장 큰 데이터를 보여 주고 있다.

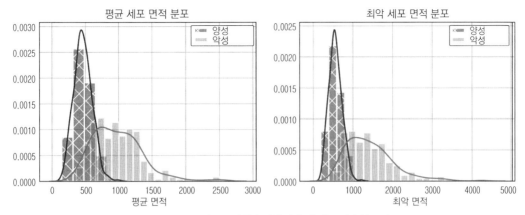

▲ **그림 4.3** 악성과 양성 사례 간 세포 면적 분포 비교

그림 4.3에서 세포 평균 면적이 750보다 클 경우, 해당 사례는 양성보다 악성일 가능성이 훨씬 높다는 것을 볼 수 있다. 또한 최악 세포 면적이 1,000보다 크면 악성일 가능성이 훨씬 높다는 것도 알 수 있다. 세포 면적과 관련된 두 가지 특성을 살펴봤을 때 악성과 양성 사례 간에는 약하지만, 분명한 경계가 있는 것으로 보인다.

그렇다면 세포의 반지름과 오목함 정도는 어떨까? 그림 4.4와 그림 4.5는 각각 반지름과 오목함 정도의 분포를 보여 주고 있다. 여기서도 악성과 양성 사례 간에 비슷한 경계를 볼 수 있다. 예를 들어, 평균 반지름이 15 이상인 경우, 양성보다는 악성일 가능성이 높다. 또한 최악, 즉 최대 세포 둘레가 100인 경우, 악성인 경우가 많다.

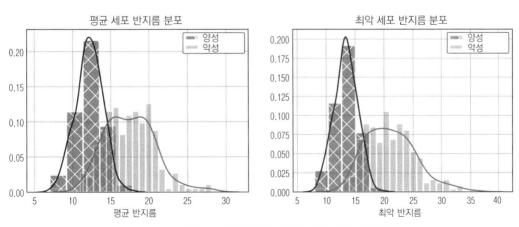

▲ **그림 4.4** 악성과 양성 사례 간 세포 반지름 분포 비교

이런 분석의 목적은 특정 사례가 양성인지 악성인지, 즉 목표 변수를 예측하는 데 특성이 어느 정도 유효한지를 알아보는 것이다. 그림 4.3, 4.4, 4.5의 분포로 봤을 때 살펴본 여섯 가지 특성은 양성과 악성 사례를 구분하는 좋은 특성이라는 것을 알 수 있다. 이런 통찰은 4장의 후반에서 LIME, SHAP, 앵커를 통해 얻게 되는 해석을 검증하는 데 유용할 것이다.

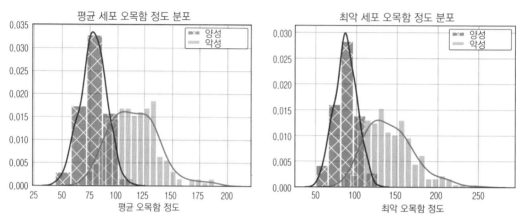

▲ **그림 4.5** 악성과 양성 사례 간 세로 오목함 정도 비교

마지막으로 각 입력 특성이 서로 간 목표 변수와 어느 정도의 연관성을 갖는지 살펴보자. 입력 특성은 연속적이지만, 목표 변수는 독립적이고 이진적이다. 데이터 세트에서 악성 사례는 0, 양성 사례는 1로 인코딩encoding돼 있다. 입력 특성과 목표 변수 모두 수치적 데이터이기 때문에 표준 피어슨 상관계수Pearson correlation coefficient를 사용해서 연관성을 측정할 수 있다. 2장에서 살펴봤듯이 피어슨 상관계수는 2개의 변수 간 선형 상관 계수를 측정하고 +1과 −1 사이의 값을 갖게 된다. 상관계수가 0.7보다 크면 연관성이 상당히 높다는 것을 의미한다. 만약 0.5와 0.7 사이의 값을 가진다면 비교적 높은 연관성을 가진다는 것을 보여 준다. 또한 상관 계수가 0.3과 0.5 사이이면 연관성이 낮다는 것을 의미하고 0.3보다 작은 값은 연관성이 없다는 것을 나타낸다. 2개의 변수 간의 상관계수는 판다스Panda가 제공하는 corr() 함수를 써서 쉽게 구할 수 있다. 2.2절에서 살펴본 코드로 상관관계 행렬을 구해 그려 보자. 데이터 세트를 로딩하기 위한 코드는 4.3.1절에서 찾을 수 있다. 유방암 데이터 세트를 갖고 실행해 본 결과는 그림 4.6이 보여 주고 있다.

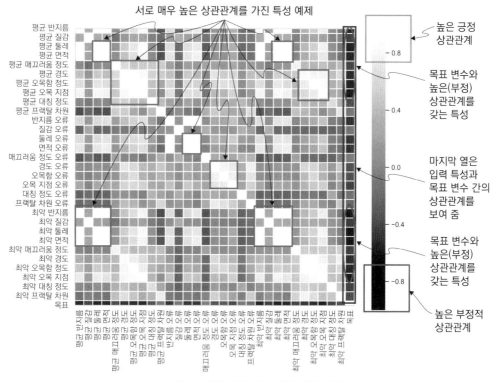

▲ **그림 4.6** 입력 특성과 목표 변수 간의 연관싱 도표

그림 4.6에서 모든 입력 특성과 목표 변수 간의 상관관계를 보여 주는 마지막 열을 살펴보자. 세포 평균 면적, 반지름, 둘레와 같은 특성은 목표 변수와 높은 상관관계를 가진다는 것을 알 수 있다. 상관계수는 음성이기 때문에 특성 값이 클수록 목표 변숫값은 작아진다. 목표 클래스에서 악성 클래스는 작은 값을 갖고(예를 들어, 0) 양성 클래스는 높은 값을(예를 들어, 1) 갖기 때문에 이해가 되는 부분이다. 그림 4.3, 4.4, 4.5에서 살펴봤듯이이런 특성의 값이 클수록 해당 사례가 악성이 가능성이 커진다. 또한 꽤 많은 수의 특성이 서로 높은 연관성을 가진다는 것도 볼 수 있다. 예를 들어, 세포 평균 반지름, 면적, 둘레 등은 세포 최악 반지름, 면적, 둘레와 높은 상관관계를 갖고 있다. 2장에서 이야기했듯이 서로 높은 연관성을 갖는 특성은 '다중 공선성multicollinear을 가진다'라고 하고 중복이라고 본다. 다중 공선성을 처리하는 방법 중 하나는 특성 중 중복되는 것을 배제하는 것이다. 이와 관련해서는 이어지는 장에서 추가로 논의한다.

4.3 심층 신경망

인공 신경망ANN, Artificial Neural Network은 생물학적 두뇌를 비슷하게 모델링하도록 설계된 시스템이다. ANN은 머신러닝 기법 중 딥러닝deep learning이라고 하는 분류에 속한다. ANN을 기반으로 한 딥러닝의 핵심 목표는 복잡한 개념 또는 표현을 상대적으로 단순한 개념 또는 표현을 갖고 구현하는 것이다. ANN은 입력을 출력과 매핑하는 방식을 통해 복잡한 함수를 학습하게 되고 상대적으로 단순한 함수 여러 개로 구성된다.

4장은 유닛unit 또는 뉴런neuron으로 구성된 층, 즉 레이어layer를 여러 개 갖고 있는 ANN에 초점을 맞춰 살펴본다. 이런 신경망을 심층 신경망DNN, Deep Neural Network 또는 완전 연결 신경망FCNN, Fully Connected Neural Network, 다층 퍼셉트론MLP, MultiLayer Perceptron이라고 부르기도 한다. 이어지는 장에서는 컴퓨터 비전, 언어 이해 등 복잡한 과업에 사용하는 고급 신경망인 합성곱 신경망CNN, Convolutional Neural Network과 순환 신경망RNN, Recurrent Neural Network을 다룬다.

그림 4.7은 세 가지 유형의 레이어로 구성된 단순 ANN을 보여 주고 있다. 세 가지 레이어는 입력 레이어, 히든 레이어hidden layer, 출력 레이어이다. 입력 레이어는 데이터를 입력받는 역할을 한다. 입력 레이어에 있는 유닛의 수는 데이터 세트에 있는 특성의 수와 같다. 그림 4.7은 유방암 데이터 세트의 두 가지, 즉 세포 평균 반지름과 평균 세포 면적 특성만 고려하고 있다. 입력 레이어에 유닛이 2개 있는 이유는 바로 이 때문이다.

입력 레이어는 첫 번째 히든 레이어의 모든 유닛과 연결된다. 히든 레이어에서는 개별 유닛이 가진 활성화 함수를 기반으로 입력값을 변환한다. 그림 4.7에서 히든 레이어 모든 유닛의 활성화 함수를 대변하기 위해 함수 f를 사용하고 있다. 하나의 레이어에 속한 유닛은 다른 레이어의 유닛과 엣지edge로 연결된다. 각 엣지는 어떤 가중치를 가지며 이 값은 해당 엣지가 연결하는 유닛 간 연결의 강도를 반영한다. 히든 레이어의 각 유닛은 또한 편향bias 값을 갖고 있으며 엣지의 가중치는 1이다. 입력과 편향의 가중된 합을 활성화 함수로 변환한다. 만약 히든 레이어가 2개 이상이라면 해당 ANN은 "깊다", 즉 "딥deep하다"라고 이야기한다. 따라서 히든 레이어가 2개 이상인 ANN을 DNN이라고 부른다.

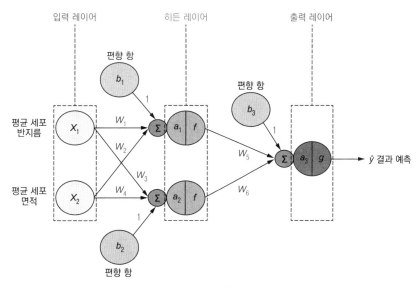

입력 레이어　　　　히든 레이어　　　　출력 레이어

평균 세포
반지름

평균 세포
면적

편향 항

편향 항

편향 항

$\hat{y}$ 결과 예측

▲ **그림 4.7** ANN 묘사

최종 히든 레이어의 유닛은 출력 레이어 유닛과 연결된다. 그림 4.7에서 출력 레이어에 유닛이 하나 있는 이유는 유방암 진단 과업의 결과는 이진, 즉 특성 세포가 악성이거나 양성이기 때문이다. 출력 레이어의 유닛도 이와 마찬가지로 활상화 함수 g를 갖고 있으며 g는 해당 유닛으로 들어오는 입력값을 결과 예측으로 변환한다. 신경망을 만드는 어려움 중 하나는 신경망의 구조를 결정하는 것이다. 얼마나 깊게 할 것인지(히든 레이어의 개수) 그리고 얼마나 넓게(각 레이어의 유닛 개수) 할 것인지 판단해야 한다. 4.4절에서 신경망의 구조를 결정하고 해석하는 방법을 간단하게 살펴보고 자세한 내용은 이어지는 장에서 CNN과 RNN을 다룰 때 살펴볼 예정이다.

이제 입력 데이터가 ANN을 거치면서 어떻게 결과로 변환되는지 살펴보자. 이 과정을 순전파forward propagation라고 하며 그림 4.8은 해당 과정을 보여 주고 있다. 입력 데이터는 입력 레이어의 유닛에 입력된다. 2개 특성에 대한 입력값은 $x1$과 $x2$로 표현돼 있다. 이런 값은 히든 레이어를 거치면서 망에 순방향으로 전파된다. 히든 레이어의 각 유닛에서는 입력값에 가중치를 적용해서 활성화 함수에 입력한다. 그림 4.8의 히든 레이어 첫 번째 유닛에서 입력 $x1$, $x2$의 가중된 합과 편향 항 $b1$을 구해 활성화 함수의 입력값인 $a1$을 구한다. 그리고 이 값이 활성화 함수 f에 전달돼 $f(a1)$이라는 값을 얻게 된다. 히든 레이어의 두 번째 유닛에서도 이와 비슷한 과정이 진행된다. 히든 레이어의 2개 유닛 모두 같은 활성화 함수를 사용한다는 점에 유의할 필요가 있다. 활성화 함수에 관한 자세한 정보는 이번 절의 후반에 살펴본다.

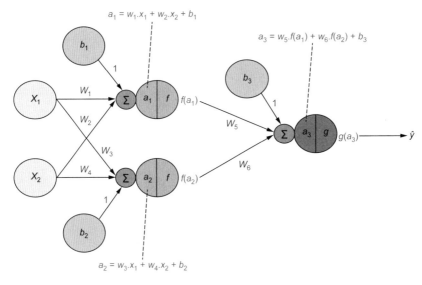

▲ **그림 4.8** ANN에서 순전파 묘사

히든 레이어 유닛의 결괏값은 이어지는 레이어의 유닛에 입력값으로 사용된다. 다음 그림에서 히든 레이어 2개 유닛의 결과가 출력 레이어의 유닛에 입력으로 제공되고 있다. 이전과 마찬가지로 입력값과 편향 항의 가중된 합은 활성화 함수에 입력돼서 $a3$가 구해진다. 그리고 이 값이 활성화 함수 g에 전달돼서 $g(a3)$이라는 값이 얻어진다. 그리고 이 최종 유닛의 출력은 목표 변수 y에 대한 예측을 의미하고 $\hat{y}$로 표현한다. 망에 대한 모든 엣지의 가중치는 처음에 무작위로 초기화된다.

머신러닝 알고리듬의 목적은 목표 변수의 실제 값과 가능한 한 가까운 결과 예측을 얻도록 엣지의 가중치, 즉 유닛 간의 연결 강도를 판단하는 것이다. 그렇다면 이런 가중치는 어떻게 학습하게 될까? 선형 회귀 모델의 가중치는 2장에서 배운 경사하강법을 통해 판단한다. 최적 가중치 세트는 비용 또는 손실 함수를 최소화하는 것이다. 회귀 문제에 많이 사용하는 비용 함수는 예측한 결과와 실제 결과 간의 차이, 즉 오류를 제곱한 값이다. 이진 분류 문제의 경우, 손실 함수로 로그^{log} 손실 또는 이진 교차 엔트로피$^{BCE, Binary}$ $^{Cross-Entropy}$ 함수를 사용한다. 제곱 오류 손실 함수와 예측된 결과를 고려한 연관 파생 함수는 다음 수식과 같다.

$$J(\hat{y}|y) = \frac{(\hat{y} - y)^2}{2}$$
$$J'(\hat{y}|y) = \hat{y} - y$$

로그 손실 또는 BCE 손실 함수와 예측 결과를 고려한 연관 파생 함수는 다음 수식과 같다.

$$J(\hat{y}|y) = \begin{cases} -\log(\hat{y}), & \text{if } y = 1 \\ -\log(1 - \hat{y}), & \text{if } y = 0 \end{cases}$$
$$J'(\hat{y}|y) = \begin{cases} -\frac{1}{\hat{y}}, & \text{if } y = 1 \\ \frac{1}{1-\hat{y}}, & \text{if } y = 0 \end{cases}$$

비용 함수는 그것의 경사, 즉 기울기가(글로벌 또는 로컬에서) 0 또는 0에 가까울 때 가장 작다고 알려져 있다. 선형 회귀 또는 논리 회귀 문제의 가중치를 쉽게 판단할 수 있는 이유는 가중치의 수가 입력 특성의 수(편향 항을 하나 추가하면)와 같기 때문이다. DNN의 가중치 수는 망 구조에 따라 달라진다. 망에 유닛과 레이어를 추가하면 가중치 수는 폭발적으로 늘어날 수 있다. 경사하강법을 직접 적용하는 것도 연산적으로 너무 복잡하기 때문에 가능하지 않다. DNN에서 이런 가중치를 구하는 효율적인 방법은 역전파이다.

그림 4.9는 앞에서 살펴본 간단한 ANN에서 이뤄지는 역전파 과정을 보여 주고 있다. 순전파 후 망의 결과를 평가하고 나면 예측 결과를 기반으로 비용, 즉 손실 함수와 비용 함수의 경사를 계산한다. 그런 다음 망에 대한 모든 엣지의 가중치를 기반으로 경사를 계산하기 위해 노드를 역순으로 거쳐가면서 오류 신호를 구하면 된다. 그림 4.9를 왼쪽부터 단계별로 살펴보자.

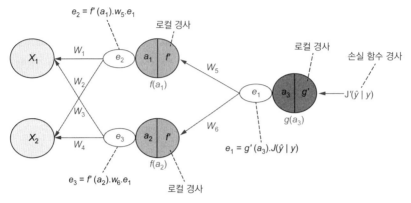

▲ **그림 4.9** ANN 내 오류 신호 역전파

예측 결과 변수를 기반으로 비용 함수의 경사를 우선 구해 보자. 그림 4.9에 *J*로 표현돼 있다. 이 경사는 출력 레이어 유닛부터 역순으로 전달된다. 출력 레이어에는 활성화 함수 *g*의 로컬 경사가 저장된다. 이것은 *g'*로 표현돼 있다. 순전파 때 나온 활성화 함수 입력값 *a3*도 저장된다. 이 값을 사용해서 해당 유닛의 출력 오류 신호, 즉 *e1*을 계산한다. 그림 4.9에서 보여 주고 있듯이 계산된 값은 손실 함수의 경사를 활성화 함수의 로컬 경사로 곱한 값이다. 미적분학 용어로 설명하면 여기서 출력 레이어 유닛의 입력을 기준으로 손실 함수의 경사를 구하기 위해 연쇄 법칙을 사용한다고 할 수 있다. 그런 다음, 이 오류 신호 *e1*은 히든 레이어에 있는 2개의 유닛으로 전파된다. 그리고 히든 레이어 유닛의 출력 오류 신호를 구하기 위해 앞의 과정이 다시 반복된다. 오류 신호가 망에 전파돼서 입력 레이어에 도달하면 역전파 때의 오류 신호에 순전파 때의 값을 곱해서 각 엣지의 가중치를 고려한 경사를 구할 수 있다. 역전파와 관련된 수학적 개념을 설명하는 온라인 자료 및 서적은 많다. 따라서 4장에서 더 구체적으로 이야기하지는 않는다.

활성화 함수는 신경망에서 중요한 요소이다. 그것은 뉴런이 활성화돼야 하는지 그리고 그렇다면 얼마나 활성화돼야 하는지를 결정한다. 활성화 함수는 미분 가능하고(즉, 1차 미분 함수가 존재) 단조 함수라는(즉, 줄곧 상승하거나 하강하는) 특징을 갖고 있다. 신경망에 많이 사용하는 활성화 함수로는 시그모이드sigmoid 함수, 쌍곡 탄젠트hyperbolic tangent, 정류 선형 유닛ReLU, Rectified Linear Unit 등이 있다. 표 4.1에서 대표적인 함수를 보여 주고 있다.

▼ **표 4.1** 신경망에 많이 사용하는 활성화 함수

활성화 함수	설명
시그모이드	시그모이드 함수는 다음과 같이 정의된다. $$sigmoid(x) = 1 / (1 + exp(-x))$$ 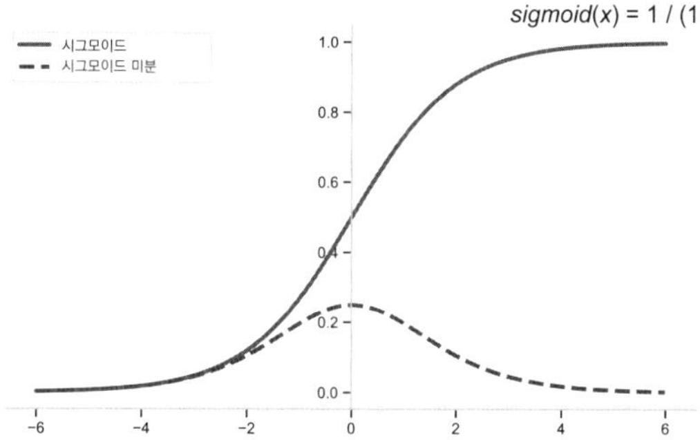 함수 결과는 0과 1 사이의 값이 된다. 위 그림에서 보여 주고 있듯이 미분 가능한 단조 함수이다.
쌍곡 탄젠트(tanh)	쌍곡 탄젠트 함수는 다음과 같이 정의된다. $$tahn(x) = 2 * sigmoid(2x) - 1$$ 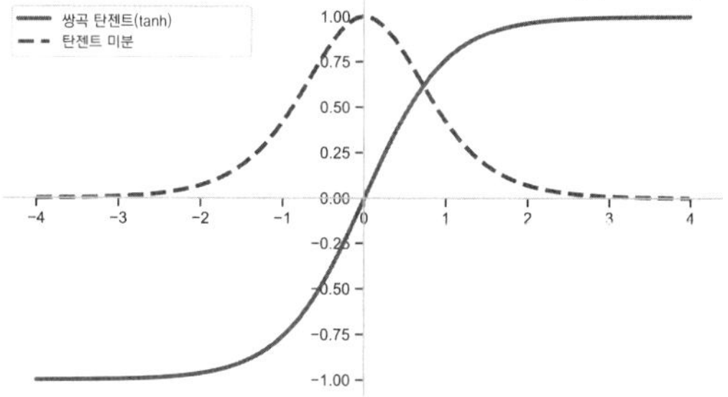 함수 결과는 −1과 1 사이의 값이 된다. 위 그림에서 보여 주고 있듯이 미분 가능한 단조 함수이다.
정류 선형 유닛(ReLU)	ReLU 함수는 다음과 같이 정의된다. $$ReLu(x) = max(0,x)$$ 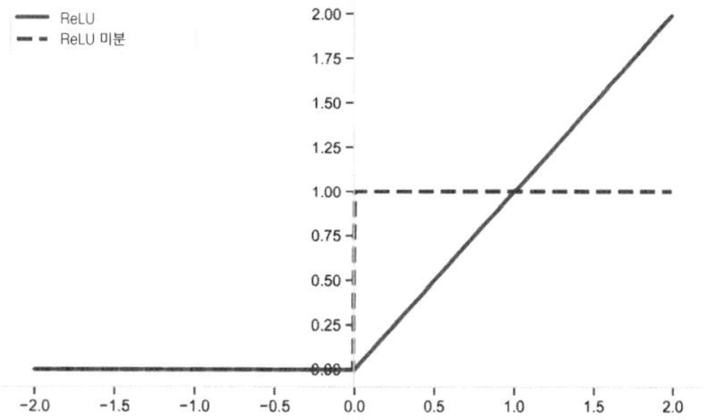 함수 결과는(입력 x의 값에 따라) 0과 무한대 사이의 값이 된다. 위 그림에서 보여 주고 있듯이 미분 가능한 단조 함수이다.

시그모이드 활성화 함수는 결괏값이 0과 1 사이가 되기 때문에 분류 모델에 많이 사용한다. 4장에서 살펴보고 있는 유방암 진단 문제에 출력 레이어의 활성화 함수 g로 시그모이드 함수를 사용한다. 쌍곡 탄젠트 함수도 시그모이드와 비슷한 특징을 갖고 있지만, 결괏값이 −1과 1 사이가 된다. 시그모이드와 쌍곡 탄젠트 활성화 함수 모두 경사 소실 문제를 겪는다. 이유는 양쪽 함수 모두 너무 크거나 너무 작은 입력값에 대해 경사가 0이 되는(또는 포화된다고 하기도 함) 현상이 나타나기 때문이다. 이와 관련된 내용은 표 4.1에서 보여 주고 있다.

ReLU는 이런 경사 소실 문제에 잘 대처하기 때문에 신경망에 가장 널리 사용하는 활성화 함수이다. 입력이 음수이면 ReLU 값은 0이 된다는 것을 알 수 있다. ReLU 활성화 함수를 가진 뉴런에 입력되는 값이 음수이면 해당 뉴런의 출력값은 0, 즉 활성화되지 않는다. 입력이 음수가 아닌 뉴런만 활성화된다. 모든 뉴런이 동시에 활성화되는 것은 아니기 때문에 ReLU 활성화 함수는 연산 자원의 측면에서도 효율적이다. 실무에서는 너무 복잡해지는 것을 방지하기 위해 모든 유닛에 같은 활성화 함수를 사용한다.

4.3.1 데이터 준비

이제 유방암 진단 문제를 위한 DNN을 훈련해 보자. 망을 구축 및 훈련하기 위해 파이토치를 사용한다. 파이토치는 파이썬 언어를 기반으로 신경망을 구축할 수 있게 하는 라이브러리이다. 파이토치는 사용하기 쉽기 때문에 연구 및 실무자 사이에서 인기가 높다. 신경망을 구축할 때 텐서플로, 케라스 등 다른 라이브러리를 사용할 수도 있지만, 이 책은 파이토치에 초점을 맞추고 있다. 라이브러리가 파이썬에 맞게 구현돼 있기 때문에 이미 파이썬과 친숙한 데이터 과학자나 엔지니어는 사용하기 쉽다. 파이토치에 대한 자세한 설명은 부속서 B를 참조하면 된다.

DNN을 훈련하기 위한 첫 번째 단계는 데이터를 준비하는 것이다. 다음 코드는 데이터를 로딩하고 훈련, 검증, 테스트 세트로 분할한 후 파이토치로 망을 구현하기 위한 입력 형태로 변환하는 과정을 보여 주고 있다.

```
import numpy as np                                                          ❶

from sklearn.datasets import load_breast_cancer                            ❷
from sklearn.model_selection import train_test_split                       ❸

import torch                                                               ❹
from torch.autograd import Variable                                        ❹

data=load_breast_cancer()                                                  ❺
X=data['data']                                                             ❺
y=data['target']                                                           ❺

X_train, X_val, y_train, y_val=train_test_split(X, y, test_size=0.3, random_state=24)  ❻
X_val, X_test, y_val, y_test=train_test_split(X_val, y_val, test_size=0.5,
⇨    random_state=24)                                                      ❼

X_train=Variable(torch.from_numpy(X_train))                                ❽
X_val=Variable(torch.from_numpy(X_val))                                    ❽
y_train=Variable(torch.from_numpy(y_train))                                ❽
y_val=Variable(torch.from_numpy(y_val))                                    ❽
X_test=Variable(torch.from_numpy(X_test))                                  ❽
y_test=Variable(torch.from_numpy(y_test))                                  ❽
```

❶ 데이터 세트를 벡터 및 행렬로 로딩하기 위해 사용하는 넘파이 임포트
❷ 사이킷런이 제공하는 유방암 데이터 세트 임포트
❸ 사이킷런이 제공하는 train_test_split 함수 임포트
❹ 파이토치와 가변 데이터 구조를 임포트해서 입력 데이터 세트를 텐서로 저장
❺ 유방암 데이터 세트를 로딩하고 특성과 목표 변수 추출
❻ 데이터를 훈련 및 검증/테스트 세트로 분할
❼ 검증/테스트 세트를 2개의 동등한 세트로 분할. 하나가 검증이고 나머지 하나가 테스트
❽ 훈련, 검증, 테스트 세트를 파이토치 텐서로 초기화

데이터 중 70%는 훈련, 15%는 검증, 나머지 15%는 홀드 아웃 테스트 세트로 사용한다는 점에 주목하자. 이제 그림 4.10에서 확인했던 목표 변수의 분포가 3개 세트 안에서도 비슷한지 확인해 보자. 3개 세트 모두 전체 데이터 중 약 60~62% 정도가 양성(목표 변수=1), 38~40% 정도가 악성인(목표 변수=0) 것을 볼 수 있다.

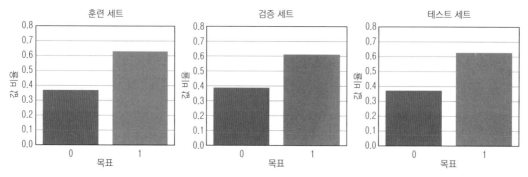

▲ **그림 4.10** 훈련, 검증, 테스트 세트 내 목표 변수 분포

4.3.2 DNN 훈련 및 평가

이제 데이터가 준비됐으므로 다음 단계는 DNN을 정의하는 것이다. 다음과 같이 레이어와 유닛 수를 속성으로 가진 클래스를 만들어 보자.

```
class Model(torch.nn.Sequential):                                    ❶
    def init(self, layer_dims):                                      ❷
        super(Model, self). init()                                   ❸
        for idx, dim in enumerate(layer_dims):                       ❹
            if(idx < len(layer_dims) - 1): #E                        ❺
                module=torch.nn.Linear(dim, layer_dims[idx + 1])     ❺
                self.add_module("linear" + str(idx), module)         ❺
            else:                                                    ❻
                self.add_module("sig" + str(idx), torch.nn.Sigmoid())❻
            if(idx < len(layer_dims) - 2):                           ❼
                self.add_module("relu" + str(idx), torch.nn.ReLU())  ❼
```

❶ 파이토치 Sequential 클래스를 상속하는 Model 클래스 생성

❷ 배열로 레이어와 각 레이어에 포함될 유닛 수 전달

❸ 파이토치 Sequential 슈퍼 클래스 초기화

❹ 배열의 각 원소에 대해 인덱스와 해당 레이어의 유닛 수 추출

❺ 최종 출력 레이어에 도달할 때까지 모든 선형 유닛을 가진 레이어 모듈 생성

❻ 출력 레이어 유닛에 시그모이드 활성화 함수 사용

❼ 히든 레이어 모든 유닛에 ReLU 활성화 함수 사용

DNN Model 클래스는 파이토치 Sequential 클래스를 상속한다. Sequential 클래스는 모듈을 초기화된 순서대로 쌓는다. 입력 레이어와 히든 레이어의 경우, 선형 유닛을 사용하며 유닛에서 해당 유닛으로 들어오는 모든 입력의 가중된 합을 구한다. 히든 레이어는 ReLU 활성화 함수를 사용한다. 최종 출력 레이어는 하나의 유닛만 갖고 있으며 해당 유닛은 시그모이드 활성화 함수를 사용한다. 시그모이드 활성화 함수의 결과는 0과 1 사이의 어떤 값이 된다. 이 결괏값은 분류 과업의 긍정 클래스에 속할 확률을 보여 주는 수치이다. 지금 보고 있는 사례에서 긍정 클래스는 양성을 의미한다. Model 클래스를 구성했으므로 다음과 같이 초기화해 보자.

```
dim_in=X_train.shape[1]          ❶
dim_out=1                        ❷
layer_dims=[dim_in, 20, 10, 5, dim_out]   ❸
model=Model(layer_dims)          ❹
```

❶ 입력 레이어 유닛 수는 훈련 세트 데이터가 가진 특성 수와 같음.
❷ 출력 레이어 유닛 수는 이진 분류 문제를 다루고 있기 때문에 1개임.
❸ 레이어 차원 배열을 초기화해서 DNN 구조 정의
❹ DNN 모델을 정해진 구조를 갖고 초기화

명령어 print(model)로 모델을 출력해 보면 DNN의 구조를 요약한 후과 같은 결과를 얻게 된다.

```
Model(
  (linear0): Linear(in_features=30, out_features=20, bias=True)
  (relu0): ReLU()
  (linear1): Linear(in_features=20, out_features=10, bias=True)
  (relu1): ReLU()
  (linear2): Linear(in_features=10, out_features=5, bias=True)
  (relu2): ReLU()
  (linear3): Linear(in_features=5, out_features=1, bias=True)
  (sig4): Sigmoid()
)
```

이 출력에서 DNN은 하나의 입력 레이어, 3개의 히든 레이어 그리고 하나의 출력 레이어로 구성된 것을 알 수 있다. 데이터 세트가 총 30개의 입력 특성을 갖고 있기 때문에 입력 레이어는 30개의 유닛을 갖고 있다. 첫 번째 히든 레이어는 20개의 유닛, 두 번째 히든 레이어는 10개의 유닛, 마지막 세 번째 히든 레이어는 5개의 유닛을 갖고 있다. 히든 레이어의 모든 유닛은 ReLU 활성화 함수를 사용한다. 마지막으로 출력 레이어는 시그모이드 활성화 함수를 사용하는 하나의 유닛으로 구성돼 있다. 입력 레이어와 출력 레이어의 유닛 수가 각각 30과 1이어야 하는 이유는 데이터 세트에 특성이 30개 있고 이진 분류 과업을 위해서는 하나의 출력만 있으면 되기 때문이다. 하지만 히든 레이어 수와 각 히든 레이어 유닛 수는 가장 좋은 성능을 내는 구성을 만들기 위해 자유롭게 설정할 수 있다. 이런 초매개변수는 검증 세트를 활용해서 결정할 수 있다.

이제 모델을 구성했으므로 역전파 시의 가중치를 결정하는 데 사용할 손실 함수와 최적화를 정의해 보자.

```
criterion=torch.nn.BCELoss(reduction='sum')                    ❶
optimizer=torch.optim.Adam(model.parameters(), lr=0.001)       ❷
```

❶ 최적화 조건으로 이진 교차 엔트로피(BCE) 초기화
❷ 역전파 시 가중치 판단을 위해 학습률 0.001로 한 아담 최적화 사용

앞 절에서 이야기했듯이 이진 분류 문제의 경우, 최적화 조건으로 BCE 손실을 사용한다. 또한 여기서 역전파 시 엣지 가중치 판단을 위해 초기 학습률이 정해진 아담^{Adam} 최적화를 사용하고 있다. 아담 최적화는 경사하강법을 위한 학습률을 상황에 맞게 설정해 주는 기법이다. 아담 최적화 기법에 대한 자세한 설명은 블로그 글(http://mng.bz/zQzX)을 참조하면 된다. 마지막으로 다음과 같이 모델을 훈련해 보자.

```
num_epochs=300                                              ❶
for epoch in range(num_epochs):
    y_pred=model(X_train.float())                          ❷
    loss=criterion(y_pred, y_train.view(-1, 1).float())    ❸

    optimizer.zero_grad()                                  ❹
    loss.backward()                                        ❺
    optimizer.step()                                       ❻
```

❶ 에포크 수를 300으로 초기화
❷ 각 에포크에서 훈련 세트를 대상으로 한 DNN의 결과를 획득

❸ 훈련 세트에 대한 BCE 손실 계산
❹ 역전파 전에 경사를 0으로 되돌림
❺ 각 매개변수/엣지 가중치를 기반으로 경사를 계산
❻ 현재 경사를 기반으로 가중치 업데이트

이때 유의할 점은 모델 훈련을 300에포크^{epoch} 이상으로 진행하고 있다는 것이다. 에포크는 전체 훈련 세트를 신경망에 순방향과 역방향으로 전파하는 횟수를 정의하는 초매개변수이다. 각 에포크에서 훈련 세트를 순방향으로 망에 전파해서 DNN의 결과를 우선 얻게 된다. 그런 다음 각 매개변수 또는 엣지 가중치를 고려한 경사를 계산해서 역전파 시 가중치를 업데이트한다. 경사가 각 에포크에서 역전파를 시작하기 전에 0으로 우선 설정되는 이유는 파이토치가 기본적으로 역방향 전파 시 경사를 합산하기 때문이다. 경사를 0으로 설정하지 않으면 가중치가 올바르게 업데이트되지 않는다.

다음 단계는 테스트 세트를 갖고 모델 성능을 평가하는 것이다. 현재 다루고 있는 것이 분류 문제이기 때문에 3장의 학생 성적 예측 문제에 사용했던 것과 같은 측정 지표를 사용할 것이다. 사용할 측정 지표는 정밀도, 재현율, F1 점수 등이다. 훈련된 DNN 모델의 성능은 적합한 베이스라인 모델과 비교한다. 4.2절에서 살펴봤듯이 데이터 세트의 반 이상은 양성 사례이다. 따라서 베이스라인 모델로 양성을 예측하는 모델을 사용한다. 이 모델의 악성 사례는 모두 틀릴 수밖에 없기 때문에 이상적이라고 볼 수 없다. 실무에 적용할 때는 보통 베이스라인 모델로 전문가가 하는 예측 또는 비즈니스에 기존부터 사용해오던 모델을 선정한다. 여기서 다루고 있는 문제의 경우, 불행하게도 그런 정보가 없기 때문에 비교 대상 베이스라인 모델로 항상 양성을 예측하는 모델을 사용한다.

표 4.2는 모델을 평가하는 데 사용할 세 가지 주요 측정 지표, 즉 정밀도, 재현율, F1 점수를 보여 주고 있다. 재현율 측정 지표를 살펴봤을 때 베이스라인 모델이 DNN보다 좋은 성능을 낸다는 것을 볼 수 있다. 이런 결과가 당연한 것은 베이스라인 모델이 항상 긍정 클래스(즉, 양성)를 예측하기 때문에 모든 긍정 사례는 맞출 수밖에 없다. 하지만 베이스라인 모델은 부정 클래스(즉, 악성)와 관련된 재현율의 경우, 항상 결과가 0일 수밖에 없다. 전반적인 성능을 봤을 때 DNN 모델은 베이스라인 모델보다 월등한 성능을 보여 준다. 정밀도는 98.1%(베이스라인보다 35.4% 높음), F1 점수는 96.2%이다(베이스라인보다 19.1% 높음).

실습으로 모델의 초매개변수를 튜닝해서 성능을 높일 수 있는지 살펴보면 많은 도움이 될 것이다. 망의 구조는 히든 레이어와 각 레이어 유닛 수를 조정하거나 훈련에 사용할 에포크 수를 바꿔서 튜닝할 수 있다. 4.2절(그림 4.6)에서 입력 특성이 서로 매우 높은 연관성을 가진다는 것도 볼 수 있다. 중복 특성을 일부 제거해서 모델의 성능을 추가로 높일 수도 있을 것이다. 모델 성능을 최대화하는 특성 집합을 식별하는 특성 선택도 실습으로 진행해 볼 것을 권한다.

▼ **표 4.2** 베이스라인 모델과 DNN 모델의 성능 비교

	정밀도(%)	재현율(%)	F1 점수(%)
베이스라인 모델 1	62.7	100	77.1
DNN 모델	98.1(+35.4)	94.4(−5.6)	96.2(+19.1)

DNN 모델이 베이스라인보다 좋은 성능을 보여 주고 있으므로 이제 그것을 해석해서 블랙박스 모델이 최종 예측에 어떻게 도달하게 되는지 이해해 보자.

4.4 DNN 해석

앞 절에서 살펴봤듯이 DNN이 예측을 하기 위해서는 데이터가 각자 여러 개의 유닛을 가진 복수의 레이어를 통과해야 한다. 각 레이어에서 입력은 가중치와 유닛의 활성화 함수를 기반으로 한 비선형 변환을 거치게 된다. 신경망의 구조에 따라서 하나의 예측도 많은 수학적 연산이 필요할 수 있다. 앞 절에서 유방암 진단에 사용한 비교적 단순한 구조도 하나의 예측에 훈련 매개변수 또는 가중치에 따라 약 890개의 수학적 연산이 필요했다. 다음은 이를 보여 주고 있다.

```
+----------------+----------+
|      모듈      | 매개변수 |
+----------------+----------+
| linear0.weight |   600    |
|  linear0.bias  |    20    |
| linear1.weight |   200    |
|  linear1.bias  |    10    |
```

```
| linear2.weight |    50    |
| linear2.bias   |     5    |
| linear3.weight |     5    |
| linear3.bias   |     1    |
+----------------+----------+
```
훈련 가능한 매개변수의 수: 891

이 예제만 하더라도 더 많은 히든 레이어를 추가하거나 레이어에 유닛을 추가했을 때 필요한 연산이 수백만 개로 늘어날 수 있다. DNN이 블랙박스인 이유는 바로 이 때문이다. 각 레이어에서 어떤 변환이 이뤄지고 모델이 어떻게 최종 예측에 도달하는지 이해하는 것은 매우 어려울 수 있다. 이어지는 장에서 좀 더 복잡한 CNN이나 RNN의 경우, 이런 이해가 더 어렵다는 사실을 알아보게 된다.

DNN을 해석하는 방법 중 하나는 입력 레이어 유닛에 연결된 엣지의 가중치 또는 강도를 살펴보는 것이다. 이를 통해 입력 특성별로 결과 예측에 미치는 전반적인 영향을 판단할 수 있다. 하지만 3장에서 화이트박스 모델과 트리 앙상블을 다루면서 살펴봤듯이 특성 중요도에 대한 정확한 측정값을 제공하지는 않는다. 이렇게 되는 가장 큰 이유는 신경망이 입력에 대한 표현을 히든 레이어에서 배우기 때문이다. 초기 입력 특성은 일종의 중간 특성 또는 개념으로 변환된다. 따라서 입력 특성의 중요도는 입력 레이어 유닛에 연결된 엣지만으로 결정되는 것은 아니다. 그렇다면 DNN은 어떤 식으로 해석해야 할까?

DNN을 해석하는 방법은 다양하다. 3장에서 배운 범위가 글로벌한 모델 애그노스틱한 기법을 사용할 수도 있다. PDP와 특성 상호작용 도표 등 모든 머신러닝 모델에 적용할 수 있는 모델 애그노스틱한 기법을 이미 배웠다. 이런 기법은 범위가 글로벌한 것으로, 최종 예측에 대한 모델의 전반적인 영향을 다룬다. PDP와 특성 상호작용 도표는 사용하기 쉽고 직관적이며 특정 특성 값이 모델 예측에 미치는 영향을 살펴보는 데 좋은 도구이다. 또 그런 기법을 갖고 데이터 및 모델 편향성과 같은 잠재적 문제를 식별하는 법도 배웠다. 이런 기법을 유방암 식별 DNN 모델에 쉽게 적용할 수 있다. 하지만 PDP와 특성 상호작용 도표의 경우, 모델의 입력 특성이 서로 독립적이어야 하는데, 4.2절에서 그렇지 않다는 것을 살펴봤다.

이어지는 절은 LIME, SHAP, 앵커 등 고급 모델 애그노스틱 기법을 살펴본다. 이런 기법은 범위가 로컬로 특정 인스턴스 또는 예제를 해석하는 것에 초점을 맞추고 있다. 이어지는 장에서 각 입력 특성이 최종 예측에 미치는 영향을 정량화하고 신경망을 분해해서 중간에 있는 히든 레이어와 유닛이 학습한 특성을 시각화하는 특성 분석 기법에 관해 배우게 될 것이다.

4.5 LIME

LIME은 'Local Interpretable Model-agnostic Explanations(로컬 해석 가능한 모델 애그노스틱 설명)'의 약자로, 2016년에 마르코 툴리오 리베이로$^{Marco Tulio Ribeiro}$와 그의 팀이 제안한 기법이다. 해당 기법을 구체적으로 살펴보자. 앞 절에서 30개의 특성을 기반으로 악성 사례와 양성 사례를 구분하는 방법을 학습한 DNN을 구축했다. 이제 그림 4.11처럼 특성 공간을 2차원 공간으로 단순화해서 살펴보자. 그림에서 DNN이 학습한 양성과 악성 사례를 구분하는 복잡한 예측 함수를 보여 주고 있다. 그림 4.11에 결정 경계를 일부러 과장해서 그려 놓은 이유는 글로벌 수준에서 설명하는 것보다 LIME과 같은 기법을 갖고 로컬 범위에서 설명하는 것이 상대적으로 쉬운 복잡한 함수를 보여 주기 위해서이다.

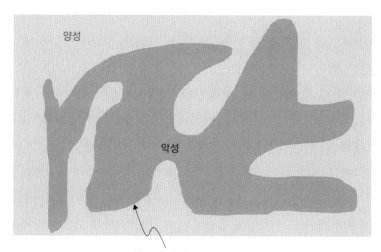

양성 사례와 악성 사례를 구분하는 복잡한 결정 경계

▲ **그림 4.11** DNN(또는 다른 블랙박스 모델)이 학습한 양성 사례와 악성 사례를 구분하는 결정 경계

LIME은 우선 해석할 예제 하나를 선택해야 한다. 그림 4.12에서 해석할 대상인 하나의 악성 사례를 선택한 것을 보여 주고 있다. 목표는 모델이 해당 사례에 대한 예측을 하는 과정을 이해하는 데 필요한 만큼의 조사를 하는 것이다. 이를 위해 데이터 세트를 교란perturbing해서 이 교란 데이터 세트perturbed dataset를 대상으로 모델이 예측하는 과정을 조사한다.

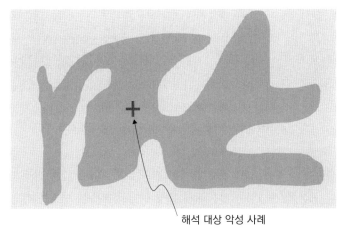

해석 대상 악성 사례

▲ **그림 4.12** LIME를 통해 해석할 사례 선정

교란 데이터 세트는 어떻게 만들 수 있을까? 훈련 데이터가 주어지면 각 특성에 대한 주요 요약 통계를 내게 된다. 수치형 또는 연속형 특성의 경우, 평균과 표준 편차를 구한다. 범주형 특성에 대해서는 각 값의 발생 빈도를 구한다. 그런 다음 이런 요약 통계를 기반으로 표본 추출을 진행해서 새로운 데이터 세트를 만든다. 수치형 특성의 경우, 해당 특성에 대한 평균과 표준 편차를 갖고 가우시안Gaussian 분포에서 데이터를 추출한다. 범주형 특성의 경우, 발생 빈도 분포 또는 확률 질량 함수를 기반으로 표본을 추출한다. 이 데이터 세트를 만들고 나면 그림 4.13처럼 해당 데이터 세트를 대상으로 한 모델의 예측을 얻기 위해 모델을 조사한다. 선정된 사례는 큰 더하기 기호로 표시돼 있다. 교란 데이터 세트의 양성과 악성 예측은 각각 작은 더하기 기호와 동그라미로 표시돼 있다.

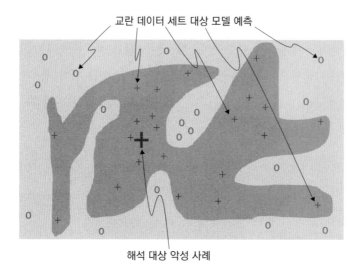

교란 데이터 세트 대상 모델 예측

해석 대상 악성 사례

▲ **그림 4.13** 생성된 교란 데이터 세트와 관련 모델 예측

교란 데이터 세트를 만들고 연관 모델 예측을 얻고 나면 선정된 사례와의 근접도를 기반
으로 이 새로운 표본에 가중치를 부여해서 특성 면에서 비슷한 사례를 갖고 선정된 사례
를 해석한다. 이렇게 가중치를 부여하는 과정을 통해 해석의 범위가 결정된다. LIME이
라는 약자에서 "local(로컬)"은 여기서 온다. 그림 4.14는 선정된 사례와 가까운 교란 표본
에 더 높은 가중치가 부여된다는 것을 보여 주고 있다.

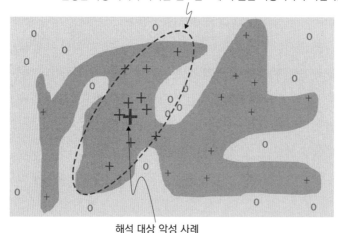

선정된 악성 사례와 가까운 인스턴스에 더 높은 가중치가 주어진다.

해석 대상 악성 사례

▲ **그림 4.14** 선정된 해석 대상 인스턴스와 근접한 가중된 인스턴스

이제 선정된 인스턴스와의 근접도를 기반으로 표본에 가중치를 부여하는 방법을 살펴보자. 저자는 원논문에서 지수 커널 함수exponential kernel function를 사용했다. 지수 커널 함수는 2개의 매개변수를 입력으로 받는다.

- **선정된 인스턴스와 교란 표본의 거리** – 유방암 데이터 세트(다른 표 데이터도 마찬가지)의 경우, 특성 공간에서 선정된 인스턴스와 교란 표본과의 거리를 측정하기 위해 유클리드 거리Euclidean distance를 사용한다. 유클리드 거리는 이미지 데이터에도 사용한다. 텍스트의 경우, 코사인 거리 측정을 사용한다.

- **커널 폭** – 튜닝을 할 수 있는 초매개변수이다. 폭이 작다면 선정된 인스턴스와 근접한 표본만 해석에 영향을 미치게 된다. 하지만 폭이 넓다면 상대적으로 먼 표본도 해석에 영향을 미칠 수 있다. 이것은 중요한 초매개변수로, 그것이 해석에 미치는 영향을 더욱 자세히 살펴보게 될 것이다. 기본적으로 커널 폭은 $0.75 \times (\sqrt{특성\ 수})$를 기본값으로 가진다. 따라서 30개의 입력 특성을 가진 모델의 경우, 기본 커널 폭이 4.1이다. 커널 폭 값은 0에서 무한대까지 커질 수 있다.

지수 커널 함수를 사용해서 선정된 인스턴스와 거리상 더 가까운 표본에 상대적으로 먼 표본보다 더 높은 가중치를 부여한다.

최종 단계는 가중된 표본에 해석하기 쉬운 화이트박스 모델을 피팅하는 것이다. LIME에서는 2장에서 살펴본 선형 회귀를 사용하며 선형 회귀 모델의 가중치를 갖고 선정된 인스턴스에서 특성의 중요도를 해석할 수 있다. LIME의 "interpretable(해석)"은 이를 의미한다. 로컬 범위로 검증된 해석을 얻게 되며 대체 선형 모델을 피팅하고 있기 때문에 LIME은 DNN 등 블랙박스 모델 종류와 상관없이 적용할 수 있다. LIME의 "model-agnostic(모델 애그노스틱)"은 이를 의미한다. 그림 4.15는 해석을 위해 선정된 인스턴스 근방에 대해 믿을 수 있는 대체 선형 모델을(점선) 보여 주고 있다.

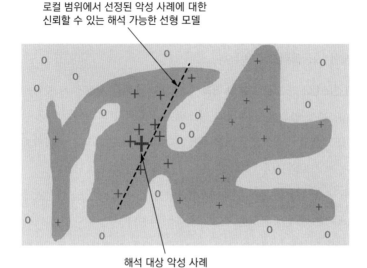

로컬 범위에서 선정된 악성 사례에 대한
신뢰할 수 있는 해석 가능한 선형 모델

해석 대상 악성 사례

▲ **그림 4.15** 근방의 가중된 표본을 갖고 선정된 인스턴스를 해석하기 위해 사용하는 선형 모델

이제 LIME를 앞에서 훈련한 유방암 진단 DNN 모델에 적용해 보자. 우선 pip를 사용해
서 LIME 라이브러리를 다음과 같이 설치한다.

```
pip install lime
```

설치한 후 첫 번째 단계는 LIME에서 익스플레이너^{explainer} 오브젝트를 초기화하는 것이
다. 데이터 세트가 표 형태의 데이터이기 때문에 LimeTabularExplainer 클래스를 사용한
다. 다른 익스플레이너 클래스로는 이미지를 입력으로 사용하는 모델을 설명하기 위한
LimeImageExplainer와 텍스트를 위한 LimeTextExplainer가 있다. LimeImageExplainer 클래
스는 다음 장에서 이미지를 다룰 때 사용한다.

```
import lime                                                          ❶
import lime.lime_tabular                                            ❶

explainer=lime.lime_tabular.LimeTabularExplainer(X_train.numpy(),   ❷
                  feature_names=data.feature_names,                 ❸
                  class_names=data.target_names,                    ❹
                  discretize_continuous=True)                       ❺
```

❶ 라이브러리와 관련된 모듈 임포트
❷ 훈련 데이터 세트를 갖고 explainer 초기화
❸ 특성명 제공
❹ 목표 클래스명 제공(양성/악성)
❺ 연산 복잡성을 줄이기 위해 연속형 변수 분리

이제 해석할 사례 2개를 선정해 보자. 하나는 악성 사례, 하나는 양성 사례로 선택한다. 여기서 첫 번째 양성 사례와 악성 사례를 선정한 테스트 세트를 사용한다. 다음은 해당 코드를 보여 주고 있다.

```
benign_idx=np.where(y_test.numpy()==1)[0][0]
malignant_idx=np.where(y_test.numpy()==0)[0][0]
```

교란 데이터 세트를 대상으로 한 DNN의 예측을 얻기 위해 다음과 같이 필요한 헬퍼^{helper} 함수를 만들 필요가 있다.

```
def prob(data):
    return model.forward(Variable(torch.from_numpy(data)).float()).\
    detach().\
    numpy().\
    reshape(-1, 1)
```

그리고 LIME의 해석을 맷플롯립으로 그리기 위한 함수도 만들 필요가 있다. 이 라이브러리를 갖고 도표를 그릴 수 있지만, 커스터마이징^{customizing}은 불가능하다. 따라서 헬퍼 함수를 만들어서 제목, 라벨, 색 등을 수정하고 필요하다면 LIME 해석에 대한 도표를 자체적으로 그릴 수 있게 한다.

```
def lime_exp_as_pyplot(exp, label=0, figsize=(8,5)):
    exp_list=exp.as_list(label=label)
    fig, ax=plt.subplots(figsize=figsize)
    vals=[x[1] for x in exp_list]
    names=[x[0] for x in exp_list]
    vals.reverse()
    names.reverse()
    colors=['green' if x > 0 else 'red' for x in vals]
    pos=np.arange(len(exp_list)) + .5
```

```
ax.barh(pos, vals, align='center', color=colors)
plt.yticks(pos, names)
return fig, ax
```

이제 첫 번째 양성 사례를 해석해 보자. 다음은 그 과정을 보여 주고 있다. 선정된 양성 사례가 LIME 익스플레이너로 전달된다.

```
bc1_lime=explainer.explain_instance(X_test.numpy()[benign_idx],   ❶
                                    prob,                         ❷
                                    num_features=5,               ❸
                                    top_labels=1)                 ❹
f, ax=lime_exp_as_pyplot(bc1_lime)                                ❺
```

❶ 선정된 양성 사례의 특성을 함수로 전달
❷ 교란 데이터 세트에 대한 예측을 제공하는 헬퍼 함수 전달
❸ 대체 선형 모델의 특성 수를 5로 제한
❹ 상위 라벨 또는 긍정 클래스는 1
❺ LIME 해석을 그리기 위해 헬퍼 함수 사용

대체 선형 모델의 특성 수를 5로 제한하고 있다는 점에 유의하자. LIME은 대체 선형 모델로, 릿지 회귀$^{ridge\ regression}$ 모델을 사용한다. 릿지 회귀는 정규화를 통해 변수 선정 또는 매개변수 제거가 가능하게 하는 선형 회귀 모델이다. 높은 정규화 매개변수를 사용해서 예측을 위해 상위 특성 몇 개만 사용하는 희소 모델을 만들 수 있다. 희소 정도를 낮추기 위해 낮은 정규화 매개변수를 사용할 수도 있다. 그림 4.16은 해당 양성 사례에 대한 LIME의 해석을 보여 주고 있다.

LIME으로 해석한 양성 사례의 경우, DNN 모델이 0.99의 확률, 즉 신뢰도 99%로 양성이라고 예측했다. 이런 결과에 어떻게 도달했는지 이해하기 위해서 그림 4.16에서 대체 선형 모델에 가장 중요한 다섯 가지 특성과 연관된 가중치 및 중요도를 보여 주고 있다. 가장 중요한 특성은 높은 긍정 가중치를 가진 최악 면적이었던 것으로 보인다. LIME에 따르면 모델이 양성이라고 예측한 이유는 최악 면적 값이 511과 683.95 사이였기 때문이다. LIME은 이런 범위를 어떻게 알아 냈을까? 그것은 선형 대체 모델이 사용한 가중된 교란 데이터 세트의 표준 편차를 기반으로 한다.

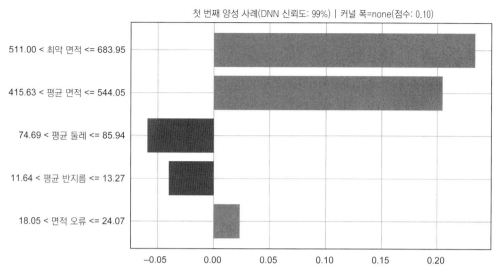

첫 번째 양성 사례(DNN 신뢰도: 99%) | 커널 폭=none(점수: 0.10)

▲ **그림 4.16** DNN 모델이 양성을 99%의 신뢰도로 예측한 첫 번째 양성 사례에 대한 LIME 해석

이런 해석이 타당한가? 그것을 검증하기 위해서는 4.2절에서 했던 탐색적 데이터 분석을 살펴볼 필요가 있다. 그림 4.3에서 최악 및 최대 세포 면적이 700보다 작을 때 양성 사례가 악성에 비해 훨씬 많다는 것을 살펴봤다. LIME에서 식별한 두 번째로 중요한 특성을 보면, 평균 면석이 415.63과 544.05 사이이면 양성으로 예측할 가능성이 훨씬 높았다는 것을 알 수 있다. 이런 특징은 그림 4.3에서 살펴본 내용이 뒷받침해 주고 있다. 세 번째로 중요한 특성인 평균 둘레에 대해서도 이와 비슷한 관찰을 할 수 있다. 그림 4.16의 제목에 커널 폭과 점수가 명시돼 있다는 것을 봤을 것이다. 이와 관련해서는 나중에 살펴볼 예정이다.

이제 LIME으로 해석한 테스트 세트의 첫 번째 악성 사례를 살펴보자. 앞에서 사용한 코드를 다시 사용할 수 있지만, `malignant_idx`를 사용해서 테스트 세트에서 적합한 특성 값을 선정해야 한다는 점을 기억해야 한다. 직접 실습해 볼 것을 추천한다. 그 결과로 얻게 되는 LIME 해석은 그림 4.17이 보여 주고 있다. 가장 중요한 특성 두 가지는 양성 사례와 같지만, 값의 범위는 다르다. 또한 가장 중요한 특성(최악 세포 면적)의 가중치 또한 음수이다. 특성이 모델의 결과에 부정적인 영향을 미칠 것을 기대했기 때문에 예상대로이다. DNN은 긍정 클래스 확률을 예측하도록 훈련되는데, 여기서 긍정 클래스는 양성을 의미한다. 따라서 악성 사례의 경우, 모델의 결괏값이 최대한 낮을 것을 기대한다. 즉, 양성일 확률이 가능한 한 낮아야 한다.

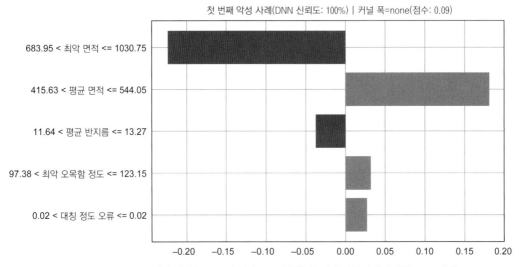

▲ **그림 4.17** DNN 모델이 악성을 100%의 신뢰도로 예측한 첫 번째 악성 사례에 대한 LIME 해석

이 악성 사례의 경우, DNN이 해당 사례가 양성일 가능성은 0이라고 예측했다. 이것은 모델이 100%의 신뢰도로 해당 사례가 악성이라고 이야기한 것과 같다. 이제 특성 값의 범위를 살펴보자. 모델이 최악 및 최대 세포 면적이 683.95보다는 크지만, 1030.75보다 작아서 악성이라고 예측한 것을 볼 수 있다. 탐색적 분석을 통해 해당 범위에서 양성보다 악성 사례가 많다는 것을 봤기 때문에 수긍이 되는 부분이다(그림 4.3 참조). 다른 특성에 대해서도 이와 비슷한 관찰을 할 수 있다.

커널 폭이 미치는 영향 커널 폭이 LIME에 중요한 초매개변수라는 사실을 인지할 필요가 있다. 적합한 커널 폭을 선택하는 것이 중요하며 해석의 품질에도 영향을 미치게 된다. 해석하고자 하는 모든 인스턴스에 같은 커널 폭을 선택해서는 안 된다. 폭 선택은 대체 선형 모델을 위해 LIME이 사용하는 가중된 교란 표본에 영향을 미치게 된다. 커널 폭을 크게 하면 선정된 인스턴스에서 먼 표본이 대체 선형 모델에 영향을 미치게 된다. 대체 모델이 원래 블랙박스 모델과 가능한 한 로컬에서 비슷한 신뢰도를 갖기를 원하기 때문에 그것을 원하지 않는다. LIME 라이브러리는 기본으로, 특성

수의 제곱근에 0.75를 곱한 값을 커널 폭으로 사용한다. kernel_width=None으로 설정하면 기본값을 사용한다. LIME를 사용해서 해석하고자 하는 모든 인스턴스에 같은 커널 폭을 사용하는 것은 좋지 않을 수 있다. 해석의 품질을 평가하기 위해 LIME은 충실도 점수를 제공한다. LIME의 결과에 score(점수)라는 매개변수를 통해 제공된다. 점수가 높을수록 LIME이 사용한 선형 모델이 대상 블랙박스 모델에 대한 좀 더 좋은 근사치를 제공한다는 것을 의미한다. 커널 폭과 LIME 충실도 점수는 그림 4.16과 그림 4.17의 제목에 표시돼 있다.

이제 또 다른 양성 사례를 갖고 커널 폭이 미치는 영향을 살펴보자. 다음과 같이 테스트 세트의 두 번째 사례를 선정했다.

```
benign_idx2=np.where(y_test.numpy()==1)[0][1]
```

앞에서 만든 LIME 익스플레이너는 0.75×(특성 수의 제곱근)인 기본값을 사용했다. 데이터 세트의 특성 수가 30개이기 때문에 커널 폭은 4가 된다. 상대적으로 작은 커널 폭 1을 사용하는 새로운 LIME 익스플레이너를 만들어서 해석에 미치는 영향을 살펴보자. 다음 코드는 kerner width=1을 사용하는 LIME 익스플레이너를 만드는 방법을 보여 주고 있다.

```
explainer_kw1=lime.lime_tabular.LimeTabularExplainer(X_train.numpy(),
feature_names=data.feature_names,
                    class_names=data.target_names,
            kernel_width=1,                                    ❶
                    discretize_continuous=True)
```

❶ kernel_width 매개변수를 1로 설정

두 번째 양성 사례에 대해 기본 커널 폭과 커널 폭 1을 사용한 LIME 해석 결과는 그림 4.18 (a)와 (b)에서 각각 보여 주고 있다. 이제 두 번째 사례에 기본값을 사용해서 해석한 결과를 앞에서 했던 첫 번째 사례 해석과 비교해 보자. 가장 중요한 특성은 양쪽 모두 같다. 하지만 해당 특성 값의 범위는 다르다는 것을 볼 수 있다. 두 번째 사례의 경우, 최악 세포 면적이 511보다 작아서 양성으로 판단한 것을 알 수 있는데, 이것은 값이 511과 683.95 사이였기 때문이었던 첫 번째 사례와 다르다. 하지만 최악 면적이 511보다 작을 때도 양성 사례가 훨씬 많기 때문에 이것도 유효한 예측으로 볼 수 있다. 충실도 점수도 두 번째 양성 사례에 대한 기본 LIME 해석이 높다. 이것은 LIME의 선형 모델이 첫 번째 사례보다 이번 사례에 대해 DNN 모델을 더 충실하게 반영하고 있다는 것을 의미한다.

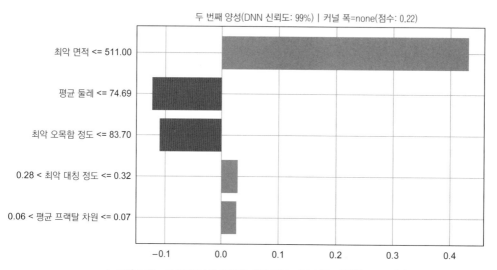

▲ **그림 4.18a** 두 번째 양성 사례에 대한 기본 커널 폭을 사용한 LIME 해석

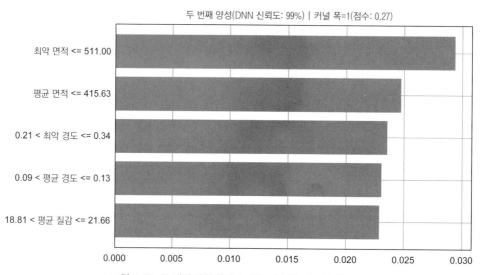

▲ **그림 4.18b** 두 번째 양성 사례에 대한 커널 폭 1을 사용한 LIME 해석

그림 4.18 (b)를 살펴보면 작은 커널 폭 값을 사용했을 때 해석이 얼마나 달라지는지 볼 수 있다. 가장 중요한 특성은 여전히 동일하지만, 커널이 작으면 선정된 인스턴스와 더 가까운 교란 사례에 대체 선형 모델을 집중시키기 때문에 다른 특징이 보이고 값의 범위도 훨씬 좁아진다는 것을 볼 수 있다. 두 번째 양성 사례에 더 좋은 커널 폭은 무엇인가? 커널 폭을 기본으로 했을 때 0.22인 것에 비해 1로 했을 때 충실도 점수가 0.27이라는 것을 볼 수 있다. 따라서 이번 경우에 커널 폭 1이 더 좋다. 두 번째 사례를 대상으로 커널 폭을 높여서 충실도 점수가 올라가는지 확인하고 얻게 되는 LIME 도표를 분석하는 실습을 해 볼 것을 강력히 권한다. 또한 첫 번째 사례에 대해서도 커널 폭 초매개변수를 튜닝해서 DNN을 더 잘 반영한 해석을 얻을 수 있는지 확인하는 것도 좋은 실습이 될 수 있다.

그림 4.19 (a)와 (b)는 두 번째 악성 사례에 대한 LIME 해석을 보여 주고 있다. 하나는 기본 커널 폭을 사용했고 나머지 하나는 폭을 1로 설정했다. 실습으로 이를 첫 번째 악성 사례를 해석했던 결과와 비교해서 더 좋은 해석을 제공하는 커널 폭을 찾아볼 것을 권한다.

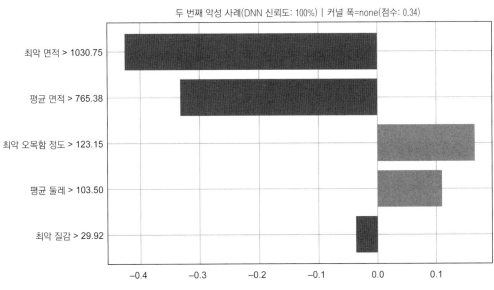

▲ **그림 4.19a** 두 번째 악성 사례에 대한 기본 커널 폭을 사용한 LIME 해석

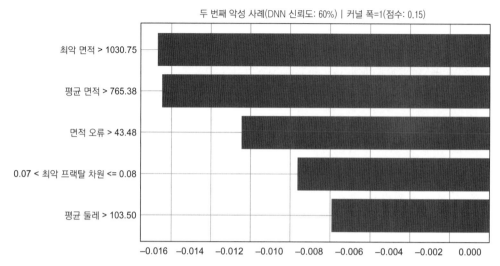

▲ **그림 4.19b** 두 번째 악성 사례에 대한 커널 폭 1을 사용한 LIME 해석

LIME은 블랙박스 모델을 해석하는 데 좋은 도구이다. 모델 애그노스틱하기 때문에 다양한 유형의 모델에 적용할 수 있다. LIME은 표 데이터, 이미지, 텍스트 등 여러 형태의 데이터에 적용할 수도 있다. 이번 절에서 표 데이터에 적용한 결과를 살펴봤다. 이미지 및 테스트 데이터를 다루는 것은 이어지는 장에서 살펴볼 예정이며 라이브러리 문서에서 관련 예제를 찾을 수 있다(https://github.com/marcotcr/lime). LIME은 널리 사용되는 라이브러리로, 여러 사람이 기여하고 있다.

하지만 LIME 해석의 품질은 교란 표본에 대한 가중치를 부여하기 위해 사용하는 커널 함수의 입력값이 되는 커널 폭 값의 선택에 크게 의존한다. 중요한 초매개변수로 해석하려고 선택한 예제에 따라 넓이 값이 달라질 수 있다는 것을 살펴봤다. 라이브러리가 제공하는 충실도 점수를 갖고 적합한 폭을 식별할 수도 있지만, 최적의 커널 폭을 식별하는 과정은 아직 명확하지 않다. LIME의 또 다른 제약은 교란 데이터 세트를 구성할 때 표본 추출을 가우시안 분포로 하기 때문에 특성 간의 연관성이 무시된다는 점이다. 따라서 교란 데이터 세트가 원래 데이터 세트와 같은 특징을 갖고 있지 않을 수도 있다.

4.6 SHAP

SHAP는 'SHapley Additive exPlanations^{샤플리 첨가 설명}'의 약자로, 2017년에 소콧 M. 런드버그^{Scott M. Lundberg}와 이수인^{Su-In Lee}이 제안했다. SHAP는 LIME의 생각(대체 선형 모델)과 게임 이론의 개념을 결합해서 LIME보다 설명의 정확성을 수학적 근거를 갖고 제공한다는 이점이 있다. 샤플리 값은 게임 이론에서 나온 개념으로, 협력 게임에서 사용자 협력의 영향도를 정량화한 것이다. 여기서 협력 게임, 게임 사용자, 사용자 협력이 무엇을 말하는지 살펴보자. 모델 해석 측면에서 협력 게임은 모델과 그것의 예측을 말한다. 모델의 입력 특성은 게임 사용자로 볼 수 있으며 사용자 협력은 최종 예측을 내기 위해 서로 상호작용하는 특성 세트가 된다. 따라서 샤플리 값은 모델 예측(즉, 협력 게임)에 특성(즉, 게임 사용자)과 그것의 상호작용(즉, 사용자 협력)이 미치는 영향을 정량화하기 위해 사용될 수 있다. 이제 그림 4.20에서 보여 주는 구체적인 예제를 통해 SHAP 해석 기법을 자세히 살펴보자.

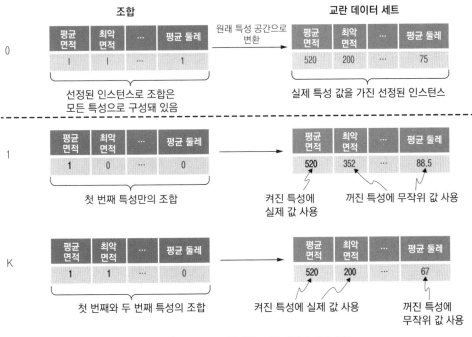

▲ **그림 4.20** SHAP를 위한 교란 데이터 세트 생성

SHAP의 기본 개념은 LIME의 그것과 매우 비슷하다. 첫 번째 단계를 설명할 하나의 인스턴스를 선택하는 것이다. 그림 4.20에서 선정된 인스턴스는 인덱스가 0인 첫 번째 행에 보이고 있다. SHAP는 게임 이론 개념을 사용하기 때문에 선정된 인스턴스는 모든 특성의 조합으로 구성돼 있다. 모든 특성이 선택되거나 "켜져" 있으면 데이터 세트의 모든 특성에 대해 1이 명시된 벡터로 표현된다. 그림 4.20에서 왼쪽은 조합 벡터를 표로 보여주고 있다. 선정된 인스턴스에 대한 조합 벡터의 모든 원소는 1이기 때문에 벡터를 특성 공간으로 옮길 때 해당 인스턴스의 실제 특성 값을 선택한다. 그림 4.20의 오른쪽이 특성 벡터를 표로 보여 주고 있다.

해석할 인스턴스를 선정하고 나면 교란 데이터 세트를 만들게 된다. 이 과정은 LIME과 동일하지만, 다른 점은 SHAP는 특성이 무작위로 "켜져" 있거나 "꺼져" 있는 조합 벡터를 여럿 만든다는 점이다. 만약 어떤 특성이 "켜져" 있다면 조합 벡터에서 값은 1이 되고 "꺼져" 있다면 0이 된다. 그리고 특성이 켜져 있다면 특성 공간에 어떻게 표현해야 하는지도 정해져 있다. 여기서는 해석하고자 선정한 인스턴스의 실제 값을 사용한다. 하지만 특성이 꺼져 있다면 특성 값으로 훈련 세트에서 값을 무작위로 선정한다.

교란 데이터 세트를 만들고 나면 다음 단계는 선정된 인스턴스와의 근접성을 기반으로 데이터 세트에 가중치를 부여하는 것이다. 이 과정도 LIME과 비슷하지만, 다른 것은 SHAP는 교란 데이터 세트의 표본에 가중치를 부여하기 위해 지수 커널 함수가 아닌 SHAP 커널을 사용한다는 점이다. SHAP 커널 함수는 특성 수가 매우 작거나 큰 조합에 더 높은 가중치를 준다. 이후의 절차는 LIME과 동일하다. 가중치가 부여된 데이터 세트에 선형 모델을 피팅하고 선택한 인스턴스에 대한 해석으로 선형 모델의 계수 또는 가중치를 리턴한다. 이런 계수 또는 가중치를 샤플리 값이라고 한다.

이제 앞에서 훈련한 유방암 진단 모델에 SHAP를 적용해 보자. SHAP의 저자는 깃허브에 파이썬 라이브러리를 만들어 놓았다. 다음과 같이 pip를 사용해서 해당 라이브러리를 설치할 수 있다.

```
pip install shap
```

(앞 절에서 LIME를 다룰 때 소개했던) 같은 헬퍼 함수 prob를 갖고 교란 데이터 세트에 대한 DNN 모델의 예측을 얻어 보자. 다음과 같이 교란 데이터 세트를 만들고 SHAP 익스플레이너를 초기화할 수 있다.

```
import shap
shap.initjs()                                          ❶

shap_explainer=shap.KernelExplainer(prob,              ❷
                                    X_train.numpy(),
                                    link="logit")      ❸
```

❶ 상호작용하는 시각화를 위한 자바스크립트(JavaScript) 초기화
❷ DNN의 예측을 얻기 위해 prob 헬퍼 함수 사용
❸ DNN이 분류 모델이기 때문에 로짓 링크 함수 사용

긍정 클래스에 속할 확률을 결과로 내는 이진 분류 문제를 다루고 있기 때문에 선형 대체 모델로 로짓 링크$^{logit\ link}$ 함수가 사용되고 있다는 점에 주목할 필요가 있다. 회귀 문제의 경우, link 매개변수를 identity로 바꿀 수 있다. 이어서 다음과 같이 테스트 세트 내 모든 데이터의 SHAP 값을 얻는다.

```
shap_values=shap_explainer.shap_values(X_test.numpy())
```

첫 번째 양성 사례에 대한 SHAP 해석을 다음과 같이 맷플롯립 도표로 표현할 수 있다.

```
plot=shap.force_plot(shap_explainer.expected_value[0],
                     shap_values[0][benign_idx,:],
                     X_test.numpy()[benign_idx,:],
                     feature_names=data['feature_names'],
                     link="logit")
```

결과는 그림 4.21에서 보여 주고 있다. 첫 번째 양성 사례의 경우, DNN 모델이 확률 0.99 또는 신뢰도 99%로 양성이라고 예측한 것을 상기해 보자.

SHAP 라이브러리는 훨씬 좋은 그림을 제공하며 여기서 각 특성 값이 기준 예측을 위아래로 움직이는 것을 볼 수 있다. 그림 4.21에서 기준값이 0.63 근처에 있는 것을 볼 수 있다. 긍정 클래스 비율로 양성 사례가 얼마나 되는지 보여 주고 있다. 4.2절의 데이터를

탐색해 보면 데이터 세트에서 약 63%가 양성 사례인 것을 알 수 있다. SHAP 시각화의
개념은 특성 값이 베이스라인 예측 확률을 어떻게 0.63에서 0.99로 끌어 올리는지 살펴
보는 것이다. 특성의 영향은 막대의 길이로 표현되고 있다. 그림에서 최악 세포 면적과
평균 면적 특성이 가장 큰 샤플리 값을 갖고 있고 베이스라인 예측을 가장 많이 옮기는
것을 알 수 있다. 다음으로 중요한 특성은 최악 둘레이다.

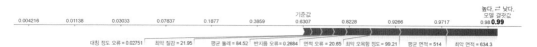

▲ **그림 4.21** DNN 모델이 양성을 0.99의 확률로(또는 99%의 신뢰도로) 예측한 첫 번째 양성 사례에 대한 SHAP 해석

그림 4.22는 모델이 양성을 0.99의 확률로 예측한 두 번째 양성 사례에 대한 SHAP 해석
을 보여 주고 있다.

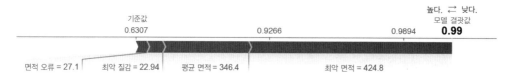

▲ **그림 4.22** DNN 모델이 양성을 0.99의 확률로(또는 99%의 신뢰도로) 예측한 두 번째 양성 사례에 대한 SHAP 해석

여기서 가장 중요한 특성 두 가지가 최악 면적과 평균 면적인 것을 볼 수 있다. 최악 면적
과 평균 면적이 각각 424.8과 346.4로 꽤 낮기 때문에 그것만으로도 베이스라인 예측이
0.99까지 옮겨지게 된다. 실습으로 앞에서 살펴본 코드를 수정해서 2개의 악성 사례를
해석해 보자. 그림 4.23과 그림 4.24는 그 결과를 보여 주고 있다.

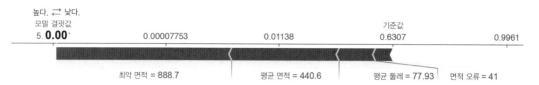

▲ **그림 4.23** DNN 모델이 양성을 0의 확률로(또는 100%의 신뢰도로 악성을) 예측한 첫 번째 악성 사례에 대한 SHAP 해석

첫 번째 악성 사례의 경우, 모델이 0의 확률로 그것을 양성이라고 예측했다. 그림 4.23에
서 특성 값이 베이스라인 예측 확률을 0으로 내리는 것을 볼 수 있다. 최종 예측에 가장

많은 영향을 미치는 특성이 최악 세포 면적, 평균 세포 면적, 둘레인 것으로 보인다.

두 번째 악성 사례의 경우, 모델이 확률 0으로 그것이 양성이라고 예측했다. 가장 영향이 컸던 특성은 이와 마찬가지로 최악 세포 면적이었던 것을 알 수 있다. 그림 4.24에서 보여 주고 있듯이 1417 이상으로 값이 매우 컸기 때문에 베이스라인 예측 확률을 0으로 끌어내릴 수 있었다.

▲ **그림 4.24** DNN 모델이 양성을 0의 확률로(또는 100%의 신뢰도로 악성을) 예측한 두 번째 악성 사례에 대한 SHAP 해석

SHAP는 블랙박스 모델을 해석하는 데 매우 좋은 도구이다. LIME과 마찬가지로 모델 애그노스틱하며 단일 인스턴스에 대한 모델 예측에 특성이 미치는 영향을 정량화하기 위해 게임 이론을 사용한다. LIME에 비해 설명의 정확성에 관한 수학적 근거를 더 많이 제공한다. 라이브러리는 특성 값이 어떻게 베이스라인 예측을 위아래로 움직여서 최종 예측까지 옮겨가는지를 보여 주는 좋은 시각화 기능을 제공한다. 하지만 SHAP 커널을 기반으로 샤플리 값을 계산할 때는 많은 연산이 필요하다. 그리고 이런 연산의 복잡성은 입력특성의 수에 따라 기하급수적으로 늘어난다.

4.7 앵커

모델 애그노스틱하면서 범위가 로컬인 또 다른 해석 기법은 앵커[anchor]이다. 앵커는 LIME를 처음 소개한 사람들에 의해 2018년에 제안됐다. LIME를 기반으로 두고 모델이 어떻게 예측에 도달하게 되는지를 설명하는 고정밀 규칙 또는 조건을 제공하고 글로벌 범위에서 이런 규칙이 갖는 커버리지[coverage]를 정량화하고 있다. 좀 더 자세히 살펴보자.

이 기법에서 모델 해석 결과는 앵커의 형태로 만들어진다. 앵커는 if 조건문 또는 조건 세트로 해석하고자 선정된 인스턴스가 포함돼 있다. 그림 4.25의 네모 박스가 그것을 보여 주고 있다. 그림의 앵커는 2차원 특성 공간에 있는 2개의 특성이 하한선과 상한선으로 제약돼 있어서 선정된 인스턴스를 감싸는 바운딩 박스^bounding box를 형성하는 2개의 if 조건문으로 해석될 수 있다. 알고리듬의 첫 번째 목적은 목표 예측에 대해 선정된 인스턴스를 포함한 고정밀 앵커를 만드는 것이다. 정밀도는 앵커의 품질에 대한 측정값으로 선정된 인스턴스와 같은 목표 예측을 가진 교란 표본 수와 앵커에 포함된 표본 전체 수의 비율로 정의된다. 알고리듬에 중요한 초매개변수는 정밀도 임곗값이다.

알고리듬이 고정밀 앵커 세트를 만들고 나면 다음 단계는 각 앵커의 범위를 정량화하는 것이다. 앵커의 범위는 커버리지라는 측정 지표로 정량화한다. 커버리지 지표는 앵커(또는 조건 세트)가 다른 표본 또는 특성 공간의 다른 영역에 있을 확률을 측정한다. 이 지표로 앵커의 해석이 글로벌 범위에서 얼마나 적합한지 알 수 있다. 알고리듬의 목적은 가장 높은 커버리지를 가진 앵커를 선택하는 것이다.

정밀도 임곗값과 커버리지 요구사항 충족 등 모든 조건을 판단하는 것은 많은 연산 자원이 필요한 일이다. 알고리듬 저자는 조건 및 규칙을 설정할 때 아래에서 위로 향하는 접근법을 사용했다. 알고리듬은 아무런 규칙 없이 시작했다가 반복 주기마다 점진적으로 정밀도 임곗값과 커버리지 요구사항을 충족하는 앵커를 만들어서 세트에 추가해 나간다. 저자는 앵커의 정밀도를 추정하기 위해 이 문제를 멀티암드 밴딧^multiarmed bandit 문제로 구성해서 가장 높은 정밀도를 가진 규칙을 식별하기 위해 KL-LUCB 알고리듬을 사용하고 있다.

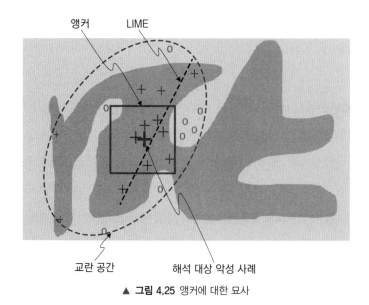

▲ **그림 4.25** 앵커에 대한 묘사

이제 앵커를 갖고 유방암 진단 DNN 모델을 해석해 보자. 논문의 저자는 앵커를 사용하기 위한 파이썬 라이브러리를 만들어서 깃허브에 올려 놓았다. 다음과 같이 pip를 사용해서 해당 라이브러리를 설치할 수 있다.

```
pip install anchors_exp
```

LIME과 SHAP를 살펴봤을 때처럼 유방암 데이터 세트를 위한 앵커 익스플레이너를 다음과 같이 만들어 보자.

```
from anchor import anchor_tabular                         ❶

anchor_explainer=anchor_tabular.AnchorTabularExplainer(
    data.target_names,                                    ❷
    data.feature_names,                                   ❸
    X_train.numpy(),
    categorical_names={})                                 ❹
anchor_explainer.fit(X_train.numpy(),                     ❺
                     y_train.numpy(),                     ❺
                     X_val.numpy(),                       ❺
                     y_val.numpy())                       ❺
```

❶ 라이브러리에서 anchor_tablar 모듈을 임포트
❷ 목표 라벨명 설정
❸ 데이터 세트의 특성명 설정
❹ 범주형 특성명이 있다면 제공
❺ 훈련 및 검증 세트에 앵커 익스플레이너 피팅

앵커의 경우, 확률이 아닌 특정 라벨로 DNN 예측을 제공하는 별도의 헬퍼 함수를 만들 필요가 있다. 헬퍼 함수는 다음과 같다.

```
def pred(data):
    pred=model.forward(                                   ❶
        Variable(torch.from_numpy(data)).float()).\       ❶
detach().numpy().reshape(-1) > 0.5                         ❶
return np.array([1 if p==True else 0 for p in pred])       ❶
```

❶ 결과 확률이 0.5보다 크면 1, 작으면 0을 예측

이제 앵커를 사용해서 첫 번째 양성 사례를 해석해 보자. 해당 인스턴스를 해석해서 조건 및 규칙을 도출하고 해석의 정밀도와 커버리지를 획득하는 방법을 다음 코드가 보여 주고 있다.

```
exp=anchor_explainer.explain_instance(X_test.numpy()[benign_idx],          ❶
                                      pred,                                ❷
                                      threshold=0.95)                      ❸
print('Prediction: ', anchor_explainer.class_names[pred(X_test.numpy()[benign_idx])][0])  ❹
print('Anchor: %s' %(' AND '.join(exp.names())))                          ❺
print('Precision: %.3f' % exp.precision())                                ❻
print('Coverage: %.3f' % exp.coverage())                                  ❼
```

❶ 첫 번째 매개변수로 선정된 인스턴스 전달
❷ 모델 라벨 예측을 제공하는 헬퍼 함수 제공
❸ 정밀도 임곗값 설정
❹ 모델이 한 라벨 예측 출력
❺ 규칙과 조건을 출력
❻ 앵커의 정밀도 출력
❼ 앵커의 커버리지 출력

정밀도 임곗값은 0.95로 설정했다. 규칙과 조건은 스트링 목록$^{string list}$으로 얻어지며 AND 절을 사용해서 합쳐진다. 코드로 출력되는 내용은 다음과 같다.

```
Prediction: benign
Anchor: worst area <=683.95 AND mean radius <=13.27
Precision: 1.000
Coverage: 0.443
```

모델이 올바르게 양성을 예측했고 가장 높은 정밀도를 가진 해석, 즉 앵커는 2개의 규칙 또는 조건으로 구성돼 있는 것을 볼 수 있다. 만약 최악의 면적이 683.95 이하이고 평균 반지름이 13.27 이하라면 모델은 선정된 인스턴스 근방에서 항상 양성을 예측한다. 커버리지 측면에서도 이 앵커는 44.3%의 비교적 좋은 커버리지를 갖고 있다. 따라서 규칙은 글로벌 범위로 꽤 많은 양성 사례에 적용할 수 있다. 다음 코드를 활용해서 그림 4.26에서 보여 주고 있는 이 해석에 대한 HTML 시각화를 얻을 수 있다.

```
exp.save_to_file('anchors_benign_case1_interpretation.html')
```

아직까지 앵커 라이브러리는 맷플롯립 시각화를 지원하지 않는다.

▲ **그림 4.26** 정밀도가 100%이고 커버리지가 44.3%인 첫 번째 양성 사례에 대한 앵커 해석

실습으로 앞 코드를 다른 양성 및 악성 사례에 적용해 볼 것을 추천한다. 그림 4.27은 두 번째 양성 사례의 결과 도표를 보여 주고 있다. 모델이 양성을 올바르게 예측했고 앵커 알고리듬이 정밀도가 1인 2개의 규칙을 도출했다는 것을 볼 수 있다. 최악 세포 면적이 683.95 이하이고 최악 세포 반지름이 12.98 이하라면 모델은 항상 양성을 예측한다. 하지만 이번 앵커의 커버리지는 20.9%로, 첫 번째 양성 사례 때보다 낮다. 이것은 두 번째 양성 사례에 대한 해석이 첫 번째 것보다 훨씬 범위가 로컬로 좁혀진다는 것을 의미한다.

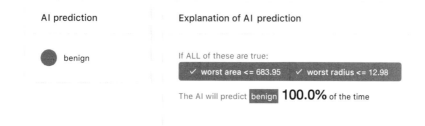

▲ **그림 4.27** 정밀도가 100%, 커버리지가 20.9%인 두 번째 양성 사례에 대한 앵커 해석

첫 번째 악성 사례에 대한 앵커의 해석을 그림 4.28이 보여 주고 있다. 모델은 올바르게 그것이 악성이라는 것을 예측했으며 해석은 정밀도가 1인 2개의 규칙 또는 조건으로 구성돼 있다. 규칙은 다음과 같다. 최악 세포 면적이 683.95보다 크고 평균 세포 반지름이 544.05 이하라면 모델은 항상 악성을 예측한다. 하지만 앵커의 커버리지는 1.2%로 매우 낮다. 따라서 이 해석은 범위가 매우 좁고 다른 악성 사례에 적용하기 어렵다.

▲ **그림 4.28** 정밀도가 100%이고 커버리지가 1.1%인 첫 번째 악성 사례에 대한 앵커 해석

마지막으로 두 번째 악성 사례에 대한 앵커의 해석을 그림 4.29가 보여 주고 있다. 모델은 또 한 번 올바르게 악성을 예측했고 해석은 정밀도가 1인 하나의 규칙으로 구성돼 있다. 규칙은 다음과 같다. 최악 세포 면적이 1030.75보다 크면 모델은 항상 악성을 예측한다. 이번 앵커의 커버리지는 첫 번째 사례 때보다 훨씬 좋은 27.1%이다. 4.2절에서 했던 탐색적 분석으로 돌아가서 그림 4.3을 자세히 보면 최악 세포 면적이 1030보다 큰 경우, 악성 사례가 더 많은 것을 볼 수 있기 때문에 이 분석도 타당하다고 볼 수 있다.

▲ **그림 4.29** 정밀도가 100%이고 커버리지가 27.1%인 두 번째 악성 사례에 대한 앵커 해석

앵커는 고정밀 규칙, 조건 또는 사람이 읽을 수 있는 if 조건문으로 해석을 제공하기 때문에 강력한 모델 애그노스틱 해석 기법이다. 해당 기법은 규칙이 글로벌 범위로 어느 정도 적용 가능한지 커버리지로 알려 준다. 하지만 해당 파이썬 라이브러리는 아직 개발 중으로 LIME이나 SHAP 만큼 활성화돼 있지는 않다.

5장과 6장은 신경망을 좀 더 자세히 살펴보면서 CNN과 RNN처럼 복잡한 구조에 대해서도 살펴본다. 또한 신경망에서 특성 분석과 망이 학습한 내용을 더욱 구체적으로 이해하기 위해 특성을 분해하는 방법을 배우게 될 것이다.

요약

- ANN은 생물학적인 두뇌를 비슷하게 모델링하도록 설계된 시스템이다. ANN은 머신러닝 기법 중 딥러닝이라는 분류에 속한다. ANN을 기반으로 한 딥러닝의 핵심 목표는 복잡한 개념 또는 표현을 상대적으로 단순한 개념 또는 표현을 갖고 구성하는 것이다.

- 둘 이상의 히든 레이어를 가진 ANN을 DNN이라고 한다.

- DNN에서 가중치를 구하는 효율적인 방법은 역전파이다.

- 활성화 함수는 신경망에서 중요한 요소이다. 뉴런이 활성화돼야 하는지, 그렇다면 얼마나 활성화돼야 하는지를 결정한다. 활성화 함수는 미분 가능하고 단조 함수라는 특징을 가진다.

- ReLU는 경사 소실 문제에 잘 대처하기 때문에 신경망에 가장 많이 사용하는 활성화 함수이다. 그리고 연산 측면에서 효율적이다.

- 신경망은 여러 방법으로 해석할 수 있다. PDP처럼 범위가 글로벌한 모델 애그노스틱 기법을 사용할 수도 있다. 4장에서 LIME, SHAP, 앵커 등 고급 교란 기반 모델 애그노스틱 기법을 배웠다. 이런 해석 기법은 해석 대상을 특정 인스턴스니 예제로 한다. 즉, 로컬 범위에서 적용된다.

- LIME은 'Local Interpretable Model-agnostic Explanations^{로컬 해석 가능한 모델 애그노스틱 설명}'의 약자이다. 예제 하나를 선정하고 무작위로 교란한 후 선정된 인스턴스와의 근접성을 바탕으로 교란 표본에 가중치를 주고 가중된 표본에 단순한 화이트 박스 모델을 피팅하는 것을 기반으로 한다.

- LIME 해석의 품질은 교란 표본에 가중치를 부여할 때 사용하는 커널 함수에 입력으로 들어가는 커널 폭을 적절하게 선정하는 것에 크게 의존한다. 중요한 초매개변수로 해석하려고 선택한 예제에 따라 폭 값이 달라질 수 있다는 것을 살펴봤다. 라이브러리가 제공하는 충실도 점수를 갖고 적합한 폭을 식별할 수도 있지만, 최적의 커널 폭을 선정하는 과정은 아직 명확하지 않다.

- LIME의 또 다른 제약은 교란 데이터 세트를 구성할 때 표본 추출을 가우시안 분포로 하기 때문에 특성 간의 연관성은 무시된다는 점이다. 따라서 교란 데이터 세

트가 원래 데이터 세트와 같은 특징을 갖고 있지 않을 수도 있다.

- SHAP는 'SHapley Additive exPlanations^{샤플리 첨가 설명}'의 약자이다. LIME과 마찬가지로 모델 애그노스틱하며 단일 인스턴스에 대한 모델 예측에 특성이 미치는 영향을 정량화하기 위해 게임 이론의 개념을 사용한다. 이론적으로 LIME에 비해 설명의 정확성에 관한 수학적 근거를 더 많이 제공한다.

- SHAP 라이브러리는 특성 값이 어떻게 베이스라인 예측을 위아래로 움직여서 최종 예측까지 옮겨가는지를 보여 주는 좋은 시각화 기능을 제공한다.

- 하지만 SHAP 커널을 기반으로 샤플리 값을 계산해내는 것은 많은 연산이 필요하다. 그리고 이런 연산의 복잡성은 입력 특성의 수에 따라 기하급수적으로 늘어난다.

- 앵커는 고정밀 규칙, 조건 또는 사람이 읽을 수 있는 if 조건문으로 해석을 제공하기 때문에 강력한 모델 애그노스틱 해석 기법으로 LIME를 개선한 기법이다. 해당 기법은 규칙이 글로벌 범위로 어느 정도 적용 가능한지를 커버리지로 알려 준다. 하지만 해당 파이썬 라이브러리는 아직 개발 중으로 LIME이나 SHAP 만큼 활성화돼 있지는 않다.

5

돌출 매핑

5장에서 다루는 내용

- 합성곱 신경망을 태생적으로 블랙박스로 만드는 속성
- 이미지 분류 과업을 위한 합성곱 신경망 구현 방법
- 바닐라 역전파, 유도 역전파, 유도 Grad-CAM, SmoothGrad와 같은 돌출 매핑 기법을 사용해 합성곱 신경망을 해석하는 방법
- 이런 돌출 매핑 기법의 장단점 및 온전성 검사 수행 방법

4장에서 심층 신경망을 살펴보고 로컬 범위 안에서 모델에 구애받지 않는 모델 애그노스틱한 방법을 사용해 해석하는 방법을 배웠다. 구체적으로 LIME, SHAP, 앵커 등 세 가지 기법을 배웠다. 5장은 이미지 분류, 이미지 분할, 객체 감지, 얼굴 인식과 같은 시각 과업에 주로 사용하는 보다 복잡한 신경망 아키텍처인 CNN에 초점을 둔다. 4장에서 배운 기법을 CNN에 적용하는 방법도 살펴본다. 또한 로컬이면서 모델 종속적인 사후 해석 기술인 돌출 매핑^{saliency mapping}을 집중적으로 알아본다. 돌출 매핑은 모델의 주요 기능, 즉 돌출을 시각화하는 데 도움이 되므로 CNN을 해석하기 유용한 도구이다. 바닐라 역전파, 유도 역전파, 통합 경사, SmoothGrad(평탄화 경사), Grad-CAM(경사 가중 클래스 활성화 매핑), 유도 Grad-CAM과 같은 기법을 구체적으로 다룬다.

5장은 4장과 비슷한 구조를 가진다. 4장의 유방암 진단 예제를 확장한 구체적인 예제로 시작한다. 이미지로 된 새로운 데이터 세트를 탐색하고 파이토치로 CNN을 훈련하고 평가하는 방법과 만든 모델을 해석하는 방법을 배운다. 5장의 주요 목적은 돌출 매핑을 사용해 CNN을 해석하는 것이지만, 모델 훈련 및 테스트도 다룬다. 또한 초반 몇 개 절에서 모델 해석에 유용한 핵심 통찰을 얻게 된다. CNN 훈련 및 테스트에 이미 익숙하다면 초반 절은 건너뛰고 모델 해석을 다루는 5.4절로 바로 가도 된다.

5.1 진단+ AI: 침습성 관 암종 탐지

침습성 관 암종IDC, Invasive Ductal Carcinoma은 유방암의 가장 흔한 유형이다. 5장은 4장의 유방암 진단 예제를 IDC 탐지로 확장한다. 진단+의 병리학자들은 현재 추출된 작은 조직 표본을 현미경으로 분석해서 환자가 IDC를 가졌는지 판단하는 검사를 수행하고 있다. 병리학자는 전체 조직의 표본을 패치patch 단위로 나눠 각 패치가 IDC 양성인지, 음성인지 판단하고 있다. 병리학자는 조직에 IDC가 정확히 어디에 있는지 알아 내서 암이 얼마나 공격적인지, 얼마나 진행됐는지를 판단하고 환자의 등급을 판정하고 있다.

진단+는 4장에서 구축한 AI 시스템을 조직 표본 이미지를 자동으로 분석하도록 확장하고자 한다. 목표는 AI 시스템이 각 조직 표본 패치가 IDC 양성 또는 음성인지 판단하고 신뢰도 수치도 함께 제공하도록 하는 것이다. 그림 5.1이 이를 보여 주고 있다. 이 AI 시스템으로 진단+는 IDC가 있는 부분을 식별하는 사전 처리 단계를 자동화해서 병리학자가 암이 얼마나 공격적인지 판단하고 등급을 매기는 과정을 더욱 쉽게 할 수 있게 하려고 한다. 이런 정보가 주어졌을 때 이를 어떻게 머신러닝 문제로 변환할 수 있을까? 모델의 목표는 주어진 이미지나 패치가 IDC 양성인지, 음성인지를 예측하는 것이므로 이 문제를 이진 분류 문제로 볼 수 있다. 문제 형태는 4장에서 살펴봤던 것과 비슷하고 분류 모델의 입력이 구조화된 표 데이터가 아닌 이미지인 것이 차이가 난다.

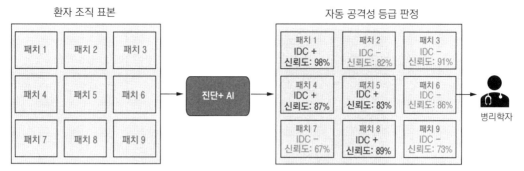

환자 조직 표본   자동 공격성 등급 판정

▲ **그림 5.1** 침습성 관 암종 탐지 진단+ AI

5.2 탐색적 데이터 분석

이제 새로운 이미지 데이터 세트를 구체적으로 살펴보자. 이번 절에서 얻게 될 많은 통찰은 모델 훈련, 평가, 해석에 도움이 될 것이다. 이 데이터 세트는 환자 279명과 277,524 개의 조직 패치로 구성된 조직 이미지 표본을 갖고 있다. 원시 데이터 세트는 캐글 Kaggle(http://mng.bz/0wBl)에서 가져왔고 이미지와 관련된 메타데이터metadata를 추출하기 위한 전처리를 진행했다. 전처리에 사용한 노트북과 전처리된 데이터 세트는 깃허브 저장소(http://mng.bz/KBdZ)에서 찾을 수 있다.

그림 5.2에서 IDC 양성 및 음성 패치의 분포를 볼 수 있다. 277,524개의 패치 중 약 70% 는 IDC 음성, 30%는 IDC 양성이다. 따라서 데이터 세트의 불균형이 심하다고 볼 수 있다. 불균형 데이터 세트를 다룰 때 다음 두 가지 사항에 유의해야 한다는 것을 상기해 보자.

- 모델을 테스트하고 검증할 때 올바른 성능 지표(**예** 정밀도, 재현율, F1)를 사용해야 한다.
- 다수 클래스를 언더 샘플링under-sampling하거나 소수 클래스를 오버 샘플링over-sampling하도록 훈련 데이터를 재샘플링resampling해야 한다.

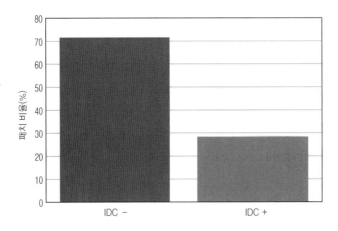

▲ **그림 5.2** IDC 양성 및 음성 패치 분포

무작위로 선정한 몇 개의 패치 표본을 살펴보자. 이미지를 시각화하면 IDC 양성 또는 음성 패치가 갖는 몇 가지 뚜렷한 특징을 확인할 수 있다. 이는 나중에 모델을 해석할 때도 도움이 된다. 그림 5.3은 무작위로 선택한 4개의 IDC 양성 패치, 그림 5.4는 4개의 IDC 음성 패치를 보여 주고 있다. 각 패치 이미지의 크기는 50×50픽셀이다. IDC 양성 패치는 더 어두운 색의 세포를 갖고 있다는 것을 볼 수 있다. 어두운 얼룩의 밀도도 더 높다. 어두운 색은 일반적으로 핵을 염색할 때 사용한다.

반면, IDC 음성 표본의 경우, 밝은 얼룩의 밀도가 더 높다. 밝은 색상은 보통 세포질과 세포 외 결합 조직을 강조하는 데 사용한다. 따라서 시각적으로 봤을 때 어두운 얼룩이 있거나 세포핵의 밀도가 높은 경우, 해당 패치가 IDC 양성일 가능성이 높다고 말할 수 있다. 반면, 패치에 밝은 얼룩의 밀도가 높고 세포핵의 밀도가 매우 낮은 경우, IDC 음성일 확률이 높다.

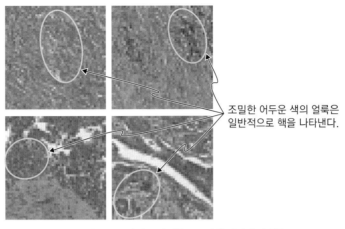

조밀한 어두운 색의 얼룩은
일반적으로 핵을 나타낸다.

▲ **그림 5.3** 무작위로 선정한 IDC 양성 패치의 시각화

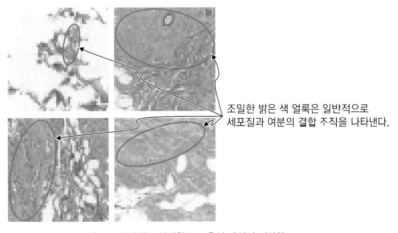

조밀한 밝은 색 얼룩은 일반적으로
세포질과 여분의 결합 조직을 나타낸다.

▲ **그림 5.4** 무작위로 선정한 IDC 음성 패치의 시각화

이제 환자 한 명, 즉 어떤 조직 표본의 모든 패치에서 IDC 양성 영역을 시각화해 보자.
그림 5.5는 특정 환자의 표본을 시각화한 것이다. 왼쪽 도표는 조직 표본 모든 패치를 결
합한 결과를 보여 주고 있다. 오른쪽 도표는 같은 이미지에서 IDC 양성인 패치를 더 어
둡게 표시하고 있다. 이것으로 어둡게 표시된 부분이 많을수록 패치가 IDC 양성일 가능
성이 훨씬 높다는 이전의 관찰을 확인할 수 있다. IDC 탐지를 위해 훈련할 CNN을 해석
할 때 이 도표를 다시 살펴본다.

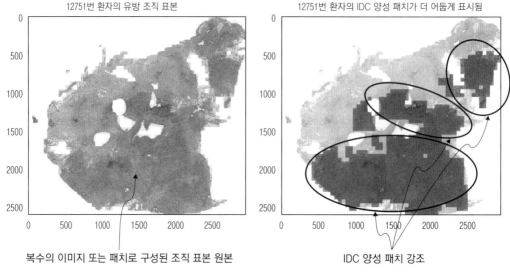

복수의 이미지 또는 패치로 구성된 조직 표본 원본   IDC 양성 패치 강조

▲ **그림 5.5** 조직 표본 및 IDC 양성 패치의 시각화

다음 절에서 데이터를 준비하고 CNN을 훈련한다. CNN은 각 이미지 또는 패치를 IDC 양성 또는 음성으로 분류하는 데 사용한다. 데이터 세트의 불균형이 심하기 때문에 정밀도, 재현율, F1과 같은 측정 지표를 사용해서 CNN을 검증한다.

5.3 CNN

CNN은 이미지 분류, 객체 감지, 이미지 분할과 같은 시각적인 과업에 많이 사용하는 신경망 아키텍처이다. 시각적 과업에 완전 연결 심층 신경망이 아닌 CNN을 사용하는 이유는 무엇일까? 완전 연결 DNN은 이미지를 신경망에 공급하기 전에 1차원 구조로 평탄화해야 하기 때문에 이미지가 가진 픽셀 종속성을 제대로 반영하지 못한다. 반면, CNN은 이미지의 다차원 구조를 활용하기 때문에 이미지가 가진 픽셀 종속성 또는 공간 종속성을 잘 포착한다. CNN은 또한 변환 불변성을 가진다. 즉, 이미지에서 객체가 있는 위치와 관계없이 이미지에서 모양을 식별하는 데 탁월하다. 또한 신경망의 가중치가 재사용되기 때문에 CNN은 입력 데이터 세트에 맞게 더욱 효율적으로 훈련할 수 있다. 그림 5.6은 이진 이미지 분류에 사용하는 CNN 아키텍처를 보여 주고 있다.

그림 5.6의 구조는 합성곱과 풀링 레이어^{pooling layer}라고 하는 여러 레이어로 구성돼 있다. 이러한 두 가지 유형의 레이어를 합쳐서 특성 학습 레이어^{feature learning layer}라고 한다. 특성 학습 레이어의 목적은 입력 이미지에서 계층적 특성을 추출하는 것이다. 처음 몇 개 레이어는 가장자리, 색상, 음영과 같은 기본적인 특성을 추출한다. 더 많은 합성곱 및 풀링 레이어를 추가하면 망은 상위 수준 특성을 학습해 데이터 세트에 포함된 이미지의 특성을 훨씬 잘 이해한다. 이번 절의 뒷부분에서 합성곱 및 풀링 레이어를 좀 더 자세히 다룬다.

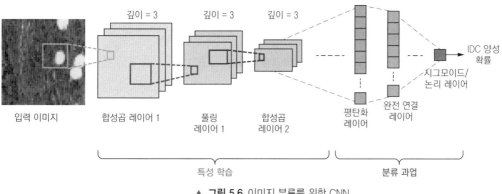

▲ **그림** 5.6 이미지 분류를 위한 CNN

특성 학습 레이어 다음에는 4장에서 살펴본 DNN 아키텍처와 같이 완전히 연결된 뉴런 또는 유닛으로 구성된 레이어가 있다. 이런 완전 연결 레이어의 목적은 분류를 수행하는 것이다. 완전 연결 레이어에 합성곱 및 풀링 레이어에서 학습한 상위 수준 특성이 입력되며 출력은 분류 과업의 확률 측정값이다. 4장에서 DNN이 동작하는 방식을 다뤘기 때문에 여기서는 합성곱 및 풀링 레이어에 관심을 집중한다.

1장에서 CNN이 쉽게 처리할 수 있도록 이미지를 표현하는 방법을 살펴봤다. 그림 5.7은 그 과정을 요약해서 보여 주고 있다. 이 예제에서 조직 패치 이미지는 빨강(R), 녹색(G), 파랑(B)의 세 가지 채널로 구성된, 크기가 50×50픽셀인 컬러 이미지이다. 이 RGB 이미지는 수학적으로 픽셀 값이 원소가 되는 3개의 행렬로 표현할 수 있다. 각 행렬은 하나의 채널을 대변하고 크기는 50×50이 된다.

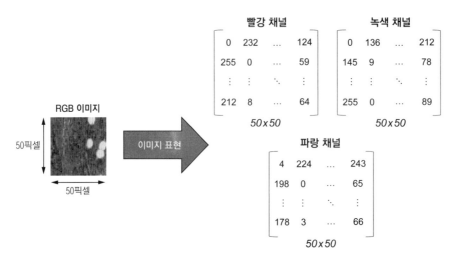

▲ **그림 5.7** 50×50인 조직 패치 이미지 표현 방법

이제 합성곱 레이어가 픽셀 값 행렬로 표현된 이미지를 처리하는 방법을 살펴보자. 이 레이어는 커널kernel 또는 필터filter로 구성되며 입력 이미지와 합성곱돼 특성 이미지라고 부르는 이미지에 대한 표현을 얻게 된다. 이 과정을 구체적으로 살펴보자. 그림 5.8은 합성곱 레이어에서 수행되는 작업을 간략하게 보여 주고 있다. 그림에서 이미지는 3×3차원 행렬로 표시하고 커널 또는 필터는 2×2차원 행렬로 보여 주고 있다. 커널은 이미지의 왼쪽 상단 모서리에서 시작해서 행 전체를 처리할 때까지 오른쪽으로 옮겨간다. 그런 다음 커널은 한 칸 아래로 이동하고 다시 왼쪽에서 시작해서 전체 너비를 처리할 때까지 이동하고 다시 아래로 가서 같은 과정을 반복한다. 커널이 움직이는 한 칸을 스트라이드stride(보폭)라고 하며 이것은 중요한 초매개변수가 된다. 보폭이 1이면 커널은 스트라이드마다 한 칸을 이동한다. 그림 5.8은 보폭의 길이가 1인 커널을 보여 주고 있다. 여기서 알 수 있듯이 커널은 이미지의 왼쪽 상단 모서리에서 시작해 전체 이미지 너비를 처리하기 위해 스트라이드를 3번 옮겨가야 한다.

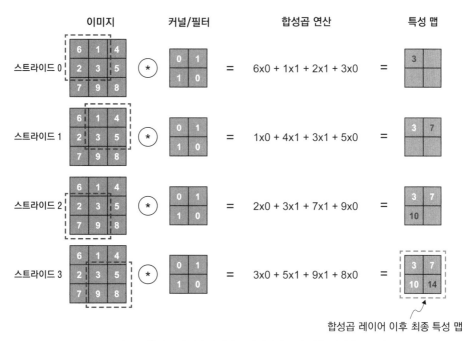

▲ **그림 5.8** 합성곱 레이어가 입력 이미지에서 특성 맵을 생성하는 방법

각 스트라이드에 포함되는 이미지 영역은 커널과 합성곱된다. 2장에서 살펴봤듯이 GAM 의 맥락에서 합성곱은 내적을 말한다. 커널로 처리되는 이미지 영역의 모든 요소를 내적 한 결과의 합을 구한다. 그림 5.8에서 모든 스트라이드에 대해 이 과정이 묘사된 것을 볼 수 있다. 예를 들어, 스트라이드 0에서 처리하는 이미지 영역이 점선으로 표시돼 있다. 이 이미지를 커널과 내적한 값은 3이고 이 값은 특성 맵 행렬의 왼쪽 상단에 기재된다. 스트라이드 1에서는 오른쪽으로 한 단계 이동해서 다시 합성곱 연산을 수행한다. 합성곱 으로 얻은 값은 7이며 이는 특성 맵 행렬의 오른쪽 상단에 기재된다. 이 과정이 전체 이 미지를 처리할 때까지 반복된다. 합성곱 작업이 끝나면 입력 이미지에 대한 상위 수준 특 징 표현이 포착된 2×2 특성 맵 행렬을 얻게 된다. 커널 또는 필터 내의 숫자는 가중치라 고 한다. 그림 5.8에서 합성곱 레이어에도 같은 가중치가 사용되고 있다. 이렇게 공유되 는 가중치는 CNN이 DNN보다 훨씬 효율적으로 훈련될 수 있도록 해 준다.

학습 알고리듬의 목적은 합성곱 레이어 커널 또는 필터의 가중치를 결정하는 것이다. 이 것은 역전파로 수행된다. 특성 맵 행렬의 크기는 몇 가지 초매개변수(입력 이미지 크기, 커 널 크기, 스트라이드 길이 그리고 패딩이라는 다른 초매개변수)에 의해 결정된다. 패딩은 합성곱 작업을 수행하기 전에 이미지에 추가되는 픽셀 수를 나타낸다. 그림 5.8에서 이미지에 픽셀이 추가되지 않는 0의 패딩 값이 사용됐다. 패딩을 1로 설정하면 그림 5.9와 같이 값 이 0인 픽셀이 이미지 테두리를 따라 추가된다. 패딩을 추가하면 특성 맵의 크기가 증가 하고 이미지를 더욱 정확하게 표현할 수 있다. 실무에서 합성곱 레이어는 여러 필터 또는 커널로 구성한다. 필터 수는 훈련 전에 지정해야 하는 또 다른 초매개변수이다.

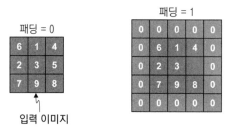

▲ **그림 5.9** 패딩

일반적으로 CNN의 합성곱 레이어의 뒤에 풀링 레이어가 온다. 풀링 레이어의 목적은 특 성 맵의 차원을 줄여 모델 훈련에 필요한 연산 자원을 줄이는 것이다. 풀링 레이어로 많 이 사용하는 형태는 최대 풀링max pooling이다. 합성곱 레이어와 마찬가지로 풀링 레이어 도 필터로 구성된다. 최대 풀링 필터는 그림 5.10과 같이 필터에 들어간 모든 값 중 최댓 값을 반환한다.

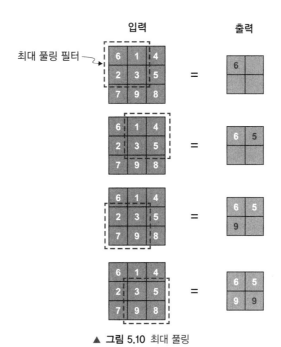

입력   출력

최대 풀링 필터

▲ **그림 5.10** 최대 풀링

지난 10년 동안 이미지 인식, 객체 감지, 이미지 분할과 같은 다양한 과업에서 CNN은 급속한 발전을 이뤘다. 이는 엄청난 양의 어노테이션annotaion된 데이터(예를 들어, ImageNet [http://www.image-net.org/], CIFAR-10과 CIFAR-100[https://www.cs.toronto.edu/~kriz/cifar])와 딥러닝 모델이 그래픽 처리 장치GPU의 강점을 활용할 수 있도록 해 준 컴퓨팅 기술의 발전 때문이다. 그림 5.11은 CNN, 특히 그중에서 이미지넷ImageNet 데이터 세트를 활용하는 이미지 분류에서 지난 10년 동안 있었던 발전을 보여 주고 있다. 이미지넷 데이터 세트는 이미지 분류 및 개체 식별 작업에 주로 사용하는 대규모의 어노테이션된 이미지 데이터베이스database이다. 계층 구조로 된 20,000개 이상의 범주로 분류된 100만 개 이상의 이미지로 구성돼 있다. 그림 5.11은 최신 머신러닝 기술에 대해 찾아볼 수 있는 유용한 사이트인 페이퍼스 위드 코드Papers with Code(http://mng.bz/9K8o)에서 가져온 것이다. 성능 측면에서 주요 혁신 중 하나는 2013년에 알렉스넷AlexNet 아키텍처의 출현이었다. 현재 최고의 성능을 보이는 CNN은 ResNet레스넷이라는 아키텍처를 기반으로 한다. 이러한 최신 아키텍처 중 일부는 파이토치 및 케라스와 같은 딥러닝 프레임워크로 구현할 수 있다. IDC 탐지 작업을 위해 CNN을 훈련하는 다음 절에서 사용 방법을 살펴본다. 특히, 널리 사용하는 아키텍처 중 하나인 ResNet에 초점을 맞춘다.

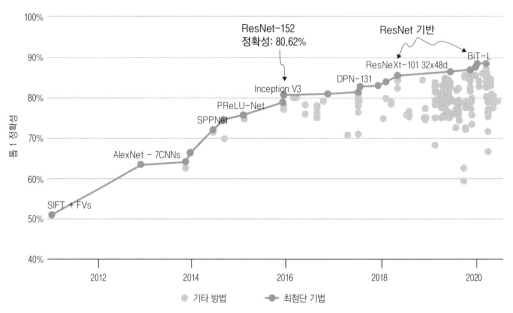

▲ **그림 5.11** ImageNet 데이터 세트 대상 최첨단 이미지 분류 CNN 아키텍처(출처: http://mng. bz/9K8o)

5.3.1 데이터 준비

이번 절은 모델 훈련을 위해 데이터를 준비한다. 구조화된 표 데이터가 아닌 이미지를 다루기 때문에 데이터 준비 과정은 4장과 약간 다르다. 여기서는 전처리된 데이터 세트를 사용한다는 점에 유의해야 한다. 전처리에 사용된 코드와 전처리된 데이터 세트는 책의 깃허브 저장소(http://mng.bz/KBdZ)에서 찾을 수 있다. 먼저 훈련, 검증, 테스트 세트를 준비해 보자. 데이터를 패치별로 분할하지 않고 환자 ID를 갖고 분할하는 것이 중요하다. 이는 훈련, 검증, 테스트 세트에 데이터 유출이 생기는 것을 방지한다. 데이터 세트를 패치별로 임의로 분할하면 한 환자의 패치가 3개 세트 모두에 포함될 수 있으므로 환자 정보 중 일부가 누출될 수 있다. 다음 코드는 환자 ID로 데이터 세트를 분할하는 방법을 보여 주고 있다.

```
df_data=pd.read_csv('data/chapter_05_idc.csv')                                    ❶
patient_ids=df_data.patient_id.unique()                                           ❷
train_ids, val_test_ids=train_test_split(patient_ids,                             ❸
                                         test_size=0.4,                           ❸
                                         random_state=24)                         ❸
val_ids, test_ids=train_test_split(val_test_ids,                                  ❹
                                   test_size=0.5,                                 ❹
                                   random_state=24)                              ❹

df_train=df_data[df_data['patient_id'].isin(train_ids)].reset_index(drop=True)    ❺
df_val=df_data[df_data['patient_id'].isin(val_ids)].reset_index(drop=True)        ❻
df_test=df_data[df_data['patient_id'].isin(test_ids)].reset_index(drop=True)      ❼
```

❶ 판다스 데이터프레임에 데이터 로딩
❷ 데이터에서 모든 고유 환자 ID 추출
❸ 데이터를 훈련 및 검증/테스트 세트로 분할
❹ 검증/테스트 세트를 검증과 테스트 세트로 분할
❺ 훈련 세트에서 환자 ID의 모든 패치 추출
❻ 검증 세트에서 환자 ID의 모든 패치 추출
❼ 테스트 세트에서 환자 ID의 모든 패치 추출

환자의 60%는 훈련 세트, 20%는 검증 세트, 나머지 20%는 테스트 세트로 니뉜다. 이제
목표 변수의 분포가 3세트에서 비슷한지 확인해 보자. 그림 5.12는 해당 분포를 보여 주
고 있다. 패치의 약 25~30%가 IDC 양성, 70~75%가 IDC 음성이라는 것을 알 수 있다.

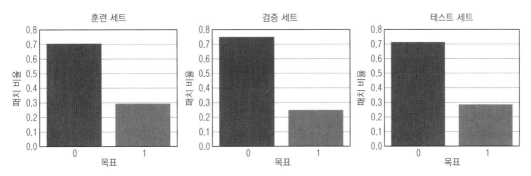

▲ **그림 5.12** 훈련, 검증, 테스트 세트의 목표 변수 분포

이제 패치 이미지와 연관 라벨을 쉽게 로딩하기 위한 사용자 정의 클래스를 만들어 보자. 파이토치는 이를 위해 Dataset라는 클래스를 제공한다. 5장에서 IDC 데이터 세트를 위해 이 클래스를 확장한다. Dataset 클래스와 파이토치에 대한 좀 더 자세한 내용은 부록 A를 참조하라. 다음 코드를 살펴보자.

```
from torch.utils.data import Dataset                                    ❶

class PatchDataset(Dataset):                                            ❷
    def init(self, df_data, images_dir, transform=None):                ❸
        super(). init ()                                                ❸
        self.data=list(df_data.itertuples(name='Patch', index=False))   ❸
        self.images_dir=images_dir                                      ❸
        self.transform=transform                                       ❸

    def len(self):                                                      ❹
        return len(self.data)                                           ❹

    def getitem(self, index):                                           ❺
        image_id, label=self.data[index].image_id, self.data[index].target  ❻
        image=Image.open(os.path.join(self.images_dir, image_id))       ❼
        image=image.convert('RGB')                                      ❼
        if self.transform is not None:                                  ❽
            image=self.transform(image)                                 ❽
        return image, label                                             ❾
```

❶ 파이토치에서 제공하는 데이터 세트 클래스 로딩
❷ 이미지 패치를 위해 파이토치 클래스를 확장하는 새 데이터 세트 클래스 생성
❸ 패치 목록을 초기화하는 생성자와 이미지 및 이미지 변환기를 포함한 경로
❹ 데이터 세트의 이미지 패치 수를 반환하도록 __len__ 메서드를 재정의
❺ 위치 인덱스에 있는 데이터 세트에서 이미지와 라벨을 반환하도록 __getitem__을 재정의
❻ 데이터 세트에서 이미지 ID 및 라벨 추출
❼ 이미지 열어서 RGB로 변환
❽ 정의된 경우, 이미지에 변환 적용
❾ 이미지와 라벨 반환

이제 패치 이미지를 변환하는 함수를 정의해 보자. 자르기, 뒤집기, 회전, 크기 조정과 같은 일반적인 이미지 변환은 torchvision 패키지가 지원한다. 전체 변환 목록은 다음 링크 (http://mng.bz/jy6p)에서 찾을 수 있다. 다음 코드는 훈련 세트 이미지에 수행되는 다섯

가지 변환을 보여 준다. 데이터 증대^{augmentation} 단계로 두 번째 및 세 번째 변환은 가로 및 세로축으로 이미지를 무작위로 뒤집게 된다. 실습으로 검증 세트와 테스트 세트에도 변환을 적용해 보자. 검증 및 테스트 세트는 이미지를 가로 또는 세로로 뒤집어 데이터를 늘릴 필요가 없다. 변환은 trans_val과 trans_test로 명명할 수 있다.

```
import torchvision.transforms as transforms          ❶

trans_train=transforms.Compose([                     ❷
    transforms.Resize((50, 50)),                     ❸
    transforms.RandomHorizontalFlip(),               ❹
    transforms.RandomVerticalFlip(),                 ❺
    transforms.ToTensor(),                           ❻
    transforms.Normalize(mean=[0.5, 0.5, 0.5],       ❼
                         std=[0.5, 0.5, 0.5])])       ❼
```

❶ 파이토치에서 제공하는 변환 모듈 임포트
❷ Compose 클래스를 사용해 여러 변환을 함께 구성
❸ 첫 번째 변환은 이미지 크기를 50×50픽셀로 조정한다.
❹ 두 번째 변환은 가로축으로 이미지를 뒤집는다.
❺ 세 번째 변환은 세로축으로 이미지를 뒤집는다.
❻ 네 번째 변환은 이미지를 넘파이 배열로 변환한다.
❼ 다섯 번째 변환은 이미지를 정규화한다.

데이터 세트 클래스와 변환이 준비됐기 때문에 이제 데이터 세트와 로더^{loader}를 초기화할 수 있다. 다음 코드는 훈련 세트를 위해 초기화하는 방법을 보여 주고 있다. 파이토치에서 제공하는 DataLoader 클래스를 사용하면 다중 처리 작업자를 사용해 데이터를 배치로 묶고, 섞고, 일괄 로딩할 수 있다.

```
from torch.utils.data import DataLoader               ❶

dataset_train=PatchDataset(df_data=df_train,          ❷
                           images_dir=all_images_dir,  ❷
                           transform=trans_train)      ❷

batch_size=64                                         ❸
loader_train=DataLoader(dataset=dataset_train,        ❹
                        batch_size=batch_size,        ❹
```

```
                    shuffle=True,                                          ❹
                    num_workers=0)                                         ❹
```

❶ 파이토치의 DataLoader 클래스를 사용해 데이터를 배치로 묶음
❷ 훈련 세트 패치를 위한 데이터 세트 생성
❸ 이미지와 패치 라벨을 64개씩 묶은 배치 단위로 로딩
❹ 훈련 세트를 위한 데이터 로더 생성

실습으로 검증 및 테스트 세트에 대해서도 비슷한 데이터 세트 및 로더를 생성하고 각각 dataset_val와 dataset_test로 명명해 볼 것을 권한다. 결과는 이 책의 깃허브 저장소 (http://mng.bz/KBdZ)에서 찾을 수 있다.

5.3.2 훈련 및 평가

데이터 세트와 로더가 준비됐으므로 이제 CNN 모델을 만들 준비가 됐다. 파이토치의 torchvision 패키지에 구현된 ResNet 아키텍처를 사용한다. torchvision(http://mng.bz/jy6p)을 사용하면 알렉스넷, VGG, 인셉션^{Inception}, ResNeXt와 같은 최신 아키텍처도 사용할 수 있다. 사전 훈련 플래그를 True로 설정해 사전 훈련된 가중치를 사용하면서 이런 모델 아키텍처를 불러올 수도 있다. 참으로 설정하면 패키지는 이미지넷 데이터 세트로 사전 훈련된 모델을 반환한다. 5장 IDC 감별 예제의 경우, 모델 가중치를 무작위로 초기화하고 조직 패치 이미지가 포함된 새 데이터 세트를 사용해 모델을 처음부터 훈련할 것이기 때문에 사전 훈련된 모델을 사용하지 않는다. 실습으로 이미지넷 데이터 세트로 학습한 가중치를 사용하도록 pretrained 매개변수를 True로 설정해 볼 것을 권한다.

또한 이진 분류를 수행하려면 완전 연결 레이어를 CNN에 연결해야 한다. 다음 코드로 CNN을 초기화할 수 있다.

```
# 초매개변수
num_classes=2                                                             ❶

# 기기 설정
device=torch.device('cuda:0' if torch.cuda.is_available() else 'cpu')     ❷

# CNN을 위해 ResNet 아키텍처 사용
```

```
model=torchvision.models.resnet18(pretrained=False)                    ❸
num_features=model.fc.in_features                                      ❸

# 분류를 위한 완전 연결 레이어 생성
model.fc=nn.Sequential(                                                ❹
    nn.Linear(num_features, 512),
    nn.ReLU(),
    nn.BatchNorm1d(512),
    nn.Dropout(0.5),
    nn.Linear(512, 256),
    nn.ReLU(),
    nn.BatchNorm1d(256),
    nn.Dropout(0.5),
    nn.Linear(256, num_classes))

model=model.to(device)                                                 ❺
```

❶ 데이터 세트의 클래스 수 설정, 여기서는 이진
❷ CUDA가 가용하면 GPU를 사용하고 그렇지 않으면 CPU로 설정
❸ ResNet 모델을 초기화하고 모델의 특성 수 추출
❹ 분류를 위해 완전 연결 레이어를 ResNet 모델에 연결
❺ 모델을 기기로 전송

기본적으로 모델은 CPU에 로딩된다. 더욱 빠른 처리를 위해 모델을 GPU에 로딩할 수도 있다. 파이토치 등 많이 사용하는 모든 딥러닝 프레임워크는 CUDA^{Compute Unified Device Architecture}를 사용해 범용 작업을 GPU에서 수행할 수 있다. CUDA는 GPU에 직접 접근할 수 있는 API를 제공하는 NVIDIA에서 구축한 플랫폼이다.

다음 코드로 모델을 훈련할 수 있다. 여기서 모델은 5번의 에포크^{epoch} 동안 훈련된다. IDC 데이터 세트로 훈련되는 이 복잡한 모델의 훈련 시간은 CPU에서 약 17시간이다. 훈련 시간은 GPU를 사용할 경우, 훨씬 짧아질 수 있다. 에포크를 늘려 모델을 더 오래 훈련하면 더 좋은 성능을 얻을 수도 있다.

```
# 초매개변수
num_epochs=5
learning_rate=0.002
```

```
# 기준 또는 손실 함수
criterion=nn.CrossEntropyLoss()

# CNN을 위한 최적화
optimizer=torch.optim.Adamax(model.parameters(), lr=learning_rate)

for epoch in range(num_epochs):
    model.train()

    for idx,(inputs, labels) in enumerate(loader_train):
        inputs=inputs.to(device, dtype=torch.float)
        labels=labels.to(device, dtype=torch.long)

        # 매개변수 경사를 0으로
        optimizer.zero_grad()
        with torch.set_grad_enabled(True):
            outputs=model(inputs)
            _, preds=torch.max(outputs, 1)
            loss=criterion(outputs, labels)

            # 역전파
            loss.backward()
            optimizer.step()
```

이제 이 모델이 테스트 세트를 대상으로 어느 정도 성능을 보이는지 살펴보자. 4장에서 했던 것처럼 모델 성능을 적합한 베이스라인과 비교한다. 5.2절에서 목표 클래스는 IDC-음성이 훨씬 많은 상태로 불균형이 심하다는 것을 봤다(그림 5.2 참조). 베이스라인 모델로 항상 다수 클래스를 예측하는, 즉 항상 조직 패치가 IDC 음성이라고 예측하는 모델을 사용할 수 있다. 그러나 이 베이스라인은 합리적이지 않다. 의료, 특히 암 진단의 경우, 거짓 부정의 비용이 거짓 긍정보다 훨씬 크기 때문이다. 합리적인 전략은 거짓 긍정을 예측하는 것이다. 즉, 조직 패치가 IDC 양성이라고 항상 예측하는 것이다. 이렇게 하는 것이 이상적이지는 않지만, 적어도 모든 양성 사례는 올바르게 예측할 수 있다. 실무에서는 베이스라인 모델을 보통 인간 전문가가 만들거나(이 경우, 전문 병리학자의 판단) 비즈니스에 이미 사용 중인 기존 모델을 사용한다. 불행하게도 여기에는 그런 정보가 없기 때문에 항상 IDC를 양성으로 예측하는 베이스라인 모델을 사용한다.

표 5.1은 모델을 벤치마킹하는 데 사용할 세 가지 주요 성능 측정 지표인 정밀도, 재현율, F1을 보여 주고 있다. 정밀도는 예측한 클래스 중 올바르게 예측한 비율을 측정한다. 재현율은 실제 긍정 클래스 중 모델이 올바르게 예측한 비율을 나타낸다. F1 점수는 정밀도와 재현율의 조화 평균이다. 이러한 측정 지표에 관한 자세한 설명은 3장을 참조하기를 바란다.

표 5.1의 재현율을 보면 베이스라인 모델이 CNN보다 좋은 것을 볼 수 있다. 이는 베이스라인 모델이 항상 IDC 양성을 예측하기 때문에 예상했던 결과이다. 하지만 전반적으로 봤을 때 CNN 모델은 베이스라인보다 훨씬 좋은 성능을 보이며 정확도 74.4%(베이스라인보다 +45.8% 좋음)와 F1 점수 74.2%(베이스라인보다 +29.7% 좋음)를 달성했다. 실습으로 에포크 수를 늘리거나 CNN 아키텍처를 바꿔서 모델을 튜닝하고 훈련을 더 해서 성능을 높여 볼 것을 권한다.

▼ **표 5.1** 베이스라인 모델과 CNN 모델 성능 비교

	정밀도(%)	재현율(%)	F1 점수(%)
베이스라인 모델	28.6	100	44.5
CNN 모델(ResNet)	74.4(+45.8)	74.1(−25.9)	74.2(+29.7)

베이스라인보다 성능이 높아졌으므로 이제 CNN 모델을 해석해서 블랙박스 모델이 어떻게 최종 예측에 도달하는지 이해해 보자.

5.4 CNN 해석

앞 절에서 살펴봤듯이 CNN으로 예측하기 위해, 이미지는 특성 학습을 위해 여러 합성곱 및 풀링 레이어를 거친 후 분류를 위해 완전 연결 심층 신경망의 여러 레이어를 거치게 된다. IDC 탐지에 사용한 ResNet 모델의 경우, 훈련으로 학습된 매개변수가 총 11,572,546개이다. 수백만 개의 복잡한 작업이 망에서 수행되기 때문에 모델이 어떻게 최종 예측에 도달했는지 이해하기가 매우 어렵다. 이런 점이 CNN을 블랙박스로 만든다.

5.4.1 확률 풍경

4장에서 DNN을 해석하는 한 가지 방법은 엣지 가중치를 시각화하는 것이라는 것을 살펴봤다. 이 기법을 통해 입력 특성이 최종 모델 예측에 어떤 영향을 미치는지 상위 수준에서 확인할 수 있었다. 이 기법은 합성곱 레이어의 커널(또는 필터)과 그것이 학습된 중간 특성과 최종 모델 출력에 미치는 영향을 시각화하는 것이 쉽지 않기 때문에 CNN에 적용할 수 없다. 하지만 CNN의 확률 풍경을 시각화할 수는 있다. 확률 풍경이란 무엇일까? 이진 분류기로 CNN을 사용하면 입력이 대상 클래스에 속할 확률 측정값을 얻게 되는 것으로 볼 수 있다. IDC 진단의 경우, 주어진 입력 패치가 IDC 양성일 확률을 CNN이 제공한다. 조직의 모든 패치에 대한 분류기의 출력 확률을 도표로 그려 히트맵^{heat map}으로 시각화할 수 있다. 이 히트맵을 이미지 위에 겹쳐 보면 CNN이 IDC 양성일 가능성이 높을 것으로 생각하는 영역, 즉 핫스폿^{hot spot}을 식별할 수 있다. 이것이 바로 확률 풍경이다.

그림 5.13은 세 가지 도표를 보여 주고 있다. 가장 왼쪽 도표는 12930번 환자의 모든 패치를 시각화한 것이다. 중간 도표는 전문 병리학자로부터 수집한 실제 라벨을 기반으로 IDC 양성인 패치를 보여 주고 있다. 이 두 도표는 5.2절에서 본 것과 비슷하다(그림 5.5 참조). 가장 오른쪽 도표는 IDC를 탐지하도록 훈련된 ResNet 모델의 확률 환경을 보여 주고 있다. 색상이 짙을수록 해당 패치가 IDC 양성일 확률이 높다는 것을 의미한다. 실제 라벨와 비교해 보면 모델 예측과 실제 라벨이 겹치는 부분을 볼 수 있다. 그러나 모델이 IDC 양성이 아닌 영역을 식별한 일부 거짓 긍정도 있다. 그림 5.13을 그리기 위한 코드는 이 책의 깃허브 저장소(http://mng.bz/KBdZ)에서 찾을 수 있다. 5.3.2절에서 훈련한 모델을 불러와서 모델 해석으로 바로 건너뛸 수도 있다.

확률 풍경을 시각화하는 것은 모델의 출력을 검증하는 좋은 방법이다. 실제 라벨과 비교해서 모델이 잘못 예측한 경우를 확인하고 그에 따라 모델을 튜닝할 수 있다. 또한 모델을 운영 환경에 배포한 후 모델의 출력을 시각화하고 모니터링하는 좋은 방법이다. 그러나 확률 풍경은 모델이 어떻게 예측에 도달했는지 설명하지 않는다.

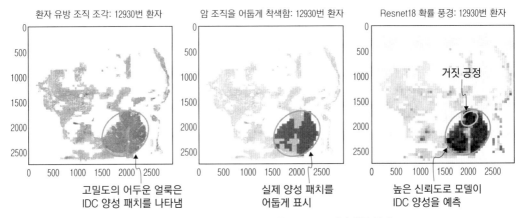

환자 유방 조직 조각: 12930번 환자　　암 조직을 어둡게 착색함: 12930번 환자　　Resnet18 확률 풍경: 12930번 환자

고밀도의 어두운 얼룩은　　　　　실제 양성 패치를　　　　　높은 신뢰도로 모델이
IDC 양성 패치를 나타냄　　　　어둡게 표시　　　　　　IDC 양성을 예측

▲ **그림 5.13** 전체 조직 표본에 대한 ResNet 모델의 확률 풍경

5.4.2 LIME

CNN을 해석하는 다른 방법은 4장에서 배운 모델 유형에 상관없는 애그노스틱한 해석 기법 중 하나를 사용하는 것이다. 이미지와 CNN에 LIME 해석 기법을 적용하는 방법을 구체적으로 살펴보자. LIME은 범위가 로컬인, 즉 단일 인스턴스instance를 다루는 모델 애그노스틱한 기법이다. 표 형식 데이터 세트를 사용할 경우, 이 기법은 다음과 같이 동작했다.

1. 해석할 예제를 하나 선택한다.
2. 표 데이터 세트에 있는 특성의 평균 및 표준 편차가 주어졌을 때 가우시안 분포에서 표본을 추출해 교란 데이터 세트를 만든다.
3. 교란 데이터 세트를 블랙박스 모델에 입력해 예측 결과를 얻는다.
4. 선택한 예제와 근접성을 기준으로 표본에 가중치를 부여한다. 선택한 예제에 더 가까운 표본에 더 높은 가중치를 준다. 4장에서 살펴봤듯이 표본에 가중치를 부여하는 데 커널 폭이라는 초매개변수를 사용한다. 커널 폭이 작으면 선택한 예제에 가까운 표본만 해석에 영향을 미치게 된다.
5. 마지막으로 가중치가 부여된 표본에 해석하기 쉬운 화이트박스 모델을 피팅한다. LIME의 경우, 선형 회귀를 사용한다.

선형 회귀 모델의 가중치는 선택한 예제에 대한 특성의 중요도를 결정하는 데 사용할 수 있다. 해석하고자 하는 예제 근방에 적합한 대체 모델을 사용해 해석한다. LIME를 이미지 데이터에 어떻게 적용할까? 표 데이터와 마찬가지로 먼저 해석할 이미지를 선택한다. 그다음으로 교란 데이터 세트를 만들게 된다. 표 데이터와 동일한 방식으로 가우시안 분포에서 표본을 추출해 데이터 세트를 교란할 수는 없다. 그 대신 이미지의 픽셀을 무작위로 켜거나 끈다. 로컬 범위에서 신뢰할 수 있는 해석을 제시하려면 모델에 입력할 표본을 많이 만들어야 하므로 많은 연산 자원이 필요하다. 또한 픽셀은 여러 픽셀이 서로 연관돼 있을 수 있기 때문에 하나의 목표 클래스에 많은 픽셀이 영향을 미칠 수 있다. 따라서 그림 5.14와 같이 이미지를 슈퍼픽셀superpixel이라고 하는 여러 영역으로 분할하고 슈퍼픽셀을 켜거나 끄게 된다.

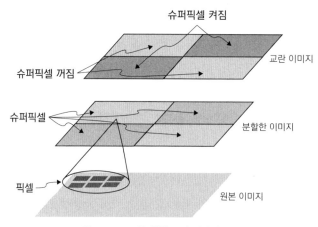

▲ **그림 5.14** LIME를 위한 교란 이미지 생성 방법

그림 5.14는 아래에서 위로 읽어야 한다. 여러 픽셀을 슈퍼픽셀로 묶어서 원본 이미지를 분할하는 것이다. 이 그림은 원본 이미지가 서로 겹치지 않는 4개의 네모난 영역으로 분할되는 간단한 분할 알고리듬을 사용하고 있다. 슈퍼픽셀로 분할된 이미지를 만든 후에는 임의의 슈퍼픽셀을 켜거나 꺼서 교란 이미지를 만들 수 있다. LIME은 기본적으로 퀵시프트quickshift(http://mng.bz/W7mw) 분할 알고리듬을 사용한다. 교란 데이터 세트를 만든 후의 나머지 과정은 표 형식 데이터와 동일하다. 대체 선형 모델의 가중치는 선택한

입력 이미지로 얻게 되는 최종 모델 예측에 특성 또는 슈퍼픽셀이 미치는 영향을 이해할 수 있게 해 준다. 상관관계가 있는 픽셀을 함께 묶어서 최종 예측에 미치는 영향을 살펴보고 싶기 때문에 이미지를 슈퍼픽셀로 분할한다.

이제 앞에서 훈련한 ResNet 모델에 LIME를 적용하는 방법을 살펴보자. 먼저 앞에서 사용한 파이토치 변환을 2개로 나눠야 한다. 첫 번째는 입력 PIL^{Python Imaging Library, 파이썬 이미징 라이브러리} 이미지를 50×50 크기의 텐서^{tensor}로 변환하고 두 번째는 이를 정규화한다. 아래에서 보여 주는 첫 번째 변환은 LIME의 이미지 분할 알고리듬에 필요하다.

```
trans_pil=transforms.Compose([transforms.Resize((50, 50)),])        ❶
trans_pre=transforms.Compose([transforms.ToTensor(),
                    transforms.Normalize(mean=[0.5, 0.5, 0.5],        ❷
                                        std=[0.5, 0.5, 0.5])])        ❷
```

❶ 이미지 분할 알고리듬이 필요한 50×50픽셀 크기로 입력 이미지를 바꾸기 위한 첫 번째 변환
❷ 변환된 50×50 입력 이미지를 정규화하기 위한 두 번째 변환

다음으로 2개의 헬퍼 함수가 필요하다. 하나는 이미지 파일을 PIL 이미지로 로딩하고 다른 하나는 모델을 사용해 교란 데이터 세트에 대한 예측을 수행한다. 다음 코드는 이런 함수를 만들고 있다. get_image는 PIL 이미지를 로딩하는 함수, batch_predict는 모델에 교란 이미지를 입력하는 함수이다. 앞 절에서 훈련한 ResNet 모델 매개변수를 가져오는 함수도 만든다.

```
def get_image(images_dir, image_id):                                 ❶
    image=Image.open(os.path.join(images_dir, image_id))             ❷
    image=image.convert('RGB')                                       ❷
    return image                                                     ❸

def batch_predict(images, model):                                    ❹
    def sigmoid(x):                                                  ❺
        return 1. /(1 + np.exp(-x))                                  ❺
    batch=torch.stack(tuple(trans_pre(i) for i in images), dim=0)    ❻
    outputs=model(batch)                                             ❼
    proba=outputs.detach().cpu().numpy().astype(np.float)            ❽
    return sigmoid(proba)                                            ❾
```

```
from functools import partial                                          ❿
batch_predict_with_model=partial(batch_predict, model=model)           ❿
```

❶ 입력 RGB 이미지를 메모리로 읽어 들이기 위한 헬퍼 함수
❷ 이미지를 열고 RGB로 변환
❸ 이미지 반환
❹ 교란 데이터 세트 이미지에 대한 예측을 수행하는 헬퍼 함수
❺ 입력 매개변수의 시그모이드를 계산하는 함수
❻ 입력 이미지를 위해 변환된 모든 텐서를 쌓음
❼ 모델을 거쳐 모든 이미지에 대한 출력 획득
❽ 출력 텐서를 분리하고 넘파이 배열로 변환
❾ 예측을 시그모이드 함수에 넣어서 확률로 반환
❿ 사전 훈련된 ResNet 모델을 사용해 배치 예측을 수행하는 부분 함수

이 코드에서 batch_predict_with_model이라는 부분 함수를 정의했다는 점에 유의해야 한다. 파이썬에서 부분 함수를 사용하면 함수의 일부 인수를 재설정해서 새로운 함수를 만들 수 있다. batch_predict 함수를 사용하고 이전에 훈련한 ResNet 모델로 모델 매개변수를 설정하고 있다. 이를 다른 모델로 바꿔서 LIME으로 그 모델을 해석할 수도 있다.

LIME은 로컬 해석 기법이므로 해석할 예제를 선택해야 한다. ResNet 모델의 경우, 다음과 같이 테스트 세트에서 해석할 2개의 패치(IDC 음성, IDC 양성 하나씩)를 선택한다.

```
non_idc_idx=142                                                        ❶
idc_idx=41291                                                          ❷

non_idc_image=get_image(all_images_dir,                                ❸
                        df_test.iloc[non_idc_idx, :]['image_id'])      ❸
idc_image=get_image(all_images_dir,                                    ❹
                    df_test.iloc[idc_idx, :]['image_id'])              ❹
```

❶ ID가 142인 IDC 음성 예제
❷ ID가 41291인 IDC 양성 예제
❸ IDC 음성 예제 PIL 이미지 로딩
❹ IDC 양성 예제 PIL 이미지 로딩

이제 LIME 익스플레이너explainer를 초기화하고 선택한 두 가지 예제를 해석하기 위해 사용한다. 다음 코드는 IDC 음성 예제에 대한 LIME 설명을 얻는 방법을 보여 준다. 실습으로

IDC 양성 예제를 위한 LIME 익스플레이너를 만들어서 idc_exp라는 변수로 설정해 보자.

```
from lime import lime_image                                                    ❶
explainer=lime_image.LimeImageExplainer()                                      ❷

non_idc_exp=explainer.explain_instance(np.array(trans_pil(non_idc_image)),     ❸
                        batch_predict_with_model,                              ❹
                        num_samples=1000)                                      ❺
```

❶ LIME 라이브러리에서 lime_image 모듈 임포트
❷ LIME 이미지 익스플레이너 초기화
❸ 먼저 분할을 위해 IDC 음성 이미지 변환
❹ ResNet 모델로 교란 데이터 세트에 대한 예측을 얻기 위해 부분 함수 전달
❺ 분할된 이미지를 교란해서 1,000개의 표본 생성

앞 코드의 LIME 익스플레이너 변수를 이용해서 설명이 포함된 RGB 이미지와 2차원 마스킹^{masking}을 얻어 보자. 실습으로 IDC 양성 예제에 대해 마스킹된 LIME 이미지를 만들고 마스킹된 이미지의 이름을 i_img_boundary로 설정해 보자. 이렇게 하려면 먼저 앞선 실습을 완료하고 IDC 양성 예제에 대한 LIME 익스플레이너를 먼저 만들어야 한다. 실습 답은 책의 깃허브 저장소(http://mng.bz/KBdZ)에서 찾을 수 있다.

```
from skimage.segmentation import mark_boundaries                               ❶
ni_tmp, ni_mask=non_idc_exp.get_image_and_mask(non_idc_exp.top_labels[0],
                                        positive_only=False,
                                        num_features=20,
                                        hide_rest=True)                        ❷
ni_img_boundary=mark_boundaries(ni_tmp/255.0, ni_mask)                         ❸
```

❶ 분할된 이미지를 도표에 그리기 위해 skimage 라이브러리에서 mark_boundaries 함수 임포트
❷ IDC 음성 예제에 대해 마스킹된 LIME 이미지 획득
❸ mark_boundaries 함수를 사용해서 마스킹된 이미지를 도표에 그림

이제 다음 코드를 갖고 IDC 양성 및 음성 패치 모두에 대한 LIME 설명을 시각화할 수 있다.

```
non_idc_conf=100 - df_test_with_preds.iloc[non_idc_idx]['proba'] * 100         ❶
idc_conf=df_test_with_preds.iloc[idc_idx]['proba'] * 100                       ❷
```

```
non_idc_image=df_test.iloc[non_idc_idx]['image_id']                              ❸
idc_image=df_test.iloc[idc_idx]['image_id']                                      ❹
non_idc_patient=df_test.iloc[non_idc_idx]['patient_id']                          ❺
idc_patient=df_test.iloc[idc_idx]['patient_id']                                  ❻

f, ax=plt.subplots(2, 2, figsize=(10, 10))                                       ❼

# IDC 음성 패치의 원본 이미지를 도표에 표시
ax[0][0].imshow(Image.fromarray(imread(os.path.join(all_images_dir, non_idc_image))))   ❽
ax[0][0].axis('off')                                                             ❽
ax[0][0].set_title('Patch Image(IDC Negative)\nPatient Id: %d' %non_idc_patient) ❽

# IDC 음성 패치에 대한 LIME 설명을 도표에 표시
ax[0][1].imshow(ni_img_boundary)                                                 ❾
ax[0][1].axis('off')                                                             ❾
ax[0][1].set_title('LIME Explanation(IDC Negative)\nModel Confidence: %.1f%%'    ❾
➥ % non_idc_conf)                                                               ❾

# IDC 양성 패치의 원본 이미지를 도표에 표시
ax[1][0].imshow(Image.fromarray(imread(os.path.join(all_images_dir, idc_image))))   ❿
ax[1][0].axis('off')                                                             ❿
ax[1][0].set_title('Patch Image(IDC Positive)\nPatient Id: %d' %idc_patient)     ❿

# IDC 양성 패치에 대한 LIME 설명을 도표에 표시
ax[1][1].imshow(i_img_boundary)                                                  ⓫
ax[1][1].axis('off')                                                             ⓫
ax[1][1].set_title('LIME Explanation(IDC Positive)\nModel Confidence: %.1f%%'    ⓫
➥ % idc_conf);                                                                  ⓫
```

❶ IDC 음성 패치에 대한 모델 신뢰도 획득
❷ IDC 양성 패치에 대한 모델 신뢰도 획득
❸ IDC 음성 패치 이미지 획득
❹ IDC 양성 패치 이미지 획득
❺ IDC 음성 패치의 환자 ID 획득
❻ IDC 양성 패치의 환자 ID 획득
❼ 원본 이미지와 LIME 설명을 그리기 위한 2×2 도표 생성
❽ 왼쪽 상단 칸에 IDC 음성 패치의 원본 이미지 기재
❾ 오른쪽 상단 칸에 IDC 음성 패치에 대한 LIME 설명 기재
❿ 왼쪽 하단 칸에 IDC 양성 패치의 원본 이미지 기재
⓫ 오른쪽 하단 칸에 IDC 양성 패치에 대한 LIME 설명 기재

그림 5.15는 결과를 보여 준다. 왼쪽 상단 이미지가 IDC 음성 패치의 원본 이미지이다. 오른쪽 상단 이미지는 IDC 음성 패치에 대한 LIME 설명이다. 모델이 82% 신뢰도로 패치가 IDC 음성이라고 예측하는 것을 볼 수 있다. 원본 이미지에서 밝은 얼룩의 밀도가 더 높은 것을 볼 수 있으며 이는 5.2절(그림 5.4)에서 살펴본 패턴과 일치한다. 더 밝은 얼룩은 일반적으로 세포질과 세포 외 결합 조직을 강조하는 데 사용된다. LIME 설명을 보면 분할 알고리듬이 이미지의 나머지 부분에서 고밀도의 밝은 얼룩이 있는 부분을 구분하고 있는 2개의 슈퍼픽셀을 강조한 것을 볼 수 있다. 예측에 긍정적인 영향을 미치는 영역 또는 슈퍼픽셀은 더 어둡게 표시돼 있고 분할된 이미지의 왼쪽 절반에 해당한다. 예측에 부정적인 영향을 미치는 영역 또는 슈퍼픽셀은 밝게 표시돼 있고 분할된 이미지의 오른쪽 절반에 해당한다. 따라서 LIME 설명은 높은 신뢰도로 IDC 음성을 예측하는 데 긍정적으로 기여하는 것으로, 밝은 얼룩 영역을 올바르게 식별한 것으로 보인다.

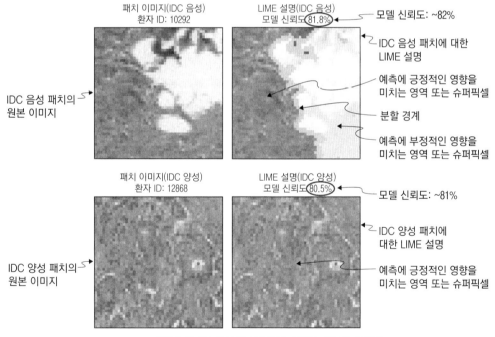

▲ **그림 5.15** IDC 음성 및 IDC 양성 패치에 대한 LIME 설명

그림 5.15의 왼쪽 아래는 IDC 양성 패치의 원본 이미지이다. 이 패치에 대한 LIME 설명은 그림의 오른쪽 하단에 나와 있다. 원본 이미지에서 어두운 얼룩의 밀도가 훨씬 높다는 것을 볼 수 있으며 이는 5.2절(그림 5.3)에서 본 것과 일치한다. LIME 설명을 보면 분할 알고리듬이 전체 이미지를 슈퍼픽셀로 취급하고 전체 슈퍼픽셀이 높은 신뢰도로 IDC 양성 예측에 긍정적으로 기여한다고 본 것을 알 수 있다. 이 설명은 전체 이미지가 고밀도의 어두운 얼룩으로 이뤄져 있기 때문에 상위 수준에서 의미가 있겠지만, 모델 예측에 영향을 미치는 구체적인 픽셀에 대해서는 알려 주지 않는다.

여기서 LIME의 몇 가지 단점을 알 수 있다. 4장과 이번 절에서 살펴본 것처럼 LIME은 모델에 구애받지 않고 복잡한 모델에 모두 적용할 수 있으므로 뛰어난 해석 기법이다. 그러나 몇 가지 단점이 있다. LIME 설명의 품질은 커널 폭의 선택에 따라 크게 달라진다. 4장에서 살펴봤듯이 이것은 중요한 초매개변수이며 해석하려는 모든 예제에 같은 폭을 사용할 수 없다. LIME 설명은 교란 데이터 세트를 추출하는 방식에 따라 달라지기 때문에 불안정할 수도 있다. 또한 해석은 사용하는 분할 알고리듬에 따라 달라진다. 그림 5.15에서 살펴봤듯이 분할 알고리듬이 전체 이미지를 하나의 슈퍼픽셀로 취급할 수도 있다. 켜거나 꺼야 하는 픽셀 또는 슈퍼픽셀의 수에 따라 LIME의 연산 복잡도도 높아질 수 있다.

5.4.3 시각적 귀속 기법

이제 한 걸음 물러서서 LIME를 시각적 귀속 기법이라고 하는 더 넓은 분류에서 살펴보자. 시각적 귀속 기법은 이미지에서 CNN의 예측에 영향을 미치는 부분에 중요도를 할당한다. 그림 5.16은 시각적 귀속 기법의 세 가지 주요 유형을 보여 주고 있다.

- 교란
- 경사
- 활성화

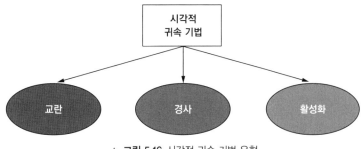

▲ 그림 5.16 시각적 귀속 기법 유형

LIME 및 SHAP와 같은 해석 기법은 교란 기반 기법이다. 4장과 앞 절에서 살펴봤듯이 개념은 입력을 교란하고 CNN이 한 예측에 미치는 영향을 조사하는 것이다. 이러한 기술은 모델 애그노스틱하고 사후에 적용되면 범위가 로컬인 해석 기법이다. 그러나 교란 기반 기법은 각 교란 예제가 복잡한 CNN 모델을 순방향으로 거쳐가도록 하기 때문에 연산적으로 비효율적이다. 이러한 기법은 또한 어떤 특성의 중요도를 과소평가할 수 있다. 원본 이미지에 한 분할로 얻는 이미지 조각이 특성이 된다.

경사 기반 방법은 입력 이미지에 대한 목표 클래스의 경사를 시각화하는 데 사용한다. 우선 해석할 예제나 이미지를 선택한다. 그런 다음, 이 이미지를 순방향으로 CNN을 통과하게 해서 결과 예측을 얻는다. 그리고 역전파 알고리듬을 적용해서 입력 이미지에 대한 출력 클래스의 경사를 계산한다. 경사는 모델 출력에 영향을 미치기 위해 어떤 픽셀을 변경해야 하는지 알려 주기 때문에 좋은 중요도 척도가 된다. 경사의 크기가 크면 픽셀의 값을 조금만 바꿔도 결과적으로 입력값이 크게 바뀐 것이 된다. 따라서 경사 측정값이 큰 픽셀이 모델에 가장 중요한 것으로 간주한다. 특성 중요도를 결정하는 데 역전파 알고리듬이 사용되기 때문에 경사 기반 기법을 역전파 기법이라고도 한다. 중요한 특성의 맵을 얻기 때문에 돌출 맵^{saliency map}이라고도 한다. 많이 사용하는 경사 기반 기법으로는 바닐라 역전파, 유도 역전파, 통합 경사, SmoothGrad 등이 있으며 이와 관련해서는 5.5~5.7절에서 다룬다. 이러한 기법은 범위가 로컬이며 사후에 적용된다. 그러나 완전히 모델 애그노스틱하지는 않으며 약간의 모델 종속성을 가진다. 하나의 이미지를 위해 망을 순방향과 역방향으로 한 번씩만 거치기 때문에 교란 기반 기법보다 훨씬 연산 자원의 측면에서 효율적이다.

활성화 기반 기법은 최종 합성곱 레이어의 특성 맵 또는 활성화를 살펴보고 해당 특성 맵과 연관된 목표 클래스의 경사를 고려해서 가중치를 부여한다. 특성 맵의 가중치는 입력 특성의 중요도에 대한 프록시proxy 역할을 한다. 이를 Grad-CAMGradient-weighted Class Activation Mapping, 경사 가중 클래스 활성화 매핑이라고 한다. 최종 합성곱 레이어에서 특성 맵의 중요도를 살펴보기 때문에 Grad-CAM은 거친 활성화 맵을 제공한다. 좀 더 세밀한 활성화 맵을 얻기 위해 Grad-CAM과 유도 역전파를 결합할 수도 있다. 이 기술을 유도 Grad-CAM이라고 한다. 5.8절에서 Grad-CAM과 유도 Grad-CAM이 어떻게 동작하는지 자세히 살펴본다. 또한 활성화 기반 기법은 약한 모델 종속성을 갖고 사후에 적용되며 범위가 로컬인 해석 기법이다.

5.5 바닐라 역전파

이번 절은 바닐라 역전파Vanilla backpropagation라는 경사 기반 귀속 기법을 설명한다. 바닐라 역전파는 2014년 카렌 시몬얀 외Karen Simonyan et al에 의해 제안됐다. 그림 5.17은 이 기법을 보여 주고 있다.

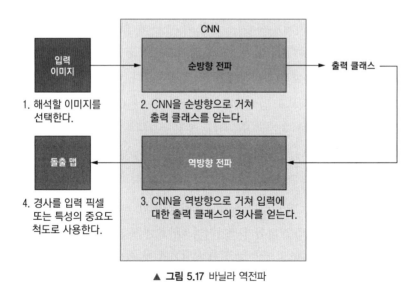

▲ **그림 5.17** 바닐라 역전파

첫 번째 단계는 해석할 이미지나 예제를 선택하는 것이다. 단일 인스턴스를 해석하기 때문에 이 해석 기법의 범위는 로컬이다. 두 번째 단계는 출력 클래스 예측을 얻기 위해 CNN에 순방향으로 전파하는 것이다. 출력 클래스를 얻었으면 다음 단계는 끝에서 두 번째 레이어 출력의 경사를 얻고 4장에서 배운 역방향 전파를 수행해 궁극적으로 입력 이미지 픽셀에 대한 출력 클래스의 경사를 얻는 것이다. 입력 픽셀 또는 특성에 대한 경사는 중요도 척도로 사용된다. 픽셀의 경사가 클수록 모델이 출력 클래스를 예측하는 데 해당 픽셀이 더 중요하다. 이 개념은 주어진 픽셀의 경사가 크면 픽셀 값의 작은 변화라도 모델 예측에 큰 영향을 미친다는 것이다.

우트쿠 오즈불락^{Utku Ozbulak}은 바닐라 역전파와 기타 경사 기반 기법을 파이토치에 구현했으며 깃허브(http://mng.bz/8l8B)에 오픈소스로 제공하고 있다. 이를 ResNet 아키텍처 또는 ResNet 기반 아키텍처에 직접 적용할 수 없지만, 이 책에 이런 고급 아키텍처에 적용할 수 있도록 수정해 놓았다. 다음 코드는 바닐라 역전파 기법을 파이썬 클래스로 구현한다.

```python
# 아래 코드는 http://mng.bz/8l8B를 기반으로 한다.

class VanillaBackprop():
    """
        Produces gradients generated with vanilla back propagation from the image
    """
    def init(self, model, features):                                    ❶
        self.model=model                                                ❷
        self.gradients=None                                             ❸
        # Put model in evaluation mode
        self.model.eval()                                               ❹
        # Set feature layers
        self.features=features                                          ❺
        # Hook the first layer to get the gradient
        self.hook_layers()                                              ❻

    def hook_layers(self):                                              ❼
        def hook_function(module, grad_in, grad_out):                   ❽
            self.grad_in=grad_in                                        ❾
            self.grad_out=grad_out                                      ❿
```

```python
            self.gradients=grad_in[0]                                           ⑪

        # 첫 번째 레이어에 훅 등록
        first_layer=list(self.features._modules.items())[0][1]                  ⑫
        first_layer.register_backward_hook(hook_function)                       ⑬

    def generate_gradients(self, input_image, target_class):                    ⑭
        # 순반향
        model_output=self.model(input_image)                                    ⑮
        # 경사를 0으로
        self.model.zero_grad()                                                  ⑯
        # 역전파를 위한 목표
        one_hot_output=torch.FloatTensor(1, model_output.size()[-1]).zero_()    ⑰
        one_hot_output[0][target_class]=1                                       ⑰
        # 역방향
        model_output.backward(gradient=one_hot_output)                          ⑱
        gradients_as_arr=self.gradients.data.numpy()[0]                         ⑲
        return gradients_as_arr                                                 ⑲
```

❶ 모델과 특성 레이어의 시작 지점을 입력받는 바닐라 역전파용 생성자

❷ 모델 오브젝트 초기화

❸ 경사 오브젝트를 None으로 초기화

❹ 모델을 평가 모드로 설정

❺ 모델에서 특성 레이어의 시작을 가리키는 특성 오브젝트 설정

❻ 입력 픽셀에 대한 출력의 경사를 계산할 수 있도록 레이어 연결

❼ 경사를 얻기 위해 첫 번째 레이어를 연결하는 함수

❽ 역전파 동안 입력 및 출력 경사를 처리하는 데 사용되는 헬퍼 함수

❾ 이전 레이어에서 얻은 경사로 grad_in 오브젝트 설정

❿ 현재 레이어에서 얻은 경사로 gradient grad_out 오브젝트 설정

⑪ 현재 레이어 특성 맵의 픽셀에 대한 경사 획득

⑫ 첫 번째 특성 레이어 획득

⑬ 입력 픽셀에 대한 출력 클래스의 경사를 얻기 위해 역방향 후크 함수 등록

⑭ 경사를 얻기 위해 역전파를 수행하는 함수

⑮ 순방향으로 모델에 이미지를 전파해서 모델 출력 획득

⑯ 역전파 전 경사를 0으로 재설정

⑰ 목표 클래스가 1로 설정된 원 핫(one-hot) 인코딩된 텐서 생성

⑱ 역전파 수행

⑲ 후크 함수를 통해 얻은 경사 오브젝트 반환

ResNet 모델과 인셉션 v3$^{\text{Inception v3}}$, ResNeXt와 같은 다른 아키텍처의 특성 레이어는 상위 모델에서 찾을 수 있으며 특성 레이어가 모델의 특성 키 내에 저장되는 VGG16나 AlexNet 아키텍처처럼 계층 구조에 저장되지 않는다. 다음과 같이 VGG16 모델을 초기화하고 구조를 출력해서 확인할 수 있다.

```
vgg16=torchvision.models.vgg16()
print(vgg16)
```

위 코드의 결과는 다음과 같다. 이는 일부 발췌한 것으로, 특성 레이어가 특성 키 내에 저장되는 방식을 보여 주고 있다. 앞 코드에서 vgg16을 alexnet으로 바꿔도 이와 비슷한 결과를 얻을 수 있다.

```
VGG(
  (features): Sequential(
    (0): Conv2d(3, 64, kernel_size=(3, 3), stride=(1, 1), padding=(1, 1))
    (1): ReLU(inplace=True)
    (2): Conv2d(64, 64, kernel_size=(3, 3), stride=(1, 1), padding=(1, 1))
    (3): ReLU(inplace=True)
    (4): MaxPool2d(kernel_size=2, stride=2, padding=0, dilation=1, ceil_mode=False)
    (5): Conv2d(64, 128, kernel_size=(3, 3), stride=(1, 1), padding=(1, 1))
    (6): ReLU(inplace=True)
...
(output clipped)
```

우트쿠 오즈불락의 구현은 아키텍처가 VGG16나 AlexNet과 같은 계층 구조를 갖기를 기대한다. 반면, 앞의 바닐라 역전파 구현은 특성 레이어가 생성자에 명확하게 전달돼 보다 복잡한 아키텍처에 사용할 수 있다. 이제 이 클래스를 ResNet 모델을 위해 다음과 같이 인스턴스화할 수 있다.

```
vbp=VanillaBackprop(model=model, features=model)
```

이제 입력에 대한 출력의 경사를 얻기 위한 헬퍼 함수를 만든다.

```
def get_grads(gradient_method, dataset, idx):              ❶
    image, label=dataset[idx]                              ❷
```

```
X=image.reshape(1,                                          ❸
                image.shape[0],                             ❸
                image.shape[1],                             ❸
                image.shape[2])                             ❸
X_var=Variable(X, requires_grad=True)                       ❹
grads=gradient_method.generate_gradients(X_var, label)      ❺
return grads                                                ❻
```

❶ get_grads 함수는 경사 기반 메서드, 데이터 세트, 해석할 예제의 인덱스를 입력받는다.

❷ 인덱스 idx의 이미지와 라벨 획득

❸ 모델에 입력할 수 있도록 이미지를 재구성

❹ 역전파를 통해 경사를 얻기 위해 require_grad가 True인 파이토치 변수 생성

❺ generate_gradients 함수로 경사 획득

❻ 입력 픽셀에 대한 경사 반환

5.4.2절에서 LIME 기술에 사용한 것과 같은 IDC 음성 패치와 IDC 양성 패치를 사용한다. 이제 다음과 같이 바닐라 역전파 기법으로 경사를 얻을 수 있다.

```
non_idc_vanilla_grads=get_grads(vbp, dataset_test, non_idc_idx)
idc_vanilla_grads=get_ grads(vbp, dataset_test, idc_idx)
```

테스트 데이터 세트는 5.3.1절에서 초기화한 테스트 세트의 PatchDataset이다. 여기에 표시된 결과 경사 배열은 입력 이미지와 차원이 같다. 입력 이미지의 차원은 $3 \times 50 \times 50$이며 3개의 채널(빨강, 녹색, 파랑)이 있고 이미지의 높이와 너비는 각각 50픽셀이다. 결과 경사도 이와 동일한 차원을 가지며 컬러 이미지로 시각화할 수 있다. 그러나 시각화의 편의를 위해 경사 이미지를 흑백으로 변환한다. 다음 헬퍼 함수를 사용해 이미지를 컬러에서 흑백으로 변환할 수 있다.

```
# 코드 출처: http://mng.bz/8l8B

def convert_to_grayscale(im_as_arr):
    """
        Converts 3d image to grayscale
    Args:
        im_as_arr(numpy arr): RGB image with shape(D,W,H)
    returns:
        grayscale_im(numpy_arr): Grayscale image with shape(1,W,D)
```

```
"""
grayscale_im=np.sum(np.abs(im_as_arr), axis=0)
im_max=np.percentile(grayscale_im, 99)
im_min=np.min(grayscale_im)
grayscale_im=(np.clip((grayscale_im - im_min) /(im_max - im_min), 0, 1))
grayscale_im=np.expand_dims(grayscale_im, axis=0)
return grayscale_im
```

이제 바닐라 역전파를 통해 경사를 얻었으므로 LIME 설명을 시각화한 것과 동일한 방식
으로 시각화할 수 있다. 실습으로 5.4.2절의 시각화 코드를 확장해 LIME 설명을 흑백으
로 표현해 볼 것을 권한다. 결과는 그림 5.18이 보여 주고 있다.

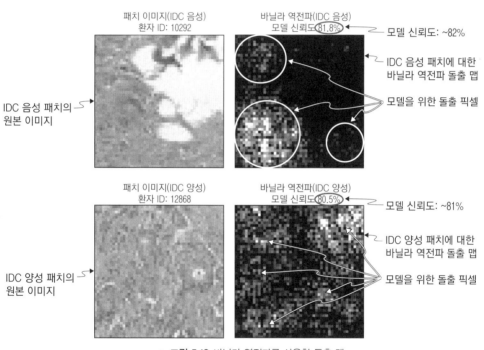

▲ **그림 5.18** 바닐라 역전파를 사용한 돌출 맵

먼저 IDC–음성 패치를 살펴보자. 패치의 원본 이미지는 왼쪽 상단에 표시돼 있다. 바닐
라 역전파를 통해 얻은 경사의 흑백 표현은 오른쪽 상단에 나와 있다. 이미지에서 회색으
로 표현된 영역을 볼 수 있다. 경사가 클수록 옅게 표현돼 있다. CNN이 82%의 신뢰도로
IDC 음성을 예측하기 위해 초점을 맞추고 있는 픽셀을 시각화하는 좋은 방법이다. 눈에

띄는 중요한 부분은 원본 이미지에서 밝은 얼룩이 밀집한 영역이다. 경사는 픽셀 수준에서 표시되기 때문에 이것은 LIME보다 훨씬 구체적인 해석이다. LIME은 슈퍼픽셀에 초점을 맞춘다. 돌출 맵은 데이터 과학자 또는 엔지니어가 CNN을 디버깅할 수 있는 좋은 방법이며 전문 병리학자가 CNN이 집중해서 보고 있는 이미지 영역을 이해하는 데 도움이 될 수 있다.

이제 IDC 양성 패치를 살펴보자. 원본 이미지는 왼쪽 하단, 바닐라 역전파를 통해 얻은 해석은 오른쪽 하단에 나타나 있다. 훨씬 더 많은 픽셀이 켜져 있는 것을 볼 수 있으며 이는 입력 이미지의 어두운 얼룩 또는 핵에 해당한다. LIME에서 전체 이미지를 슈퍼픽셀로 취급했기 때문에 이 해석이 LIME 해석보다 훨씬 좋다고 볼 수 있다.

5.6 유도 역전파

유도 역전파는 J. T. 스프링베르크 외[J.T. Springenberg et al]가 2015년에 제안한 또 다른 경사 기반 귀속 기법이다. 바닐라 역전파와 비슷한 기법이며 ReLU[Rectified Linear Unit, 정류 선형 유닛]를 통과할 때 경사를 처리하는 방식만 다르다. 4장에서 살펴봤듯이 ReLU는 음수 입력값을 0에서 자르는 비선형 활성화 함수이다. 유도 역전파 기법은 경사가 음수이거나 순방향으로 진행될 때 ReLU에 대한 입력이 음수인 경우, 경사를 0으로 만든다. 유도 역전파의 기본 개념은 모델 예측에 긍정적인 영향을 미치는 입력 특성만 집중하자는 것이다.

파이토치에 구현된 유도 역전파는 다음 링크(http://mng.bz/8l8B)에서 찾을 수 있으며 여기서는 ReLU를 사용하는 레이어가 포함된 ResNet과 같은 좀 더 복잡한 아키텍처에 적용할 수 있도록 수정했다. 다음 코드는 수정된 구현을 보여 주고 있다.

```
# http://mng.bz/8l8B 코드 일부 수정
from torch.nn import ReLU, Sequential                                    ❶

class GuidedBackprop():
    """
        Produces gradients generated with guided back propagation from the given image
    """
    def init(self, model, features):                                     ❷
        self.model=model                                                 ❷
```

```python
        self.gradients=None                                                    ❷
        self.features=features                                                  ❷
        self.forward_relu_outputs=[]                                            ❷
        # Put model in evaluation mode                                          ❷
        self.model.eval()                                                       ❷
        self.update_relus()                                                     ❷
        self.hook_layers()                                                      ❷

    def hook_layers(self):                                                      ❸
        def hook_function(module, grad_in, grad_out):                           ❸
            self.gradients=grad_in[0]                                           ❸
        # Register hook to the first layer                                      ❸
        first_layer=list(self.features._modules.items())[0][1]                  ❸
        first_layer.register_backward_hook(hook_function)                       ❸

    def update_relus(self):                                                     ❹
        """

            Updates relu activation functions so that
                1- stores output in forward pass
                2- imputes zero for gradient values that are less than zero
    """
    def relu_backward_hook_function(module, grad_in, grad_out):                 ❺
        """

        If there is a negative gradient, change it to zero
        """
        # 마지막 순방향 결과 획득
        corresponding_forward_output=self.forward_relu_outputs[-1]              ❻
        corresponding_forward_output[corresponding_forward_output > 0]=1        ❼
        modified_grad_out=corresponding_forward_output * torch.clamp(grad_in[0],
        ⇒ min=0.0)                                                              ❽
        del self.forward_relu_outputs[-1] #                                     ❾
        return(modified_grad_out,)                                              ❿

    def relu_forward_hook_function(module, ten_in, ten_out):                    ⓫
        """

        Store results of forward pass
        """
        self.forward_relu_outputs.append(ten_out)

    # 레이어를 반복, ReLU 연결
    for pos, module in self.features._modules.items():                         ⓬
        if isinstance(module, ReLU):                                           ⓭
            module.register_backward_hook(relu_backward_hook_function)
```

```
                module.register_forward_hook(relu_forward_hook_function)
            elif isinstance(module, Sequential):                              ⑭
                for sub_pos, sub_module in module._modules.items():           ⑭
                    if isinstance(sub_module, ReLU):                          ⑮

    sub_module.register_backward_hook(relu_backward_hook_function)

    sub_module.register_forward_hook(relu_forward_hook_function)
                    elif isinstance(sub_module, torchvision.models.resnet.BasicBlock):  ⑯
                        for subsub_pos, subsub_module in sub_module._modules.items():    ⑯
                        if isinstance(subsub_module, ReLU):                   ⑰

    subsub_module.register_backward_hook(relu_backward_hook_function)

    subsub_module.register_forward_hook(relu_forward_hook_function)

    def generate_gradients(self, input_image, target_class):                 ⑱
        # 순방향                                                               ⑱
        model_output=self.model(input_image)                                 ⑱
        # 경사 0으로                                                           ⑱
        self.model.zero_grad()                                               ⑱
        # 역전파를 위한 목표                                                    ⑱
        one_hot_output=torch.FloatTensor(1, model_output.size()[--1]).zero_()  ⑱
        one_hot_output[0][target_class]=1                                    ⑱
        # 역방향                                                              ⑱
        model_output.backward(gradient=one_hot_output)                       ⑱
        gradients_as_arr=self.gradients.data.numpy()[0]                      ⑱
        return gradients_as_arr                                              ⑱
```

❶ ReLU 활성화 함수 및 Sequential 컨테이너 임포트

❷ 유도 역전파 구성자는 바닐라 역전파와 비슷하며 역전파 중 ReLU를 업데이트하기 위한 함수 호출 한 가지만 추가된다.

❸ 역전파와 비슷한 경사를 얻기 위해 첫 번째 레이어에 연결하는 함수

❹ ReLU를 업데이트하는 함수

❺ 경사가 0보다 작은 경우, 0으로 대치하는 함수

❻ 순방향 진행 시 ReLU의 출력 획득

❼ 식별 변수 설정, 양수이면 1로 설정

❽ 음수인 경사는 0으로 대치

❾ 마지막 순방향 출력 제거

❿ 수정된 경사 반환

⓫ 순방향 진행 시 ReLU의 출력을 저장하기 위한 헬퍼 함수

⓬ 모든 특성 레이어에 대해 반복

⓭ 모듈이 ReLU이면 순방향 진행 시 값을 획득하고 역전파 시 경사를 자르기 위해 후크 함수 등록

⓮ 모듈이 Sequential 컨테이너이면 하위 모듈에 대해 반복

⓯ 하위 하위-모듈이 ReLU이면 이전과 동일하게 후크 함수 등록

⓰ 하위 하위-모듈이 BasicBlock이면 하위 모듈에 대해 반복

⓱ 하위 하위-모듈이 ReLU이면 이전과 동일하게 후크 함수 등록

⓲ 역전파와 비슷하게 경사를 얻기 위해 역전파를 수행하는 함수

ReLU를 사용하는 레이어가 최대 3개인 모델 아키텍처에 이 구현을 적용할 수 있다. 이제 다음과 같이 ResNet 모델을 위한 유도 역전파 클래스를 구현해 보자.

```
gbp=GuidedBackprop(model=model,
                   features=model)
```

이제 5.5절에서 정의한 get_gradients 헬퍼 함수를 사용해 경사를 얻을 수 있다. 실습으로 두 예제에 대한 경사를 도출해서 흑백으로 변환한 후 시각화해 보자. 결과는 그림 5.19에서 보여 주고 있다.

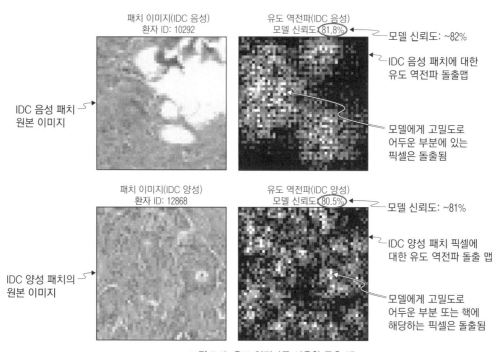

▲ **그림 5.19** 유도 역전파를 사용한 돌출 맵

유도 역전파를 사용한 해석은 IDC 음성 및 IDC 양성 패치 모두에 대해 모델이 훨씬 더 많은 픽셀에 초점을 맞추고 있는 것을 보여 준다. IDC 음성 패치의 밝은 부분이 집중돼 있는 영역, IDC 양성 패치의 경우, 어두운 부분이 집중된 영역에 초점을 맞추고 있는 것으로 보인다. 바닐라 역전파와 유도 역전파를 사용한 해석은 둘 다 타당해 보인다. 그렇다면 무엇을 사용해야 할까? 5.9절에서 이에 대해 논의한다.

5.7 기타 경사 기반 방법

바닐라 및 유도 역전파 방법은 둘 다 수렴하는 모델에서 특성의 중요도를 과소평가한다. 이것은 무슨 의미일까? 아반티 슈리쿠마르 외$^{\text{Avanti Shrikumar et al.}}$의 2017년 논문(https://arxiv.org/pdf/1704.02685;Learning)에 나오는 간단한 예를 살펴보자. 그림 5.20은 출력 신호가 수렴하는 간단한 망을 보여 주고 있다. 망은 $x1$과 $x2$라는 두 값을 입력받는다. 화살표나 엣지의 숫자는 그것이 연결하고 있는 입력 유닛과 곱하기 위한 가중치이다. 망(또는 출력 신호)의 최종 출력 y는 다음과 같이 계산할 수 있다.

$$y = 1 + \max(0, 1 - (x_1 + x_2))$$

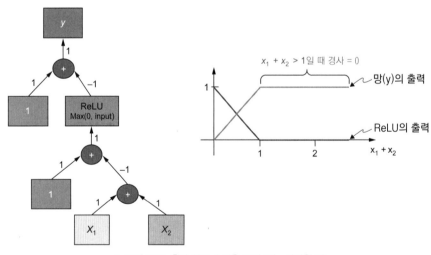

▲ 그림 5.20 출력 신호 수렴을 보여 주는 간단한 망

*x1 + x2*가 1보다 크면 출력 신호 y는 1로 수렴한다. 입력의 합이 1보다 크면 입력에 대한 출력의 경사는 0이라는 것을 알 수 있다. 이때 바닐라 역전파와 유도 역전파 모두 경사가 0이기 때문에 두 입력 특성의 중요도를 과소평가한다.

수렴 문제의 극복을 위해 최근 새로운 경사 기반 기법 두 가지가 제안됐다. 하나는 통합 경사integrated gradients(https://arxiv.org/pdf/1703.01365.pdf)라 하고 나머지 하나는 평탄화 경사SmoothGrad(https://arxiv.org/pdf/1706.03825.pdf)라고 한다. 통합 경사는 무쿤드 순다라라잔 외Mukund Sundararajan et al.에 의해 2017년에 제안됐다. 주어진 입력 이미지에 대해 통합 경사는 입력 픽셀이 시작 값(예 모두 0)에서 실제 값으로 확장될 때의 경사를 통합한다. SmoothGrad는 다니엘 스밀코브 외Daniel Smilkov et al.가 2017년에 제안했다. SmoothGrad는 입력 이미지의 복사본에 픽셀별 가우시안 노이즈noise를 추가한 후 바닐라 역전파를 통해 얻은 결과 경사의 평균을 구한다. 두 기법 모두 교란 기반 기법과 비슷하게 여러 표본의 통합/평균을 내야 하므로 계산의 복잡성이 늘어난다. 결과 해석도 신뢰할 수 있다고 보장되지 않으므로 이 책에서는 구체적으로 다루지 않는다. 이와 관련해서는 5.9절에서 좀 더 살펴본다. 파이토치에 이를 구현한 내용을 알고자 하면 다음 링크(http://mng.bz/8l8B)에서 다운로드해 사용해 볼 것을 권한다.

5.8 Grad-CAM 및 유도 Grad-CAM

이제 활성화 기반 기법을 살펴보자. Grad-CAM은 R. R. 셀바라주 외R. R. Selvaraju et al.가 2017년에 제안한 내용이다. 합성곱 레이어로 학습된 특성을 활용하는 활성화 기반 귀속 기법이다. Grad-CAM은 CNN의 최종 합성곱 레이어에서 학습한 특성 맵을 보고 특성 맵에 있는 픽셀에 대한 출력의 경사를 계산해 해당 특성 맵의 중요도를 얻게 된다. 최종 합성곱 레이어의 특성 맵을 보기 때문에 Grad-CAM을 통해 만들어지는 활성화 맵은 구체적이지 않다. Grad-CAM 기법의 구현에 관한 자료는 다음 링크(http://mng.bz/8l8B)에서 찾을 수 있으며, 다음은 어떤 CNN 아키텍처에도 적용할 수 있도록 수정한 것이다. CamExtractor라는 클래스를 정의해 최종 합성곱 레이어의 출력 및 특성 맵과 분류기 또는 완전 연결 레이어의 출력을 얻게 된다.

```
# http://mng.bz/8l8B 코드를 수정

class CamExtractor():
    """
        Extracts cam features from the model
    """
    def init(self, model, features, fc, fc_layer, target_layer):          ❶
        self.model=model                                                   ❷
        self.features=features                                             ❸
        self.fc=fc                                                         ❹
        self.fc_layer=fc_layer                                             ❺
        self.target_layer=target_layer                                    ❻
        self.gradients=None                                                ❼

    def save_gradient(self, grad):                                         ❽
        self.gradients=grad                                                ❽

    def forward_pass_on_convolutions(self, x):                            ❾
        """
            Does a forward pass on convolutions, hooks the function at given layer
        """
        conv_output=None                                                   ❿
        for module_pos, module in self.features._modules.items():          ⓫
            if module_pos==self.fc_layer:                                  ⓬
                break                                                      ⓬
            x=module(x)                                                    ⓭
            if module_pos==self.target_layer:                             ⓮
                x.register_hook(self.save_gradient)                        ⓮
                conv_output=x                                              ⓮
        return conv_output, x                                             ⓯

    def forward_pass(self, x):                                            ⓰
        """
            Does a full forward pass on the model
        """
        # Forward pass on the convolutions
        conv_output, x=self.forward_pass_on_convolutions(x)               ⓱
        x=x.view(x.size(0), -1)                                           ⓲
        # Forward pass on the classifier
        x=self.fc(x)                                                       ⓳
        return conv_output, x                                            ⓴
```

❶ 5개의 인수를 받는 CamExtractor 생성자

❷ 첫 번째 인수로 CNN 모델 오브젝트를 설정한다.

❸ 두 번째 인수로 CNN에서 특성 레이어의 시작을 설정한다.

❹ 세 번째 인수로 CNN에서 완전 연결 레이어의 시작을 설정한다.

❺ 네 번째 인수는 완전 연결 레이어의 이름이다.

❻ 다섯 번째 인수는 목표 또는 최종 합성곱 레이어의 이름이다.

❼ 경사 오브젝트를 None으로 초기화

❽ 경사를 저장하는 메서드

❾ 정방향 전파를 수행하고 최종 합성곱 레이어의 출력을 얻고 해당 레이어에 대한 출력의 경사를 얻기 위해 후크 함수를 등록하는 메서드

❿ 최종 합성곱 레이어 결과를 None으로 초기화

⓫ CNN의 특성 레이어에 있는 모든 모듈에 대해 반복

⓬ 모듈 이름이 완전 연결 레이어의 이름과 일치하면 중단

⓭ 이전 레이어의 입력을 사용해 모듈의 출력 획득

⓮ 모듈 이름이 최종 합성곱 레이어의 이름과 일치하면 역전파 동안 이 레이어에 대한 출력의 경사를 획득하는 후크 등록

⓯ 최종 합성곱 레이어의 특성 맵과 완전 연결 레이어에 대한 입력 반환

⓰ 모델에 대한 순방향 전파를 수행하는 메서드

⓱ 최종 합성곱 레이어의 특성 맵과 완전 연결 레이어에 대한 입력 획득

⓲ 완전 연결 레이어에 전달하기 위해 입력을 평탄화

⓳ 분류기 출력을 얻기 위해 완전 연결 레이어를 통과

⓴ 최종 합성곱 레이어의 특성 맵과 분류기의 출력을 반환

이 코드에서 보여 주고 있는 CamExtractor 클래스는 다음 5개의 입력 인수를 받는다.

- model – 이미지 분류에 사용되는 CNN 모델

- features – CNN에서 특성 레이어가 시작되는 레이어

- fc – 분류에 사용되는 CNN에서 완전 연결 레이어가 시작되는 레이어

- fc_layer – 모델 오브젝트에서 완전 연결 레이어의 이름

- target_layer – 모델 오브젝트에서 최종 합성곱 레이어의 이름

바닐라 역전파와 유도 역전파에서 살펴봤듯이 모델 오브젝트는 model이라 하고 특성 레이어의 시작을 나타내는 레이어는 같은 오브젝트이다. model 오브젝트에서 완전 연결 레이어의 시작을 나타내는 레이어는 model.fc이다. 모델 오브젝트의 완전 연결 레이어의 이름은 fc, 모델의 최종 합성곱 레이어의 이름은 layer4이다. 이제 다음과 같이 GradCam

클래스를 정의해 클래스 활성화 맵을 만들 수 있다.

```python
# http://mng.bz/818B 코드 수정

class GradCam():
    """
        Produces class activation map
    """
    def init(self, model, features, fc, fc_layer, target_layer):      ❶
        self.model=model                                              ❷
        self.features=features                                        ❷
        self.fc=fc                                                    ❷
        self.fc_layer=fc_layer                                        ❷
        self.model.eval()                                             ❸
        self.extractor=CamExtractor(self.model,                       ❹
                                    self.features,                    ❹
                                    self.fc,                          ❹
                                    self.fc_layer,                    ❹
                                    target_layer)                     ❹

    def generate_cam(self, input_image, target_class=None):          ❺
        conv_output, model_output=self.extractor.forward_pass(input_image)  ❻
        if target_class is None:                                     ❼
            target_class=np.argmax(model_output.data.numpy())        ❼
        one_hot_output=torch.FloatTensor(1, model_output.size()[-1]).zero_()  ❽
        one_hot_output[0][target_class]=1                            ❽

        self.features.zero_grad()                                    ❾
        self.fc.zero_grad()                                          ❾

        model_output.backward(gradient=one_hot_output, retain_graph=True)  ❿

        guided_gradients=self.extractor.gradients.data.numpy()[0]    ⓫

        target=conv_output.data.numpy()[0]                           ⓬
        weights=np.mean(guided_gradients, axis=(1, 2))               ⓬
        cam=np.ones(target.shape[1:], dtype=np.float32)              ⓬
        for i, w in enumerate(weights):                              ⓬
            cam +=w * target[i, :, :]                                ⓬
        cam=np.maximum(cam, 0)                                       ⓭
        cam=(cam - np.min(cam)) /(np.max(cam) - np.min(cam))         ⓮
        cam=np.uint8(cam * 255)                                      ⓯
```

```
        cam=np.uint8(Image.fromarray(cam).resize((input_image.shape[2],
                input_image.shape[3]), Image.ANTIALIAS))/255          ⑯
        return cam                                                    ⑰
```

❶ GradCam 생성자는 CamExtractor와 동일한 5개의 인수를 입력받는다.

❷ 적절한 오브젝트 설정

❸ 모델을 평가 모드로 설정

❹ CamExtractor 오브젝트 초기화

❺ 입력 이미지와 목표 클래스가 주어졌을 때 CAM을 생성하는 함수

❻ 추출기를 사용해 최종 합성곱 레이어와 분류기의 출력에서 특성 맵 획득

❼ 목표 클래스가 지정되지 않은 경우, 모델 예측을 기반으로 출력 클래스 획득

❽ 목표 클래스를 원 핫 인코딩된 텐서로 변환

❾ 역전파 전 경사 재설정

❿ 역전파 수행

⓫ 특성 맵에 대한 출력 클래스의 경사 획득

⓬ 특성 맵을 경사로 가중해서 CAM 획득

⓭ CAM을 자르고 음수 값 제거

⓮ CAM을 0과 1 사이로 정규화

⓯ CAM을 0~255 척도로 조정해 흑백 이미지로 시각화

⓰ CAM을 확대하고 입력 이미지와 동일한 차원으로 보간

⓱ CAM 반환

다음과 같이 Grad-CAM 오브젝트를 초기화할 수 있다. 실습으로 앞에서 사용한 두 가지 예제의 활성화 맵을 만들어 볼 것을 권한다. 실습의 해답은 책의 깃허브 저장소(http://mng.bz/KBdZ)에서 찾을 수 있다.

```
grad_cam=GradCam(resnet18_model,
                features=resnet18_model,
                fc=resnet18_model.fc,
                fc_layer='fc',
                target_layer='layer4')
```

그림 5.21은 결과 Grad-CAM 활성화 맵을 보여 주고 있다. 그림에서 활성화 맵이 최종 합성곱 레이어 특성 맵의 중요도를 보여 주고 그것이 상당히 거칠다는 것을 알 수 있다. 흰색 또는 색이 옅은 영역은 모델 예측에서 매우 중요한 영역을 나타낸다.

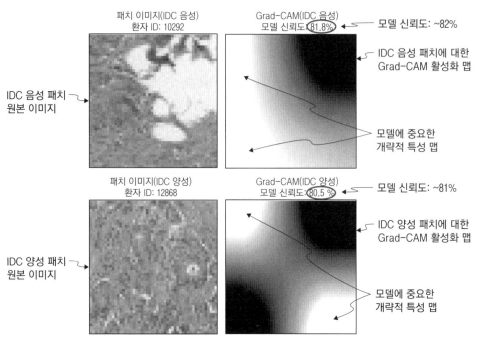

패치 이미지(IDC 음성)
환자 ID: 10292

IDC 음성 패치
원본 이미지

Grad-CAM(IDC 음성)
모델 신뢰도: 81.8%

모델 신뢰도: ~82%

IDC 음성 패치에 대한
Grad-CAM 활성화 맵

모델에 중요한
개략적 특성 맵

패치 이미지(IDC 양성)
환자 ID: 12868

IDC 양성 패치
원본 이미지

Grad-CAM(IDC 양성)
모델 신뢰도: 80.5 %

모델 신뢰도: ~81%

IDC 양성 패치에 대한
Grad-CAM 활성화 맵

모델에 중요한
개략적 특성 맵

▲ **그림 5.21** Grad-CAM을 활용한 활성화 맵

더욱 구체적인 활성화 맵을 얻기 위해 유도 Grad-CAM 기법을 사용할 수 있다. Grad-CAM과 동일한 저자가 2017년에 제안한 유도 Grad-CAM 기법은 기본적으로 Grad-CAM과 유도 역전파 기법을 결합한 것이다. 유도 Grad-CAM에 의해 만들어지는 최종 활성화 맵은 Grad-CAM이 만들어 내는 활성화 맵과 유도 역전파가 만들어 내는 돌출 맵에서 각 요소를 내적한 것이다. 이는 다음 함수로 구현할 수 있다.

```
# 출처: http://mng.bz/8l8B
def guided_grad_cam(grad_cam_mask, guided_backprop_mask):
    """
        Guided grad cam is just pointwise multiplication of cam mask and
        guided backprop mask
    Args:
        grad_cam_mask(np_arr): Class activation map mask
        guided_backprop_mask(np_arr):Guided backprop mask
    """
    cam_gb=np.multiply(grad_cam_mask, guided_backprop_mask)
    return cam_gb
```

이 함수는 Grad-CAM과 유도 역전파에서 얻은 흑백 마스킹을 가져와 요소별 곱을 반환한다. 그림 5.22는 두 가지 예제에 대해 유도 Grad-CAM이 만든 활성화 맵을 보여 주고 있다. 시각화가 유도 역전파보다 훨씬 명확하고 강조된 영역이 IDC 음성 및 IDC 양성 패치와 일치하는 것을 알 수 있다.

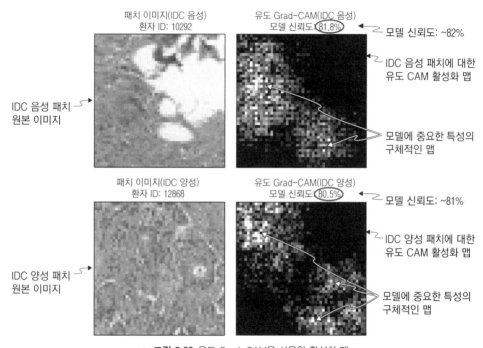

▲ **그림 5.22** 유도 Grad-CAM을 사용한 활성화 맵

5.9 어떤 귀속 기법을 사용해야 할까?

이제 모든 기법을 살펴봤으므로 어떤 기법을 사용해야 할지 생각해 보자. 즉, 신뢰할 수 있는 해석을 제공하는 기법은 무엇일까? 두 가지 예제를 사용해 해석을 시각적으로 검토했고 모든 기법이 픽셀의 중요도를 알려 준다는 점을 발견했다. 시각적 평가를 통해 제공된 중요도 측정 결과도 어느 정도 합리적이라는 점을 알 수 있었다. 그러나 시각적 또는 정성적 평가에만 의존하는 것은 오해를 불러올 수 있다.

줄리어스 아데바요 외[Julius Adebayo et al.,]가 2018년에 발표한 논문(http://mng.bz/Exjj)은 5장에서 살펴본 돌출 기법을 철저하게 정량적으로 평가한 결과를 제공한다. 크게 다음과 같은 두 가지 테스트를 수행했다.

1. **모델 매개변수 무작위화 테스트** – 모델이 예상하지 못한 예측을 할 것으로 기대하면서 모델의 가중치를 무작위로 수정해 돌출 맵에 어떤 영향이 있었는지 확인한다. 훈련된 모델과 무작위 모델에 대한 돌출 기법의 결과가 동일하다면 돌출 맵이 모델 매개변수에 민감하지 않다고 볼 수 있다. 따라서 모델 디버깅에 돌출 맵은 신뢰할 수 없다고 말할 수 있다.

2. **데이터 무작위화 테스트** – 훈련 데이터 라벨을 무작위로 바꿔서 돌출 맵에 어떤 영향이 있는지 확인한다. 목표 라벨이 무작위로 지정된 훈련 데이터 세트 복사본으로 동일한 모델 아키텍처를 훈련하면 돌출 기법의 결과도 이에 민감하게 반응할 것으로 기대한다. 라벨을 무작위로 바꿔서 돌출 맵에 영향이 없으면 원래 훈련 세트에 있는 입력 이미지와 라벨에 대한 의존도도 없다고 볼 수 있다. 따라서 돌출 맵은 입력–출력 관계를 이해하는 데 믿을 수 없다고 말할 수 있다.

이 논문은 돌출 기법의 결과를 얼마나 신뢰할 수 있는지 판단할 때 실제로 사용할 수 있는 몇 가지 온전성 검사[sanity check]를 제공한다. 온전성 검사 결과는 표 5.2에 요약돼 있다.

▼ **표 5.2** 시각적 귀속 기법에 대한 온전성 검사 결과

귀속 기법	모델 매개변수 무작위화 테스트	데이터 무작위화 테스트
바닐라 역전파	합격	합격
유도 역전파	불합격	불합격
통합 경사	불합격	불합격
SmoothGrad	불합격	합격
Grad–CAM	합격	합격
유도 Grad–CAM	불합격	불합격

테스트 모두에 대해 합격하는 것은 바닐라 역전파와 Grad–CAM이라는 것을 알 수 있다. 그 결과로 생성된 돌출 및 활성화 맵은 모델 및 데이터 생성 과정에 민감하게 반응한다.

따라서 모델을 안정적으로 디버깅하고 입력 이미지와 목표 라벨 간의 관계를 이해하는 데 사용할 수 있다. 다른 기법은 모델 예측을 설명하고 정성적 평가에 사용할 수도 있는 괜찮은 이미지를 제공한다. 그러나 모델 및 라벨 무작위화에 반응하지 않으므로 모델 디버깅이나 입력–출력 관계를 이해하는 데 적합하지 않다. 이러한 온전성 검사가 주는 중요한 메시지는 확증 편향을 경계하라는 것이다. 해석이 정성적으로 이해되는 것만으로는 충분하지 않다. 모델과 입력–출력 관계를 더 잘 이해하기 위해서는 온전성 검사를 통과해야 한다. 논문에서 제안한 두 가지 테스트는 다른 해석 기술에도 적용할 수 있다.

6장은 망을 좀 더 자세히 분석하고 신경망이 학습한 상위 수준 개념을 이해하는 방법을 살펴본다. 픽셀 수준의 중요성이 아닌 개념 수준에서의 중요도를 보여 주는 기술을 알아보게 된다. 이러한 기법은 모델 및 데이터 생성 과정에 민감한 것으로 확인됐기 때문에 이번 절에서 논의한 온전성 검사를 통과한다고 할 수 있다.

요약

- CNN은 이미지 분류, 객체 감지, 이미지 분할과 같은 시각적 과업에 많이 사용하는 신경망 아키텍처이다.

- 완전 연결 DNN은 이미지의 픽셀 종속성을 잘 포착하지 못하므로 경계, 색상, 음영과 같은 이미지의 특성을 이해하도록 훈련할 수 없다. 반면, CNN은 이미지의 픽셀 종속성 또는 공간 종속성을 매우 잘 포착한다. 또한 망 가중치를 재사용하므로 입력 데이터 세트에 맞게 CNN 아키텍처를 더욱 효율적으로 훈련할 수 있다.

- CNN 아키텍처는 일반적으로 특성 학습 레이어라고 하는 일련의 합성곱 및 풀링 레이어로 구성된다. 이러한 레이어의 목적은 입력 이미지에서 계층적 특징을 추출하는 것이다. 특성 학습 합성곱 레이어 다음에는 완전 연결 뉴런 또는 유닛의 레이어가 있으며 이러한 완전 연결 레이어의 목적은 분류를 수행하는 것이다. 완전 연결 레이어의 입력은 합성곱 및 풀링 레이어에서 학습한 상위 수준의 특성, 출력은 분류 과업에 대한 확률 측정값이다.

- 알렉스넷, VGG, ResNet, 인셉션, ResNeXT 등 다양한 최첨단 CNN 아키텍처가 파이토치, 케라스 등 인기 딥러닝 라이브러리에 구현돼 있다. 파이토치는 torchvision 패키지를 사용해 이러한 아키텍처를 구성할 수 있다.

- CNN 내에서 이미지는 수백만 개의 복잡한 작업을 거치기 때문에 모델이 어떻게 최종 예측에 도달했는지 이해하기 어렵다. 이것이 CNN이 블랙박스가 되게 하는 원인이다.

- CNN을 해석하기 위해 시각적 귀속 기법을 사용할 수 있다. 이러한 기법은 CNN의 예측에 영향을 미치는 이미지 영역의 중요도를 식별하는 데 사용한다.

- 시각적 귀속 기법에는 크게 교란, 기울기, 활성화의 세 가지 분류가 있다.

- 교란 기반 기법의 기본 개념은 입력을 교란해서 CNN이 하는 예측에 미치는 영향을 조사하는 것이다. LIME, SHAP와 같은 기법은 교란 기반 기법이다. 그러나 이러한 기법은 교란을 할 때마다 복잡한 CNN 모델을 순방향으로 거쳐야 하므로 연산 자원 측면에서 비효율적이다. 이러한 기술은 특성의 중요도를 과소평가할 수도 있다.

Part 3

모델 표현 해석

3부에서는 계속해서 블랙박스 모델을 살펴보고, 특히 블랙박스 모델이 학습한 특성이나 표현을 이해하는 데 초점을 둔다.

6장과 7장은 합성곱 신경망과 자연어 처리에 사용하는 신경망에 대해 알아본다. 신경망을 분석하는 방법을 배우고 신경망의 중간 또는 히든 레이어에서 학습한 데이터 표현을 이해한다. 또한 PCA^{Principal Component Analysis, 주성분 분석} 및 t-SNE^{t-Stochastic Neighbor Embedding, t-분산 확률적 이웃 임베딩}와 같은 기법을 사용해 모델이 학습한 고차원 표현을 시각화하는 방법을 다룬다.

6

레이어와 유닛의 이해

6장에서 다루는 내용

- 레이어 및 유닛이 학습한 특성 또는 개념을 이해하기 위한 블랙박스 합성곱 신경망 해부 방법
- 망 해부 프레임워크 실행 방법
- 합성곱 신경망 레이어 및 유닛의 해석 가능성을 정량화하고 이를 시각화하는 방법
- 망 해부 프레임워크의 장단점

3, 4, 5장은 블랙박스 모델과 PDP, LIME, SHAP, 앵커, 돌출 맵 등 다양한 기법을 사용해 블랙박스 모델을 해석하는 방법에 중점을 뒀다. 5장은 CNN과 모델이 집중해서 보고있는 특성을 식별하는 경사 기법과 활성화 맵 등 시각적 귀속 기법에 중점을 뒀다. 이러한 모든 기법은 복잡성을 줄여 블랙박스 모델의 복잡한 처리 과정을 해석하는 데 중점을둔다. 예를 들어, PDP는 모델 유형과 관계없이 글로벌 수준에서 모델 예측에 어떤 특성이 주는 한계 또는 평균적인 영향을 보여 준다. LIME, SHAP, 앵커와 같은 기법도 모델유형에 구애받지 않는, 즉 모델 애그노스틱하며 원래 블랙박스 모델과 비슷하게 동작하지만, 좀 더 간단하고 해석하기 쉬운 프록시proxy 모델을 만들어 낸다. 시각적 귀속 기법과 돌출 맵은 모델에 약하게 종속되며 입력값 중 모델에 중요한 것을 식별하는 데 도움을준다.

6장과 7장은 심층 신경망이 학습한 표현 또는 특성을 해석하는 데 중점을 둔다. 6장은 특히 이미지 분류, 객체 감지, 이미지 분할과 같은 시각적 과업에 사용하는 CNN에 초점을 둔다. CNN에서 발생하는 다양한 작업은 레이어와 유닛에서 이뤄진다. 모델 표현을 해석해서 이러한 레이어와 유닛을 거쳐가는 데이터의 역할과 구조를 이해하고자 한다. 6장에서는 망 해부 프레임워크network dissection framework를 구체적으로 살펴본다. 이 프레임워크는 CNN이 학습한 특성과 상위 개념을 구체적으로 이해할 수 있게 해 준다. 또한 보통 정성적으로 평가하는 돌출 맵과 같은 시각화에서 더욱 정량적인 해석으로 옮겨갈 수 있게 해 준다.

먼저 이미지넷ImageNet, 플레이시스Places 데이터 세트와 관련된 이미지 분류 과업을 소개한다. 그런 다음, 이러한 방법의 한계에 초점을 맞춰 CNN 및 시각적 귀속 기법을 다시 간략히 요약해 본다. 그리고 이를 통해 망 해부 프레임워크의 장점을 보여 준다. 6장의 후반은 이런 프레임워크와 이를 사용해 CNN이 학습한 표현을 이해하는 방법에 초점을 맞춘다.

6.1 시각적 이해

6장은 실제 사물, 장소, 장면을 인식하는 에이전트agent 또는 지능형 시스템을 훈련하는 데에 초점을 둔다. 이런 시스템은 다중 클래스 분류를 수행한다. 에이전트를 훈련하려면 많은 양의 라벨링labeling된 데이터가 있어야 한다. 이미지넷 데이터 세트(http://www.image-net.org/)는 객체 인식을 목적으로 만들어졌다. 워드넷WordNet을 기반으로 구축된 대규모 이미지 데이터 세트이다. 워드넷은 synsets라고도 하는 동의어 세트로 구성된 영어의 명사, 동사, 형용사, 부사 어휘의 데이터베이스database이다. 이미지넷 또한 이와 비슷한 구조를 가지며 이미지가 계층적 synset 또는 범주로 분류돼 있다. 그림 6.1은 이런 구조의 예를 보여 주고 있다. 여기서는 동물 이미지를 세 가지 범주로 분류하고 있다. 최상위 범주는 포유류 이미지로 구성된다. 다음 단계는 육식 동물 이미지로 구성되고 마지막 범주는 개 이미지로 구성돼 있다. 전체 이미지넷 데이터베이스는 27개의 상위 범주로 분류된 1400만 개 이상의 이미지를 포함하고 있다. 하위 범주, 즉 sysnet의 수는 최소

51개에서 최대 3,822개까지 이른다. 이미지 분류 모델을 구축할 때 이미지넷은 많이 사용하는 데이터 세트 중 하나이다.

▲ **그림 6.1** 이미지넷 데이터 세트의 synset 또는 범주

장소 및 장면을 인식하는 과업은 플레이시스 데이터 세트(http://Places2.csail.mit.edu/)를 사용한다. 실세계에서 물체가 나타나는 장소, 장면, 정황을 아는 것은 도시를 주행하는 자율 주행 자동차와 같은 지능형 시스템을 구축하는 데 중요한 요소이다. 플레이시스 데이터 세트는 이미지를 다양한 수준의 장면 범주로 분류하고 있다. 그림 6.2는 데이터 세트의 분류 체계를 보여 주고 있다. 이 예제는 실외^{Outdoor}라는 상위 수준의 장면 범주를 보여 주고 있다. 이 범주는 대성당, 건물, 경기장의 세 가지 하위 범주를 갖고 있다. 플레이시스 데이터 세트는 400개의 고유한 장면 범주로 구성된 1000만 개 이상의 이미지를 포함하고 있다. 이 데이터 세트를 갖고 다양한 장소 및 장면을 인식하는 과업을 필요한 특성을 학습하도록 모델을 훈련할 수 있다.

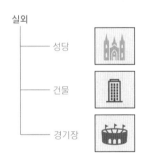

▲ **그림 6.2** 플레이시스 데이터 세트의 범주

이미지넷과 플레이시스 데이터 세트를 사용하면 지능형 시스템을 훈련할 수 있다. 다행스럽게도 최신 CNN 아키텍처를 기반으로 이미지넷 및 플레이시스 데이터 세트를 사전

에 훈련한 다양한 모델이 있다. 따라서 모델을 처음부터 훈련하는 데 드는 노력, 시간, 비용을 절약할 수 있다. 다음 절은 이렇게 사전 훈련된 모델을 활용하는 방법을 살펴본다. 또한 CNN에 관한 기본적인 내용과 이러한 모델이 제공하는 결과를 해석하기 위해 지금까지 배운 기법을 다시 한번 살펴본다.

6.2 합성곱 신경망: 요약

이번 절에서는 5장에서 CNN에 대해 배운 내용을 다시 한번 간략하게 요약한다. 그림 6.3은 이미지넷 데이터 세트에서 이미지가 개인지의 여부를 판단하는 데 사용할 수 있는 CNN 아키텍처를 보여 주고 있다.

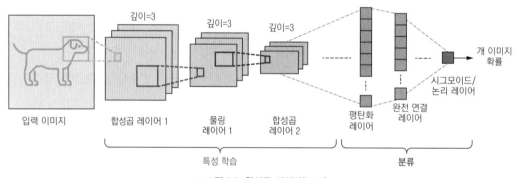

▲ **그림 6.3** 합성곱 신경망(CNN)

아키텍처는 합성곱 및 풀링 레이어 몇 개와 이어서 배치된 완전 연결 레이어로 구성돼 있다. 합성곱과 풀링 레이어를 합쳐서 특성 학습 레이어라고 한다. 여기는 입력 이미지에서 계층적 특성을 추출한다. 처음 몇 개의 레이어는 가장자리, 색상, 음영 등 하위 수준의 특성을 추출한다. 이어지는 레이어는 상위 수준 특성을 학습한다. 완전 연결 레이어는 분류에 사용된다. 특성 학습 레이어가 학습한 특성은 완전 연결 레이어의 입력으로 전달된다. 최종 출력은 입력 이미지가 개 이미지일 가능성을 나타내는 확률 측정값이다.

5장에서 파이토치의 torchvision 패키지를 사용해서 최신 CNN 아키텍처를 구성하는 방법을 배웠다. 특히 ResNet-18이라고 하는 18계층 깊이를 가진 ResNet 아키텍처에 중점을 뒀다. 6장도 이 아키텍처를 계속 사용한다. ResNet-18 모델은 다음과 같이 파이토치에서 초기화할 수 있다.

```
import torchvision                                         ❶
model=torchvision.models.resnet18(pretrained=False)       ❷
```

❶ torchvision 패키지 임포트
❷ 임의의 가중치로 ResNet 모델 초기화

pretrained 매개변수를 False로 설정해 임의의 가중치로 ResNet 모델을 초기화한다. 이미지넷 데이터 세트로 사전 훈련된 모델을 초기화하려면 pretrained 매개변수를 True로 설정해야 한다. 다음은 이 과정을 보여 주고 있다.

```
imagenet_model=torchvision.models.resnet18(pretrained=True)       ❶
```

❶ 이미지넷 데이터 세트로 사전 훈련된 ResNet 모델 초기화

알렉스넷, VGG, 인셉션, 레스넥스트^{ResNeXT}와 같은 다른 CNN 아키텍처도 torchvision을 사용해 초기화할 수 있다. 지원되는 모든 아키텍처는 다음 링크(https://pytorch.org/vision/stable/models.html)에서 찾을 수 있다.

플레이시스 데이터 세트의 경우, 다음 깃허브(https://github.com/CSAILVision/place365)에서 다양한 아키텍처로 사전 훈련된 파이토치 모델을 찾을 수 있다. 다음 링크(http://mng.bz/GGmA)에서는 ResNet-18 아키텍처로 사전 훈련된 파이토치 모델을 다운로드할 수 있다. 파일 크기가 40MB 이상이므로 로컬 작업 환경에 다운로드하는 것이 좋을 수 있다. 다운로드를 완료하면 다음과 같이 플레이시스 데이터 세트로 사전 훈련된 모델을 불러올 수 있다.

```
import torch                                                                          ❶
places_model_file="resnet18_places365.pth.tar"                                        ❷
if torch.cuda.is_available():                                                         ❸
    places_model=torch.load(places_model_file)                                        ❸
else:                                                                                 ❸
    places_model=torch.load(places_model_file, map_location=torch.device('cpu'))      ❸
```

❶ 파이토치 라이브러리 임포트
❷ 사전 훈련된 ResNet 모델이 다운로드된 전체 경로로 이 변수 설정
❸ 플레이시스 데이터 세트로 사전 훈련된 ResNet 모델 로딩

또한 그림 6.4에 요약된 것처럼 CNN을 해석하는 데 사용할 수 있는 다양한 시각적 귀속 기법도 배웠다. 교란^{perturbations}, 경사^{gradients}, 활성화^{activation}의 세 가지 큰 분류가 있다. LIME이나 SHAP와 같은 기술은 교란 기반 기법이다. 이러한 모델 유형에 상관없는 사후에 적용하는 로컬 해석 기법은 복잡한 CNN과 비슷하지만, 해석하기 쉬운 프록시^{proxy} 모델을 사용한다. 이러한 기법은 모델 예측에 중요한 이미지 영역 또는 슈퍼픽셀$^{super-pixel}$을 식별한다. 좋은 기법으로 모든 복잡한 모델에 적용할 수 있다. 경사 기반 및 활성화 기반 기법도 사후 로컬한 해석 기법이다. 하지만 약간은 모델에 의존적이고 입력 이미지에서 모델에 중요한 작은 부분만 식별해 준다. 바닐라 역전파, 유도 역전파, 통합 경사, SmoothGrad와 같은 경사 기반 기법의 경우, 입력 이미지가 목표 클래스와 갖는 경사를 계산해 이미지에서 중요한 픽셀을 표시해 준다. Grad-CAM, 유도 Grad-CAM과 같은 활성화 기반 기법의 경우, 활성화 맵 또는 특성 맵에 대한 목표 클래스의 경사에 따라 최종 합성곱 레이어의 활성화를 가중한다.

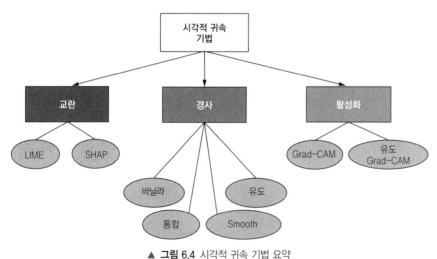

▲ **그림 6.4** 시각적 귀속 기법 요약

그림 6.4에 표시된 모든 시각적 귀속 기법은 최종 모델 예측에 중요한 픽셀 또는 슈퍼픽셀을 식별해서 보여 준다. 보통 이러한 방법으로 만들어진 시각화를 정성적으로 평가하므로 해석은 주관적이게 된다. 또한 이러한 기법은 CNN의 특성 학습 레이어나 각 유닛이 학습한 하위 수준과 상위 수준 개념 및 특성에 관한 정보를 제공하지 않는다. 다음 절에서 망 해부 프레임워크를 알아보게 된다. 이 프레임워크는 CNN을 분석하고 더욱 정량적으로 해석하는 데 도움을 준다. 또한 CNN의 특성 학습 레이어에서 배운 개념 중 인간이 이해할 수 있는 것은 무엇인지 이해할 수 있을 것이다.

6.3 망 해부 프레임워크

망 해부 프레임워크는 2018년 MIT의 볼레이 저우 외[Bolei Zhou et al.]에 의해 제안됐다 (https://arxiv.org/pdf/1711.05611.pdf). 프레임워크가 답하고자 하는 근본적인 질문은 다음과 같다.

- 이미지 이해 작업을 CNN은 어떻게 나눌까?
- CNN이 식별한 특성 및 개념 중 인간이 이해할 수 있는 것이 있을까?

프레임워크는 사전에 정해진 의미 있는 의미론적 개념과 일치하는 CNN 합성곱 레이어 유닛[unit]을 찾아 이러한 질문에 답한다. 유닛의 해석 가능성은 사전에 정해진 개념과 유닛 반응이 일치하는 정도를 측정해 정량화한다. 이러한 방식으로 망을 해부하는 것은 심층 신경망의 투명성을 높여 주기 때문에 흥미롭다. 망 해부 프레임워크는 그림 6.5에 나와 있듯이 다음 세 가지 주요 단계로 구성된다.

1. 먼저 망을 분석하는 데 사용할 수 있는 광범위하고 의미 있는 개념 집합을 정의한다.
2. 그런 다음 망을 조사해서 정해진 개념에 반응하는 유닛을 찾는다.
3. 마지막으로 해당 개념에 대한 해당 유닛의 해석 가능성을 측정한다.

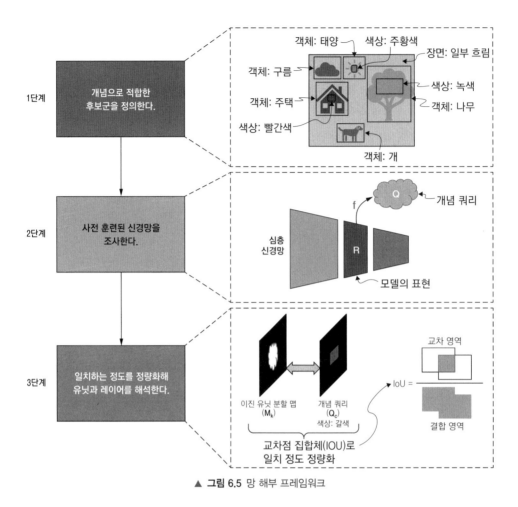

▲ **그림 6.5** 망 해부 프레임워크

다음 절에서 각 단계를 구체적으로 살펴본다.

6.3.1 개념 정의

망 해부 프레임워크에서 첫 번째이자 가장 중요한 단계는 데이터 수집이다. 데이터는 픽셀별로 서로 다른 추상화 수준의 개념으로 라벨링된 이미지여야 한다. 6.1절에서 소개한 이미지넷 및 플레이시스 데이터 세트는 모델을 훈련해 실제 객체와 장면을 식별하는 데 사용할 수 있다. 망 분석을 위해 라벨링된 또 다른 독립적인 데이터 세트가 필요하다. 이 데이터 세트는 모델 훈련에 사용하지 않고 특성 학습 레이어에서 학습한 상위 수준 개념을 이해하기 위해 망을 조사하는 데 사용한다.

볼레이 저우 등은 이미지넷과 플레이시스로 실제 객체와 장면을 식별하도록 훈련된 모델을 분석하고자 5개의 서로 다른 데이터 세트를 조합해 상위 수준 개념으로 구성된 독립적인 라벨링된 데이터 세트인 브로덴Broden을 만들었다. 브로덴은 광범위broad하고 조밀dense한 라벨이 지정된 데이터 세트라는 의미를 갖고 있다. 브로덴에 포함된 5개의 데이터 세트는 ADE(http://mng.bz/zQD6/), 오픈 서피시스Open-Surfaces(http://mng.bz/0wJE), 파스칼 컨텍스트PASCAL-Context(http://mng.bz/9KEq), 파스칼 파트PASCAL-Part(http://mng.bz/jyD8), 설명 가능한 질감 데이터 세트Describable Textures Dataset(http://mng.bz/W7Xl)이다. 이러한 데이터 세트는 색상, 질감, 재료와 같은 하위 수준 개념의 범주에서 부품, 객체, 장면과 같은 보다 상위 수준의 개념 범주에 이르기까지 광범위한 개념 범주의 라벨이 달린 이미지로 구성돼 있다. 그림 6.6은 다양한 개념 라벨이 지정된 이미지를 보여 주고 있다. 브로덴 데이터 세트는 개념별로 나뉜 이미지를 갖고 있다. 그림 6.6의 나무 객체를 예로 들면, 나무를 포함한 바운딩 박스bounding box 안의 픽셀에는 라벨 1, 바운딩 박스의 외부 픽셀에는 라벨 0이 붙여진다. 개념은 픽셀 수준에서 라벨링돼야 한다. 브로덴 데이터 세트는 5개 데이터 세트 모두의 라벨을 통합하고 있다. 비슷한 개념은 함께 병합돼 있다. 브로덴은 1,000개 이상의 시각적 개념을 포함하고 있다.

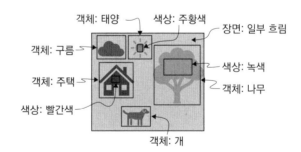

▲ **그림 6.6** 개념별로 라벨링된 이미지

개념별로 라벨링된 데이터 세트를 만드는 것은 망 해부 프레임워크에서 중요한 단계이므로 한 걸음 물러서서 새로운 데이터 세트를 만드는 과정을 자세히 살펴보자. 일관된 고품질 개념 라벨링을 위해 여기에 사용하는 도구와 적용하는 방법론에 특히 중점을 두고 알아보자.

이미지 라벨링에는 다양한 도구를 사용할 수 있다. 라벨미^{LabelMe}(http://mng.bz/8lE5)와 메이크센스^{Make Sense}(https://www.makesense.ai/)는 무료 웹 기반 이미지 라벨링 도구이다. 라벨미의 경우, 쉽게 계정을 만들고 이미지를 업로드해 라벨링할 수 있다. 공유 기능을 통해 공동으로 어노테이션^{annotation}을 할 수도 있다. 그러나 라벨미에 업로드한 이미지는 공개한 것으로 간주한다. 메이크센스도 매우 비슷한 도구이지만, 다른 사람과 협업하거나 어노테이션을 공유할 수는 없다. 이 도구는 어노테이션 작업을 저장하는 기능도 제공하지 않는다. 따라서 메이크센스는 작업을 시작하면 해당 프로젝트에 포함된 이미지에 대한 어노테이션 작업을 한 번에 끝내야 한다. 이 도구를 사용하면 상태를 저장하고 중단한 위치에서 다시 시작할 수 없다. 라벨미와 메이크센스 모두 사각형, 선, 점, 다각형 등 여러 라벨 유형을 지원한다. 두 도구 모두 공개용 데이터 세트를 사용하는 연구자들이 주로 사용한다.

기업이나 비즈니스에 쓰거나 비공개가 필요한 경우, 직접 라벨링 서비스를 호스팅할 수 있다. CVAT^{Computer Vision Annotation Tool, 컴퓨터 비전 어노테이션 도구}(https://github.com/openvinotoolkit/cvat)와 VoTT^{Visual Object Tagging Tool, 시각 객체 태깅 도구}(https://github.com/microsoft/VoTT)는 직접 자체 웹 서버에 배포할 수 있는 무료 오픈 소스 웹 서비스이다. 자체 라벨링 서비스를 호스팅하는 번거로움을 피하고 싶다면 라벨박스^{LabelBox}(https://labelbox.com/)나 아마존 세이지메이커 그라운드 트루스^{Amazon SageMaker Ground Truth}(https://aws.amazon.com/sagemaker/groundtruth/)와 같이 이미 관리되고 있는 서비스를 사용하거나 애저 머신러닝 ^{Azure Machine Learning}(http://mng.bz/ExgX) 또는 구글 클라우드^{Google Cloud}(http://mng.bz/Nx9v)의 라벨링 서비스를 이용할 수도 있다. 이미지에 라벨링을 하는 팀이 없는 경우, 라벨링 작업을 크라우드소싱^{crowdsoure}해서 아마존 메커니컬 터크^{Amazon Mechanical Turk}(https://www.mturk.com/)로 라벨을 얻을 수 있다.

고품질의 일관된 라벨을 보장하기 위해 우수한 라벨링 방법론을 갖추는 것도 중요하다. 라벨링 작업의 프로토콜^{protocol}은 라벨링을 하는 인원이 개념 전체 목록을 정확하게 알 수 있도록 명확하게 정의돼 있어야 한다. 그러나 이런 과정을 거쳐 얻은 라벨은, 특히 크라우드소싱된 경우, 상당히 많은 노이즈를 갖고 있을 수 있다. 라벨의 일관성을 유지하려면 일부 이미지를 다시 동일한 라벨링 인원이 어노테이션하게 해 볼 수도 있다. 이렇게 하면 다음 세 가지 유형의 오류를 살펴보면서 라벨의 일관성을 정량화할 수 있다. 이와 관련된 자세한 내용은 ADE20K 데이터 세트를 소개하는 웹 페이지(http://mng.bz/DxaA)에서 찾을 수 있다.

- **분할 품질** – 이 오류는 개념 분할의 정밀도를 정량화한다. 특정 개념은 서로 다른 라벨링 인원에 의해, 심지어 같은 사람에 의해서도 다르게 분류될 수 있다.
- **개념명 식별** – 동일한 라벨링 인원 또는 다른 라벨링 인원이 특정 픽셀에 다른 개념명을 붙이는 경우, 개념명 식별에 차이가 발생한다.
- **분할 수량** – 일부 이미지는 다른 이미지보다 라벨링이 필요한 개념이 더 많이 있을 수 있다. 특정 이미지에 대해 여러 라벨링 인원이 식별한 개념의 개수 차이를 확인해 이 오류를 정량화할 수 있다.

합의가 도출될 수 있도록 라벨링 인원을 늘리거나 경험이 더 많은 사람이 이미지에 어노테이션을 달게 해서 분할 품질 및 수량 오류를 피할 수 있다. 또한 정확한 용어로 명확하게 정의된 라벨링 프로토콜을 만들어서 개념명 식별 오류를 방지할 수 있다. 앞에서 언급했듯이 개념이 라벨링된 데이터 세트를 만드는 것은 망 해부 프레임워크에서 가장 중요한 단계이다. 가장 시간과 비용이 많이 드는 단계이기도 하다. 다음 절에서는 해석 가능성의 측면에서 이 데이터 세트가 갖는 가치를 확인해 본다.

6.3.2 망 조사

시각적 개념 라벨이 지정된 데이터 세트가 있으면 다음 단계는 망이 해당 개념에 어떻게 반응하는지 이해하기 위해 사전 훈련된 신경망을 조사해 보는 것이다. 간단한 심층 신경망에서 이 과정을 먼저 살펴보자. 그림 6.7은 심층 신경망을 간략하게 보여 주고 있다. 입력 레이어에서 출력 레이어로 이동함에 따라 유닛 수가 줄어든다. 입력 데이터에 대한 표현은 망의 중간 레이어들, 즉 R에서 학습된다. 망을 더 잘 이해하기 위해 R이 주어진 쿼리 개념 Q에 어떻게 매핑되는지 정량화하기 위해 망을 조사하고 싶다. 관심 대상은 Q이다. 표현 R에서 쿼리 개념 Q로의 매핑을 계산 모델^{computation model}이라고 하며 그림에

computation model

f로 표시돼 있다. 이제 CNN에서 R, Q, f를 정의해 보자.

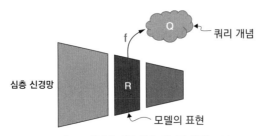

▲ **그림 6.7** 개념에 대한 심층 신경망 반응 조사

그림 6.8은 CNN의 네 번째 레이어를 조사하는 과정을 보여 주고 있다. 그림에서 개 이미지로 망을 조사하고 있으며 사전 훈련된 CNN의 네 번째 레이어의 유닛에서 어떤 개념(예를 들어, 색상이나 객체)을 학습했는지 알아보고자 한다. 따라서 첫 번째 단계는 CNN을 통해 개의 이미지를 순방향으로 전파하는 것이다. CNN의 가중치는 고정된 것으로, 훈련이나 역전파가 필요하지 않다. 그다음으로 탐색할 합성곱 레이어(이 경우, 레이어 4)를 선택한다. 그런 다음, 해당 레이어에서 순방향 전파의 결과로 나오는 특성 맵 또는 활성화 맵을 얻는다. 일반적으로 CNN에서 더 깊이 들어갈수록 활성화 맵의 크기는 줄어든다. 따라서 활성화 맵을 입력 이미지의 라벨링된 개념과 비교하려면 저해상도인 활성화 맵을 입력 이미지와 동일한 해상도로 업샘플링^{up-sampling} 또는 업스케일링^{up-scaling}해야 한다. CNN에서 합성곱 레이어 4를 기반으로 한 표현 R이 바로 이것이다. 라벨링된 개념 데이터 세트의 모든 이미지에 대해 이 과정을 반복하고 모든 이미지에 대한 활성화 맵을 저장한다. CNN의 다른 레이어를 대상으로도 이 과정을 반복할 수 있다.

이제 이러한 표현 R에 포함된 상위 수준 개념을 어떻게 해석할지 살펴보자. 즉, 이러한 표현 R을 쿼리 개념 Q와 어떻게 매핑해야 할까? 이를 위해서는 R을 Q로 매핑하는 계산 모델 f를 만들어야 한다. 또한 저해상도 활성화 맵을 입력 이미지와 동일한 해상도로 업샘플링 또는 업스케일링하는 방법은 무엇일까? 그림 6.9는 그 개념을 설명하고 있다.

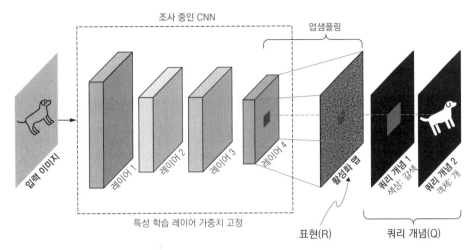

▲ **그림 6.8** 합성곱 신경망에서 개념을 알아보기 위해 레이어 4 조사

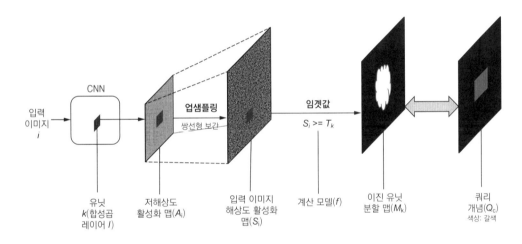

▲ **그림 6.9** 업샘플링 및 표현 R을 쿼리 개념 Q에 매핑하는 방법

그림 6.9에서 입력 이미지 i가 CNN을 통해 순방향으로 전파되는 것을 볼 수 있다. 설명을 위해, 특히 합성곱 레이어 l의 유닛 k에 관심이 있다고 가정해 보자. 이 합성곱 레이어의 출력은 저해상도 활성화 맵 A_i로 표현될 수 있다. 그런 다음, 망 해부 프레임워크는 활성화 맵을 입력 이미지 i와 동일한 해상도로 업샘플링한다. 이것은 그림 6.9에서 입력 이미지 해상도로 확대된 활성화 맵 S_i로 표현하고 있다. 프레임워크는 쌍선형 보간^{bilinear}

^{interpolation} 알고리듬을 사용한다. 쌍선형 보간은 선형 보간을 2차원 평면으로 확장한다. 알려진 주변 픽셀 값을 기반으로 크기가 커진 이미지의 새로운 픽셀 값을 추정한다. 추정 값 또는 보간된 값은 원래 활성화 맵 각 유닛의 반응을 중심으로 형성된다.

이미지 해상도 활성화 맵 S_i를 얻고 나면 프레임워크는 간단한 임곗값 설정을 통해 이 표현을 주어진 쿼리 개념 Q_c에 매핑한다. 합성곱 레이어의 각 유닛의 응답을 쿼리 개념과 비교할 수 있도록 임곗값의 설정은 유닛 수준에서 이뤄진다. 그림 6.9에서 쿼리 개념 Q_c는 원래의 라벨링된 개념 데이터 세트에서 갈색에 대한 분할 이미지이다. 임곗값 설정 후 단위 k에 대한 이진 유닛 분할 맵은 Mk로 표시돼 있다. 계산 모델 f가 사용하는 임곗값은 T_k로, 다음이 성립된다.

$$M_k = S_i \geq T_k$$

이진 유닛 분할 맵 M_k는 활성화 값이 임곗값 T_k를 초과하는 모든 영역을 표시한다. 임곗 값 T_k는 CNN에서 조사하는 유닛에 따라 달라진다. 이 임곗값을 어떻게 설정할까? 프레임워크는 라벨링된 개념 데이터 세트의 모든 이미지에서 유닛의 활성화 값 분포를 확인한다. 입력 이미지 i에 대한 저해상도 활성화 맵 A_i에서 유닛 활성화 값을 a_k라고 가정해보자. 모든 이미지에 대한 a_k 분포가 있으면 임곗값 T_k는 최상위 분위수^{quantile} 수준으로 다음을 만족하도록 계산한다.

$$\mathbb{P}(a_k > T_k) = 0.005$$

T_k는 0.005 분위수 수준을 측정한다. 즉, 라벨링된 개념 데이터 세트의 모든 이미지에서 모든 유닛 활성화(a_k) 값 중 0.5%가 T_k보다 커야 한다. CNN이 학습한 표현을 이진 유닛 분할 맵에 매핑한 후 다음 단계는 모든 쿼리 개념 Q_c를 사용해 이 분할 맵의 일치 정도를 정량화하는 것이다. 이는 다음 절에서 자세히 살펴본다.

6.3.3 일치 정도 정량화

망을 조사하고 표현 레이어의 모든 유닛에 대한 이진 유닛 분할 맵을 얻은 후 프레임워크의 마지막 단계는 데이터 세트의 모든 쿼리 개념을 사용해 분할 맵의 일치 정도를 정량화하는 것이다. 그림 6.10은 주어진 이진 유닛 분할 맵 M_k와 쿼리 개념 Q_c에 대한 일치 정도를 정량화하는 방법을 보여 주고 있다. 일치 정도는 IoU^{Intersection over Union, 교차점 집합체} 점수로 측정한다. IoU는 유닛이 주어진 개념을 얼마나 잘 식별하는지 측정하는 데 유용한 지표이다. 쿼리 개념의 픽셀 단위로 분할된 이미지와 이진 유닛 분할 맵이 어느 정도 겹치는지 측정한다. IoU 점수가 높을수록 정확도가 높다. 이진 분할 맵이 개념과 완벽하게 겹치면 IoU 점수는 1이 된다.

주어진 이진 분할 맵 M_k와 쿼리 개념 Q_c에 대한 IoU의 값은 유닛 k가 개념 c를 식별하는 정확도를 나타낸다. 개념 c를 식별하는 데 얼마나 좋은지를 측정해 유닛 k의 해석 가능성을 정량화한다. 망 해부 프레임워크는 0.04의 IoU 임곗값을 사용하며 여기서 IoU 점수가 0.04보다 큰 경우, 유닛 k는 개념 c를 식별하는 데 적합한 것으로 간주한다. 0.04라는 값은 프레임워크를 개발한 사람들이 임의로 선택한 값으로, 논문(https://arxiv.org/pdf/1711.05611.pdf)에서 저자는 사람이 한 평가를 통해 해석의 품질이 IoU 임곗값에 크게 영향을 받지 않는다는 것을 보여 준다. 합성곱 레이어의 해석 가능성을 정량화하기 위해 프레임워크는 유닛과 정렬된 고유 개념의 수, 즉 고유 개념 검출기 수를 계산한다. 망 해부 프레임워크의 동작 방식에 대한 이해를 바탕으로 다음 절에서 실제로 그 과정을 따라가 본다.

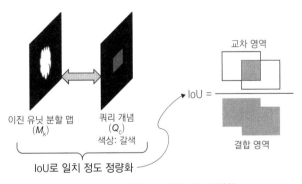

▲ **그림 6.10** 개념으로 일치 정도 정량화

6.4 레이어 및 유닛 해석

이번 절에서 이미지넷 및 플레이시스 데이터 세트로 사전 훈련된 CNN 모델의 레이어와 유닛을 해석해 망 해부 프레임워크를 검증해 본다. 6.2절에서 언급했듯이 ResNet-18 아키텍처에 초점을 두지만, 망 해부 프레임워크는 모든 CNN 모델에 적용할 수 있다. 6.2절에서 이미지넷 및 플레이시스 데이터 세트로 사전 훈련된 ResNet-18 모델을 로딩하는 방법을 살펴봤다. 논문의 저자는 이 프레임워크를 구현하는 넷다이섹트^{NetDissect}(https://github.com/CSAILVision/NetDissect)라는 라이브러리를 만들었다. 이 라이브러리는 파이토치 및 카페^{Caffe} 딥러닝 프레임워크를 모두 지원한다. 하지만 여기서는 원래 구현보다 가볍고 빠른 NetDissect-Lite(https://github.com/CSAILVision/NetDissect-Lite)라는 개선된 구현을 사용한다. 이 라이브러리는 파이토치와 파이썬 3.6으로 작성돼 있다. 이후 버전의 파이썬(3.7 이상)을 지원하려면 라이브러리를 약간 변경해야 한다. 이와 관련해서는 다음 절에서 설명한다.

다음 명령을 사용해 NetDissect-Lite 라이브러리를 깃허브에서 로컬 저장소로 복사한다.

```
git clone https://github.com/CSAILVision/NetDissect-Lite
```

이 라이브러리는 깃^{git} 하위 모듈로 이 책의 깃허브에도 추가돼 있다. 이 책의 깃허브를 복사해 온 경우, 복사한 로컬 경로에서 다음 명령을 실행해 하위 모듈을 가져올 수도 있다.

```
git submodule update --init -recursive
```

NetDissect-Lite 저장소를 복제했으면 해당 경로로 우선 이동한다. 그리고 다음 명령을 실행해 브로덴 데이터 세트를 다운로드한다. 브로덴 데이터 세트는 1GB 이상의 여유 공간이 필요하다. 나중에 필요하므로 이 데이터 세트를 다운로드한 경로를 기록해 둬야 한다.

```
$>./script/dlbroden.sh
```

NetDissect-Lite 경로에서 다음 명령을 실행해 플레이시스 데이터 세트로 미리 훈련된

ResNet-18 모델을 다운로드할 수 있다. 이것도 나중에 필요하므로 모델을 다운로드한 경로도 기록해 둘 필요가 있다.

```
$>./script/dlzoo_example.sh
```

6.4.1 망 해부 실행

이번 절에서는 NetDissect-Lite 라이브러리를 갖고 브로덴 데이터 세트의 라벨링된 개념을 사용해 이미지넷 및 플레이시스 데이터 세트로 사전 훈련된 ResNet-18 모델을 조사하는 방법을 알아본다. NetDissect-Lite 라이브러리의 루트[root] 경로에 있는 settings.py 파일로 라이브러리를 설정할 수 있다. 대부분의 경우, 라이브러리가 제공하는 기본값을 사용하기 때문에 모든 설정을 다루지는 않는다. 표 6.1에 요약된 주요 설정값에 중점을 둘 것이다.

▼ **표 6.1** NetDissect-Lite 라이브러리 설정

설정값	설명	가능한 값
GPU	모델을 로딩하고 GPU에서 망 분해를 실행하기 위한 부울 설정값	가능한 값은 True와 False. True로 설정하면 GPU를 사용
MODEL	모델 아키텍처를 사전 훈련된 모델로 설정하는 문자열 설정값	가능한 값은 resnet18, alexnet, resnet50, densenet161 등. 이번 절에서는 resnet18로 설정
DATASET	CNN 모델을 훈련하는 데 사용된 데이터 세트를 라이브러리에게 알려 주는 문자열 설정값	가능한 값은 imagenet과 places 365. 이번 절에서는 두 값을 모두 사용해 레이어 및 유닛의 해석 가능성을 비교
CATEGORIES	이 설정은 라벨링된 개념 데이터 세트에서 상위 수준 범주 목록을 정의하는 문자열	브로덴 데이터 세트의 경우, 목록은 객체, 부분, 장면, 재료, 질감, 색상 값을 포함. 이번 절에서는 재료 개념을 제외한 다섯 가지 범주를 살펴본다.
OUTPUT_FOLDER	라이브러리에게 라벨링된 개념 데이터 세트의 경로를 알려 주는 문자열	기본값은 ./script/dlbroden.sh 스크립트가 브로덴 데이터 세트를 다운로드하는 경로
FEATURE_NAMES	라이브러리가 CNN에서 조사할 특성 학습 레이어를 알려 주는 문자열	Resnet18 모델의 경우, 목록에 layer1, layer2, layer3, layer4 값이 일부 또는 전부 포함될 수 있음. 6장에서는 네 가지 값을 모두 사용해 특성 학습 레이어 모두에서 유닛의 해석 가능성을 비교

(이어짐)

설정값	설명	가능한 값
MODEL_FILE	사전 훈련된 모델의 경로를 라이브러리에게 제공하는 문자열	플레이시스 데이터 세트로 사전 훈련된 Resnet18 모델의 경우, script/dlzoo_example.sh 스크립트가 모델을 다운로드한 경로로 설정. 이미넷 데이터 세트로 사전 훈련된 모델의 경우, 값을 None으로 설정. 이렇게 하면 라이브러리가 토치비전(torchvision) 패키지에서 모델을 로딩한다.
MODEL_PARALLEL	모델이 다중 GPU로 훈련됐는지 라이브러리에게 알려 주는 부울 설정값	가능한 값은 True와 False

망 해부 프레임워크를 실행하기 전에 settings.py 파일이 올바른 설정값으로 업데이트됐는지 확인해야 한다. 이미지넷 데이터 세트로 사전 훈련된 ResNet−18 모델의 모든 특성학습 레이어를 조사하기 위해 settings.py 파일의 주요 설정값을 다음과 같이 설정해야한다.

```
GPU=False
MODEL='resnet18'
DATASET='imagenet'
QUANTILE=0.005
SCORE_THRESHOLD=0.04
TOPN=10
CATAGORIES=["object", "part","scene","texture","color"]
OUTPUT_FOLDER="result/pytorch_" + MODEL + "_" + DATASET
DATA_DIRECTORY='/data/dataset/broden1_227'
IMG_SIZE=227
NUM_CLASSES=1000
FEATURE_NAMES=['layer2', 'layer3', 'layer4']
MODEL_FILE=None
MODEL_PARALLEL=False
```

DATA_DIRECTORY 값이 브로덴 데이터 세트가 다운로드된 경로로 설정돼 있는지 확인해야한다. 또한 빠른 처리를 위해 GPU를 사용하려면 GPU 설정을 True로 바꿀 필요가 있다.앞서 언급했듯이 라이브러리는 몇 가지 하위 설정을 제공한다. 앞의 코드에 값은 명시돼있지 않으면 기본값을 사용하면 된다.

플레이시스 데이터 세트로 사전 훈련된 ResNet-18 모델의 모든 특성 학습 레이어를 조사하기 위해서는 다음 설정값만 업데이트하면 된다. 나머지 설정은 이미지넷 데이터 세트의 경우와 동일하다. MODEL_FILE 값이 플레이시스로 미리 학습된 ResNet-18 모델이 다운로드된 경로로 설정돼 있는지 확인해야 한다.

```
DATASET='places365'
NUM_CLASSES=365
MODEL_FILE='/models/zoo/resnet18_places365.pth.tar'
MODEL_PARALLEL=True
```

설정값을 수정했으면 이제 프레임워크를 초기화하고 실행할 준비가 됐다. 다음 코드를 실행해 망을 조사하고 특성 학습 레이어에서 활성화 맵을 추출한다.

```
import settings                                                      ❶
from loader.model_loader import loadmodel                           ❷
from feature_operation import hook_feature, FeatureOperator         ❸

fo=FeatureOperator()                                               ❹
model=loadmodel(hook_feature)                                      ❺

features, maxfeatures=fo.feature_extraction(model=model)           ❻
```

❶ settings.py 파일에서 모든 설정 임포트
❷ loader/model_loader 모듈에서 loadmodel 함수 임포트
❸ feature_operation 모듈에서 hook_feature 함수와 FeatureOperator 클래스 임포트
❹ FeatureOperator 오브젝트 초기화
❺ 모델을 로딩하고 hook_feature 함수를 전달해 특성 학습 레이어에 후크 추가
❻ 특성 학습 레이어에서 활성화 맵을 얻기 위해 모델에서 특성 추출

loadmodel 함수는 MODEL 설정값에 따라 모델을 로딩한다. 모델은 6.2절에서 살펴본 것과 같은 방식으로 로딩된다. 이 함수는 또한 FEATURE_NAMES 설정을 기반으로 각 특성 학습 레이어에 후크를 추가한다. 이러한 후크는 FeatureOperator 오브젝트가 해당 레이어에서 활성화 맵을 추출하는 데 사용한다. FeatureOperator 클래스는 망 해부 프레임워크의 2단계와 3단계를 구현하는 주요 클래스이다. 앞 코드에서 feature_extraction 함수를 사용해 특성 학습 레이어에서 저해상도 활성화 맵을 추출하는 2단계의 일부를 실행하고 있다.

이 함수는 브로덴 데이터 세트에서 이미지를 로딩하고 모델을 통해 이를 순방향으로 전파한 후 후크를 사용해 활성화 맵을 추출해서 feature_size.npy라는 파일에 저장한다. 파일은 settings.py에 설정한 OUTPUT_FOLDER 경로에 저장된다. feature_extraction 함수는 features와 maxfeatures 변수도 반환한다. 모든 특성 학습 레이어 및 입력 이미지에 대한 활성화 맵은 feature 변수에 포함된다. maxfeatures 변수는 나중에 요약 결과를 만들 때 사용할 각 이미지의 최대 활성화 값을 갖고 있다.

저해상도 활성화 맵을 추출한 후 다음 코드를 실행해 특성 학습 레이어의 모든 유닛에 대한 임곗값 T_k(0.005 분위수 수준)를 계산하고 저해상도 활성화 맵을 업샘플링해서 이진 단위 세분화 맵을 만들고 IoU 점수를 계산한 후 마지막으로 결과 요약을 만들 수 있다.

```
from visualize.report import generate_html_summary          ❶

for layer_id, layer in enumerate(settings.FEATURE_NAMES):    ❷
    # 임곗값 T_k 계산
    thresholds=fo.quantile_threshold(features[layer_id],
    ➥ savepath=f"quantile_{layer}.npy")                      ❸

    # 업스케일링 및 IoU 점수 계산
    tally_result=fo.tally(features[layer_id],thresholds,
    ➥ savepath=f"tally_{layer}.csv")                         ❹

    # 결과 요약 생성
    generate_html_summary(fo.data, layer,                    ❺
                          tally_result=tally_result,         ❺
                          maxfeature=maxfeatures[layer_id],  ❺
                          features=features[layer_id],       ❺
                          thresholds=thresholds)             ❺
```

❶ 시각화/보고 모듈에서 generate_html_summary 함수 임포트
❷ 각 특성 학습 레이어에 대해 반복
❸ 특성 학습 레이어의 모든 유닛에 대해 0.005 분위수 수준을 계산
❹ 업샘플링과 이진 유닛 세분화 맵 생성 후 IoU 점수 계산
❺ HTML 형태로 결과 요약 생성

이 코드는 FEATURE_NAMES의 각 특성 학습 레이어에 대해 다음을 반복 실행한다.

- FeatureOperator 클래스의 quantile_threshold 함수를 사용해 특성 학습 레이어의 모든 유닛에 대해 0.005 분위수 수준(T_k)을 계산한다. 이러한 분위수 수준 또는 임 곗값은 OUTPUT_FOLDER 경로에 레이어별 파일(quantile_{layer}.csv)에 저장한다. 이 함수는 또한 임곗값을 넘파이 배열로 반환한다.

- FeatureOperator 클래스의 tally 함수를 사용해 특성 학습 레이어에 대한 저해상 도 활성화 맵을 입력 이미지와 동일한 해상도로 업샘플링한다. tally 함수는 또한 업샘플링된 활성화 맵과 각 유닛에 대해 계산된 임곗값을 기반으로 이진 유닛 분 할 맵을 생성한다. 함수는 최종적으로 IoU 점수를 계산하고 브로덴 데이터 세트 의 분할된 개념과 이진 유닛 분할 맵의 일치 정도를 측정한다. 각 상위 수준 개념 에 대한 IoU 점수는 OUTPUT_FOLDER 경로에 레이어별 파일(tally_{layer}.csv)에 저장 한다. 결과는 딕셔너리^{dictionary} 오브젝트로 반환한다.

- 마지막으로 generate_html_summary 함수를 사용해 HTML 형태로 결과 요약을 만 든다.

다음 절은 라이브러리가 만든 결과 요약을 살펴보고 특성 학습 레이어의 유닛에서 학습 한 개념을 시각화한다.

다른 데이터 세트에 망 해부 적용

직접 만든 데이터 세트와 개념에 망 해부를 적용하려면 브로덴 데이터 세트의 폴더 구조를 이해하 는 것이 중요하다. 상위 수준에서 보면 다음과 같은 파일과 폴더로 구성돼 있다.

- images(폴더) – JPEG 또는 PNG 파일로 모든 이미지를 갖고 있다. 원본 이미지는 {filename}. jpg 형식으로 돼 있고 각 개념을 기준으로 분할된 이미지는 {filename}_{concept}.jpg 형식을 갖 고 있다.
- index.csv – 라벨링된 개념에 대한 세부 정보와 함께 데이터 세트 모든 이미지를 포함한 목록을 갖고 있다. 첫 번째 열은 이미지 파일명과 상대 경로를 보여 준다. 그다음 열부터는 이미지 높이 와 너비, 분할 높이 및 너비 수치 정보가 포함돼 있다. 이후 각 개념과 해당 개념으로 분할된 이미 지의 상대 경로를 나타내는 열이 이어진다.
- category.csv – 모든 개념 범주와 개념에 대한 일부 요약 통계를 나열하고 있다. 첫 번째 열은 개념 이름이고 그 뒤로는 해당 개념 범주에 속한 라벨 개수와 그것을 라벨로 가진 이미지의 빈도 가 나온다.

- label.csv – 모든 라벨과 연관된 개념을 나열하고 라벨에 대한 일부 요약 통계를 보여 준다. 첫 번째 열은 라벨 번호(또는 식별자)이고 라벨 이름과 해당 범주가 뒤따른다. 요약 통계에는 해당 라벨을 가진 이미지의 빈도, 해당 라벨이 있는 픽셀 영역 또는 이미지 범위, 해당 라벨을 가진 이미지의 개수가 나온다.
- c_{concept}.csv – 개념 범주당 하나씩 있으며 모든 라벨, 이미지 빈도, 적용 범위의 세부 정보를 갖고 있다.

직접 라벨링한 개념을 가진 데이터 세트를 구성할 때 망 해부 프레임워크와의 호환성을 보장하기 위해서는 브로덴 데이터 세트와 동일한 구조를 따라야 한다. 앞서 설명한 대로 데이터 세트를 구성한 후에 settings.py에서 다음 설정값을 업데이트해야 한다.

- DATA_DIRECTORY – 사용자 정의 데이터 세트가 저장된 경로를 기재한다.
- CATEGORIES – 사용자 정의 데이터 세트의 모든 범주, 즉 category.csv 파일에 있는 모든 개념 범주를 나열한다.
- IMG_SIZE – images 폴더에 있는 이미지의 크기를 기재해야 한다. 크기는 index.csv 파일에 명시한 크기와 일치해야 한다.

이러한 설정값은 라이브러리가 새로운 사용자 정의 개념 데이터 세트를 불러올 수 있게 한다. 이미지넷 또는 플레이시스 외 다른 데이터 세트로 사전 훈련한 자체 모델을 사용하려면 다음 설정도 바꿔야 한다.

- DATASET – 모델을 훈련할 때 사용한 데이터 세트의 이름으로 설정한다.
- NUM_CLASSES – 모델이 출력할 수 있는 클래스 또는 라벨 수로 설정한다.
- FEATURE_NAMES – 사전 훈련한 사용자 정의 모델의 특성 레이어 이름을 나열한다.
- MODEL_FILE – 파이토치로 사전 훈련한 모델의 전체 경로를 명시한다.
- MODEL_PARALLEL – 사용자 정의 모델이 다중 GPU로 훈련된 경우, 이 설정은 True여야 한다.

6.4.2 개념 식별기

이제 망 해부 프레임워크를 실행한 결과를 분석해 보자. 먼저 ResNet-18 모델의 마지막 합성곱 레이어(즉, 레이어 4)에 초점을 맞추고 해당 레이어에 있는 고유 개념 식별기의 수를 살펴보자. 고유 식별기의 수는 망의 해석 가능성을 측정하고 해당 특성 학습 레이어의 유닛에서 학습한 고유 개념의 수를 측정하게 해 준다. 고유한 식별기의 수가 많을수록 훈련된 망이 인간이 이해할 수 있는 개념을 식별하는 데 더 좋은 성능을 보여 준다고 볼 수 있다.

먼저 망 해부 프레임워크의 결과 폴더 구조를 살펴보자. OUTPUT_FOLDER 값은 결과 폴더의 경로를 지정한다. 이전 절에서 해당 폴더에 저장된 관련 파일을 살펴봤다. 이제 tally_layer4.csv를 분석해서 ResNet-18 모델의 레이어 4에 있는 고유 식별기의 수와 이러한 고유 식별기가 포함하는 유닛의 비율을 계산해 보자. 다음 함수로 관련 통계를 계산할 수 있다. 이 함수는 다음 인수를 사용한다.

- network_names – 고유 식별기의 수를 계산해야 하는 모델 목록을 나타낸다. 6장은 ResNet-18 모델에만 초점을 맞추고 있으므로 이 인수는 resnet18이라는 하나의 요소만 포함하는 목록이 된다.
- datasets – 이 인수는 모델을 사전 훈련할 때 사용한 데이터 세트 목록이다. 6장은 이미지넷과 플레이시스365에 초점을 맞추고 있다.
- results_dir – 사전 학습된 각 모델의 결과가 저장되는 상위 경로이다.
- categories – 고유 식별기 수를 계산해야 하는 모든 개념 범주의 목록이다.
- iou_thres – 유닛을 개념의 식별기로 간주하는 IoU 점수 임곗값이다. 6.3.3절에서 살펴봤듯이 이 임곗값의 기본값은 0.04이다.
- layer – 관심 있는 특성 학습 레이어이다. 지금 네 번째 레이어인 최종 레이어에 초점을 맞춘다.

```
import os                                                    ❶
import pandas as pd                                          ❶
from collections import OrderedDict                          ❶

def compute_unique_detectors(**kwargs):                      ❷
network_names=kwargs.get("network_names",
                         ["resnet18"])                       ❸
datasets=kwargs.get("datasets",
                    ["imagenet", "places365"])               ❹
results_dir=kwargs.get("results_dir", "result")             ❺
categories=kwargs.get("categories",
                      ["object",
                       "scene",
                       "part",
                       "texture",
```

```
                    "color"])                                           ❻
iou_thres=kwargs.get("iou_thres",
                    0.04)                                              ❼
layer=kwargs.get("layer", "layer4")                                    ❽


ud_data=[]                                                             ❾
for network_name in network_names:                                    ❿
    for dataset in datasets:                                          ⓫
        result_file=os.path.join(results_dir,
            f"pytorch_{network_name}_{dataset}/tally_{layer}.csv")     ⓬
        df_result=pd.read_csv(result_file)                            ⓬

        ud=OrderedDict()                                              ⓭
        ud["network_name"]=network_name                               ⓭
        ud["dataset"]=dataset                                         ⓭
        ud["num_units"]=len(df_result)                                ⓭

        num_ud=0                                                      ⓮
        for category in categories:                                   ⓯
            df_cat=df_result[df_result["category"]==category].reset_index(drop=True)  ⓰
            df_unique_detectors=df_cat[df_cat[f"{category}-iou"] >
                ➥ iou_thres].reset_index(drop=True)                   ⓱
            ud[f"num_ud_{category}"]=len(df_unique_detectors)         ⓲
            ud[f"num_ud_{category}_pc"]=len(df_unique_detectors) /
                ➥ ud["num_units"] * 100                              ⓳
        num_ud +=len(df_unique_detectors)                            ⓴
        ud["num_ud"]=num_ud                                          ㉑
        ud["num_ud_pc"]=ud["num_ud"] / ud["num_units"] * 100        ㉑
        ud_data.append(ud)                                           ㉒
df_ud=pd.DataFrame(ud_data)                                          ㉓
return df_ud                                                         ㉔
```

❶ 함수 관련 모듈 임포트

❷ 고유한 식별기 수를 계산하는 함수. 일련의 키워드 인수가 필요

❸ network_names 키워드 인수는 고유 식별기 수를 계산할 모델 목록임.

❹ 모델 사전 학습에 사용된 데이터 세트 목록

❺ 망 해부 프레임워크가 각 모델에 대한 결과를 저장하는 상위 경로를 가리킴.

❻ 관심 있는 모든 개념 범주의 목록

❼ 유닛이 개념 식별기인지 측정하기 위한 IoU 임곗값. 기본값은 0.04

❽ 레이어 인수는 기본적으로 ResNet-18 모델의 마지막 레이어로 설정돼 있음.

❾ 고유 식별기 수 측정 결과를 저장하기 위해 빈 목록 초기화

❿ 각 망 또는 모델에 대해 반복

⓫ 모델이 사전 훈련된 각 데이터 세트에 대해 반복

⓬ tally_{layer}.csv 파일을 판다스 데이터프레임으로 로딩

⓭ 주어진 망 및 데이터 세트에 대한 결과를 저장하기 위해 OrderedDict 데이터 구조를 초기화

⓮ 고유 식별기 수를 0으로 초기화

⓯ 각 개념 범주에 대해 반복

⓰ 해당 개념 범주에 대한 결과 획득

⓱ IoU 점수가 임곗값보다 큰 유닛 필터링

⓲ 결과 데이터프레임의 행 수는 해당 개념 범주에 대한 고유 식별기의 수임.

⓳ 전체 유닛 중 해당 개념 범주를 식별하는 유닛 비율 계산

⓴ 고유 식별기 수 증가

㉑ OrderedDict 데이터 구조에 고유 식별기 측정 결과 저장

㉒ 목록에 결과 추가

㉓ 결과 목록을 판다스 데이터프레임으로 변환

㉔ 데이터프레임 반환

다음 코드를 실행해 이미지넷 및 플레이시스로 사전 훈련된 ResNet-18 모델의 최종 레이어의 고유 식별기 수를 얻을 수 있다. 기본으로 했을 때 이미지넷과 플레이시스로 사전 훈련된 ResNet-18 모델의 최종 특성 학습 레이어에 대한 통계를 계산하기 때문에 함수에 키워드 인수를 따로 제공하지 않는다.

```
df_ud=compute_unique_detectors()
```

하지만 세 번째 특성 학습 레이어에 대한 통계를 계산하려면 다음과 같이 함수를 호출할 수 있다.

```
df_ud=compute_unique_detectors(layer="layer3")
```

고유 식별기 수를 판다스 데이터프레임으로 얻은 후 다음 함수를 사용해 결과를 도표로 그려 볼 수 있다.

```
def plot_unique_detectors(df_ud, **kwargs):                              ❶
    categories=kwargs.get("categories",
                          ["object",
                           "scene",
                           "part",
                           "texture",
                           "color"])                                     ❷
    num_ud_cols=[f"num_ud_{c}" for c in categories]                      ❸
    num_ud_pc_cols=[f"num_ud_{c}_pc" for c in categories]               ❹
    num_ud_col_rename={}                                                 ❺
    num_ud_pc_col_rename={}                                              ❺
    for c in categories:                                                 ❺
        num_ud_col_rename[f"num_ud_{c}"]=c.capitalize()                 ❺
        num_ud_pc_col_rename[f"num_ud_{c}_pc"]=c.capitalize()          ❺

    df_ud["network_dataset"]=df_ud.apply(lambda x: x["network_name"] + "_" ❻
    ⮱ + x["dataset"], axis=1)                                           ❻
    df_ud_num=df_ud.set_index("network_dataset")[num_ud_cols]           ❻
    df_ud_num_pc=df_ud.set_index("network_dataset")[num_ud_pc_cols]     ❻

    df_ud_num=df_ud_num.rename(columns=num_ud_col_rename)               ❼
    df_ud_num_pc=df_ud_num_pc.rename(columns=num_ud_pc_col_rename)      ❼

    f, ax=plt.subplots(2, 1, figsize=(8, 10))                          ❽
    df_ud_num.plot(kind='bar', stacked=True, ax=ax[0])                 ❾
    ax[0].legend(loc='center left', bbox_to_anchor=(1, 0.5))           ❾
    ax[0].set_ylabel("Number of Unique Detectors")                     ❾
    ax[0].set_xlabel("")                                                ❾
    ax[0].set_xticklabels(ax[0].get_xticklabels(), rotation=0)         ❾
    df_ud_num_pc.plot(kind='bar', stacked=True, ax=ax[1])              ❿
    ax[1].get_legend().remove()                                         ❿
    ax[1].set_ylabel("Proportion of Unique Detectors(%)")             ❿
    ax[1].set_xlabel("")                                                ❿
    ax[1].set_xticklabels(ax[1].get_xticklabels(), rotation=0)         ❿

    return f, ax                                                        ⓫
```

❶ compute_unique_detectors 함수가 반환한 데이터프레임과 특성 키워드 인수를 사용해서 고유 식별기 수를 도표로 그림.

❷ 관심 있는 모든 개념 범주 목록

❸ 각 개념 범주에 대한 고유 식별기 수가 포함된 열 이름 목록

❹ 각 개념 범주에 대한 고유 식별기 비율을 포함하는 열 이름 목록

❺ 열 이름을 대문자로 표현된 개념 범주 이름으로 바꾸기 위한 딕셔너리

❻ 망 이름과 데이터 세트로 데이터프레임 인덱싱

❼ 열 이름을 대문자로 표현된 개념 범주 이름으로 변경

❽ 2개의 하위 도표 행이 있는 맷플롯립 그림 생성

❾ 첫 번째 하위 도표는 누적 막대 그래프로 고유 식별기 수를 시각화

❿ 두 번째 하위 도표는 누적 막대 그래프로 고유 식별기 비율을 시각화

⓫ 맷플롯립 그림과 축을 반환

고유 식별기의 수와 비율을 다음과 같이 도표로 그릴 수 있다. 결과는 그림 6.11에서 확인할 수 있다.

```
f, ax=plot_unique_detectors(df_ud)
```

그림 6.11의 첫 번째 행은 이미지넷 및 플레이시스 데이터 세트로 사전 훈련된 두 ResNet-18 모델 최종 특성 학습 레이어의 고유 식별기 수를 보여 준다. 맨 아래의 행은 최종 레이어에 있는 유닛 총수 대비 비율을 표시하고 있다. ResNet-18의 최종 특성 학습 레이어의 유닛 총수는 512개이다. 이미지넷 모델은 302개의 고유한 식별기를 갖고 있고 이것은 전체 유닛의 약 59%인 것을 볼 수 있다. 반면, 플레이시스 모델은 435개의 고유한 식별기가 있으며 이는 전체 유닛의 약 85%를 차지한다. 전반적으로 플레이시스 데이터 세트로 학습된 모델은 이미지넷보다 훨씬 다양한 개념 식별기 세트가 있는 것처럼 보인다. 장소는 보통 여러 장면으로 구성돼 있다. 이것이 이미지넷 데이터 세트보다 플레이시스 데이터 세트로 훈련한 모델에서 더 많은 장면 식별기가 나타나는 이유이다. 이미지넷 데이터 세트가 훨씬 더 많은 객체로 구성돼 있다. 이것 때문에 이미지넷 모델이 더 많은 객체 식별기를 갖고 있다. 또한 최종 특성 학습 레이어에서 색상, 질감, 부분과 같은 하위 수준 개념보다 객체나 장면과 같은 상위 수준 개념을 훨씬 더 많이 관찰할 수 있다.

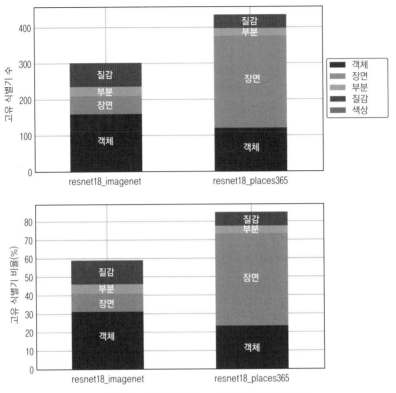

▲ **그림 6.11** 고유 식별기 수 – 이미지넷 대 플레이시스

이제 `compute_unique_detectors` 함수를 확장해 ResNet-18 모델 모든 특성 학습 레이어
의 고유 식별기 수를 계산해 보자. 이는 망의 모든 레이어에서 어떤 개념을 학습하는지
관찰하기 위한 것이다. 실습으로 특성 학습 레이어 전체 목록을 나타내는 `layer` 키워드
인수를 사용하도록 함수를 업데이트해 볼 것을 권한다. 중첩된 For문을 추가해 모든 레이
어에 대해 반복해 각 레이어의 고유 식별기 수를 계산해 보는 것도 좋다. 실습의 해답은
이 책의 깃허브 저장소(http://mng.bz/KBdZ)에서 찾을 수 있다.

모든 레이어의 고유 식별기 수를 갖고 있는 데이터프레임을 얻은 후 다음 헬퍼 함수를
사용해 통계 결과를 선형 그래프로 그릴 수 있다.

```
def plot_ud_layers(df_ud_layer):                                    ❶
    def plot_ud_layers_dataset(df_ud_layer_dataset, ax):            ❷❸
        object_uds=df_ud_layer_dataset["num_ud_object_pc"].values   ❸
```

```
        scene_uds=df_ud_layer_dataset["num_ud_scene_pc"].values        ❸
        part_uds=df_ud_layer_dataset["num_ud_part_pc"].values          ❸
        texture_uds=df_ud_layer_dataset["num_ud_texture_pc"].values    ❸
        color_uds=df_ud_layer_dataset["num_ud_color_pc"].values        ❸
        ax.plot(object_uds, '^-', label="object")                      ❹
        ax.plot(scene_uds, 's-', label="scene")                        ❹
        ax.plot(part_uds, 'o-', label="part")                          ❹
        ax.plot(texture_uds, '*-', label="texture")                    ❹
        ax.plot(color_uds, 'v-', label="color")                        ❹
        ax.legend()                                                    ❺
        ax.set_xticks([0, 1, 2, 3])                                    ❻
        ax.set_xticklabels(["Layer 1", "Layer 2", "Layer 3", "Layer 4"]) ❻
        ax.set_ylabel("Proportion of Unique Detectors(%)")             ❼
df_ud_layer_r18_p365=df_ud_layer[(df_ud_layer["network_name"]=="resnet18") &
                                 (df_ud_layer["dataset"]=="places365")]
    ⇒ .reset_index(drop=True)                                          ❽
df_ud_layer_r18_imgnet=df_ud_layer[(df_ud_layer["network_name"]=="resnet18") &
                                   (df_ud_layer["dataset"]=="imagenet")]
    ⇒ .reset_index(drop=True)                                          ❾

f, ax=plt.subplots(2, 1, figsize=(8, 10))                              ❿
plot_ud_layers_dataset(df_ud_layer_r18_imgnet, ax[0])                  ⓫
ax[0].set_title("resnet18_imagenet")                                   ⓫
plot_ud_layers_dataset(df_ud_layer_r18_p365, ax[1])                    ⓬
ax[1].set_title("resnet18_places365")                                  ⓬

return f, ax                                                           ⓭
```

❶ 망의 모든 레이어의 고유 식별기 비율을 도식화

❷ 특정 데이터 세트로 사전 훈련된 망에 대한 모든 레이어의 고유 식별기 비율을 도식화

❸ 모든 개념 범주에 대한 통계 추출

❹ 통계 결과를 선형 도표로 도식화

❺ 범례 표시

❻ 망의 모든 레이어를 x축 라벨로 표시

❼ y축 라벨 표시

❽ 플레이시스 데이터 세트로 사전 훈련된 망에 대한 소스 데이터프레임의 행을 필터링

❾ 이미지넷 데이터 세트로 사전 훈련된 망에 대한 소스 데이터프레임의 행을 필터링

❿ 2개의 하위 도표 행이 있는 맷플롯립 이미지 생성

⓫ 이미지넷 데이터 세트의 첫 번째 하위 도표 행의 모든 레이어에 대한 통계를 도식화

⓬ 플레이시스 데이터 세트의 두 번째 하위 도표 행의 모든 레이어에 대한 통계를 도식화

⓭ 도표와 축 반환

다음 코드를 실행해 그림 6.12를 얻을 수 있다.

```
f, ax=plot_ud_layers(df_ud_layer)
```

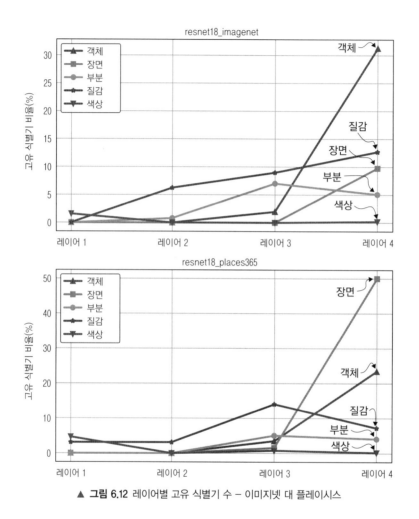

▲ **그림 6.12** 레이어별 고유 식별기 수 – 이미지넷 대 플레이시스

그림 6.12의 첫 번째 행은 이미지넷 데이터 세트로 사전 훈련된 ResNet-18 모델에 대한 모든 레이어의 고유 식별기 비율을 보여 주고 있다. 마지막 행은 플레이시스 데이터 세트로 훈련된 모델에 대한 동일한 통계를 보여 주고 있다. 두 모델 모두 색상 및 질감과 같은 하위 수준의 개념 범주가 하위 특성 학습 레이어에 나타나고 부분, 객체, 장면과 같은 상

위 수준의 개념 범주가 상위 또는 심층 레이어에 나타난다. 이를 통해 더 깊은 레이어에서 더 높은 수준의 개념을 학습한다는 것을 알 수 있다. 레이어의 깊이에 따라 망의 표현 능력이 늘어나는 것도 볼 수 있다. 더 깊은 레이어는 객체 및 장면과 같은 복잡한 시각적 개념을 학습할 수 있는 더 많은 역량을 갖고 있다. 다음 절에서 망의 각 유닛에서 학습한 라벨과 개념을 살펴보면서 망을 자세히 분석해 본다.

6.4.3 학습 과업별 개념 식별기

이전 절에서 모든 상위 개념 범주에 대한 고유 식별기 수를 시각화했다. 이제 브로덴 데이터 세트의 각 개념 또는 라벨에 대한 고유 식별기 수를 좀 더 자세히 파고들어 시각화해 보자. 최종 특성 학습 레이어와 고유 식별기 수가 가장 많은 질감, 객체, 장면 등 세 가지 최상위 개념 범주에 초점을 맞춰 진행해 보자.

6.4.2절에서 개발한 `compute_unique_detectors` 함수를 확장해 개념 또는 라벨당 통계를 계산해야 한다. NetDissect-Lite 라이브러리가 만든 tally_{layer}.csv 파일을 구체적으로 이해할 수 있게 해 줄 것이기 때문에 실습으로 수행해 볼 것을 권한다. 함수가 개념 범주 또는 개념 및 라벨별로 집계할지 알 수 있도록 하는 새 키워드 인수를 전달할 수 있다. 개념과 라벨 모두로 집계하려면 범주 및 라벨별로 분류해서 범주 IoU 점수가 임곗값보다 큰 유닛의 수를 계산해야 한다. 실습의 해답은 책의 깃허브 저장소에서 찾을 수 있다. 새 함수를 호출해서 결과를 `df_cat_label_ud`라는 데이터프레임에 저장해 보자.

먼저 질감 개념 범주를 살펴보자. 다음 코드를 사용해 질감 개념 범주에 대한 데이터프레임을 추출할 수 있다.

```
df_r18_imgnet_texture=df_cat_label_ud[(df_cat_label_ud["network_name"]=="resnet18") &
                         (df_cat_label_ud["dataset"]=="imagenet") &
                         (df_cat_label_ud["category"]=="texture")].\
    sort_values(by="unit", ascending=False).reset_index(drop=True)          ❶

df_r18_p365_texture=df_cat_label_ud[(df_cat_label_ud["network_name"]=="resnet18") &
                         (df_cat_label_ud["dataset"]=="places365") &
                         (df_cat_label_ud["category"]=="texture")].\
    sort_values(by="unit", ascending=False).reset_index(drop=True)          ❷
```

❶ 이미지넷으로 사전 훈련된 ResNet-18 모델에 대한 통계를 추출하고 IoU 점수를 내림차순으로 정렬
❷ 플레이시스로 사전 학습된 ResNet-18 모델에 대한 통계를 추출하고 IoU 점수를 내림차순으로 정렬

이제 다음 코드를 사용해 다양한 질감 개념에 대한 고유 식별기 수를 시각화할 수 있다.
결과는 그림 6.13에서 확인할 수 있다.

```
import seaborn as sns                                                              ❶

f, ax=plt.subplots(1, 2, figsize=(16, 10))                                         ❷
sns.barplot(x="unit", y="label", data=df_r18_imgnet_object, ax=ax[0])             ❸
ax[0].set_title(f"resnet18_imagenet : {len(df_r18_imgnet_object)} objects")       ❸
ax[0].set_xlabel("Number of Unique Detectors")                                     ❸
ax[0].set_ylabel("")                                                               ❸
sns.barplot(x="unit", y="label", data=df_r18_p365_object, ax=ax[1])               ❹
ax[1].set_title(f"resnet18_places365 : {len(df_r18_p365_object)} objects")        ❹
ax[1].set_xlabel("Number of Unique Detectors")                                     ❹
ax[1].set_ylabel("");                                                              ❹
```

❶ Seaborn 라이브러리 임포트
❷ 2개의 하위 도표 열이 있는 맷플롯립 그림 생성
❸ 이미지넷 모델로 학습한 모든 질감 개념에 대한 고유 식별기 수 도식화
❹ 플레이시스 모델로 학습한 모든 질감 개념에 대한 고유 식별기 수 도식화

이전 절에서(그림 6.11 참조) 이미지넷 모델이 플레이시스 데이터 세트로 훈련한 모델보다
질감 개념 범주에 대해 최종 레이어에 더 많은 고유 식별기를 갖고 있다는 것을 살펴봤
다. 하지만 이 레이어의 유닛이 학습하는 개념은 얼마나 다양할까? 그림 6.13은 이에 대
한 답을 제공한다. 이미지넷 모델은 27개의 질감 개념을 다루지만, 플레이시스 모델은
21개를 다루는 것을 볼 수 있다. 이미지넷 모델의 상위 3개 질감은 고유 식별기 중 19개
를 차지한다. 상위 3개는 줄무늬^{striped}, 와플 모양^{waffled}, 나선형^{spiraled}이다. 반면, 플레이
시스 모델의 상위 3개 질감은 10개의 고유 감지기를 차지한다. 그들은 인터레이스
^{interlaced}, 체크무늬^{checkered}, 계층무늬^{stratified}이다. 최종 레이어의 유닛이 학습한 질감의
수는 플레이시스 모델이 적지만, 하위 특성 학습 레이어의 경우, 이미지넷 모델의 고유
식별기 비율이 더 높다는 것을 알 수 있다(그림 6.12 참조).

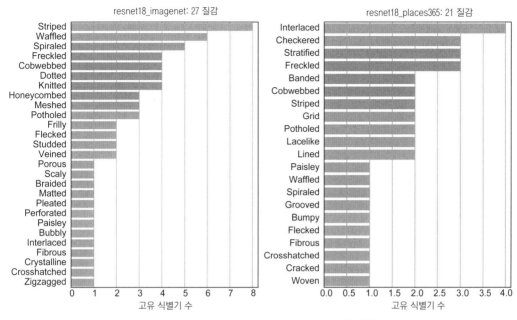

▲ **그림 6.13** 고유 질감 감지기 수 – 이미지넷 대 플레이시스

이제 다양한 객체 및 장면 개념에 대한 고유 식별기 수를 시각화해 보자. 실습으로 질감 개념 범수에 대해 작성된 코드를 객체 및 장면으로 확장해 볼 것을 권한다. 객체 개념 범주에 대한 결과는 그림 6.14에 나와 있다. 플레이시스 데이터 세트로 훈련한 모델은 최종 레이어에서 훨씬 더 많은 장면을 식별하기 때문에 장면 개념 범주에 대한 시각화를 2개의 그림으로 나눠 보여 주고 있다. 그림 6.15는 이미지넷 모델의 장면 식별기 수, 그림 6.16은 플레이시스 모델의 장면 식별기 수를 보여 주고 있다.

먼저 그림 6.14를 살펴보자. 이전 절에서 이미지넷 데이터 세트에 더 많은 객체가 있기 때문에 이미지넷 모델이 상위 수준의 객체 범주에 대한 고유 식별기의 비율이 더 높다는 것을 관찰했다. 그러나 학습된 개념이 얼마나 다양한지 살펴보면 플레이시스 데이터 세트로 훈련된 모델이 더 많은 객체를 인식하는 것을 볼 수 있다. 플레이시스 모델은 최종 특성 학습 레이어에서 이미지넷 모델이 감지한 36개 객체보다 많은 45개 객체를 식별하고 있다. 이미지넷 모델이 가장 잘 식별하는 톱^{top} 객체는 개^{dog}로, 고유 식별기 중 25개는 이를 식별한다. 이미지넷 데이터 세트에서 라벨링된 개 이미지가 높은 비율을 차지하고 있다. 플레이시스 모델이 식별한 톱 객체는 비행기airplane로, 11개의 고유 식별기가 있다.

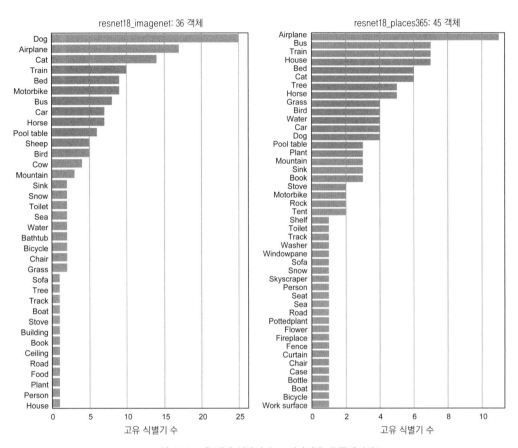

▲ **그림 6.14** 고유 객체 식별기 수 – 이미지넷 대 플레이시스

이제 그림 6.15와 그림 6.16을 비교해 보면 플레이시스 데이터 세트로 훈련된 모델이 이미지넷 모델보다 훨씬 더 다양한 장면을 식별할 수 있다는 것을 알 수 있다(119 대 30). 플레이시스 데이터 세트는 많은 장면으로 구성돼 있으며 라벨링된 장소가 많이 포함돼 있기 때문에 이는 예상된 결과이다. 플레이시스 데이터 세트로 훈련된 모델은 총 119개의 장면을 식별할 수 있지만, 그림 6.16은 읽기 쉽게 하기 위해 상위 40개 장면만 표시하고 있다.

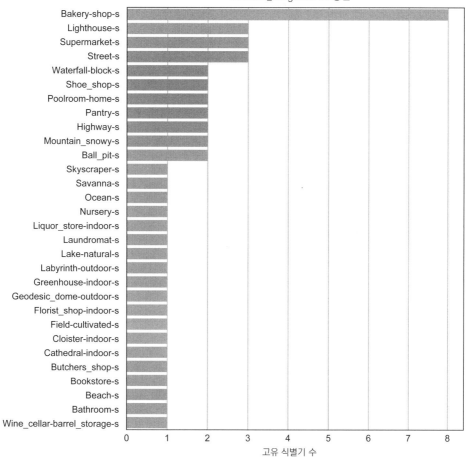

▲ **그림 6.15** 고유 장면 식별기 수 – 이미지넷 데이터 세트

좀 더 깊이 들어가면 각 개념에 대한 고유 식별기 수를 시각화해서 모델 훈련에 사용한
데이터 세트가 관심 대상 개념을 충분히 포함하고 있는지 확인할 수 있다. 이러한 시각화
를 사용해 신경망의 각 레이어의 유닛이 어떤 개념에 집중하고 있는지도 이해할 수 있다.

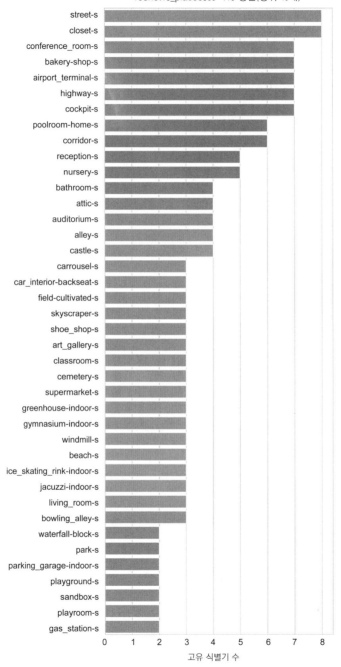

▲ 그림 6.16 고유 장면 식별기 수 – 플레이시스 데이터 세트

전이 학습

전이 학습은 특정 작업을 위해 훈련된 모델을 다른 작업에 사용할 모델을 만들 때 활용하는 기법이다. 예를 들어, 이미지넷 데이터 세트로 훈련된 객체 감지에 뛰어난 모델이 있다고 가정해 보자. 이 모델을 장소와 장면을 식별하는 모델의 출발점으로 사용하려고 한다. 이를 위해 이미지넷 모델의 가중치를 로딩하고, 해당 가중치를 훈련 출발점으로 사용하고, 플레이시스 데이터 세트로 튜닝한다. 전이 학습의 핵심 개념은 한 도메인에서 훈련한 특성을 다른 도메인에 재사용할 수 있다는 것이다. 이때 두 도메인 간에는 공통점이 있어야 한다. 한 도메인에서 사전 훈련된 신경망을 다른 도메인 과업을 위해 훈련하면 일반적으로 훈련 시간이 상대적으로 짧고 좀 더 정확한 결과를 얻을 수 있다.

망 해부 프레임워크의 저자는 논문(https://arxiv.org/pdf/1711.05611.pdf)에서 전이 학습을 거칠 때 유닛의 해석 가능성이 어떻게 변하는지 분석했다. 그들은 이미지넷 데이터 세트로 사전 훈련된 알렉스넷(AlexNet) 모델을 사용하고 이를 플레이시스 데이터 세트로 튜닝했다. 저자는 이미지넷으로 사전 훈련되고 플레이시스로 튜닝된 모델의 고유 식별기 수가 증가한 것을 관찰할 수 있었다. 원래 개를 식별하던 유닛이 말, 소, 폭포와 같은 다른 객체와 장면을 식별하도록 진화한 것을 봤다. 플레이시스 데이터 세트에 포함된 많은 장소에 이런 동물이나 장면이 포함돼 있다. 플레이시스로 사전 훈련된 모델을 이미지넷 데이터 세트로 튜닝하면 고유 식별기 수가 감소하는 것도 관찰했다. 이미지넷에 개로 라벨링된 데이터의 비율이 훨씬 높기 때문에 이 신경망의 경우, 많은 유닛이 개를 인지하는 식별기로 진화했다.

6.4.4 개념 식별기 시각화

이전 절에서 각 개념 범주 및 개념에 대한 고유 식별기 수를 살펴보면서 CNN 특성 학습 레이어 유닛의 해석 가능성을 정량화했다. 이번 절에서는 넷다이섹트 라이브러리가 만든 특성 학습 레이어 각 유닛에 대한 이진 유닛 세분화 맵을 시각화한다. 라이브러리는 원본 이미지에 이진 유닛 분할 맵을 겹쳐놓은 JPG 파일을 만들게 된다. 이는 유닛이 어떤 개념을 위해 원본 이미지에서 초점을 맞추고 있는 픽셀을 시각화하려는 경우에 유용하다.

모든 유닛과 모델에 대해 생성된 모든 이미지를 시각화하기에는 공간이 부족하다. 따라서 플레이시스 데이터 세트로 사전 훈련된 모델과 특정 개념에 대한 이미지가 최대로 활성화되는 유닛에 초점을 맞출 것이다. 다음 함수를 사용해 라이브러리가 만든 이진 분할 이미지를 얻을 수 있다.

```
import matplotlib.image as mpimg                                              ❶

def get_image_and_stats(**kwargs):                                           ❷
    network_name=kwargs.get("network_name", "resnet18")                      ❸
    dataset=kwargs.get("dataset", "places365")                              ❸
    results_dir=kwargs.get("results_dir", "result")                        ❸
    layer=kwargs.get("layer", "layer4")                                    ❸
    unit=kwargs.get("unit", "0000")                                        ❸

    result_file=os.path.join(results_dir,

    f"pytorch_{network_name}_{dataset}/tally_{layer}.csv")                  ❹
    df_result=pd.read_csv(result_file)                                     ❹

    image_dir=os.path.join(results_dir, f"pytorch_{network_name}_{dataset}/html/image")  ❺
    image_file=os.path.join(image_dir, f"{layer}-{unit}.jpg")             ❺
    img=mpimg.imread(image_file)                                          ❺

    df_unit_stats=df_result[df_result["unit"]==int(unit)+1]              ❻
    stats=None                                                          ❼
    if len(df_unit_stats) > 0:                                          ❽
        stats={                                                        ❽
            "category": df_unit_stats["category"].tolist()[0],          ❽
            "label": df_unit_stats["label"].tolist()[0],                ❽
            "iou": df_unit_stats["score"].tolist()[0]                   ❽
        } #H                                                           ❽
    return img, stats                                                  ❾
```

❶ 이미지를 로딩하고 표시하기 위해 맷플롯립이 제공하는 mpimg 모듈 임포트

❷ 특정 유닛에 대한 이미지에 겹쳐진 이진 유닛 세분화 맵과 관련 통계 획득

❸ 망 이름, 데이터 세트, 결과 경로, 특성 학습 레이어, 관심 유닛 획득

❹ 집계 결과 파일을 판다스 데이터프레임으로 로딩

❺ 원본 이미지에 겹쳐진 이진 유닛 분할 맵 로딩

❻ 데이터프레임을 필터링해 관심 레이어 및 유닛에 대한 통계 획득

❼ stats 변수를 None으로 초기화

❽ 관심 레이어 및 유닛에 대한 결과가 있으면 데이터프레임에서 범주, 라벨, IoU를 추출해 딕셔너리에 저장

❾ 관심 레이어 및 유닛에 대한 이미지 및 관련 통계 반환

이제 비행기 객체를 식별하는 247, 39 유닛에 초점을 맞춰 보자. 이전 절에서(그림 6.14 참
조) 비행기 객체가 플레이시스 모델의 모든 객체 중 가장 많은 고유 식별기를 갖고 있다

는 것을 확인했다. 유닛은 넷다이섹트 라이브러리에 의해 인덱스가 0인 4자리 문자열로 저장된다. 따라서 유닛 247과 39를 위해 get_image_and_stats 함수에 유닛 키워드 인수로 문자열 "0246"과 "0038"을 각각 전달해야 한다. 다음 코드는 이미지과 관련 통계를 가져와 맵플롯립에 시각화한다. 결과 도표는 그림 6.17에 나와 있다.

```
img_247, stats_247=get_image_and_stats(unit="0246")          ❶
img_39, stats_39=get_image_and_stats(unit="0038")            ❷
f, ax=plt.subplots(2, 1, figsize=(15, 4))                    ❸
ax[0].imshow(img_247, interpolation='nearest')               ❹
ax[0].grid(False)                                            ❹
ax[0].axis(False)                                            ❹
ax[0].set_title(f"Unit: 247, Label: {stats_247['label']}, Category:   ❹
➥ {stats_247['category']}, IoU: {stats_247['iou']:.2f}", fontsize=16) ❹
ax[1].imshow(img_39, interpolation='nearest')                ❺
ax[1].grid(False)                                            ❺
ax[1].axis(False)                                            ❺
ax[1].set_title(f"Unit: 39, Label: {stats_39['label']}, Category:     ❺
➥ {stats_39['category']}, IoU: {stats_39['iou']:.2f}", fontsize=16);  ❺
```

❶ 유닛 247의 이미지 및 통계 추출
❷ 유닛 39의 이미지 및 통계 추출
❸ 2개의 하위 도표 행을 가진 맵플롯립 그림 생성
❹ 유닛 247의 이미지를 첫 번째 행에 표시하고 제목에 통계를 표시
❺ 유닛 39의 이미지를 마지막 행에 표시하고 제목에 통계를 표시

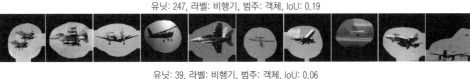

유닛: 247, 라벨: 비행기, 범주: 객체, IoU: 0.19

유닛: 39, 라벨: 비행기, 범주: 객체, IoU: 0.06

▲ **그림 6.17** 객체 개념 식별기의 시각화 – 비행기

그림 6.17의 첫 번째 행은 유닛 247이 최대로 활성화된 브로덴 이미지 10개에 대해 만들어진 분할 이미지를 보여 주고 있다. 평균 IoU는 0.19이다. 이진 유닛 분할 맵이 원본 이

미지에 중첩되기 때문에 활성화되는 픽셀은 $S_i >= T_k$이다. 활성화되지 않은 픽셀은 검게 표시돼 있다. 이미지에서 유닛이 다른 임의의 물체가 아닌 비행기에 초점을 맞추고 있다는 것을 알 수 있다. 그림 6.17의 아래 행은 유닛 39이 최대로 활성화된 10개의 브로덴 이미지에 대해 생성된 분할 이미지를 보여 주고 있다. 평균 IoU는 0.06으로 더 낮다. 이미지에서 비행기뿐만 아니라 새, 비행, 하늘, 파란색과 같은 일반적인 개념을 대상으로도 유닛이 활성화됐다는 것을 알 수 있다.

그림 6.18은 기차(첫 번째 행), 버스(중간 행), 트랙(마지막 행)의 세 가지 객체에 대해 생성된 이진 분할 이미지를 보여 주고 있다. 대상 유닛은 각각 168, 386, 218이다. 기차 식별기의 경우, 활성화된 픽셀에서 엔진과 철도 선로를 볼 수 있다. 평균 IoU는 0.27로 높다. 버스 개념 식별기의 경우, 활성화된 픽셀은 큰 창문과 상대적으로 전면이 평평한 차량과 같은 일반적인 개념과 버스를 강조하는 것으로 보인다. 평균 IoU는 0.24이다. 트랙 개념 식별기는 흥미롭다. 활성화된 픽셀은 철도 선로, 볼링장 레인, 초밥 선로 등을 포함한 2개의 평행한 선로가 있는 이미지를 강조하는 것처럼 보인다. 평균 IoU는 0.06이다.

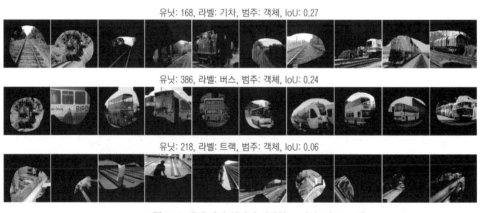

▲ **그림 6.18** 객체 개념 식별기 시각화 – 기차, 버스, 트랙

마지막으로, 그림 6.19는 훈련 세트에 직접 표현되지 않은 장면에 대한 분할 이미지를 보여 주고 있다. 각각 고속도로와 보육원 장면을 보여 주는 유닛 379와 370을 살펴보고 있다. 위쪽 행은 고속도로 장면, 아래쪽 행은 보육원 장면을 보여 준다. 플레이시스 데이

터 세트로 훈련된 모델이 이러한 상위 수준 장면 개념을 정말 잘 학습한다는 것을 볼 수 있다.

유닛: 379, 라벨: 고속도로, 범주: 장면, IoU: 0.07

단위: 370, 라벨: 보육원, 범주: 장면, IoU: 0.16

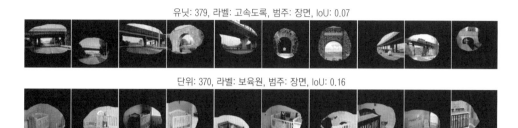

▲ **그림 6.19** 장면 개념 식별기 시각화 – 고속도로, 보육원

6.4.5 망 해부의 한계

망 해부 프레임워크는 블랙박스 신경망을 이해하는 데 도움이 되는 훌륭한 도구이다. 정량적 해석을 통해 시각적 귀속 기법의 한계를 극복한다. 특성 학습 레이어의 각 유닛에서 학습한 특성이나 개념을 시각화해 CNN이 이미지를 식별하는 작업을 어떻게 분해하는지 확인할 수 있다. 그러나 망 해부 프레임워크는 프레임워크 저자가 원논문에서 강조한 바와 같이 다음과 같은 한계가 있다.

- 프레임워크를 쓰려면 픽셀 수준에서 라벨링된 개념 데이터 세트가 필요하다. 프레임워크에 가장 중요한 단계로 상당한 시간과 비용이 소요될 수 있다. 더욱이 데이터 세트에 명시되지 않은 개념은 망이 그것을 학습했더라도 유닛을 해석할 때 나타나지 않는다.
- 프레임워크는 하나의 개념을 공동으로 식별하는 유닛 집합을 식별할 수 없다.
- 유닛의 해석 가능성은 "고유 식별기 수"의 지표로 정량화한다. 이 지표는 상위 수준 개념을 학습할 수 있는 크고 깊은 망에 상대적으로 적합하다.

신경망 분석은 활발히 연구되고 있는 분야이며, 연구 커뮤니티는 개념 자동 식별, 개념 점수를 사용한 신경망을 대상으로 한 적대적 공격 식별 등과 같은 많은 유망한 기술을 살펴보고 있다.

요약

- 5장에서 배운 시각적 귀속 기법에는 몇 가지 제약이 있다. 이런 기법은 보통 정성적 평가를 하며 매우 주관적이다. 이러한 기법은 합성곱 신경망의 특성 학습 레이어 및 유닛에서 학습한 하위 수준과 상위 수준 개념이나 특성에 대한 정보를 제공하지 않는다.

- 6장에서 논의한 망 해부 프레임워크는 보다 정량적인 해석을 제시함으로써 시각적 귀속 기법의 한계를 극복한다. 프레임워크를 사용하면 합성곱 신경망의 특성 학습 레이어에서 학습한 사람이 이해할 수 있는 개념을 알아볼 수 있다.

- 프레임워크는 개념 정의, 망 조사, 일치 정도 측정의 세 가지 주요 단계로 구성된다. 개념 정의 단계는 픽셀 수준으로 라벨링된 개념 데이터 세트를 수집해야 하기 때문에 가장 중요한 단계이다. 망 조사 단계는 미리 정의된 개념에 응답하는 망 유닛을 찾는 단계이다. 마지막으로 일치 정도 측정 단계는 유닛 활성화가 해당 개념과 얼마나 연관성을 갖는지 정량화한다.

- 이미지넷 및 플레이시스 데이터 세트로 훈련된 파이토치 모델에 넷다이섹트 라이브러리를 사용해 망 해부 프레임워크를 실행하는 방법을 배웠다. 이 개념에는 브로덴 데이터 세트를 사용했다.

- "고유 식별기 수" 지표를 사용해 유닛의 해석 가능성을 정량화하는 방법을 배웠고 다양한 개념 범주와 개념에 대한 유닛의 해석 가능성을 시각화했다.

- 라이브러리가 생성한 이진 유닛 분할 이미지를 시각화해 특정 개념에 대해 유닛이 어떤 픽셀에 초점을 맞추고 있는지 확인하는 방법도 배웠다.

- 망 해부 프레임워크는 블랙박스 신경망을 이해하는 데 도움이 되는 훌륭한 도구이다. 그러나 몇 가지 한계가 있다. 라벨링된 개념 데이터 세트를 만드는 작업은 시간과 비용이 많이 필요할 수 있다. 프레임워크는 하나의 개념을 공동으로 식별하는 유닛 집합을 식별할 수 없다. "고유 식별기 수" 지표는 상위 수준 개념을 학습할 수 있는 크고 깊은 망에 상대적으로 적합하다.

7

의미론적 유사성의 이해

6장에서 블랙박스 모델 안의 복잡한 처리 및 작업 해석에서 모델이 학습한 표현 또는 특성 해석으로 초점을 옮겨봤다. CNN^{Convolutional Neural Network, 합성곱 신경망}의 특성 학습 레이어에서 어떤 개념을 학습하는지 이해하기 위해 망 해부 프레임워크를 자세히 살펴봤다. 프레임워크는 개념 정의, 망 조사, 일치 정도 측정의 세 가지 주요 단계로 구성됐다. 개념 정의 단계는 데이터 수집, 특히 픽셀 수준으로 라벨링된 개념 데이터 세트를 수집하는 것으로, 가장 시간이 오래 걸리고 중요한 단계이다. 다음 단계는 망을 조사하고 미리 정의한 개념에 반응하는 CNN 유닛을 판단하는 것이다. 마지막 단계는 유닛의 반응이 개념과 얼마나 일치하는지 정량화하는 것이다. 이 프레임워크는 인간이 이해할 수 있는 개념의 형태로 정량적 해석을 제시함으로써 시각적 귀속 기법의 한계를 극복했다.

7장은 심층 신경망에서 학습한 표현을 해석하는 주제를 계속 다루지만, 대상은 NLP^{Natural}

Language Processing. 자연어 처리 모델로 전환한다. NLP는 자연어를 다루는 머신러닝^{machine} learning의 하위 분야이다. 지금까지 수치적 특성을 가진 이미지 또는 표 형태의 입력을 처리했다. NLP는 텍스트 형태의 입력 데이터를 처리한다. 구체적으로는 밀집돼 있고 의미론적으로 의미 있는 형태로 텍스트를 표현하는 방법과 이러한 표현을 통해 학습된 의미가 비슷한 단어, 즉 의미론적 유사성을 갖는 단어를 해석하는 방법에 중점을 둘 것이다.

먼저 영화 리뷰에서 정서를 분석하는 구체적인 사례를 소개한다. 그런 다음, 의미론적으로 의미 있는 형태로 텍스트를 표현하는 데 많이 사용하는 흥미로운 딥러닝 분야인 신경 단어 임베딩에 대해 알아본다. 이러한 단어 표현은 감정을 예측하는 모델의 입력으로 사용할 수 있다. 7장의 나머지는 단어 표현에서 의미론적 유사성을 해석하고 시각화하는 데 중점을 둔다. PCA^{Principal Component Analysis, 주성분 분석} 및 t−SNE^{t-distributed Stochastic Neighbor Embedding, t-분산 확률적 이웃 임베딩}와 같은 선형 및 비선형 차원 축소 기술도 구체적으로 배워 본다.

7.1 감정 분석

7장은 인터넷 영화 저장소^{Internet Movie Repository}의 영화 리뷰 정서를 판단한다. 7장의 목적은 리뷰^{review}가 긍정적 또는 부정적인 감정과 관련이 있는지 확인하는 것이다. 그림 7.1은 이를 설명하고 있다. 두 편의 영화와 각각에 대한 2개의 리뷰가 있다. 명시된 영화 등급은 설명을 위한 것으로 그 밖의 목적은 없다. 각 리뷰의 단어 또는 단어 시퀀스^{sequence}를 기반으로 리뷰가 긍정적인 감정이나 의견을 표현하는지, 부정적인 감정을 표현하는지 판단하고자 한다.

목표는 어떤 리뷰가 주어지면 그것이 긍정적인 감정 또는 부정적인 감정을 전달하는지 판단하는 AI 시스템을 구축하는 것이다. 따라서 이를 이진 분류 문제로 볼 수 있다. 4장과 5장에서 살펴봤던 이진 분류 모델과 비슷하지만, 수치적 특성을 가진 이미지나 표 형태의 데이터가 아닌 그림 7.2처럼 일련의 단어가 입력 데이터로 주어지게 된다. 모델의 입력은 리뷰가 되는 단어 조합, 출력은 리뷰의 감정이 긍정적일 확률을 나타내는 점수가 된다.

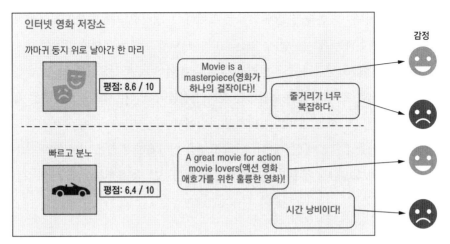

▲ 그림 7.1 영화평 감정 분석

그림 7.2에서 감정 분석 모델은 하나의 블랙박스로 표현돼 있다. 모델 세부 사항은 7.3.4절에서 다룰 것이다. 모델 구축 방법을 살펴보기 전에 다음 두 가지 주요 질문에 답해야 한다.

1. 모델이 처리할 수 있는 형태로 단어를 어떻게 표현할까?
2. 단어 조합은 어떻게 모델링하고 그것을 기반으로 분류 모델을 어떻게 구축할 수 있을까?

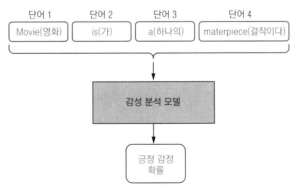

▲ 그림 7.2 감정 이진 분류기

이 책의 주요 관심은 첫 번째 질문에 답하는 것이다. 밀접하고 의미론적으로 의미 있는 형태로 단어를 표현하는 데 사용할 수 있는 딥러닝 모델과 이를 해석하는 방법에 대해 알아보게 된다. 단어를 표현하는 좋은 방법을 찾고 나면 단어 시퀀스를 처리하는 모델을 구축하는 방법을 묻는 두 번째 질문에 답하는 것은 간단할 수 있다. 시퀀스 모델링은 이 책이 주요하게 다루고자 하는 내용은 아니지만, 6장에서 배운 기술을 사용해 이러한 모델을 해석하는 방법을 간략하게 살펴본다. 단어 표현을 이야기하기 전에 먼저 영화 리뷰 데이터 세트를 살펴보고 감정 분류기를 구축하기 위해 단어를 잘 표현해야 하는 이유를 알아보자.

7.2 탐색적 데이터 분석

이번 절은 영화 리뷰 데이터 세트를 탐색하고 상대적으로 간단한 논리 회귀 또는 트리 기반 모델을 훈련하기 위해 수치적 특성을 도출할 수 있는지 알아본다. 주요 목표는 의미론적으로 의미 있는 단어 표현을 제시하고 단어 시퀀스를 모델링할 필요성을 판단하는 것이다. 파이토치에서 제공하는 torchtext 패키지를 사용해 데이터 세트를 로딩loading하고 처리한다. torchtext 패키지는 다양한 데이터 처리 함수와 많이 사용하는 데이터 세트와 NLP에 사용할 수 있는 모델을 제공한다는 점에서 torchvision과 비슷하다. 다음과 같이 pip으로 패키지를 설치할 수 있다.

```
$> pip install torchtext
```

torchtext 외에 문자열 토큰화tokenization에 사용할 수 있는 인기 있는 NLP 라이브러리인 spaCy도 함께 설치할 수 있다. 토큰화는 텍스트 문자열을 단어나 문장 부호와 같은 개별 구성 요소, 즉 토큰으로 분할하는 과정을 말한다. 가장 단순한 토큰화 방법은 텍스트 문자열을 공백 기준으로 분할하는 것이지만, 이 방법은 문장 부호를 고려하지 않는다. spaCy 라이브러리는 다양한 언어의 문자열을 토큰화하는 좀 더 정교한 방법을 제공한다. 7장은 영어에 중점을 둘 것이므로 문자열 토큰화에 en_core_web_sm이라는 모델을 사용한다. spaCy 라이브러리와 모델은 다음과 같이 설치할 수 있다.

```
$> pip install spacy
$> python -m spacy download en_core_web_sm
```

모든 라이브러리가 준비됐으므로 이제 다음과 같이 영화 리뷰 데이터 세트를 로딩할 수 있다.

```
import torch                                                      ❶
from torchtext.legacy import data, datasets                      ❶
TEXT=data.Field(tokenize='spacy', tokenizer_language='en_core_web_sm')  ❷
LABEL=data.LabelField(dtype=torch.float)                         ❸
train_data, test_data=datasets.IMDB.splits(TEXT, LABEL)          ❹
```

❶ 파이토치와 torchtext에서 관련 유틸리티 임포트
❷ 영화 리뷰 텍스트를 위한 토큰화 모듈을 갖고 Field 클래스 초기화
❸ 감정 라벨을 플롯(float)형으로 로딩하도록 LabelField 클래스 초기화
❹ 영화 리뷰 데이터 세트를 로딩하고 훈련 및 테스트 세트로 분할

이제 표 7.1에 요약된 훈련 및 테스트 세트의 리뷰 수, 긍정과 부정 리뷰 비율, 각 리뷰의 단어 수 등 이 데이터 세트의 몇 가지 주요 통계를 살펴보자. 지면 관계상 관련 코드를 제공하지는 않지만, 이 책의 깃허브 저장소에서 찾을 수 있다.

표 7.1에서 훈련 세트와 테스트 세트 모두 영화 리뷰 수가 25,000개로 같다는 것을 알 수 있다. 두 세트 모두 긍정 리뷰와 부정 리뷰는 균등한 비율을 가진다. 또한 훈련 세트와 테스트 세트 모두에서 리뷰 단어 수에 대한 요약 통계가 비슷하다는 것을 관찰할 수 있다. 긍정적인 리뷰와 부정적인 리뷰 사이, 특히 리뷰당 최소 단어 수와 최대 단어 수 사이에 약간의 차이가 있다는 것을 알 수 있다. 이러한 주요 요약 통계를 살펴보는 이유는 데이터 세트를 이해하는 것 외에 특정 수치적 특성을 엔지니어링해서 감정 분석을 위해 간단한 논리 회귀 또는 트리 기반 분류 모델을 구축할 수 있는지 판단하기 위해서이다.

통계		훈련 세트	테스트 세트
리뷰 수		25,000	25,000
긍정 리뷰 비율		50%	50%
부정 리뷰 비율		50%	50%
긍정 리뷰 단어 수	최소	14	11
	중간	202	198
	최고	2789	2640
부정 리뷰 단어 수	최고	11	5
	중간	203	203
	최고	1827	1290

그런 맥락에서 리뷰당 단어 수의 분포를 긍정적인 감정과 부정적인 감정 간에 비교해 보자. 긍정 리뷰와 부정 리뷰의 단어 수에 차이가 있는가? 그렇다면 부정적인 리뷰가 보통 긍정적인 리뷰보다 길거나 짧은가? 그림 7.3을 보면 이러한 질문에 답할 수 있다. 이 책의 깃허브 저장소에서 이 도표를 그리는 코드를 찾을 수 있다.

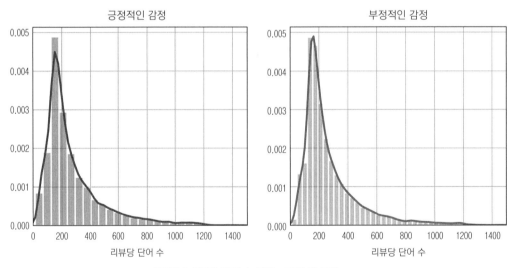

▲ **그림 7.3** 리뷰당 단어 수 분포 – 긍정 대 부정

그림 7.3에서 단어 수 측면에서 긍정적인 리뷰와 부정적인 리뷰 사이에 눈에 띄는 차이가 없다는 것을 알 수 있다. 따라서 단어 수를 갖고 리뷰가 긍정적인지, 부정적인지를 정확하게 예측할 수 없다.

단어의 존재 여부 또는 발생 빈도는 어떨까? 긍정적 리뷰 또는 부정적 리뷰에 더 흔한 단어가 있는가? 그림 7.4는 긍정적 리뷰에 보편적으로 등장하는 모든 단어로 구성된 워드 클라우드word cloud를 보여 주고 있다. 워드 클라우드는 a, the, is, at, which, on 등 흔하게 나타나는 불용어stop words와 문장 부호를 제거하는 데이터 정화 후에 만들게 된다. 이 책의 깃허브 저장소에서 관련 코드를 찾아서 불용어 제거 및 데이터 정화를 해 볼 수 있다. 워드 클라우드에 단어가 크게 표현돼 있을수록 리뷰에서 발생 빈도가 높다는 것을 의미한다. 긍정적 리뷰의 경우, 가장 흔하게 나오는 단어가 film(필름), movie(영화), one(하나), character(캐릭터) 등이라는 것을 알 수 있다. love(사랑), great(위대하다), good(좋다), wonderful(훌륭하다) 등도 긍정적인 감정을 전달하는 단어인 것으로 보인다.

▲ **그림 7.4** 긍정적인 리뷰에 대한 워드 클라우드

그림 7.5는 부정적인 리뷰에 대한 워드 클라우드를 보여 주고 있다. 얼핏 보더라도 film(필름), movie(영화), one(하나), character(캐릭터) 등 긍정 리뷰에서 봤던 단어를 부정 리뷰에서도 흔히 볼 수 있다는 것을 알 수 있다. bad(나쁜), unfortunately(불행하게도), poor(가난한), stupid(바보) 등 부정적인 감정을 전달하는 단어도 볼 수 있다. 그림 7.4와 그림 7.5를 비교하면 긍정적인 리뷰와 부정적인 리뷰의 단어 수는 눈에 띄는 차이가 없다. 그러나 사람의 지식과 직관을 사용해 데이터 세트를 추가로 정화하면 여기서 다른 통찰을 얻을 수 있다. 예를 들어, film, movie, one, character와 같은 중립적인 단어를 제거할 수 있다. 언어에 대한 배경 지식(중립 단어 식별 등)과 직관을 사용해서 하는 이런 지도 특성 엔지니어링 방식은 시간이 오래 걸리고 다른 언어로 쉽게 확장할 수 없다는 한계가 있다는 것을 쉽게 유추할 수 있을 것이다. 언어의 단어를 표현하는 더 나은 방법이 필요하며, 이는 다음 절에서 집중적으로 다룬다.

▲ **그림 7.5** 부정적인 리뷰에 대한 워드 클라우드

7.3 신경 단어 임베딩

이전 절에서 감정 분석 모델을 훈련하기 위한 수치적 특성을 찾는 것이 얼마나 어려운지 살펴봤다. 이제 가능한 한 많은 의미를 인코딩^{encoding}하는 수치 형식으로 단어를 표현하는 방법을 배워 본다. 그런 다음 이러한 단어 표현을 사용해 감정 분석 모델을 훈련할 수 있다. 시작하기 전에 용어를 살펴보자. 의미론적 의미를 인코딩하는 단어의 밀집한 표현을 단어 임베딩$^{word\ embedding}$ 또는 단어 벡터$^{word\ vector}$, 분산 표현$^{distributed\ representation}$이라고 한다. 신경망이 학습한 표현 또는 단어 임베딩을 신경 단어 임베딩이라고 한다. 7장은 신경 단어 임베딩에 초점을 맞춰 설명한다.

몇 가지 NLP 용어를 더 알아야 한다. 말뭉치^{corpus}라는 용어를 사용해 처리할 텍스트를 나타낸다. 영화 리뷰 예제의 경우, 말뭉치는 데이터 세트의 모든 영화 리뷰를 포함한다. 텍스트 말뭉치 내의 단어를 지칭하기 위해 어휘^{vocabulary}라는 용어를 사용한다.

7.3.1 원 핫 인코딩

이제 간단한 단어 표현 방법을 살펴보면서 단어 임베딩의 필요성을 알아보자. 이번 실습은 밀집돼 있고 의미가 있는 형태로 단어를 표현하는 더욱 정교한 방법을 생각해내야 할 필요성을 보여 준다. V개의 어휘로 구성된 텍스트 말뭉치가 있다고 가정해 보자. 어휘 크기 V는 보통 매우 크다. 그림 7.6에 표시된 예를 살펴보자. 그림 왼쪽의 표에서 말뭉치에 속한 단어를 볼 수 있다. 표에서 말뭉치가 10,000개 이상의 단어로 구성돼 있다는 것을 알 수 있다. 표에서 위치를 나타내는 인덱스^{index}를 말뭉치의 각 단어에 할당한다.

말뭉치 단어를 표현하는 간단한 방법은 어휘 크기 V와 같은 크기의 벡터를 사용하는 것이다. 여기서 벡터의 각 원소는 말뭉치의 단어가 된다. 그림 7.6에서 "movie is a masterpiece"라는 문장의 단어를 표현한 것을 볼 수 있다. this라는 단어에 대한 간단한 표현은 다른 단어에 대한 값이 0, this라는 단어의 인덱스 값이 1인 벡터를 구성하는 것이다. 이와 마찬가지로 문장의 다른 단어에 대해서도 1인 인덱스 값을 제외하고 나머지 모두 0으로 구성된 벡터가 만들어진 것을 볼 수 있다. 이러한 표현 방법을 원 핫 인코딩$^{one-hot\ encoding}$이라고 한다.

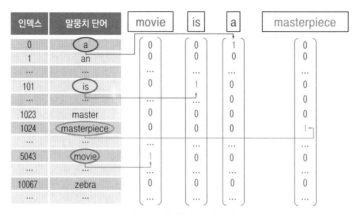

▲ **그림 7.6** 원 핫 인코딩된 벡터

그림 7.6에서 볼 수 있듯이 원 핫 인코딩은 벡터가 대부분 0이고 하나만 1인, 극도로 단순한 표현을 사용한다. 단어의 의미론적 정보를 인코딩하지 않는다. 자주 나타나거나 의미가 비슷한 단어는 이 표현만으로 식별하기 어렵다. 벡터의 크기도 크다. 단어를 표현하려면 어휘 수만큼 큰 벡터가 필요하다. 이러한 벡터의 처리는 컴퓨팅 및 저장 자원 측면에서 매우 비효율적이다.

그림 7.6의 표현은 실제로 매우 단순하다. 불용어를 제거해서 표현을 개선하는 방법도 있다. 그렇게 해서 단어를 나타내는 데 사용하는 원 핫 인코딩 단어 벡터의 크기를 줄일 수 있다. 또 다른 대안은 BoW^{Bag of Words}(단어 가방) 모델을 사용하는 것이다. BoW 모델은 기본적으로 말뭉치에서 자주 나타나는 숫자를 각 단어에 매핑한다. 불용어는 언어에 자주 나타나기 때문에 일반적으로 BoW 표현에서 더 큰 숫자 값을 가진다. 이러한 중지 단어를 제거하거나 TF-IDF^{Term Frequency Inverse Document Frequency, 용어 빈도 역문서 빈도}라는 다른 표현 방법을 사용할 수도 있다. TF-IDF 모델은 각 단어가 리뷰에 포함된 횟수를 리뷰 말뭉치에 해당 단어가 나타나는 빈도를 기준으로 역으로 가중한다. 불용어에 할당되는 수치가 낮기 때문에 이 모델은 불용어를 필터링하기 좋은 방법이다. 리뷰 전체에서 자주 나타나는 단어의 값은 작을 수밖에 없게 된다. BoW와 TF-IDF는 모두 단어를 표현하는 효율적인 방법이지만, 여전히 단어의 의미론적 정보를 인코딩하지는 않는다.

7.3.2 워드투벡

워드투벡^{Word2Vec}(Word to Vector의 줄임말) 임베딩을 사용하면 원 핫 인코딩, BoW, TF-IDF 등 단순 표현 방법의 한계를 극복할 수 있다. 워드투벡은 기본적으로 문맥을 고려해서 단어를 살펴본다. 함께 자주 나타나는 단어를 살펴보면서 의미를 인코딩할 수 있다. 예제를 보고 몇 가지 표현법을 생각해 보자. 그림 7.7에 "movie is a masterpiece"라는 전과 같은 문구를 볼 수 있다. 그림 7.7은 또한 크기가 3인 창, 즉 *movie*, *is*, *a*의 세 가지 토큰 또는 단어로 구성된 창을 보여 준다. 창 크기는 문구의 토큰 또는 단어 수와 같다. 문구에서 중간에 있는 단어를 w_t, 바로 왼쪽에 있는 단어를 w_{t-1}, 바로 오른쪽에 있는 단어를 w_{t+1}로 표시한다. 중심 단어의 왼쪽과 오른쪽에 있는 단어는 주변 단어 또는 문맥 단어라고도 한다.

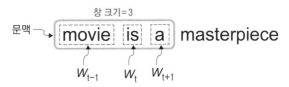

▲ **그림 7.7** 문맥, 창 크기, 주변 단어, 중심 단어를 표현한 그림

워드투벡 임베딩을 위해 두 가지 주요 신경망 아키텍처를 사용할 수 있다. 그림 7.8에 나타낸 것은 CBOW$^{Continuous Bag Of Words, 지속 단어 가방}$와 스킵그램$^{skip-gram}$이다.

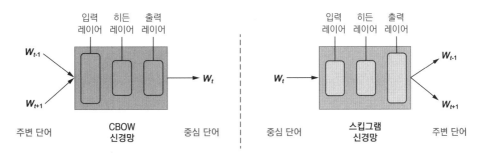

▲ **그림 7.8** 창 크기=3인 CBOW 및 스킵그램 신경 단어 임베딩 모델

그림 7.8에서 볼 수 있듯이 CBOW 아키텍처의 기본 개념은 주변 단어 또는 문맥 단어를 주었을 때 중심 단어를 예측하는 것이다. 신경망 아키텍처는 입력 레이어, 히든 레이어,

출력 레이어로 구성된 완전 연결 신경망이다. 반면, 스킵그램 아키텍처는 중심 단어를 주면 주변 단어나 문맥 단어를 예측한다. 신경망 아키텍처는 CBOW와 비슷하다. CBOW와 스킵그램 모델은 모두 인접 단어 또는 보편적으로 함께 나타나는 단어를 예측한다는 점에서 비슷하다. 그러나 다른 면도 있다. 스킵그램 모델은 적은 양의 데이터로 잘 동작하며 발생 빈도가 적은 단어도 잘 표현한다. 반면, CBOW 모델은 학습 속도가 더 빠르고 발생 빈도가 많은 단어를 더 잘 표현하는 것으로 나타났다. 두 모델의 훈련 과정은 동일하다. 따라서 설명의 편의를 위해 스킵그램 훈련 과정을 자세히 살펴보겠다.

스킵그램 단어 임베딩을 훈련하는 첫 번째 단계는 훈련 데이터 세트를 만드는 것이다. 텍스트 말뭉치를 주면 중심 단어는 입력, 주변 또는 문맥 단어는 출력으로 구성된 데이터 세트를 만들게 된다. 창 크기는 훈련 과정에 중요한 초매개변수이기 때문에 데이터 세트를 만들기 전에 문맥의 창 크기를 알아야 한다. 그림 7.9는 이전 모델과 동일하게 창 크기가 3인 구체적인 예를 보여 주고 있다. 그림에서 이전과 동일한 예문을 사용하고 있다. 텍스트 시작 부분에 문맥 창을 놓고(그림에서 문맥 1로 표시) 중심 단어와 주변 단어를 식별한다. 그런 다음, 중심 단어는 입력, 주변 단어는 출력으로 구성된 훈련 데이터 테이블^{table}을 생성한다. 문맥 1에 대한 테이블에서 *is*라는 단어는 2개의 이웃 단어인 *movie*, *a*와 연관돼 있다.

그림 7.9의 문맥 2에서 보여 주고 있듯이 창을 단어 단위로 오른쪽으로 밀어서 이 과정을 계속한다. 새 중심 단어와 주변 단어로 구성된 항목을 훈련 데이터 테이블에 추가한다. 말뭉치의 모든 텍스트에 대해 이 과정을 반복한다. 입력 및 출력 단어로 구성된 훈련 데이터 세트를 만들고 나면 스킵그램 신경망을 훈련할 준비가 된 것이다. 중심 단어가 특정 주변 단어를 예측하는 대신, 주어진 단어 쌍이 이웃인지 추정하도록 문제를 이진 분류 문제로 재구성해 훈련 과정을 더욱 단순하게 할 수 있다. 한 쌍의 단어가 문맥 내에 나타나는 경우, 인접 단어가 된다. 그림 7.9에서 생성한 훈련 데이터 테이블을 사용해 이 새로운 이진 분류 문제를 위한 긍정 라벨을 만들 수 있다. 결과를 그림 7.10의 위쪽에서 보여 주고 있으며 여기서 입력 및 출력(주변 또는 문맥) 단어 테이블은 긍정 라벨(즉, 라벨=1)을 갖는 단어 쌍을 나타내는 테이블로 변환된다. 긍정 라벨은 해당 단어 쌍이 이웃이라는 것을 나타낸다.

문맥 1
movie is a masterpiece
입력 단어
출력 단어
훈련 데이터
is
movie
a
문맥 1
문맥 2
movie is a masterpiece
입력 단어
출력 단어
훈련 데이터
is
movie
a
문맥 1
a
is
masterpiece
문맥 2

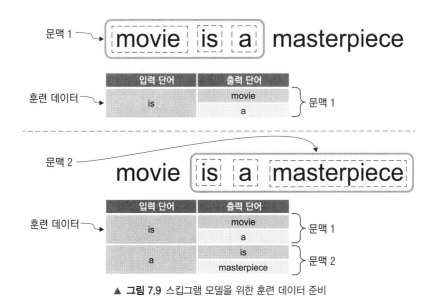

▲ **그림 7.9** 스킵그램 모델을 위한 훈련 데이터 준비

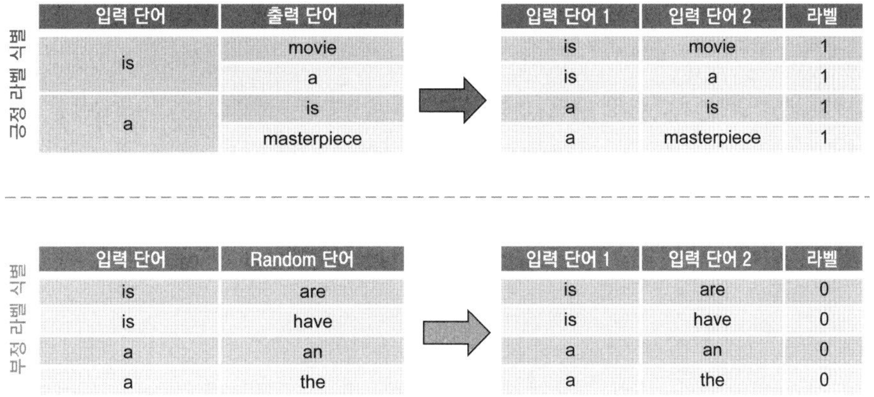

긍정 라벨 식별
입력 단어
출력 단어
is
movie
a
a
is
masterpiece
입력 단어 1
입력 단어 2
라벨
is movie 1
is a 1
a is 1
a masterpiece 1
부정 라벨 식별
입력 단어
Random 단어
is are
is have
a an
a the
입력 단어 1
입력 단어 2
라벨
is are 0
is have 0
a an 0
a the 0

▲ **그림 7.10** 부정 샘플링을 사용한 훈련 데이터 준비

이웃이 아니라는 것을 의미하는 부정 라벨을 가진 단어 쌍은 어떻게 판단할까? 부정 샘플링negative sampling이라는 과정으로 이를 수행할 수 있다. 우선 그림 7.9의 훈련 데이터 테이블에 있는 각 단어를 위해 어휘에서 새 단어를 무작위로 선정한다. 이때는 창 크기의 선택이 중요하다. 어휘의 단어 수와 비교할 때 창 크기가 상대적으로 작은 경우, 임의 선정을 통해 선택한 단어가 입력 단어의 문맥에 포함되지 않을 가능성이 작아진다. 그 결과

는 그림 7.10의 아래쪽에서 보여 주고 있다. 그리고 입력 단어와 무작위 선정 단어 쌍에 부정 라벨(즉, 라벨=0)을 할당한다. 이렇게 만든 쌍은 이웃이 아닌 단어 쌍에 해당한다.

새로운 이진 분류 함수를 위한 훈련 데이터 세트를 만들고 나면 스킵그램 모델을 훈련할 준비가 된 것이다. 이렇게 만든 새로운 신경망 모델을 부정 샘플링 기반 스킵그램이라고 부른다. 입력 단어는 원 핫 인코딩된 벡터로 표현된다. 모델은 두 단어가 이웃인지 판단 하도록 훈련됐지만, 훈련 과정의 최종 목표는 단어에 대한 신경 단어 임베딩 또는 밀접 표현을 학습하는 것이다. 이것이 아키텍처의 히든 레이어 목적이다. 히든 레이어를 위해 그림 7.11에 표시된 2개의 행렬(임베딩 행렬과 문맥 행렬)을 초기화해야 한다. 임베딩 행렬 에서 어휘의 각 단어는 하나의 행을 구성한다. 열 수는 단어 임베딩 또는 단어를 나타내 는 데 사용한 단어 벡터의 크기를 반영한다. 이는 그림 7.11에 N으로 표시돼 있다.

또한 훈련 전에 다른 초매개변수인 임베딩 크기를 결정해야 한다. 임베딩 크기의 선택에 따라 원하는 표현 밀도가 결정된다. 그리고 표현으로 포착되는 의미론적 정보의 양이 결 정된다. 문맥 행렬도 임베딩 행렬과 같은 크기를 가진다. 두 행렬 모두 임의의 값으로 초 기화한다. 이 행렬의 값은 그림 7.10에서 만든 훈련 데이터 세트로 훈련하려는 신경망의 매개변수가 된다.

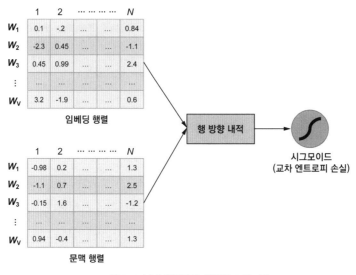

▲ **그림 7.11** 부정 샘플링을 사용한 스킵그램

이제 훈련 과정을 자세히 살펴보자. 그림 7.11은 2개의 행렬과 행렬로 하는 행 방향 내적 연산을 보여 주고 있다. 각 행의 내적은 두 단어 쌍 간의 유사도를 측정한다. 그런 다음 결과 벡터를 시그모이드 함수에 전달하면 0과 1 사이의 유사도 및 확률 측정값을 얻게 된다. 이후 이 점수를 훈련 데이터 단어 쌍의 실제 라벨과 비교하고 그 결과를 갖고 매개 변수를 업데이트할 수 있다. 매개변수는 4장과 5장에서 배운 것처럼 역전파로 업데이트 할 수 있다.

훈련 과정이 완료되면 문맥 행렬을 버리고 단어와 해당 신경 단어 임베딩의 매핑으로 임 베딩 행렬을 사용할 수 있다. 매핑은 다음과 같이 얻을 수 있다. 임베딩 행렬의 각 행은 어휘의 특정 단어에 대한 표현이 된다. 예를 들어, 행렬의 첫 번째 행은 단어 w_1, 두 번째 행은 단어 w_2를 나타내게 된다.

7.3.3 글로브 임베딩

부정 샘플링 모델을 사용하는 스킵그램은 한정된, 즉 로컬 문맥 안에서 발생하는 단어 쌍 간의 유사도를 포착하는 밀집 단어 표현을 제시하는 좋은 방법이다. 그러나 이 모델은 불 용어를 식별하는 좋은 방법은 아니다. *is*, *a*, *the*, *this*와 같은 불용어는 한정된 문맥 내에 서 함께 발생하기 때문에 *masterpiece* 등의 단어와 유사성이 높은 단어로 표시된다. 전 체 단어 통계, 즉 전체 텍스트 말뭉치 내에서 단어 쌍이 얼마나 자주 발생하는지 살펴봐 야 이러한 중지 단어를 식별할 수 있다. 글로벌 벡터^{global vectors}(GloVe라고도 함) 모델은 글로벌 및 로컬 통계를 모두 포착하도록 스킵그램을 개선한 것이다. 앞으로는 사전 훈련 된 글로브^{GloVe} 단어 임베딩을 사용할 것이다.

영화 리뷰 데이터 세트로 글로브 단어 임베딩을 처음부터 훈련하지 않고 훨씬 더 큰 텍스 트 말뭉치로 사전 훈련된 글로브 임베딩을 사용할 것이다. 단어 임베딩을 훈련하는 데 많 이 사용하는 텍스트 말뭉치는 위키피디아^{Wikipedia}이다. 위키피디아 말뭉치로 미리 훈련된 글로브 임베딩을 로딩하는 방법은 두 가지이다.

1. 파이토치에서 제공하는 토치텍스트^{torchtext} 패키지 사용
2. 자연어 처리에 많이 사용하는 오픈소스 파이썬 라이브러리인 젠심^{gensim} 사용

토치텍스트를 사용해 글로브 임베딩을 로딩하는 첫 번째 접근 방식은 감정 분류 등을 위해 이러한 임베딩을 파이토치 기능으로 사용하는 다른 구체적인 모델을 훈련해야 하는 경우에 유용하다. 젠심을 사용해 글로브 임베딩을 로딩하는 두 번째 접근 방식은 많은 유용한 기능을 바로 사용할 수 있기 때문에 단어 임베딩을 분석하는 데 좋다. 전자는 감정 분류기를 훈련하는 데 사용하고 후자는 단어 임베딩을 해석하는 데 사용한다. 다음과 같이 토치텍스트를 사용한 단어 임베딩을 로딩할 수 있다.

```
import torchtext.vocab                              ❶

glove=torchtext.vocab.GloVe(name='6B',             ❷
                            dim=100)               ❸
```

❶ 토치텍스트에서 vocab 모듈 임포트
❷ 위키피디아 말뭉치 60억 개 단어로 사전 훈련된 모델을 갖고 글로브 클래스를 초기화
❸ 크기를 100으로 해서 글로브 임베딩 로딩

위키피디아 말뭉치의 60억 개 단어로 사전 훈련된 글로브 임베딩을 로딩한다. 사전 훈련된 모델의 임베딩 크기는 100이다.

컴퓨터에 젠심이 설치되지 않은 경우, 다음과 같이 설치할 수 있다.

```
$> pip install --upgrade gensim
```

그런 다음, 다음과 같이 글로브 임베딩을 로딩할 수 있다.

```
from gensim.models import KeyedVectors                          ❶
from gensim.scripts.glove2word2vec import glove2word2vec        ❶
from gensim.test.utils import datapath, get_tmpfile             ❶

path_to_glove='data/glove.6B/glove.6B.100d.txt'                 ❷

glove_file=datapath(path_to_glove)                              ❸
word2vec_glove_file=get_tmpfile(glove_file)                     ❸
model=KeyedVectors.load_word2vec_format(word2vec_glove_file)    ❸
```

❶ 젠심에서 관련 모듈 및 클래스 임포트
❷ 사전 훈련된 글로브 임베딩 파일 경로 초기화
❸ 글로브 임베딩 초기화

젠심의 경우, 사전 훈련된 글로브 임베딩 파일을 다운로드해야 한다. 글로브 프로젝트 웹

사이트(https://nlp.stanford.edu/projects/glove/)에서 임베딩 크기가 100이면서 위키피디

아의 60억 개 단어로 사전 훈련된 임베딩을 다운로드할 수 있다.

7.3.4 감성 분석 모델

7.1절에서 감정 분석 모델을 구축하기 위한 후 두 가지 핵심 질문을 제시했다.

1. 모델이 처리할 수 있는 형태로 단어를 어떻게 표현할까?
2. 어떻게 단어 시퀀스를 모델링하고 이를 기반으로 분류기를 구축할 수 있을까?

앞 절에서 신경 단어 임베딩을 살펴보면서 이미 첫 번째 질문에 답했다. 7장의 주요 목적

은 단어 임베딩과 이를 해석하는 방법을 이해하는 것이다. 감정 분류기를 구축에 필요한

단어 시퀀스 모델링 방법을 상위 수준으로 소개하면서 두 번째 질문에 답해 보자.

감정 분류기의 상위 수준 아키텍처는 그림 7.12의 위쪽에 묘사돼 있다. 함께 연결된 2개

의 신경망 아키텍처로 구성돼 있다. 첫 번째 신경망은 RNN, 두 번째 신경망은 4장에서

배운 완전 연결 신경망이다. 그림 7.12의 아래쪽 순환 신경망을 자세히 살펴보자.

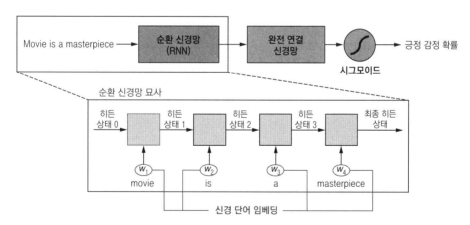

▲ **그림 7.12** 순환 신경망을 사용한 시퀀스 모델링 및 감정 분석

RNN은 일반적으로 감정 분석 문제에서 단어 시퀀스를 분석하거나 일기 예보와 같은 시계열 문제 분석에 사용한다. 감정 분석 문제의 경우, RNN은 시퀀스에서 단어를 하나씩 가져와 이전 입력을 표현하는 히든 상태를 만들게 된다. 단어는 앞 절에서 배운 신경 단어 임베딩 표현을 사용해 RNN에 입력한다. 모든 단어가 RNN에 입력되면 최종 히든 상태는 감정 분류를 위한 피드 포워드^{feed forward} 신경망을 훈련하는 데 사용된다. 이 내용은 7장과 이 책의 주요 목표는 아니기 때문에 여기서 자세히 다루지 않는다. RNN과 언어 모델에 대해 자세히 알고자 한다면 스탠포드 대학의 '딥러닝을 이용한 NLP 온라인 과정'이 좋은 자료가 될 수 있다(http://web.stanford.edu/class/cs224n/).

트랜스포머 신경망

최근 NLP 분야에서 주요 업적은 2017년 구글 연구팀이 발표한 「Attention Is All You Need」(https://arxiv.org/abs/1706.03762)라는 논문에서 제안한 트랜스포머(transformer) 신경망이다. RNN과 마찬가지로 트랜스포머 신경망 또는 트랜스포머는 순차 데이터를 모델링하는 데 사용된다. 7.3.4절에서 살펴봤듯이 RNN은 입력을 한 번에 한 단어씩 순서대로 처리한다. 다음 단어를 처리하려면 현재 단어의 출력 또는 타임스탬프(timestamp)(즉, 히든 상태)가 필요하다. 훈련 과정을 병렬로 진행하는 것은 어렵기 때문에 RNN 훈련에 상당한 시간이 필요하다. 트랜스포머는 어텐션(attention) 메커니즘을 채택해 이러한 한계를 극복하고 순서대로 단어를 입력하지 않아도 되게 한다. 간단하게 말해서 어텐션 메커니즘은 합성곱 신경망의 합성곱 기반 접근 방식과 비슷하게 시퀀스에서 더 가깝게 나타나는 단어의 상호작용은 하위 레이어, 시퀀스에서 더 멀리 나타나는 단어의 상호작용은 상위 레이어에서 모델링한다. 모든 단어는 상대 및 절대 위치 정보와 함께 한 번에 신경망에 입력된다.

여기에서 자세히 설명하지는 않는다. 이 주제를 제대로 다루려면 별도의 장이 필요하지만, 불행하게도 그것은 이 책의 범위를 벗어난다. 트랜스포머에 대해 자세히 알아볼 수 있는 훌륭한 영상 강의와 자료는 스탠포드 대학의 '딥러닝을 이용한 NLP 온라인 과정'이다(http://web.stanford.edu/class/cs224n/). 트랜스포머 신경망 아키텍처의 개발은 BERT(Bidirectional Encoder Representations from Transformers, 트랜스포머의 양방향 인코더 표현), GPT(Generative Pretrained Transformer, 생성형 사전 훈련 트랜스포머)와 같은 시스템을 포함한다. 허깅 페이스(Hugging Face)(https://huggingface.co/transformers/)에서 제공하는 오픈소스 라이브러리를 사용해 트랜스포머가 배운 사전 학습 단어 임베딩을 파이토치에 로딩할 수 있다. 글로브 단어 임베딩으로 학습한 의미론적 유사성을 이해하기 위해 다음 절에서 배우는 해석 기술은 트랜스포머 신경망이 학습한 임베딩에 적용할 수 있다. 해당 기술은 모델에 구애받지 않는 모델 애그노스틱하다.

7.4 의미론적 유사성 해석

이전 절에서 신경 단어 임베딩을 사용해 의미론적 의미를 인코딩하는 단어의 밀집 표현을 얻는 방법을 배웠다. 이제 훈련된 단어 임베딩에서 의미론적 유사성을 이해하고 해석하는 데 초점을 맞출 것이다. 의미론적 유사성을 측정하는 방법과 고차원 단어 임베딩 간의 유사성을 2차원으로 시각화하는 방법을 배워 본다.

의미론적 유사성을 측정하고 해석하기 전에 첫 번째 단계는 의미 차이가 미묘한 단어를 식별하고 비슷한 단어 간의 의미론적 유사성을 이해하는 것이다. 이것은 측정 및 해석하고자 하는 것이 무엇인지 인간이 이해할 수 있어야 한다는 측면에서 6장의 망 해부 프레임워크의 개념 정의 단계와 비슷하다. 의미 유사성 측면에서 신경 단어 임베딩이 의미론적 의미를 제대로 학습했는지 확인하기 위해서는 단어에 대한 이해 또는 분류가 필요하다.

의미론적 유사성을 해석하기 위해 2개의 서로 다른 단어 집합을 살펴보자. 첫 번째 단어 집합은 꼭 영화 리뷰 또는 감정 분류 문제와 관련돼 있지 않아도 된다. 하지만 특정 뉘앙스가 단어 임베딩에 의해 포착됐는지 확인할 수 있는 단어로 구성돼야 한다. 첫 번째 단어 세트(세트 1이라고 함)는 다음과 같다.

- 농구
- 르브론
- 호날두
- 페이스북
- 미디어

이 단어들 간의 의미 또는 연결은 그림 7.13에 표시된 분류 체계로 볼 수 있다. 그림에서 세트에 포함된 단어는 강조돼 있다. 스포츠 범주 안에 농구와 축구가 있다는 것을 알 수 있다. 스포츠마다 스타도 있다. 르브론과 호날두는 스포츠와 스타의 범주에 속한다. 스포츠 스타와 해당 스포츠 사이에 연결 고리도 있다. 예를 들어, 르브론은 농구라는 스포츠, 호날두는 축구라는 스포츠와 연결돼 있다. 또한 미디어 범주에는 텔레비전, 라디오, 인터넷과 같은 다양한 유형의 미디어가 있다. 인터넷 범주에는 페이스북과 구글 등 기업이 있다. 그림 7.13은 단어가 연결되는 방식을 보여 주는 맵map의 역할을 하며 이를 사용해 단어 임베딩에서 의미론적 의미를 해석할 수 있다.

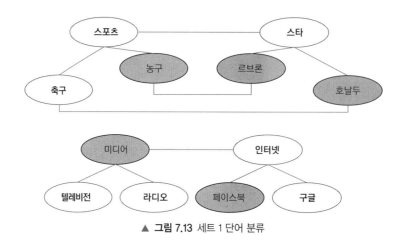

▲ **그림 7.13** 세트 1 단어 분류

단어의 두 번째 세트(세트 2)는 영화 리뷰와 관련이 있다. 다음 영화를 살펴보면서 어떻게 관련돼 있는지 확인해 보자.

- 대부
- 좋은 친구들
- 배트맨
- 어벤저스

두 번째 단어 세트의 분류는 그림 7.14가 보여 주고 있다.

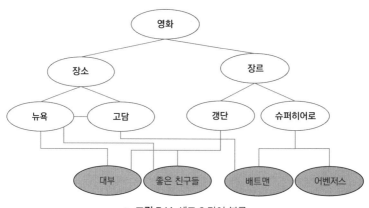

▲ **그림 7.14** 세트 2 단어 분류

세트에 포함된 영화는 강조돼 있다. 장르와 촬영 장소에 따라 영화가 분류됐다. 대부, 좋은 친구들은 갱단 장르에 속하며 둘 다 뉴욕에서 촬영됐다. 배트맨, 어벤저스와 같은 영화는 슈퍼히어로 영화이다. 배트맨은 뉴욕을 약간 닮은 가상 도시인 고담이 장소가 된다. 단어의 이러한 뉘앙스와 의미는 언어 및 문맥에 따라 다르므로 의미론적 의미를 해석하기 전에 이를 잘 이해해야 한다.

7.4.1 유사성 측정

이제 관심 대상 단어를 뽑았으므로 단어 간의 유사성은 어떻게 정량화해야 할까? 특히, 단어 표현 또는 단어 임베딩 사이의 유사성을 측정하는 데 관심이 있다. 시각화를 쉽게 하기 위해 먼저 크기 2인 단어 임베딩의 간단한 예를 살펴보자. 이 단어 임베딩 공간에 농구와 축구라는 두 단어가 있다고 가정해 보자(그림 7.15 참조). 이 두 단어는 그림에 각각 벡터 W_1과 W_2로 표시돼 있다.

단어 벡터 W_1과 W_2 사이의 유사성을 측정하는 한 가지 방법은 이들이 2차원 임베딩 공간에서 얼마나 가까운지 살펴보는 것이다. 단어 벡터가 서로 가깝다면 더 비슷한 것으로 볼 수 있다. 멀리 떨어져 있다면, 유사성이 떨어진다는 것을 의미한다. 이런 속성을 가진 좋은 측정 지표는 두 벡터 사이 각도의 코사인($\cos(\theta)$) 값이다. 이 측정값을 코사인 유사성이라고 한다.

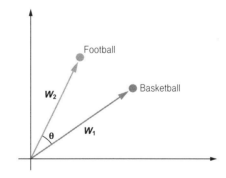

▲ **그림 7.15** 2차원 공간에서 단어 임베딩 간 유사도 측정

주어진 단어 벡터 $\mathbf{W}_1$과 $\mathbf{W}_2$에 대한 코사인 유사도를 구하는 수식은 다음과 같다.

$$\text{코사인 유사도} = \frac{\mathbf{w}_1 . \mathbf{w}_2}{||\mathbf{w}_1|| \, ||\mathbf{w}_2||}$$

즉, 단어 벡터의 내적을 두 벡터의 유클리드 표준 또는 크기의 곱으로 나눈 값이 된다.

젠심을 사용하면 다음과 같이 특정 단어와 가장 비슷한 단어를 쉽게 얻을 수 있다. 7.3.3 절에서 젠심을 사용해 글로브 단어 임베딩을 로딩하는 방법을 살펴봤다. 임베딩이 초기화되면 다음 코드를 사용해 첫 번째 단어 세트에 가장 비슷한 상위 5개 단어를 얻을 수 있다.

```
words=['basketball', 'lebron', 'ronaldo', 'facebook', 'media']   ❶
topn=5                                                            ❷

sim_words_scores=[]                                               ❸
for word in words:                                               ❹
    sim_words=model.most_similar(word, topn=topn)               ❺
    print(f"Words similar to: {word}")                          ❻
    for sim_word in sim_words:                                   ❻
    sim_words_scores.append((word, sim_word[0], sim_word[1]))   ❻
    print(f"\t{sim_word[0]}({sim_word[1]:.2f})")                ❻
```

❶ 첫 번째 단어 세트로 배열을 초기화
❷ 상위 5개의 가장 비슷한 단어에 관심이 있음.
❸ 가장 비슷한 단어를 저장하기 위한 배열 초기화
❹ 각 단어에 대해 반복
❺ 젠심 모델로 가장 비슷한 상위 5개 단어 식별
❻ 유사 단어를 배열에 저장하고 결과 출력

코드 결과는 표 7.2에 요약돼 있다. 맨 위 행은 세트의 단어들이다. 표의 각 열에는 해당 열의 첫 번째 행에 있는 단어와 비슷한 상위 5개 단어가 표시돼 있다. 코사인 유사도 측정 결과도 유사 단어 뒤의 괄호 안에 표시돼 있다. 글로브 단어 임베딩이 실제로 의미상으로 비슷한 단어를 학습했다는 것을 표에서 볼 수 있다. 예를 들어, 첫 번째 열에 농구와 비슷한 모든 단어가 표시돼 있는데, 모두 스포츠이다. 두 번째 열에는 르브론과 비슷한 모든 단어가 표시되며 모두 농구를 하는 사람들이다. 세 번째 열은 축구를 하는 사람들을 보여 주고 있다. 네 번째 열은 페이스북과 비슷한 회사, 즉 인터넷 및 웹 기반 소셜 미디어 회사를 보여 준다. 마지막 열은 미디어와 비슷한 모든 단어를 보여 주고 있다. 실습으로 두 번째 단어 세트에 대해 같은 분석을 수행해 보자. 해답은 이 책의 깃허브 저장소에서 찾을 수 있다.

▼ **표 7.2** 세트 1 단어와 비슷한 상위 5개 단어

농구	르브론	호날두	페이스북	미디어
축구(football)(0.86)	드웨인(0.79)	호나우딩요(0.86)	트위터(0.92)	뉴스(0.77)
하키(0.8)	샤킬(0.75)	히바우두(0.85)	마이스페이스(0.9)	신문(0.75)
축구(soccer)(0.8)	보시(0.72)	베컴(0.84)	유튜브(0.81)	텔레비전(0.75)
NBA(0.78)	오닐(0.68)	크리스티아누(0.84)	구글(0.75)	TV(0.73)
야구(0.76)	카멜로(0.68)	호비뉴(0.82)	웹(0.74)	인터넷(0.72)

이제 첫 번째 세트에 있는 단어 간의 코사인 유사도를 시각화해 보자. 다음 코드는 단어 쌍 간의 코사인 유사도를 계산하는 방법과 이를 시각화하는 방법을 보여 준다.

```
from sklearn.metrics.pairwise import cosine_similarity            ❶

import pandas as pd                                               ❷

import matplotlib.pyplot as plt                                   ❸
import seaborn as sns                                             ❸

words=['basketball', 'lebron', 'ronaldo', 'facebook', 'media']    ❹
word_pairs=[(a, b) for idx, a in enumerate(words) for b in words[idx + 1:]]   ❺

cosine_sim_word_pairs=[]                                          ❻
for word_pair in tqdm(word_pairs):                                ❻
    cos_sim=cosine_similarity([model[word_pair[0]]],             ❻
                        [model[word_pair[1]]])[0][0]              ❻
    cosine_sim_word_pairs.append([str(word_pair), "glove", cos_sim])   ❻

df_sim=pd.DataFrame(cosine_sim_word_pairs,                        ❼
                columns=['Word Pairs',                           ❼
                    'Embedding',                                 ❼
```

```
                              'Cosine Similarity'])                              ❼

f, ax=plt.subplots()                                                             ❽
sns.barplot(x="Word Pairs", y="Cosine Similarity",                               ❽
            data=df_sim[df_sim['Embedding']=='glove'],                           ❽
            ax=ax)                                                               ❽
plt.xticks(rotation=90);                                                         ❽
```

❶ 데이터프레임에 단어 쌍의 코사인 유사도를 저장하기 위해 판다스 임포트

❷ 사이킷런에서 cosine_similarity 헬퍼 함수 임포트

❸ 시각화 관련 라이브러리 임포트

❹ 첫 번째 단어 세트 초기화

❺ 초기화된 단어 세트를 기반으로 하는 단어 쌍으로 배열 생성

❻ 단어 쌍의 코사인 유사도를 계산하고 배열에 저장

❼ 결과로 데이터프레임 생성

❽ 데이터프레임을 활용해서 바 그래프 작성

결과 도표는 그림 7.16에 나와 있다. 그림에서 농구와 르브론은 다른 단어보다 서로 훨씬
더 비슷하다는 것을 관찰할 수 있다. 또한 농구라는 단어는 페이스북과 미디어보다 호날
두와 유사도가 높다. 그림 7.13의 분류 체계에서 농구와 호날두가 스포츠 범주로 연결돼
있다는 것을 알 수 있다. 분류 체계를 사용하면 다른 단어 쌍에 대해서도 이와 비슷한 관
찰을 할 수 있다. 예를 들어, 페이스북이라는 단어는 다른 단어보다 미디어라는 단어와
훨씬 유사도가 높다. 페이스북은 소셜 미디어 회사이기 때문이다.

실습으로 두 번째 영화 세트의 코사인 유사성을 시각화하는 코드를 작성해 보자. 이 책의
깃허브 저장소에서 필요한 소스 코드를 찾을 수 있으며 결과 도표는 그림 7.17에 나와 있
다. 조폭 영화인 대부와 좋은 친구들이 슈퍼히어로 영화인 배트맨과 어벤저스보다 서로
더 비슷하다는 것을 그림에서 관찰할 수 있다. 이와 마찬가지로 슈퍼히어로 영화는 갱스
터 영화보다는 서로 더 유사도가 높다. 대부와 좋은 친구들은 어벤저스보다는 배트맨에
더 가깝다는 것도 알 수 있다. 그림 7.14의 분류 체계에서 확인한 것처럼 장소를 기반으
로 서로 더 비슷하기 때문이다.

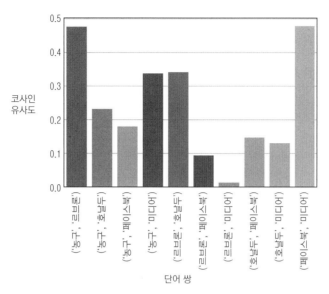

▲ **그림 7.16** 세트 1의 단어 쌍에 대한 글로브 임베딩의 코사인 유사도

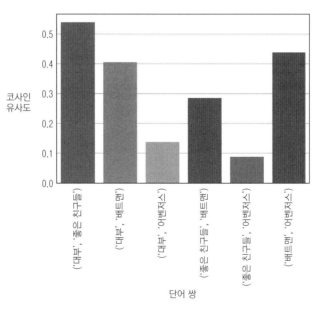

▲ **그림 7.17** 세트 2의 여러 영상 쌍에 대한 글로브 임베딩의 코사인 유사도

이제 코사인 유사도를 사용해 단어 임베딩 간의 유사성을 측정할 수 있는 방법을 얻게 됐다. 평가를 위한 구체적인 단어 세트와 연관 분류 체계를 사용해 100차원 글로브 단어 임베딩이 단어의 의미론적 의미를 잘 포착한다는 것을 확인했다. 이제 의미론적 의미를 잃지 않고 그림 7.15처럼 2차원 공간에 단어 임베딩을 시각화하는 방법을 살펴보자. 이와 관련해서는 이어지는 2개 절에서 설명하고 있다. PCA와 t-SNE라는 두 가지 기술을 살펴본다.

7.4.2 PCA

PCAPrincipal Component Analysis, 주성분 분석는 데이터 세트의 차원을 줄이는 기술이다. 차원이 100개인 단어 임베딩을 다루고 있기 때문에 데이터 세트를 쉽게 시각화할 수 있도록 차원을 둘로 줄이려고 한다. 차원을 줄임과 동시에 가능한 한 많은 의미론적 정보를 포착하려고 한다. 간단한 예를 통해 PCA의 동작 원리를 살펴보자. 설명의 편의를 위해 크기가 2인 단어 임베딩을 살펴보고 PCA를 사용해 차원을 2에서 1로 줄이는 방법을 살펴본다. 그림 7.18은 2차원 평면에 있는 4개의 단어를 보여 주고 있다. 시각화를 쉽게 하기 위해 임베딩의 크기를 2로 가정한다. 목표는 단어 임베딩을 1차원, 즉 하나의 직선으로 시각화하는 것이다. 단어 1과 2(의사, 간호사)는 2차원 공간에서 서로 가깝기 때문에 의미론적으로 유사하다는 것을 알 수 있다. 단어 3과 4(운동 경기, 운동 선수)도 의미상 비슷하다. 그러나 단어 1과 2의 쌍은 의미론적으로 비슷하지 않기 때문에 단어 3과 4에서 멀리 떨어져 있다.

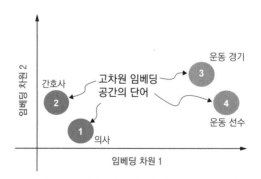

▲ **그림 7.18** 크기가 2인 임베딩 공간에 있는 4개의 단어

PCA의 첫 단계는 모든 차원에서 단어의 평균을 단어 임베딩에서 빼는 것이다. 그림 7.19는 이 과정을 보여 주고 있으며 평균을 큰 X로 표시하고 있다. 이 변환의 목적은 평균을 중심으로 단어를 재배치하는 것이다. 즉, 데이터의 평균을 원점으로 사용하고자 한다. 단어 임베딩을 평균을 중심으로 재배치하는 것일 뿐이기 때문에 여전히 2차원 공간에서 단어 간 거리, 즉 의미론적 의미를 보존한다.

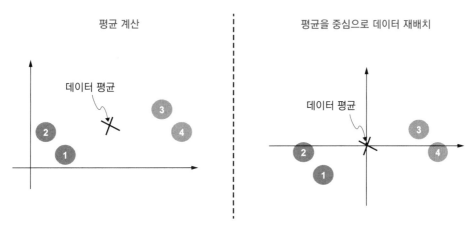

▲ **그림 7.19** 평균을 계산해서 그 중심으로 단어를 재배치

단어 임베딩을 직선으로 시각화하려고 하므로 PCA의 다음 단계는 단어 임베딩에 직선을 피팅하는 것이다. 가장 잘 맞는 직선은 각 단어와 직선 사이의 수직 거리가 최소가 되는 선이다. 즉, 목표는 단어와 직선 사이의 거리를 최소화하거나 직선에서 각 단어의 원점과 교차점 사이의 거리를 최대화하는 것이다. 원점에서 교차점 사이의 거리를 최대화하면 데이터가 가진 변동이 최대한 보존된다. 그림 7.20은 이를 보여 주고 있다. 최적선은 주성분principal component이라고도 한다. 여기서는 단어를 1차원으로 시각화하려고 하기 때문에 주성분은 하나뿐이다.

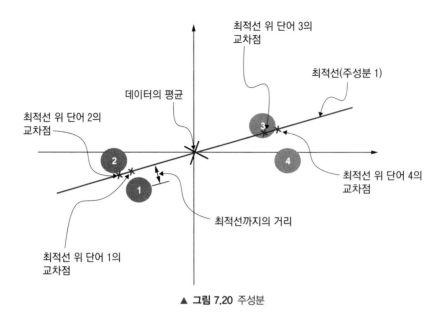

▲ **그림 7.20** 주성분

마지막 단계는 각 단어를 주성분에 투영하는 것이다. 그림 7.21에서 볼 수 있듯이 이는 단어 임베딩을 1차원으로 시각화하는 결과를 낳게 된다.

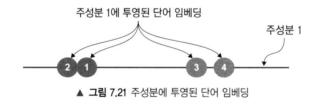

▲ **그림 7.21** 주성분에 투영된 단어 임베딩

이제 PCA가 어떻게 동작하는지 개략적으로 이해했기 때문에 이것을 더 많은 차원으로 확장해 보자. 행의 수가 어휘의 단어 수와 같고 열의 수가 임베딩 크기와 같은 행렬 X로 모든 단어 임베딩을 표현해 보자. 임베딩 크기는 n이라고 가정해 보자. 목표는 단어의 차원을 크기 k로 줄이는 것이다. 시각화가 목적인 경우, 보통 2 또는 3을 목표로 한다.

시각적 예제를 통해 본 것처럼 첫 번째 단계는 데이터를 평균을 중심으로 재배치하는 것이다. 이를 임베딩 행렬 X에서 평균을 빼는 다음 수식에서 보여 주고 있다. 평균 중심 데이터는 행렬 U로 표시되고 있다.

$$U = X - \bar{X}$$

다음 단계는 행렬 U의 공분산을 계산하는 것이다. 공분산 행렬을 V로 대변하고 있는 다음 수식을 통해 얻게 된다. 행렬 U의 공분산을 계산하는 목적은 평균 중심 데이터에서 각임베딩 차원의 분산을 계산하는 것이다.

$$V = U^T U$$

분산 추정값을 얻은 후 다음 단계는 다음 특성 방정식을 풀어 행렬 V의 고윳값과 고유 벡터를 계산하는 것이다. λ에 대해 풀면 방정식의 근을 얻어서 고윳값을 계산할 수 있게 된다. 다음 방정식에서 "det"는 계수, 행렬 I는 항등 행렬이다. 고윳값이 있으면 관련 고유 벡터를 얻을 수 있다.

$$\det(V - \lambda I) = 0$$

고유 벡터는 결국 주성분을 알려 주게 된다. 고윳값의 크기는 각 주성분에 의해 포착된 변동량의 추정값을 제공한다. 그런 다음, 고윳값 내림차순으로 벡터를 정렬하고 데이터를 투영할 상위 k개의 주성분을 선택해야 한다. 상위 k개의 주성분은 데이터의 변동을 최대한 많이 포착하게 될 것이다. 상위 k개의 주성분(또는 고유 벡터)이 있는 행렬을 W로 표현해 보자. 마지막 단계는 다음 수식을 적용해 n차원 공간의 원래 단어 임베딩을 k차원 공간으로 투영하는 것이다.

$$Y = W^T X$$

이제 글로브 단어 임베딩에 PCA를 적용해 보자. 첫 번째 단계는 시각화하려는 단어의 단어 임베딩을 추출한 데이터를 준비하는 것이다. 이는 세트 1 단어의 단어 임베딩과 연관 상위 5개 유사 단어를 추출하는 다음 코드로 할 수 있다.

```
viz_words=[sim_word_score[1] for sim_word_score in sim_words_scores]     ❶
main_words=[sim_word_score[0] for sim_word_score in sim_words_scores]    ❶

word_vectors=[]                                                          ❷
for word in tqdm(viz_words):                                            ❷
    word_vectors.append(model[word])                                   ❷
word_vectors=np.array(word_vectors)                                    ❷
```

데이터가 준비되면 PCA를 실행하고 저차원 공간에 단어 임베딩의 투영을 얻을 수 있다. 시각화의 편의를 위해 주성분의 수를 2로 설정한다. 사이킷런 라이브러리에서 제공하는 PCA 구현을 사용할 수 있다. 다음 코드는 주성분을 얻어서 데이터를 투영하는 방법을 보여 주고 있다.

```
from sklearn.decomposition import PCA                    ❶

pca_2d=PCA(n_components=2,                                ❷
           random_state=24).fit(word_vectors)            ❸
pca_wv_2d=pca_2d.transform(word_vectors)                 ❹

pca_kwv_2d={}                                            ❺
for idx, word in enumerate(viz_words):                   ❺
    pca_kwv_2d[word]=pca_wv_2d[idx]                      ❺
```

❶ 사이킷런에서 PCA 클래스 임포트
❷ 주성분 2개로 PCA 클래스 초기화
❸ 임의 상태를 설정하고 단어 벡터에 가장 좋은 피팅 획득
❹ 주성분에 단어 벡터 투영
❺ 각 단어에서 연관 PCA 단어 임베딩으로의 딕셔너리 매핑 생성

2차원 공간에 단어 임베딩을 투영한 후 다음과 같이 맷플롯립과 시본 라이브러리를 사용해 쉽게 시각화할 수 있다.

```
df_pca_2d=pd.DataFrame(pca_wv_2d, columns=['y', 'x'])    ❶
df_pca_2d['text']=viz_words                              ❶
df_pca_2d['word']=main_words                             ❶

f, ax=plt.subplots(figsize=(10, 8))                      ❷
sns.scatterplot(data=df_pca_2d,                          ❷
                x="x", y="y",                            ❷
                hue="word", style="word", s=50, ax=ax)   ❷

ax.legend()                                              ❸
for i, row in df_pca_2d.iterrows():                      ❸
```

```
ax.text(row['x']+.05, row['y']-0.02, str(row['text']), size=size)        ❸
```

❶ 각 단어의 2차원 PCA 좌표로 데이터프레임 생성
❷ 산점도 생성
❸ 산점도 범례 및 주석 추가

결과 도표는 그림 7.22에 나와 있다. 세트 1의 주요 단어가 범례에 표시되고 상위 5개의 가장 비슷한 단어는 연관 기호를 사용해 표시돼 있다. 예를 들어, 농구라는 단어는 원, 미디어라는 단어는 다이아몬드로 표시돼 있다. PCA가 제공한 결과를 잠시 감상해 보자. 원래 100차원이었던 단어 임베딩을 2차원으로 시각화할 수 있었다! 하지만 PCA 표현이 100개 차원에 포착됐던 의미론적 의미를 보존하고 있을까? 그림 7.22에서 르브론이라는 단어를 제외하고 주요 단어와 비슷한 단어가 함께 있는 것을 볼 수 있다. 보시, 드웨인, 카멜로 등 일부 농구 선수는 동료 농구 선수보다 축구 선수에 가깝다.

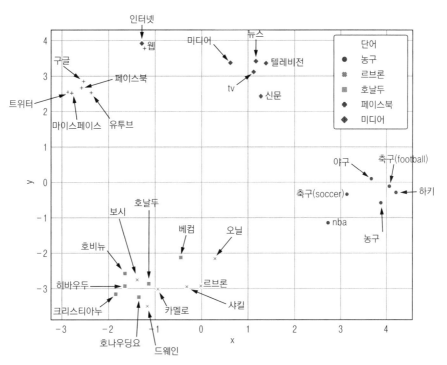

▲ **그림 7.22** PCA를 사용해서 세트 1 단어에 대한 글로브 단어 임베딩의 의미론적 유사도 시각화

2차원으로는 원래 데이터 세트에 있던 모든 변동을 포착하지 못할 수 있기 때문에 어느 정도 예상되는 결과이다. 다음 코드를 실행하면 이를 쉽게 확인할 수 있다.

```
print(pca_2d.explained_variance_ratio_)
```

이 코드는 각 주성분이 포착한 변동의 비율을 알려 준다. 모두 합하면 약 49%를 얻게 된다. 이는 단어 임베딩을 2개의 주성분에 투영해서 데이터 변동의 49%를 포착할 수 있었다는 것을 의미한다. 주성분 3개로 PCA를 훈련해서 데이터 분산의 상당 부분을 포착할 수 있는지 확인해 볼 것을 권한다. 임베딩을 3차원으로 시각화해 2차원에서 관찰된 문제가 해결됐는지 확인해 볼 필요가 있다.

PCA는 좋은 기술이지만, 몇 가지 큰 단점이 있다. 우선 데이터 세트 또는 단어 임베딩을 선형으로 모델링할 수 있다고 가정한다. 다루고자 하는 대부분의 데이터 세트가 그렇지 않을 수 있다. 다음 절에서 비선형 구조로 일반화할 수 있는 t-SNE라는 훨씬 강력하고 많이 사용하는 기술을 알아본다.

7.4.3 t-SNE

t-SNE^{t-distributed Stochastic Neighbor Embedding, t-분산 확률적 이웃 임베딩}는 매니폴드 학습^{manifold learning}이라고 하는 광범위한 머신러닝 분야에 속하며 목표는 상대적으로 낮은 차원으로 고차원 데이터의 비선형 구조를 학습하는 것이다. 그리고 고차원 데이터를 시각화하는 인기 있는 기술 중 하나이다. 간단한 2차원 데이터 세트를 1차원으로 시각화하는 사례를 갖고 실제로 동작하는 과정을 살펴보자. 그림 7.23에서 왼쪽에 2차원 공간에 있는 친숙한 4개의 단어를 볼 수 있다. 첫 번째 단계는 모든 단어 쌍에 대한 유사도 테이블을 구성하는 것이다. 이 유사도 테이블은 유사성의 척도, 즉 고차원 임베딩 공간에서 단어 쌍이 이웃일 확률을 알려 준다. 이를 이용해 고차원 임베딩 공간에서 단어의 결합 확률 분포를 계산할 수 있다. 이를 수학적으로 어떻게 하는지 잠시 후에 살펴본다.

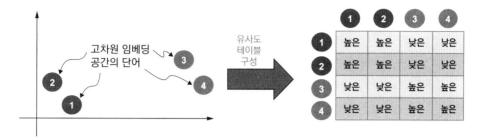

▲ **그림 7.23** 고차원 공간의 단어 임베딩에 대한 유사도 테이블 구성

단어 임베딩을 1차원 공간에 시각화하는 데 관심이 있기 때문에 다음 단계는 하나의 선에 모든 단어를 무작위로 배치하는 것이다. 이는 그림 7.24의 왼쪽에 나와 있다. 단어를 무작위로 선에 배치한 후 1차원 공간에 무작위로 배치된 단어에 대한 유사도 테이블을 구성해야 한다. 이것은 그림 7.24의 오른쪽에 나와 있다. 고차원에서의 결합 확률 분포와 다른 항목은 테이블에 강조돼 있다. 이제 저차원 공간에서 이 결합 확률 분포를 수학적으로 계산하는 방법을 살펴보자.

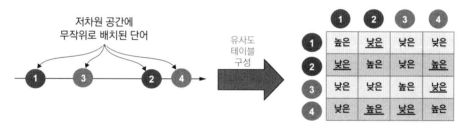

▲ **그림 7.24** 저차원에 임의로 배치된 단어 및 연관 유사도 테이블

마지막 단계는 그림 7.25에서 보여 주는 것처럼 t–SNE 훈련 과정이다. 무작위 저차원 표현과 고차원 표현의 결합 확률 분포를 학습 알고리듬에 공급한다. 학습 알고리듬의 목적은 두 확률 분포가 비슷하도록 저차원 표현을 업데이트하는 것이다. 그러면 고차원 공간의 확률 분포 또는 유사성을 보존하는 저차원 시각화를 얻게 된다.

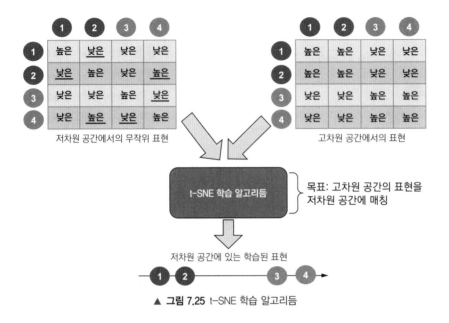

저차원 공간에서의 무작위 표현   고차원 공간에서의 표현

t-SNE 학습 알고리듬

목표: 고차원 공간의 표현을
저차원 공간에 매칭

저차원 공간에 있는 학습된 표현

▲ **그림 7.25** t-SNE 학습 알고리듬

이제 수학적으로 살펴보자. 첫 번째 단계는 고차원 임베딩 공간의 단어에 대한 유사도 테이블 또는 결합 확률 분포를 구성하는 것이다. 각 단어에 대해 해당 단어를 중심으로 더 가까운 단어는 더 높은 확률, 멀리 있는 단어는 낮은 확률을 갖는 가우시안Gaussian 분포를 만들 수 있다. 이것은 단어 x_j가 x_i에 인접할 확률을 계산하는 다음 수식으로 표현할 수 있다. 분자는 표준 편차가 σ인 단어 x_i를 중심으로 하는 가우시안 분포이다. 표준 편차 σ는 t-SNE의 초매개변수이며 이를 설정하는 방법은 곧 알아본다. 분모는 확률이 밀도가 서로 다른 단어 군집cluster에 대해 비슷한 범위를 갖도록 보정하는 정규화 변수이다.

$$p_{j|i} = \frac{\exp(-\|x_i - x_j\|^2/2\sigma^2)}{\sum_{k \neq i} \exp(-\|x_i - x_k\|^2/2\sigma^2)}$$

이 수식을 사용하면 단어 x_j가 단어 x_i의 이웃일 확률과 단어 x_i가 x_j의 이웃일 확률이 서로 다를 위험이 있다. 두 조건부 확률이 서로 다른 분포에서 나오기 때문이다. 유사도 측정의 가환성을 보장하기 위해 두 단어 x_i와 x_j가 이웃일 확률을 최종적으로 다음과 같이 계산한다.

$$p_{ij} = \frac{p_{j|i} + p_{i|j}}{2n}$$

고차원 임베딩 공간에서 결합 확률 분포를 계산했으면 다음 단계는 단어를 저차원 공간에 무작위로 배치하는 것이다. 이후 다음 수식을 사용해 저차원 표현에서 결합 확률 분포를 계산한다. 수식은 y_i와 y_j로 표시된 저차원에서 두 단어가 이웃일 확률을 계산한다.

$$q_{ij} = \frac{(1 + \|y_i - y_j\|^2)^{-1}}{\sum_{k \neq l}(1 + \|y_k - y_l\|^2)^{-1}}$$

저차원 표현은 다른 분포를 사용한다. 수식의 분자는 기본적으로 t-분포이므로 t-SNE라는 이름을 갖게 됐다. 그림 7.26은 가우시안 분포와 t-분포의 차이를 보여 주고 있다. t-분포가 가우시안 분포보다 오른쪽에 더 두꺼운 꼬리(극단값에 대해 확률 점수가 무시할 정도가 아닌 경우)를 가졌다는 것을 볼 수 있다. 저차원 공간에서 t-분포의 이런 속성을 활용해 고차원 공간에서 간격이 크지 않은 점들이 저차원에서 뭉치지 않도록 할 수 있다.

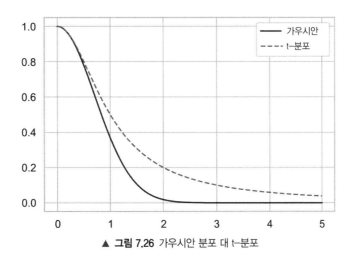

▲ **그림 7.26** 가우시안 분포 대 t-분포

고차원 표현과 저차원 표현 모두의 분포를 얻고 나면 마지막 단계는 알고리듬을 훈련해 두 분포가 비슷하도록 저차원 표현을 업데이트하는 것이다. 최적화는 두 분포 사이의 간격을 정량화해 수행할 수 있다. 이를 위해 쿨백-라이블러[KL, Kullback-Leibler] 발산 지표를 사용할 수 있다.

KL 발산은 두 분포 간의 엔트로피 또는 차이를 측정한 것이다. 값이 높을수록 차이가 크다는 것을 의미한다. 좀 더 정확히 말해 KL 발산은 같은 분포의 경우 0이 되고 차이가 큰 분포의 경우 값이 무한대까지 이를 수 있다. KL 발산 지표는 다음과 같이 계산할 수 있다.

$$D_{KL}\left(P||Q\right) = \sum_i \sum_j \left(p_{ij} \log \frac{p_{ij}}{q_{ij}} \right)$$

학습 알고리듬의 목적은 KL 발산 지표가 최소가 되도록 저차원 표현의 분포를 결정하는 것이다. 경사하강을 적용하고 저차원 표현을 반복적으로 업데이트해 이 최적화를 수행한다. 전체 t-SNE 알고리듬은 사이킷런 라이브러리에 구현돼 있다.

코드로 이동하기 전에 간과한 사항이 하나 있다. 고차원 표현의 결합 확률 분포를 계산할 때 표준 편차 σ를 중심으로 각 단어에 가우시안 분포를 피팅한다. 이 표준 편차는 t-SNE 에서 중요한 초매개변수이다. 이를 각 단어가 갖는 인접 이웃의 수에 대한 대략적인 추정 치인 퍼플렉시티perplexity라고 한다. 나중에 살펴보겠지만, 퍼플렉시티 선택은 단어 임베딩의 시각화에 많은 영향을 미치기 때문에 그것은 중요한 초매개변수가 된다. 다음 코드를 사용해 글로브 단어 임베딩으로 t-SNE를 훈련할 수 있다. 세트 1의 단어와 상위 5개의 가장 비슷한 연관 단어를 사용한다.

```
from sklearn.manifold import TSNE              ❶

perplexity=10                                  ❷
learning_rate=20                               ❷
iteration=1000                                 ❷

tsne_2d=TSNE(n_components=2,                    ❸
            random_state=24,                    ❸
            perplexity=perplexity,              ❸
            learning_rate=learning_rate,        ❸
            n_iter=iteration).fit(word_vectors) ❸

tnse_wv_2d=tsne_2d.fit_transform(word_vectors) ❹
```

```
tsne_kwv_2d={}                                          ⑤
for idx, word in enumerate(viz_words):                  ⑤
    tsne_kwv_2d[word]=tnse_wv_2d[idx]                   ⑤
```

❶ 사이킷런에서 TSNE 클래스 임포트
❷ t-SNE 초매개변수 초기화
❸ TSNE 클래스를 초기화하고 단어 벡터를 사용해 모델 훈련
❹ 2차원 공간 t-SNE 단어 임베딩 획득
❺ 각 단어에서 t-SNE 임베딩으로의 매핑 생성

퍼플렉시티를 10으로 설정했다. PCA를 다룬 이전 절의 코드를 재사용해 저차원 t-SNE 임베딩을 시각화할 수 있다. 결과는 그림 7.27에 나와 있다.

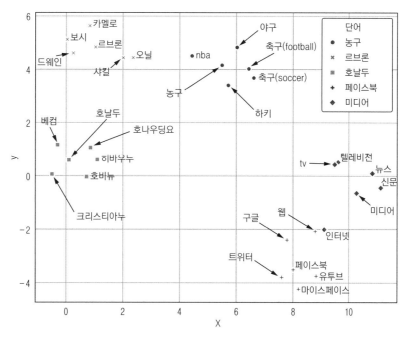

▲ **그림 7.27** t-SNE를 사용한 세트 1 단어에 대한 글로브 단어 임베딩의 의미론적 유사도 시각화

그림 7.27에 나온 도표는 PCA보다 좋아 보인다. 농구 스타들이 함께 모여 있고 축구 스타 집단과 구별되는 것을 볼 수 있다. 하지만 이것은 여전히 정성적인 평가이며 다음 절에서 이러한 시각화를 정량적으로 검증하는 방법을 살펴본다.

퍼플렉시티를 큰 값(예 100)으로 설정하면 어떤 일이 발생하는지 살펴보자. 실습으로 퍼플렉시티 100을 사용해 t-SNE 모델을 다시 훈련하고 결과 단어 임베딩을 시각화해 보자. 이 책의 깃허브 저장소에서 코드를 찾을 수 있다. 결과는 그림 7.28에 나와 있다.

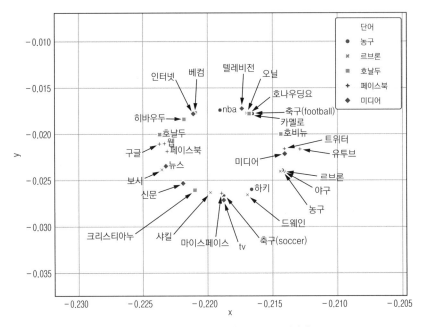

▲ **그림 7.28** 퍼플렉시티 값이 큰 t-SNE 시각화

단어가 무작위로 모여 있고 모든 단어가 대략적인 원으로 배치된 것을 볼 수 있다. t-SNE 알고리듬 작성자는 퍼플렉시티를 5에서 50 사이로 설정할 것을 권장했다. 기본 지침은 고차원 공간에 밀집된 단어 군집이 존재하는 밀도가 높은 데이터 세트는 더 높은 퍼플렉시티 값을 사용하는 것이다.

7.4.4 의미론적 유사성 시각화 검증

고차원 단어 임베딩을 시각화하는 두 가지 기술인 PCA와 t-SNE를 배웠다. 각 시각화를 정성적으로 평가했지만, 정량적으로 검증할 방법이 있을까? 도표를 정량적으로 검증하기 위해 저차원 표현에서 단어 쌍 간의 코사인 유사도를 측정하고 이를 고차원 표현과 비교할 수 있다. 7.4.1절에서 고차원 표현에 이미 이 작업을 수행했다(그림 7.16 참조). 실습으로 7.4.1절의 코드를 확장해 PCA와 두 t-SNE 모델(퍼플렉시티=10과 퍼플렉시티=100)로 만든 임베딩을 시각화해 보자. 결과 도표는 그림 7.29에 나와 있다. 이 책의 깃허브 저장소에서 해답을 확인할 수 있다.

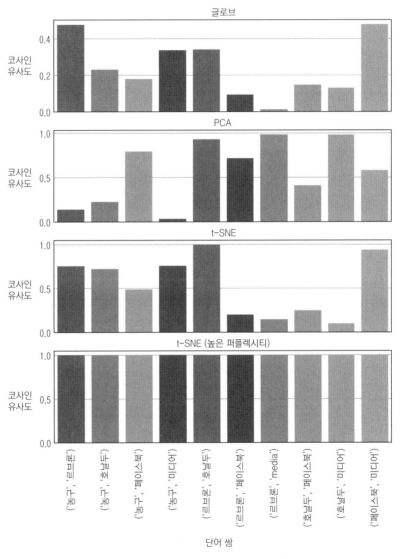

▲ 그림 7.29 의미론적 유사성의 시각화 검증

PCA 표현이 원래 글로브 표현과 일치하지 않는다는 것을 알 수 있다. 예를 들어, PCA 표현에서 농구와 르브론은 농구, 페이스북보다 유사성이 낮다. 반면, 퍼플렉시티가 10인 t-SNE가 학습한 표현은 원래 글로브 임베딩이 포착한 유사성을 많이 보존한다는 것을 알 수 있다. 퍼플렉시티가 100인 t-SNE는 모든 단어 쌍이 비슷한 유사성을 갖는 것으로 보여 주기 때문에 세 가지 중 가장 좋지 않은 표현인 것이 분명하다. 모든 관심 단어에 대해 PCA와 t-SNE가 만든 2차원 시각화를 정성적으로 평가하는 것보다 이런 유효성 검사를 하기가 수월하다.

요약

- 7장은 NLP 분야, 특히 의미론적 의미를 포착하는 형태로 단어를 표현하는 것에 중점을 뒀다. 또한 PCA, t-SNE 등 차원 축소 기술을 사용해 이러한 단어 표현에서 의미론적 유사성을 이해하고 시각화하는 방법을 배웠다.

- 단어를 표현하는 가장 간단한 방법은 원 핫 인코딩을 사용하는 것이다. 그러나 이런 표현 방법은 흔하게 사용되지 않으며 자원 활용의 측면에서 비효율적이고 의미론적 의미를 인코딩하지도 않는다.

- 의미론적 의미를 인코딩하는 단어의 밀집한 표현을 단어 임베딩 또는 단어 벡터, 분산 표현이라고 한다. 신경망이 학습한 표현 또는 단어 임베딩을 신경 단어 임베딩이라고 한다.

- CBOW, 스킵그램, 글로벌 벡터(글로브)와 같은 신경망 아키텍처를 사용해 단어의 밀집한 표현을 학습할 수 있다.

- 신경 단어 임베딩의 의미론적 유사성을 해석하고 시각화하는 측면에서 신경 단어 임베딩이 의미론적 의미를 제대로 학습했는지 확인하기 위해서는 단어를 이해하고 분류할 수 있는 체계가 필요하다.

- 코사인 유사도 지표를 사용해 의미론적 유사성을 측정할 수 있다. 지표는 서로 더 가까운 단어 임베딩이 멀리 떨어져 있는 단어 임베딩보다 점수가 큰 특징을 갖고 있다.

- PCA t-SNE와 같은 차원 축소 기술을 사용해 고차원 단어 임베딩을 저차원으로 시각화할 수 있다.

- PCA는 강력한 기술이지만, 큰 단점이 있다. 데이터 세트 또는 단어 임베딩을 선형으로 모델링할 수 있다고 가정한다는 점이다. 많은 데이터 세트는 이에 해당하지 않는다.

- t-SNE는 매니폴드 학습이라고 하는 광범위한 머신러닝 분야에 속하며 목표는 고차원 데이터에서 비선형 구조를 저차원에서 학습하는 것이다. 이 기술은 고차원 데이터를 시각화하는 데 많이 사용한다.

- 서로 다른 단어 쌍에 대한 코사인 유사도를 계산하고 유사성 정도가 원래의 고차원 표현과 일치하는지 확인해 PCA 및 t-SNE로 만든 시각화를 정량적으로 검증할 수 있다.

Part 4

공정성과 편향

여기까지 오느라 수고했다! 이제 다양한 해석 기술을 습득했고 강건한 AI 시스템을 구축할 준비가 잘 돼 있을 것이다! 4부는 공정성과 편향에 초점을 맞추고 설명 가능한 AI로 가는 길을 제시한다.

8장에서는 공정성의 다양한 정의와 모델이 편향돼 있는지 확인하는 방법을 알아본다. 또한 AI 시스템의 편견 완화 기술과 함께 투명성과 책임을 높이는 데 도움이 되는 데이터시트를 만들기 위해 이해 관계자나 시스템 사용자와 함께 데이터 세트 정보를 문서화하는 표준 접근 방식을 배워 본다.

9장에서는 설명 가능한 AI 시스템을 구축하는 방법을 논의하고 반사실적 예제를 사용한 대조적 설명도 살펴본다.

8

공정성과 편향 완화

8장에서 다루는 내용

- 데이터 세트에서 편향의 원인 식별
- 다양한 공정성 개념을 갖고 머신러닝 모델이 공정한지 검증
- 머신러닝 모델에서 차별의 원인을 식별하기 위한 해석 기술 적용
- 전처리 기술을 사용한 편향 완화
- 투명성과 책임을 높이고 규정 준수를 보장하기 위해 데이터시트를 사용한 데이터 세트 정보 문서화

지금까지 많은 것을 배웠고 모델 처리를 해석하는 데 사용할 수 있는 기술(2~5장)부터 머신러닝 모델이 학습한 표현을 해석하는 데 사용할 수 있는 기법(6장과 7장)에 이르기까지 다양한 해석 기술을 습득했다. 이제 머신러닝 모델을 사용하는 시스템을 구축할 때 중요한 문제인 편향 문제를 해결하기 위해 이러한 기술을 사용해 본다. 이 문제는 여러 가지 이유로 중요하다. 시스템을 구축할 때 개인이나 시스템 사용자를 차별하지 않는 시스템을 만들어야 한다. 기업이 사용자에게 기회 부여나 서비스 또는 정보의 제공에 관한 어떤 의사 결정에 AI를 사용하는 경우, 편향된 결정은 비즈니스 평판을 손상하거나 고객 신뢰에 부정적인 영향을 미쳐 비즈니스에 막대한 손해를 입힐 수 있다. 미국과 유럽 등 일부 지역에는 성별, 인종, 민족, 성적 취향과 같은 보호 속성을 기반으로 개인을 차별하는 것

을 금지하는 법률이 있다. 금융 서비스, 교육, 주택, 고용, 신용, 건강 관리 등 규제의 대상이 되는 산업에서는 의사 결정에 보호 속성의 사용을 금지하거나 제한하며 AI 시스템은 필요한 경우를 제외하고 공정성을 보장해야 한다.

편향과 공정성 문제로 뛰어들기 전에 데이터 누수, 편향, 규제 미준수, (개념) 드리프트와 같은 보편적인 문제를 극복하는 강건한 AI 시스템을 구축하는 과정을 요약해 보자. 그림 8.1은 이런 프로세스^{process}를 보여 주고 있다. 훈련, 테스팅, 이해 단계는 라벨링된 과거 데이터를 기반으로 개발 환경에서 모델을 훈련 및 평가하고 그것의 예측을 이해하기 위해 다양한 해석 기술을 사용하는 단계이다. 모델을 배포하면 온라인^{online} 상태가 돼 라이브^{live} 데이터를 사용한 예측을 시작한다. 또한 생산 환경의 데이터 분포가 개발 및 테스트 환경의 데이터 분포와 다를 때 발생하는 (개념) 드리프트가 나타나지 않는지 확인하기 위해 모델을 모니터링^{monitoring}한다. 지속적인 훈련, 평가, 배포를 위해 새로운 데이터를 훈련 데이터 세트에 다시 추가하는 피드백 루프$^{feedback\ loop}$도 있다.

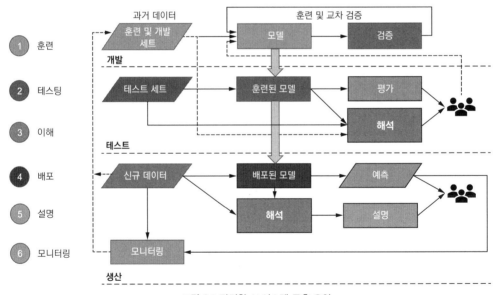

▲ **그림 8.1** 강건한 AI 시스템 구축 요약

시스템이 편향된 예측을 하는 원인에는 무엇이 있을까? 하나의 원인은 그림 8.2에서 볼 수 있듯이 라벨링 과정이 편향됐거나 샘플링sampling 또는 데이터 수집 과정이 편향된 과거 훈련 데이터 세트이다. 또 다른 출처는 알고리듬이 특정 개인 또는 집단을 다른 사람보다 선호하는 모델 자체가 될 수 있다. 모델이 훈련에 사용하는 데이터 세트 자체가 편향돼 있으면 모델의 편향성이 더욱 심해지게 된다. 편향의 또 다른 원인은 생산 환경에서 개발 및 테스트 환경으로 되돌아가는 피드백 루프가 될 수 있다. 초기 데이터 세트 또는 모델이 편향된 경우, 생산 환경에 배포된 모델은 계속 편향된 예측을 수행한다. 이러한 예측을 기반으로 한 데이터가 훈련 데이터로 피드백되면 편향은 더욱 심해지고 증폭된다.

편향과 공정성 문제에서 해석 가능성은 어떤 역할을 할까? 그림 8.2에서 볼 수 있듯이 훈련 및 테스팅 중에 해석 기술을 사용해 과거 데이터 세트 또는 모델의 문제를 식별할 수 있다. PDP를 사용해서 고등학생 성적 예측 문제의 인종 편향을 식별한 3장에서 이미 이를 살펴봤다. 모델이 배포되면 해석 기술을 사용해 모델 예측이 계속해서 공정할 수 있도록 한다.

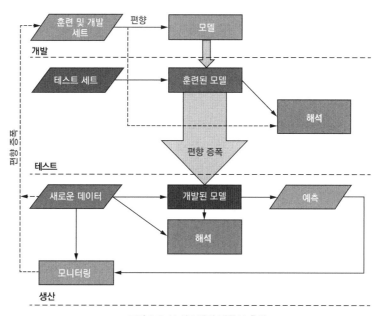

▲ **그림 8.2** AI 시스템의 편향성 출처

8장은 성인 소득을 예측하는 다른 구체적인 예제를 사용해 편향과 공정성이라는 주제를 좀 더 자세히 살펴본다. 그런 다음, 다양한 공정성 개념 정의를 제시하고 이를 사용해 모델이 편향됐는지 판단해 본다. 그리고 해석 기술을 사용해 공정성 문제를 측정하고 식별한다. 편향을 완화하는 기술도 살펴본다. 마지막으로 AI 시스템의 투명성과 책임을 높이는 데 도움이 되는 데이터시트를 이해 관계자 및 시스템 사용자와 함께 기록하는 표준 데이터 세트 정보 문서화 접근법을 다뤄 본다.

8.1 성인 소득 예측

공정성 문제를 살펴보기 위해 구체적인 예를 살펴보자. 인구 조사국에서 미국 성인의 소득을 예측하는 모델을 구축하라는 임무를 받았다고 가정해 보자. 그림 8.3은 예측해야 하는 문제를 보여 주고 있다.

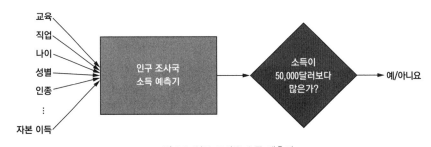

▲ **그림 8.3** 인구 조사국 소득 예측기

그림 8.3에서 볼 수 있듯이 교육 수준, 직업, 연령, 성별, 인종, 자본 이득 등 소득 예측을 위해서 다양한 입력이 제공된다. 이러한 입력을 받아 "성인의 연간 소득이 50,000달러보다 많은가?"라는 질문에 "예" 또는 "아니요"로 답하는 소득 예측기를 구축해야 한다. 소득 예측기는 네모 박스로 표현돼 있다. 이 문제는 "예" 또는 "아니요" 중 하나로 답하는 문제이기 때문에 이진 분류 문제로 볼 수 있다. "예"라는 대답을 긍정 라벨, "아니요"라는 대답을 부정 라벨로 할 수 있다.

30,940명의 성인으로 구성된 인구 조사국의 과거 데이터 세트를 받았다. 입력 특성은 표 8.1에 요약돼 있다. 표에 연속형 변수와 범주형 변수가 혼합된 것을 볼 수 있다. 이 책에

서 다룬 대부분의 데이터 세트는 특성 값이 실수인 연속형 특성으로 구성돼 있었다. 범주형 특성을 처리하는 방법은 3장에서 살펴봤다. 상기해 보면 범주형 특성은 값이 불연속적이고 유한한 특성이다. 숫자로 인코딩^{encoding}해야 하며 3장에서 라벨 인코더$^{label\ encoder}$를 사용해 이를 수행하는 방법도 살펴봤다.

▼ 표 8.1 소득 예측을 위한 입력 특성

특성명	설명	유형	보호 속성?
age	성인 나이	연속형	예
workclass	근로자 클래스	범주형	아니요
fnlwgt	인구 조사국에서 지정한 최종 가중치	연속형	아니요
education	교육 수준	범주형	아니요
marital-status	혼인 여부	범주형	아니요
occupation	직업	범주형	아니요
gender	남성 또는 여성	범주형	예
race	백인 또는 흑인	범주형	예
capital-gain	자본 이득	연속형	아니요
capital-loss	자본 손실	연속형	아니요
hours-per-week	주당 근무 시간	연속형	아니요
native-country	출신 국가	범주형	아니요

또한 표 8.1은 특성이 보호 속성인지 여부도 보여 준다. 보호 속성은 많은 국가의 법률에서 개인을 차별하는 데 사용할 수 없는 속성으로 지정한 속성이다. 예를 들어, 미국은 1964년에 제정한 민권법$^{Civil\ Rights\ Act\ of\ 1964}$에서 성별, 인종, 연령, 피부색, 신념, 출신 국가, 성적 취향, 종교와 같은 속성에 근거한 차별로부터 개인을 보호하고 있다. 영국도 2010년 제정한 평등법에 따라 같은 속성을 기반으로 한 차별을 금지하고 있다.

이 데이터 세트는 나이, 성별, 인종이라는 세 가지 보호 속성을 다루고 있다. 연령은 연속적인 특성이며 성별과 인종은 범주형이다. 8장은 주로 성별과 인종에 초점을 맞추지만, 공정성 개념과 기술을 나이와 같은 연속형 보호 속성으로 확장하는 방법도 배운다. 성별과 인종의 경우, 이 데이터 세트는 남성과 여성이라는 두 가지 성별과 백인과 흑인의 두 가지 인종을 다루고 있다. 불행하게도 이 데이터 세트에 대변돼 있지 않기 때문에 성별 또는 인종을 추가할 수는 없다.

마지막으로 이 데이터 세트의 목표 변수는 이진형이다. 여기서 1은 성인의 연간 수입이 50,000달러보다 많다는 것을 나타내는 데 사용되고 0은 급여가 연간 50,000달러 이하라는 것을 나타내는 데 사용된다. 이제 이 데이터 세트를 살펴보자. 특히, 전반적인 급여 분포와 성별과 인종이라는 두 가지 보호 속성에 초점을 맞춰 본다.

8.1.1 탐색적 데이터 분석

그림 8.4는 인구 조사국이 제공한 데이터 세트에 있는 성인 30,940명의 급여, 성별, 인종 분포를 보여 주고 있다. 실제로 데이터 세트가 왜곡되고 편향돼 있다는 것을 알 수 있다. 인구의 약 75%가 50,000달러 이하의 급여를 받고 나머지가 50,000달러보다 많은 급여를 받고 있다. 성별 측면에서 남성이 약 65%로 성인 여성보다 데이터 세트에서 더 많이 나타나고 있다. 이와 마찬가지로 인종의 경우, 데이터 세트에 있는 성인의 약 90%가 백인이기 때문에 성인 백인에 편향됐다고 볼 수 있다. 이 책의 깃허브 저장소에서 탐색적 데이터 분석에 사용한 소스 코드를 찾을 수 있다.

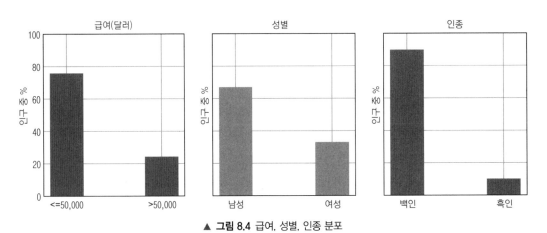

▲ **그림 8.4** 급여, 성별, 인종 분포

이제 편향이 있는지 확인하기 위해 여러 성별 및 인종 집단의 급여 분포를 살펴보자. 이는 그림 8.5에서 보여 주고 있다. 성별로 보면 50,000달러를 초과해서 버는 성인은 여성보다 남성의 비율이 높다는 것을 알 수 있다. 또한 50,000달러보다 많이 버는 성인은 흑인보다 백인의 비율이 높다는 것도 확인할 수 있다.

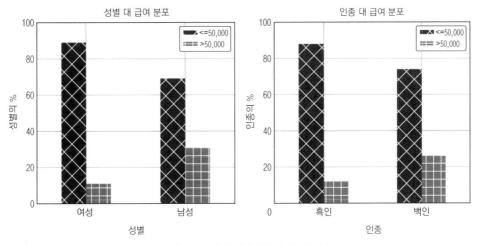

▲ **그림 8.5** 급여 대 성별과 급여 대 인종 분포

마지막으로 이 데이터 세트의 인종과 성별 비율을 살펴보자. 그림 8.6에서 결과를 보여 주고 있다. 성인 흑인은 남성과 여성 비율이 약 50%로 꽤 균등하다는 것을 알 수 있다. 반면, 백인의 경우, 백인 남성이 백인 여성보다 더 많이 포함돼 있다. 이런 분석은 급여에 나타나는 편향의 주요 원인을 파악하는 데 유용하다. 성인 백인의 70%가 남성이고 데이터 세트에 포함된 남성이 여성보다 수입이 높은 경우가 많기 때문에 급여에 대한 편향이 성별 차이로 더 잘 설명될 수도 있다. 반면, 성인 흑인의 경우, 남성과 여성의 비율이 매우 균등하기 때문에 성인 흑인에 대한 편견의 주요 원인은 인종 자체일 수 있다.

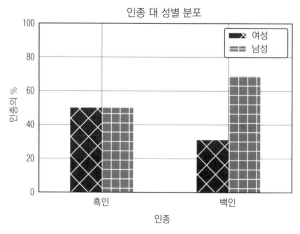

▲ **그림 8.6** 성별 대 인종 분포

모델을 구축하기 전에 데이터 세트에 있는 이러한 편향의 근본 원인을 이해하는 것이 중요하다. 데이터 세트가 어떻게 수집됐는지 확실하지 않으므로 근본 원인을 확신할 수는 없다. 그러나 편향의 원인으로 다음과 같은 가설을 세울 수 있다.

- 샘플링 편향. 데이터 세트가 실제 모집단을 제대로 대변하지 않음.
- 라벨링 편향. 모집단에 속한 다양한 집단의 연봉 정보를 기록하는 방식이 편향된 경우
- 사회의 체계적 편향. 체계적 편향이 있는 경우, 같은 편향성이 데이터 세트에 반영됨.

3장에서 이미 논의한 것처럼 첫 번째 문제는 모집단을 대표하는 더 많은 데이터를 수집해 해결할 수 있다. 8장에서 투명성과 책임을 높이기 위해 데이터시트로 데이터 수집 과정을 적절하게 문서화하는 방법도 알아본다. 이러한 데이터시트는 데이터 세트에서 편향의 근본 원인을 확인하는 데 사용할 수 있다. 라벨링 편향은 데이터 수집 과정을 개선해 수정할 수 있다. 또한 8장은 라벨링 편향을 극복하는 다른 기술도 설명하고 있다. 마지막 문제는 해결하기가 훨씬 어려우며 더 나은 정책과 법률이 필요하기 때문에 이 책의 범위를 벗어난다.

8.1.2 예측 모델

탐색적 분석을 통해 데이터 세트에서 몇 가지 편향을 발견했지만, 그 근본 원인은 안타깝게도 알 수 없다. 모델의 공정성을 측정하기 위해 이제 성인 소득을 예측하는 모델을 구축해 보자. 이를 위해 랜덤 포레스트$^{random\ forest}$ 모델을 사용한다. 3장에서 배운 것처럼 랜덤 포레스트는 배깅^{bagging} 기술을 사용해 결정 트리를 결합하는 방법이다. 그림 8.7은 이런 모델을 보여 주고 있다. 훈련 데이터는 표 또는 행렬 형태로 랜덤 포레스트 모델에 입력된다. 범주형 특성은 숫자로 인코딩된다. 랜덤 포레스트를 사용하면 훈련 데이터를 무작위로 분할한 서브세트로 여러 결정 트리를 동시에 훈련할 수 있다. 이러한 개별 결정 트리가 예측을 하면 그것을 모두 결합해 최종 예측을 얻게 된다. 일반적으로 개별 결정 트리 예측을 최종 예측으로 결합하는 방법으로 다수결을 사용한다.

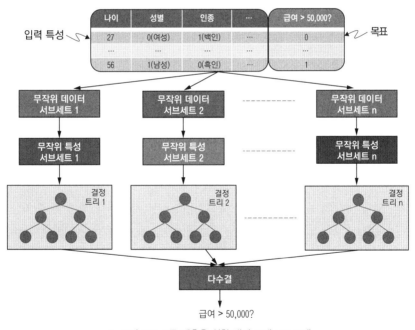

▲ **그림 8.7** 소득 예측을 위한 랜덤 포레스트 모델

실습으로 성인 소득 데이터 세트로 랜덤 포레스트 모델을 훈련하는 코드를 작성해 보자. 3장의 코드 예제를 참조할 수 있다. 사이킷런$^{Scikit-Learn}$에서 제공하는 LabelEncoder(라벨

인코더) 클래스를 사용해 범주형 특성을 숫자로 인코딩할 수 있다. 또한 사이킷런이 제공하는 `RandomForestClassifier`(랜덤 포레스트 분류기) 클래스를 사용해 모델을 초기화하고 훈련할 수 있다. 이 책의 깃허브 저장소에서 실습의 해답을 찾을 수 있다.

8장에서는 10개의 추정기 또는 결정 트리로 훈련한 랜덤 포레스트 모델을 사용한다. 각 결정 트리의 최대 깊이는 20이다. 모델의 성능은 표 8.2에 요약돼 있다. 모델 평가를 위해 정확성, 정밀도, 재현율, F1의 네 가지 측정 지표를 사용했다. 이런 측정 지표는 3장에서 소개했으며 7장에서도 반복적으로 사용됐다. 또한 항상 다수 클래스에 대해 0을 예측하는, 즉 성인 소득이 항상 50,000달러 이하라고 예측하는 베이스라인baseline 모델을 사용한다. 랜덤 포레스트 모델의 성능을 이 베이스라인과 비교한다. 랜덤 포레스트 모델이 약 86%의 정확성(베이스라인보다 +10%), 약 85%의 정밀도(베이스라인보다+27%), 약 86%의 재현율(베이스라인보다 +10%), 약 85%의 F1(베이스라인보다 +19%)의 성능을 보인다는 것을 알 수 있다.

▼ **표 8.2** 소득 예측 랜덤 포레스트 모델의 성능

	정확성(%)	정밀도(%)	재현율(%)	F1(%)
베이스라인	76.1	57.9	76.1	65.8
랜덤 포레스트	85.8	85.3	85.8	85.4

이제 랜덤 포레스트 모델을 몇 가지 방법으로 해석해 보자. 먼저, 랜덤 포레스트 모델이 생각하는 입력 특성의 중요도를 살펴보자. 그림 8.8은 그 결과를 보여 주고 있다. 이는 일부 보호 특성의 중요도를 이해하는 데 도움이 될 것이다. 이 책의 깃허브 저장소에서 도표를 그리는 데 사용한 소스 코드를 찾을 수 있다. 연령(보호 속성)이 가장 중요한 특성이고 다음이 자본 소득이라는 것을 알 수 있다. 그러나 인종과 성별은 중요도가 낮은 것으로 보인다. 인종과 성별이 다른 특성에 부분적으로 인코딩돼 있을 수 있다. 특성 간의 상관관계를 살펴보면서 이를 확인할 수 있다. 또한 3장에서 살펴본 것처럼 부분 의존도를 사용해 인종과 성별이 다른 특성과 어떻게 상호작용하는지 이해할 수 있다.

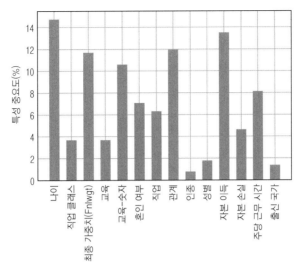

▲ **그림 8.8** 랜덤 포레스트 모델이 학습한 특성 중요도

그런 다음 SHAP 기법을 갖고 모델이 하나의 예측에 어떻게 하는지 살펴볼 수 있다. 4장에서 배운 것처럼 SHAP는 모델 애그노스틱 로컬 해석 기법으로 게임 이론을 사용해 단일 예측에 대한 특성의 영향을 정량화한다. 그림 8.9는 연간 50,000달러보다 많은 소득을 올리는 어떤 성인에 대한 SHAP 설명을 보여 주고 있다. 이 데이터 포인트point는 모델 훈련에 사용되지 않았다. 각 특성 값이 모델 예측을 베이스라인에서 0.73점(즉, 해당 성인이 연봉 50,000달러 이상을 받을 확률이 73%)까지 올리는 모습을 볼 수 있다. 이번 인스턴스instance에 특성은 순서대로 자본 이득, 교육 수준, 주당 근무 시간인 것을 알 수 있다.

▲ **그림 8.9** 급여가 50,000달러보다 큰 예측에 대한 SHAP 설명

8.3절에서는 공정성의 맥락에서 SHAP 및 의존성 도표를 다시 살펴본다. 망 해부 및 t-SNE처럼 이 책에서 배운 다른 해석 기술을 사용하는 방법도 논의할 것이다. 하지만 그 전에 다양한 공정성 개념에 대해 알아보자.

8.2 공정성 개념

이전 절에서 연봉 예측을 위해 랜덤 포레스트 모델을 훈련했다. 이 모델의 목적은 주어진 성인이 50,000달러보다 많이 벌 것인지를 판단하는 것이다. 그러나 이러한 예측은 성별 및 인종과 같은 다양한 보호 속성에 대해 공정한가? 공정성의 다양한 개념을 정의하기 위해 모델이 수행한 예측과 공정성 판단에 필요한 관련 측정값을 보여 주는 간단한 그림을 살펴보자. 그림 8.10은 2차원 평면에 투영된 모델의 예측을 보여 준다. 랜덤 포레스트 모델은 2차원 평면을 긍정적인 예측(오른쪽 절반)과 부정적인 예측(왼쪽 절반)으로 구분한 2개의 영역으로 나누고 있다. 성인 20명의 실제 라벨도 이 2차원 평면에 표시돼 있다. 2차원 평면에서 실제 라벨의 위치는 무시해도 된다. 중요한 것은 라벨이 왼쪽 절반(모델이 부정, 즉 0을 예측하는 경우) 또는 오른쪽 절반(모델이 긍정을 예측하는 경우, 즉 1)에 해당하는지 여부이다. 긍정 라벨은 동그라미, 부정 라벨은 삼각형으로 표시돼 있다.

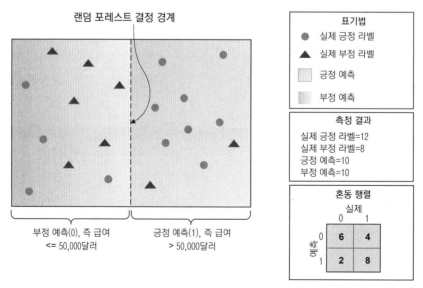

▲ 그림 8.10 모델 예측 및 공정성 개념과 관련된 측정 결과

그림 8.10을 기반으로 다음과 같은 기본 측정 지표를 정의할 수 있다.

- **실제 긍정 라벨** – 데이터 세트의 실제 라벨이 긍정인 데이터 포인트이다. 그림 8.10에 데이터 세트에서 연간 50,000달러보다 많이 버는 성인이 동그라미로 표시 돼 있다. 동그라미를 세어 보면 실제 긍정 라벨의 수는 12라는 것을 알 수 있다.

- **실제 부정 라벨** — 데이터 세트의 실제 라벨이 부정인 데이터 포인트이다. 그림 8.10에 데이터 세트에서 연간 소득이 50,000달러 이하인 성인은 삼각형으로 표시 돼 있다. 실제 부정 라벨의 수는 8이다.

- **긍정 예측** – 모델이 긍정 결과를 예측한 데이터 포인트이다. 그림 8.10에서 2차원 평면의 오른쪽 절반에 속하는 데이터 포인트는 긍정 예측을 한 것들이다. 해당 영 역 속에 10개의 데이터 포인트가 있다. 따라서 양성 예측 측정값은 10이다.

- **부정 예측** – 모델이 부정 결과를 예측한 데이터 포인트이다. 그림 8.10에서 이들 은 2차원 평면의 왼쪽 절반에 있는 점들이다. 부정 예측 측정값도 10이다.

- **참 긍정** – 그림 8.10에서 참 긍정은 2차원 평면의 오른쪽 절반에 있는 동그라미들 이다. 모델이 긍정으로 예측한 데이터 포인트로 실제 라벨도 긍정이다. 이러한 동 그라미가 8개 있으므로 참 긍정의 수는 8이다. 혼동 행렬에서도 이를 얻을 수 있 다. 여기서 참 긍정은 모델이 1을 예측하고 실제 라벨이 1인 경우이다.

- **참 부정** – 반면, 참 부정은 2차원 평면의 왼쪽 절반에 속하는 삼각형들이다. 모델 이 부정으로 예측한 데이터 포인트로, 실제 라벨도 부정이다. 그림 8.10에서 참 부정의 수가 6개라는 것을 알 수 있다. 혼동 행렬에서 모델이 0을 예측하고 실제 라벨이 0인 경우이다.

- **거짓 긍정** – 거짓 긍정은 그림 8.10에서 평면의 오른쪽 절반에 속한 삼각형들이 다. 모델이 긍정으로 예측하지만, 실제 라벨은 부정인 데이터 포인트이다. 그림에 서 거짓 긍정의 수는 2이다. 혼동 행렬에서 모델이 1을 예측했지만, 실제 라벨은 0인 경우이다.

- **거짓 부정** – 거짓 부정은 2차원 평면의 왼쪽 절반에 속하는 동그라미들이다. 이들 은 모델이 부정으로 예측하는 데이터 포인트로, 실제 라벨은 긍정이다. 그림 8.10 의 왼쪽 절반에 4개의 동그라미가 있으므로 거짓 부정의 수는 4개이다. 혼동 행렬 에서 모델이 0으로 예측했지만, 실제 라벨은 1인 경우이다.

이러한 기본적인 측정값을 얻고 나면 이제 다양한 공정성 개념을 정의할 수 있다.

8.2.1 인구통계학적 동등성

첫 번째 공정성 개념은 인구통계학적 동등성이다. 인구통계학적 동등성 개념은 독립성, 통계적 동등성으로 부르기도 하며 법적으로는 이질적 영향이라고 한다. 서로 다른 보호 집단에 대해 모델이 한 긍정 예측 비율에 동등성이 있어야 한다는 것을 의미한다. 그림 8.11에 나와 있는 예를 살펴보자. 그림 8.10에서 볼 수 있듯이 성인 20명이 보호 속성인 성별 집단 A와 B로 분리돼 있다. 집단 A는 남성으로 구성되며 2차원 평면에 10개의 데이터 포인트가 있다. 집단 B는 2차원 평면에 10개의 데이터 포인트가 있는 여성으로 구성돼 있다.

그림 8.11을 기반으로 이제 앞에서 설명한 기본적인 측정값을 계산할 수 있다. 성인 남성의 경우, 실제 긍정 6개, 실제 부정 4개, 예측 양성 5개, 예측 음성 5개가 있다. 성인 여성의 경우, 실제 긍정/부정 및 예측 긍정/부정이 성인 남성과 동일하다는 것을 알 수 있다. 성인 남성과 여성 모두 양성 비율은 모델이 양성을 예측한 비율이다. 그림 8.11에서 남성과 여성 모두에 대한 긍정 비율이 50%로 동일하다는 것을 알 수 있다. 따라서 두 집단 사이에는 인구통계학적 동등성이 있다고 할 수 있다.

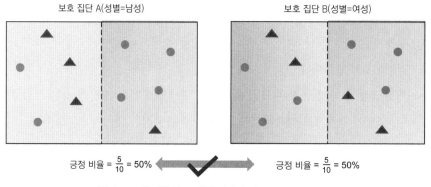

▲ **그림 8.11** 보호 대상인 두 성별 집단의 인구통계학적 동등성 설명

이를 실무적인 관점에서 살펴보자. 모델 예측을 한정된 자원, 예를 들어 주택담보 대출을 할당하는 데 사용한다고 가정해 보자. 또한 소득이 50,000달러보다 많은 성인이 주택을 구입하고 대출금을 갚을 가능성이 더 높다고 가정한다. 50,000달러보다 많이 버는 성인에게 대출을 허용하도록 하는 모델 예측을 기반으로 주택담보 대출 결정을 내리게 되면, 인구통계학적 수치로 봤을 때 대출이 성인 남성과 성인 여성 모두에게 동일한 비율로 제공되는 것이 보장될 것이다. 인구통계학적 동등성은 모델이 남녀 성인의 급여가 같은 확률로 50,000달러보다 많다고 예측할 것을 가정한다.

이제 인구통계학적 동등성을 더욱 수학적으로 정의하고 해당 정의를 기준으로 랜덤 포레스트 모델이 공정한지 확인해 보자. 모델 예측을 $\hat{y}$, 보호 집단 변수를 z라고 가정해 보자. 성별 보호 집단은 변수 z에 대해 두 가지 값을 가질 수 있다. 성인 여성을 나타내는 0과 성인 남성을 대변하는 1이다. 인종 보호 집단의 경우에도 변수 z는 성인 흑인을 나타내는 0과 백인을 나타내는 1을 값으로 가질 수 있다. 인구통계학적 동등성은 모델이 한 보호 집단에 대해 긍정적으로 예측할 확률이 다른 보호 집단에 대해 긍정적으로 예측할 확률과 비슷하거나 동일해야 한다는 것을 의미한다. 확률이 비슷하다는 것은 비율이 임곗값 τ_1과 τ_2 사이인 경우를 이야기한다. 일반적으로 τ_1과 τ_2는 각각 0.8과 1.2의 값을 가진다. 임곗값이 0.8과 1.2인 이유는 다음 수식에서 보여 주는 것처럼 법률에서 이야기하는 이 질적인 영향에 대한 80% 규칙을 준수하기 위해서이다. 비율이 1이면 확률이 서로 동일하다는 것을 의미한다.

$$\tau_1 \leq \frac{\mathbb{P}\left(\hat{y} = 1 \mid z = 0\right)}{\mathbb{P}\left(\hat{y} = 1 \mid z = 1\right)} \leq \tau_2$$

이제 범주형이지만 가능한 값이 3개 이상인 보호 집단 특성에 이런 정의를 적용하는 것을 생각해 보자. 예제는 백인과 흑인이라는 두 인종만 고려하고 있다. 데이터 세트에 더 많은 인종이 있으면 어떻게 될까? 사람 중에 여러 자신이 다양한 인종적 배경을 가졌다고 이야기하는 다인종 인간도 있다는 점도 고려해야 한다. 여러 인종으로 식별할 수 있는 개인에 대한 차별이 없도록 그들은 별도의 인종으로 취급해야 할 것이다. 2개 이상의 인종이 있는 시나리오에서 각 인종에 대한 인구통계학적 동등성 비율 지표를 정의하고 일대다 전략을 취한다. 즉, $z = 0$은 관심 대상 인종을 나타내고 $z = 1$은 다른 모든 인종을 나타낸다. 여기서 다인종 인간은 동시에 복수의 집단에 속할 수도 있다는 점을 고려해야 한다. 그런 다음, 다른 모든 인종과 비교했을 때 모든 인종의 인구통계학적 동등성 비율이 비슷한지 확인해야 한다. 연령과 같이 연속형 보호 특성은 어떨까? 이 경우, 연속 특성을 여러 집단으로 분할한 후 일대다 전략을 적용해야 한다.

이제 정의를 내렸으므로 랜덤 포레스트 모델이 공정한지 살펴보자. 다음 코드는 인구통계학적 동등성 개념을 갖고 모델을 평가한다.

```
male_indices_test=X_test[X_test['gender']==1].index.values      ❶
female_indices_test=X_test[X_test['gender']==0].index.values    ❷
white_indices_test=X_test[X_test['race']==1].index.values       ❸
black_indices_test=X_test[X_test['race']==0].index.values       ❹

y_score=adult_model.predict_proba(X_test)                       ❺

y_score_male_test=y_score[male_indices_test, :]                 ❻
y_score_female_test=y_score[female_indices_test, :]             ❻
y_score_white_test=y_score[white_indices_test, :]              ❼
y_score_black_test=y_score[black_indices_test, :]              ❼

dem_par_gender_ratio=np.mean(y_score_female_test[:, 1]) /
➥ np.mean(y_score_male_test[:, 1])                             ❽
dem_par_race_ratio=np.mean(y_score_black_test[:, 1]) /
➥ np.mean(y_score_white_test[:, 1])                            ❾
```

❶ 테스트 세트에서 성인 남성의 인덱스 로딩(인코딩된 성별이 1)
❷ 테스트 세트에서 성인 여성의 인덱스 로딩(인코딩된 성별이 0)
❸ 테스트 세트에서 성인 백인의 인덱스 로딩(인코딩된 인종이 1)
❹ 테스트 세트에서 성인 흑인의 인덱스 로딩(인코딩된 인종이 0)
❺ 테스트 세트의 모든 성인에 대한 모델 예측을 획득
❻ 두 성별 집단에 대한 모델 예측 획득
❼ 두 인종 집단에 대한 모델 예측 획득
❽ 두 성별 집단에 대한 인구학적 동등성 비율 계산
❾ 두 인종 집단에 대한 인구학적 동등성 비율 계산

이 코드는 8.1.2절에서 훈련한 모델과 라벨이 인코딩된 데이터 세트를 사용하고 있다. 라벨로 인코딩된 입력 특성은 X_test 데이터프레임^{data frame}에 저장되며 랜덤 포레스트 모델의 이름은 adult_model이다. 이 책의 깃허브 저장소에서 데이터 준비 및 모델 훈련에 사용한 코드를 찾을 수 있다. 인구학적 동등성 비율을 특정 집단에서 나머지 클래스(남성/백인) 대비 긍정 클래스(여성/흑인)를 예측할 확률로 계산하고 있다. 성별 및 인종 집단에 대한 인구학적 동등성 비율을 계산한 후 다음 코드를 사용해 지표를 도표로 그릴 수 있다.

```
def plot_bar(values, labels, ax, color='b'):      ❶
    bar_width=0.35                                ❶
    opacity=0.9                                   ❶
    index=np.arange(len(values))                  ❶
    ax.bar(index, values, bar_width,              ❶
           alpha=opacity,                         ❶
           color=color)                           ❶
    ax.set_xticks(index)                          ❶
    ax.set_xticklabels(labels)                    ❶
    ax.grid(True);                                ❶

threshold_1=0.8                                   ❷
threshold_2=1.2                                   ❷

f, ax=plt.subplots()                              ❸
plot_bar([dem_par_gender_ratio, dem_par_race_ratio],  ❹
         ['Gender', 'Race'],                      ❹
          ax=ax, color='r')                       ❹
ax.set_ylabel('Demographic Parity Ratio')         ❺
ax.set_ylim([0, 1.5])                             ❻
ax.plot([-0.5, 1.5],                              ❼
        [threshold_1, threshold_1], "k--",        ❼
        linewidth=3.0)                            ❼
ax.plot([-0.5, 1.5],                              ❽
        [threshold_2, threshold_2], "k--",        ❽
        label='Threshold',                        ❽
        linewidth=3.0)                            ❽
ax.legend();                                      ❾
```

❶ 막대 차트를 그리는 데 사용하는 plot_bar라는 헬퍼 함수
❷ 인구통계학적 동등성 비율에 대한 임곗값 설정

❸ 맷플롯립 도표 초기화

❹ 성별과 인종의 인구학적 동등성 비율을 막대 그래프로 도식화

❺ y축 라벨 설정

❻ y축을 −0.5에서 1.5 사이로 제한

❼ threshold_1을 수평선으로 도식화

❽ threshold_2를 수평선으로 도식화

❾ 도표 범례 표시

결과 도표는 그림 8.12에 나와 있다. 성별과 인종에 대한 인구학적 동등성 비율이 각각 0.38과 0.45라는 것을 알 수 있다. 이들은 임곗값 내에 있지 않으므로 랜덤 포레스트 모델은 인구통계학적 동등성을 기준으로 봤을 때 두 보호 집단 모두에 공정하지 않다. 편향을 완화하고 공정한 모델을 훈련하는 방법은 8.4절에서 살펴본다.

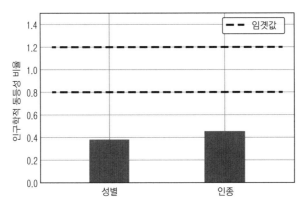

▲ **그림 8.12** 성별과 인종에 대한 인구학적 동등성 비율

8.2.2 기회와 확률의 평등

인구통계학적 동등성 개념은 모집단에서 비중과 관계없이 모든 보호 집단의 처리에 동등성을 보장하려는 상황에 유용하다. 소수 집단이 다수 집단과 동일한 방식으로 취급되도록 보장한다. 모든 보호 집단의 실제 라벨 분포를 고려하려는 상황이 있을 수 있다. 예를 들어, 채용 기회에 관심이 있는 경우, 한 집단의 사람이 다른 집단보다 특정 직업에 더 관심을 두고 필요한 자격도 더 많이 갖추고 있을 수 있다. 직업에 더 관심이 많고 자격을 보유한 사람이 속한 집단에 기회가 주어지기를 원할 수 있기 때문에 이런 상황에서는 동등

성을 보장하고 싶지 않을 수도 있다. 이러한 상황에는 기회의 평등과 배당의 공정성 개념을 사용할 수 있다.

구체적으로 살펴보기 위해 인구통계학적 동등성에 사용한 그림으로 돌아가 보자. 그림 8.13에서 집단 A(남성)와 B(여성) 성인 20명의 분포는 그림 8.11에서 인구통계학적 동등성을 살펴볼 때 본 것과 동일하다. 기회의 평등과 배당의 공정성을 위해서는 각 보호 집단의 실제 라벨 분포를 고려하는 측정값에 관심을 갖게 된다. 이러한 측정값은 그림 8.13에서 참 긍정률과 거짓 긍정률로 계산되고 있다. 참 긍정률은 실제 긍정이 긍정으로 예측될 확률을 측정하며 참 긍정과 거짓 부정 수의 합에 대한 참 긍정 수의 비율로 계산된다. 즉, 참 긍정률은 모델이 올바르게 예측한 참 사례의 백분율을 측정하며 재현율^{recall}이라고도 한다. 집단 A(남성)의 참 긍정률은 약 66.7%, 집단 B(여성)의 참 긍정률은 50%이다. 집단 간 참 긍정률이 같을 때 기회의 평등이 있다고 말한다. 그림 8.13에 나오는 예제는 참 긍정률이 같지 않기 때문에 성별 보호 집단에 대한 기회의 평등을 달성하지 못했다고 말할 수 있다.

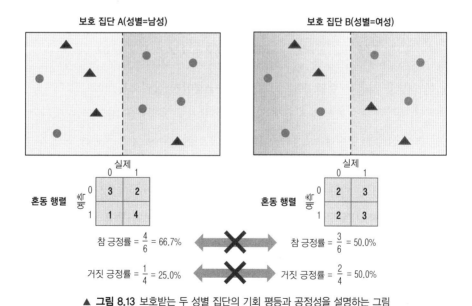

▲ **그림 8.13** 보호받는 두 성별 집단의 기회 평등과 공정성을 설명하는 그림

배당의 평등은 기회 평등의 정의를 거짓 긍정률이라는 또 다른 측정값으로 확장한다. 거짓 긍정률은 실제 부정이 긍정으로 예측될 확률을 측정한다. 거짓 긍정과 참 부정 수의 합에 대한 거짓 긍정 수의 비율로 계산된다. 보호 집단 간 참 긍정률과 거짓 긍정률에 동등성이 있을 때 배당의 평등이 존재한다고 주장할 수 있다. 그림 8.13에 나와 있는 예에서 집단 A와 B 사이의 참 긍정률이 같지 않으므로 배당의 평등이 존재한다고 말할 수 없다. 또한 거짓 긍정률도 두 집단 간에 일치하지 않는다.

다음 수식을 사용해 수학적으로 기회와 배당의 평등을 정의할 수 있다. 첫 번째 수식은 두 집단 간의 참 긍정률의 차이를 계산한다. 두 번째 수식은 두 집단 간의 거짓 긍정률의 차이를 계산한다. 동등성은 차이가 0이거나 0에 가까울 때 성립한다. 이 개념은 실제 라벨의 분포를 고려한다는 점에서 인구통계학적 동등성의 개념과 다르다. 참 긍정률의 경우, 긍정 라벨을 고려하고 거짓 긍정률은 부정 라벨을 고려한다. 또한 인구통계학적 동등성 개념은 법률의 "80% 규칙"과 밀접한 관계를 갖기 때문에 합하는 방식이 아닌 비율로 확률을 비교한다.

$$\mathbb{P}\left(\hat{y}=1|z=0, y=1\right) - \mathbb{P}\left(\hat{y}=1|z=1, y=1\right)$$
$$\mathbb{P}\left(\hat{y}=1|z=0, y=0\right) - \mathbb{P}\left(\hat{y}=1|z=1, y=0\right)$$

이제 이 개념을 사용해 랜덤 포레스트 모델이 공정한지 살펴보자. ROC^Receiver Operator Characteristic, 수신자 조작 특성 곡선을 사용해 참 긍정률과 거짓 긍정률을 비교할 수 있다. ROC 곡선은 거짓 긍정률 대비 참 긍정률을 그리게 된다. 기회와 배당의 평등을 위해 AUC^Area Under Curve, 곡선 아래 영역를 성능의 합계 측정값으로 사용해 각 보호 집단에 대한 모델 성능을 쉽게 비교할 수 있다. 집단 간 AUC의 차이를 보고 모델이 얼마나 공정한지 확인할 수 있다. 다음 코드는 참/거짓 긍정률과 AUC를 계산하는 방법을 보여 주고 있다.

```
from sklearn.metrics import roc_curve, auc                    ❶

def compute_roc_auc(y_test, y_score):                         ❷
    fpr=dict()                                                ❸
    tpr=dict()                                                ❸
    roc_auc=dict()                                            ❸
    for i in [1]:
```

```
            fpr[i], tpr[i], _=roc_curve(y_test, y_score[:, i])          ❹
            roc_auc[i]=auc(fpr[i], tpr[i])                              ❹
    return fpr, tpr, roc_auc                                            ❺


fpr_male, tpr_male, roc_auc_male=compute_roc_auc(y_male_test,          ❻
                                        y_pred_proba_male_test)         ❻
fpr_female, tpr_female, roc_auc_female=compute_roc_auc(y_female_test,  ❼
                                        d_proba_female_test)            ❼
fpr_white, tpr_white, roc_auc_white=compute_roc_auc(y_white_test,     ❽
                                        y_pred_proba_white_test)        ❽
fpr_black, tpr_black, roc_auc_black=compute_roc_auc(y_black_test,     ❾
                                        y_pred_proba_black_test)
```

❶ 사이킷런에서 roc_curve 및 auc 헬퍼 함수 임포트

❷ 각 보호 집단에 대한 ROC 및 AUC를 계산하는 헬퍼 함수 정의

❸ 참/거짓 긍정률 및 AUC에 대한 딕셔너리를 정의해 데이터 세트의 각 클래스에 대한 측정값 저장

❹ 실제 라벨의 경우, 참/거짓 긍정률 및 AUC를 계산하고 딕셔너리에 저장

❺ 함수 호출자에게 딕셔너리 반환

❻ 헬퍼 함수를 사용해 성인 남성에 대한 지표 계산

❼ 헬퍼 함수를 사용해 성인 여성에 대한 지표 계산

❽ 헬퍼 함수를 사용해 성인 백인에 대한 지표 계산

❾ 헬퍼 함수를 사용해 성인 흑인에 대한 지표 계산

각 보호 집단에 대한 지표가 계산되면 다음 코드를 사용해 ROC 곡선을 그릴 수 있다.

```
lw=1.5                                                                ❶
f, ax=plt.subplots(1, 2, figsize=(15, 5))                             ❷
ax[0].plot(fpr_male[1], tpr_male[1],                                  ❸
        linestyle='-', color='b',                                     ❸
        lw=lw,                                                        ❸
        label='Male(Area=%0.2f)' % roc_auc_male[1])                   ❸
ax[0].plot(fpr_female[1], tpr_female[1],                              ❹
        linestyle='--', color='g',                                    ❹
        lw=lw,                                                        ❹
        label='Female(Area=%0.2f)' % roc_auc_female[1])              ❹
ax[1].plot(fpr_white[1], tpr_white[1],                                ❺
        linestyle='-', color='c',                                     ❺
        lw=lw,                                                        ❺
        label='White(Area=%0.2f)' % roc_auc_white[1])               ❺
ax[1].plot(fpr_black[1], tpr_black[1],                                ❻
```

```
            linestyle='--', color='r',                  ❻
            lw=lw,                                       ❻
            label='Black(Area=%0.2f)' % roc_auc_black[1]) ❻
ax[0].legend()                                           ❼
ax[1].legend()                                           ❼
ax[0].set_ylabel('True Positive Rate')                   ❼
ax[0].set_xlabel('False Positive Rate')                  ❼
ax[1].set_ylabel('True Positive Rate')                   ❼
ax[1].set_xlabel('False Positive Rate')                  ❼
ax[0].set_title('ROC Curve(Gender)')                     ❼
ax[1].set_title('ROC Curve(Race)')                       ❼
```

❶ 꺾은선형 도표의 선 너비 설정
❷ 행 1개와 12개로 구성된 맷플롯립 도표 초기화
❸ 첫 번째 열에 성인 남성의 ROC 곡선을 표시
❹ 첫 번째 열에 성인 여성의 ROC 곡선을 표시
❺ 두 번째 열에 성인 백인의 ROC 곡선을 표시
❻ 두 번째 열에 성인 흑인의 ROC 곡선을 표시
❼ 도표에 주석을 달고 라벨을 명시

결과 도표는 그림 8.14에 나와 있다. 도표의 첫 번째 열은 남성과 여성 성별 집단에 대한 ROC 곡선을 비교하고 있다. 두 번째 열은 백인과 흑인 인종 집단에 대한 ROC 곡선을 비교한다. 곡선 아래 영역은 두 도표의 범례에 표시돼 있다. AUC가 성인 남성의 경우 0.89, 성인 여성의 경우 0.92라는 것을 알 수 있다. 성인 여성에게 약 3% 치우쳐 있다. 반면, 성인 백인의 경우 0.9, 성인 흑인의 경우 0.92이다. 성인 흑인에게 약 2% 치우쳐 있다는 것을 볼 수 있다. 불행하게도 인구통계학적 동등성과 달리, 법률이나 연구 업계에서 모델이 공정하다고 판단할 수 있는 AUC 차이를 명시한 지침은 존재하지 않는다. 여기서는 차이가 통계적으로 유의미한 경우, 기회와 분배의 평등 개념을 사용해 모델이 불공평하다고 취급한다. 8.3.1절에서 신뢰 구간을 사용해 이러한 차이가 유의미한 정도인지 확인해 본다.

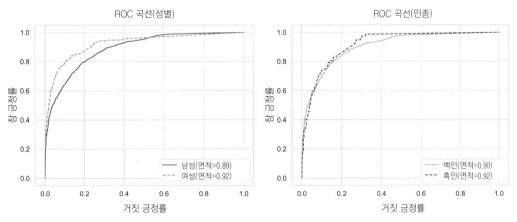

▲ **그림 8.14** 성별 및 인종별 ROC 곡선

8.2.3 기타 공정성 개념

가장 보편적으로 사용하는 공정성 개념은 인구통계학적 동등성과 기회/분배의 평등이다. 하지만 다음과 같은 기타 공정성 개념도 살펴볼 필요가 있다.

- **예측 품질 동등성** – 집단 간 예측 품질에 차이가 없다. 예측 품질은 모델의 정확성이나 F1 점수와 같은 성능 측정 지표가 될 수 있다.
- **대우 평등** – 모델은 모든 집단을 동일하게 취급하므로 거짓 예측 비율에 동등성이 있다. 거짓 예측률은 거짓 긍정에 대한 거짓 부정의 비율로 정의된다.
- **무지를 통한 공정성** – 보호 속성을 예측을 위한 특성으로 명시적으로 사용하지 않음으로써 공정성을 달성할 수 있다. 이상적인 경우, 모델이 사용하는 다른 특성이 보호 속성과 상관관계를 갖지 않겠지만, 실제로 항상 그렇지는 않다. 따라서 무지를 통해 공정성 달성은 보장되지 않는다. 8.4.1절에서 이를 보게 된다.
- **반사실적 공정성** – 반사실적 세계에서 다른 보호 집단에 속한 경우에도 모델이 어떤 개인에 대해 동일한 예측을 하는 경우, 모델은 공정하다.

모든 공정성 개념은 집단 공정성과 개별 공정성이라는 두 가지 범주로 나눌 수 있다. 집단 공정성은 모델이 서로 다른 보호 집단에 대해 공정하다는 것을 보장한다. 성인 소득 데이터 세트의 경우, 보호 집단은 성별, 인종, 연령이다. 반면, 개별 공정성은 모델이 서로 비슷한 개인에 대해 비슷한 예측을 하게 한다. 예를 들어, 성인 소득 데이터 세트의 경우, 교육 수준, 출신 국가 또는 주당 근무 시간에 따라 개인이 서로 비슷할 수 있다. 표 8.3은 다양한 공정성 개념이 속하는 범주를 보여 주고 있다.

▼ **표 8.3** 집단 및 개인 공정성 개념

공정성 개념	설명	범주
인구통계학적 동등성	서로 다른 보호 집단에 대한 긍정 예측률의 동등성	집단
기회와 분배의 평등	서로 다른 보호 집단에 대한 참 긍정률과 거짓 긍정률의 동등성	집단
예측 품질 동등성	서로 다른 보호 집단에 대한 예측 품질의 동등성	집단
대우 평등	서로 다른 보호 집단에 대한 거짓 예측률의 동등성	집단
무지를 통한 공정성	예측을 위한 특성으로 보호 속성을 명시적으로 사용하지 않음으로써 달성하는 공정성	개인
반사실적 공정성	반사실적 세계에서 다른 보호 집단에 속한 개인에 대한 비슷한 예측	개인

8.3 해석 가능성과 공정성

이번 절은 해석 기술을 사용해 모델 차별의 원인을 탐지하는 방법을 배워 본다. 차별의 원인은 크게 다음 두 가지로 분류할 수 있다.

- **입력 특성을 통한 차별** – 입력 특성으로 역추적할 수 있는 공정성 문제
- **표현을 통한 차별** – 입력 특성으로 다시 추적하기 어려운, 특히 이미지와 텍스트 입력을 처리하는 딥러닝 모델에서 나타나는 공정성 문제. 이런 경우, 모델이 학습한 심층 표현에서 차별의 원인을 찾을 수도 있다.

8.3.1 입력 특성을 통한 차별

먼저 입력 특성을 통한 차별을 살펴보자. 8.2절에서 다양한 공정성 개념을 살펴볼 때 모델 출력을 살펴보면서 랜덤 포레스트 모델이 인구통계학적 동등성과 기회/배분 공정성 측면에서 공정하지 않다는 것을 확인했다. 입력 특성을 추적해 이러한 공정성을 어떻게 설명할 수 있을까? 이를 위해 SHAP를 사용할 수 있다. 4장과 8.1.2절에서 살펴봤듯이

SHAP는 모델 출력을 각 입력에 대한 샤플리 값으로 분해한다. 이러한 샤플리 값은 모델 출력과 동일한 단위를 사용한다. 모든 특성에 대한 샤플리 값을 합산하면 긍정 결과를 예측할 확률을 보여 주는 모델 출력과 일치하는 값을 얻게 된다. 8.1.2절에서 이에 대한 예시를 살펴봤다. 입력 특성에 대한 샤플리 값을 합산한 것이 모델 출력과 같기 때문에 보호 집단 간의 모델 출력 차이(그리고 결과적으로 공정성 측정값)를 각 입력에 대한 샤플리 값의 차이로 역추적할 수 있다. 이런 과정을 통해 차별 또는 공정성 문제를 입력으로 다시 추적할 수 있다.

코드로 해당 과정을 실제로 살펴보자. 다음 코드는 보호 집단 간 SHAP 차이를 도출하는 헬퍼 함수를 정의하고 입력으로 역추적할 수 있는 모델 출력의 차이를 시각화하는 데 사용할 수 있다.

```
def generate_shap_group_diff(df_X,                                          ❶
                             y,                                             ❷
                             shap_values,                                   ❸
                             notion='demographic_parity',                   ❹
                             protected_group='gender',                      ❺
                             trace_to_input=False):                         ❻
    if notion not in ['demographic_parity', 'equality_of_opportunity']:     ❼
        return None                                                         ❼
    if protected_group not in ['gender', 'race']:                           ❼
        return None                                                         ❼
    if notion=='demographic_parity':                                        ❽
        flabel='Demographic parity difference'                              ❽
    if notion=='equality_of_opportunity':                                   ❾
        flabel='Equality of opportunity difference'                         ❾
        positive_label_indices=np.where(y==1)[0]                            ❾
        df_X=df_X.iloc[np.where(y==1)[0]]                                   ❾
        shap_values=shap_values[np.where(y==1)[0],:]                        ❾
    if protected_group=='gender':                                           ❿
        pg_label='men v/s women'                                           ❿
        mask=df_X['gender'].values==1                                       ❿
    if protected_group=='race':                                            ⓫
        pg_label='white v/s black'                                         ⓫
        mask=df_X['race'].values==1                                        ⓫
    glabel=f"{flabel}\nof model output for {pg_label}"                      ⓬
    xmin=-0.8                                                              ⓭
    xmax=0.8                                                               ⓭
```

```
        if trace_to_input:                                    ⑭
            shap.group_difference_plot(shap_values,           ⑭
                                    mask,                     ⑭
                                    df_X.columns,             ⑭
                                    xmin=xmin,                ⑭
                                    xmax=xmax,                ⑭
                                    xlabel=glabel,            ⑭
                                    show=False)               ⑭
        else:                                                 ⑮
            shap.group_difference_plot(shap_values.sum(1),    ⑮
                                    mask,                     ⑮
                                    xmin=xmin,                ⑮
                                    xmax=xmax,                ⑮
                                    xlabel=glabel,            ⑮
                                    show=False)               ⑮
```

❶ 6개의 입력을 받는 집단 간 SHAP 차이 도표를 그리는 헬퍼 함수. 입력 1: 특성 값 데이터프레임

❷ 입력 2: 목푯값 벡터

❸ 입력 3: 입력 특성에 대한 SHAP 값

❹ 입력 4: 공정성 개념(demographic_parity 또는 equality_of_opportunity)

❺ 입력 5: 보호 집단(성별 또는 인종)

❻ 입력 6: 입력으로 차별의 원인을 추적할지 나타내는 플래그(flag)

❼ 지원되지 않는 공정성 개념과 보호 집단에 대해 None 반환

❽ 인구통계학적 동등성 개념을 위한 라벨 설정

❾ 라벨을 설정하고 기회의 평등 개념에 대한 참 긍정만 처리

❿ 성별 보호 집단을 위한 라벨 및 마스크(mask) 설정

⓫ 인종 보호 집단을 위한 라벨 및 마스크 설정

⓬ 시각화를 위한 라벨 설정

⓭ 시각화를 xmin 및 xmax로 제한

⓮ trace_to_input이 True로 설정된 경우, 시각화 생성

⓯ trace_to_input이 False로 설정된 경우, 시각화 생성

먼저 헬퍼 함수를 사용해 성별 보호 집단에 대한 모델 출력의 인구학적 동등성 차이를 확인한다. 다음 코드는 그 과정을 보여 주고 있다. 단, 테스트 세트에 대한 모델 예측만 분석한다는 점에 유의해야 한다. shap_values 변수는 모든 입력과 데이터 세트의 모든 성인에 대한 샤플리 값을 갖고 있다. 8.1.2절에서 이를 만들어 봤으며 이 책의 깃허브 저장소에서 소스 코드를 찾을 수 있다.

```
test_indices=X_test.index.values                          ❶
generate_shap_group_diff(X_test,                          ❷
                         y_test,                          ❷
                         shap_values[1][test_indices,:],  ❷
                         notion='demographic_parity',     ❷
                         protected_group='gender',        ❷
                         trace_to_input=False)            ❷
```

❶ 테스트 세트 입력의 인덱스 추출
❷ 헬퍼 함수를 호출해 사용할 입력에 대한 SHAP 도표 생성

결과 도표는 그림 8.15에 나와 있다. 차이는 양수 또는 음수가 될 수 있다. 차이가 양수이면 모델은 성인 남성에게 편향되고 차이가 음수이면 모델은 성인 여성에게 편향된 것이다. 그림 8.15에서 랜덤 포레스트 모델이 성인 남성에 대해 긍정(즉, 급여 > 50,000달러)을 더 많이 예측하는 성인 남성 편향 모델이라는 것을 볼 수 있다.

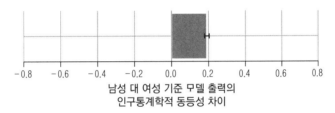

남성 대 여성 기준 모델 출력의
인구통계학적 동등성 차이

▲ **그림 8.15** 성별에 대한 모델 출력의 SHAP 인구학적 동등성 차이

성인 남성과 성인 여성 간 인구통계학적 동등성 차이가 생기는 원인을 확인하기 위해 다음 코드를 갖고 입력 특성으로 역추적할 수 있다.

```
generate_shap_group_diff(X_test,                          ❶
                         y_test,                          ❶
                         shap_values[1][test_indices,:],  ❶
                         notion='demographic_parity',     ❶
                         protected_group='gender',        ❶
                         trace_to_input=True)             ❶
```

❶ 이전과 동일한 입력을 사용하지만, trace_to_input을 True로 설정해서 헬퍼 함수 호출

결과 도표는 그림 8.16에 나와 있다. 편향이 주로 관계, 성별, 혼인 상태라는 세 가지 특성에서 비롯된다는 것을 알 수 있다. 모델이 인구통계학적 공정성 개념을 위반하게 만드는 특성을 식별하면 8.1.1절에서 이야기한 것처럼 데이터를 좀 더 자세히 살펴보면서 이러한 특성에서 편향이 생기게 하는 원인이 무엇인지 이해할 수 있다.

실습으로 헬퍼 함수를 사용해 기회 공정성 측정에 차이가 있는지 확인하고 입력으로 역추적해 보자. 함수가 데이터 세트의 실제 긍정에 대한 모델 출력 차이와 샤플리 값만 보도록 notion 입력 매개변수를 equality_of_opportunity로 설정할 수 있다.

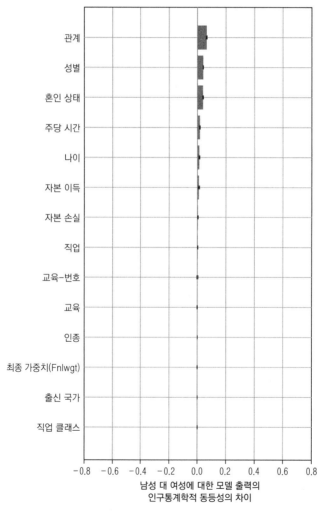

▲ **그림 8.16** 입력으로 역추적된 성별에 대한 SHAP 인구학적 동등성의 차이

그림 8.17은 모델 출력 시각화 결과를 보여 준다. 긍정 결과를 예측할 때 성인 남성과 성인 여성 간의 참 긍정률 차이가 통계적으로 유의미하고 모델이 성인 남성에 편향된 것을 알 수 있다. 그러므로 기회의 평등 개념으로 봤을 때 모델이 불공평하다고 말할 수 있다. trace_to_input 매개변수를 True로 설정해 편향을 다시 입력으로 추적할 수 있다.

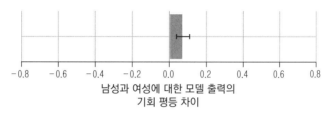

▲ **그림 8.17** 성별에 대한 SHAP 기회 평등 차이

8.3.2 표현을 통한 차별

차별 문제나 공정성 측정값의 차이를 입력으로 역추적하기 어려운 경우도 있다. 예를 들어, 입력이 이미지나 텍스트인 경우, 공정성 측정 차이를 다시 픽셀 값이나 단어 표현으로 추적하기 어렵다. 이 경우, 더 나은 선택은 모델이 학습한 표현의 편향을 식별하는 것이다. 이미지에 의사가 있는지 식별하도록 모델을 훈련하는 간단한 예를 살펴보자. 이미지에 의사가 있는지 예측하는 CNN을 훈련했다고 가정해 보자. 모델이 성별과 같은 보호 속성에 대해 편향돼 있는지 확인하려면 6장에서 배운 망 해부 프레임워크로 모델이 특정 보호 속성에만 해당하는, 전용 개념을 학습했는지 확인해야 한다. 그림 8.18은 해당 과정을 개략적으로 보여 주고 있다.

그림 8.18은 성별 보호 속성에 초점을 맞추고 있다. 첫 번째 단계는 성별 전용 개념에 대한 딕셔너리를 정의하는 것이다. 그림 8.18은 남성, 여성, 제3의 성 등 다양한 성별 개념을 픽셀 수준에서 라벨링하는 예를 보여 주고 있다. 다음 단계는 사전 훈련된 신경망을 조사해서 성별 전용 개념으로 CNN의 각 유닛 및 레이어의 일치 정도를 정량화하는 것이다. 일치 정도를 정량화하면 각 성별 개념에 대한 고유 감지기가 몇 개 있는지 확인할 수 있다. 성별 중 하나에 대해 더 많은 고유 감지기가 있는 경우, 모델이 해당 성별에 편향된 표현을 학습한 것으로 볼 수 있다.

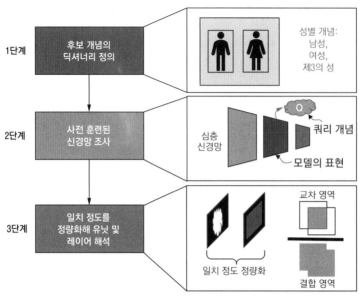

▲ **그림 8.18** 망 해부 프레임워크를 사용해 학습된 표현의 편향을 확인하는 방법

이제 모델 입력이 텍스트인 예를 살펴보자. 7장에서 의미론적 의미를 전달하는 단어의 밀집하고 분산된 표현을 만드는 방법을 배웠다. 모델이 학습한 표현이 보호 집단에 편향돼 있는지 어떻게 확인할 수 있을까? 의사의 예를 보면 의사라는 단어가 성 중립적인가, 아니면 특정 성별에 편향돼 있는가? 7장에서 배운 t-SNE 기법을 사용해 이를 확인할 수 있다. 하지만 우선 중립적인 단어와 특정 성별에 편향된 단어를 구분하기 위한 분류 체계를 구성해야 한다. 분류 체계를 구축하고 나면 t-SNE를 사용해 의사라는 단어가 말뭉치의 다른 단어와 얼마나 가까운지 시각화할 수 있다. 의사라는 단어가 병원이나 건강 관리와 같은 다른 성 중립적인 단어에 더 가까우면 의사에 대해 모델이 학습한 표현이 편향되지 않았다고 생각할 수 있다. 반면, 의사라는 단어가 남성, 여성 등 특정 성별에 대한 전용 단어에 더 가깝다면 표현은 편향된 것이다.

8.4 편향 완화

모델 편향을 완화하는 방법에는 크게 세 가지가 있다.

- **전처리** – 훈련 데이터 세트의 편향을 완화하기 위해 모델을 훈련하기 전에 이러한 방법을 적용한다.
- **처리 중** – 모델 훈련 중 이런 방법을 적용한다. 공정성 개념이 학습 알고리듬에 명시적으로 또는 암시적으로 통합돼 모델이 성능(예 정확도)뿐만 아니라 공정성에 대해서도 최적화하도록 한다.
- **사후 처리** – 모델 훈련 후 모델이 수행한 예측에 이런 방법을 적용한다. 모델 예측이 공정성 제약 조건을 충족하도록 조정한다.

이번 절은 전처리 방법의 두 가지에 초점을 둔다.

8.4.1 무지를 통한 공정성

많이 사용하는 전처리 방법 중 하나는 모델에서 보호 속성을 제거하는 것이다. 주택담보대출, 고용, 신용 등 일부 규제 대상 산업은 의사 결정에 사용하는 모델의 입력값으로, 보호 속성을 사용하는 것이 법으로 금지돼 있다. 성인 소득 예측을 위해 훈련한 랜덤 포레스트 모델에서 성별과 인종이라는 두 가지 관심 보호 속성을 제거한 후 기회/배분 평등 개념을 사용해 모델이 공정한지 살펴보자. 실습으로 랜덤 포레스트 모델에서 라벨로 인코딩된 성별 및 인종 특성을 제거하고 이전과 동일한 초매개변수를 사용해 모델을 다시 훈련해 보자. 이 책의 깃허브 저장소에서 해답을 확인할 수 있다.

ROC 곡선으로 묘사된 재훈련된 모델의 성능은 그림 8.19에 나와 있다. 8.2.2절에서 살펴본 바와 같이 ROC 곡선을 사용해 참 긍정률과 거짓 긍정률을 그렸으며 이 ROC 곡선에서 얻은 AUC를 갖고 모델이 기회와 배분 측면에서 공정한지 확인할 수 있다. 성별과 인종을 입력 특성으로 사용한 이전 랜덤 포레스트 모델의 경우, AUC 차이는 성별 집단 간 3%, 인종 집단 간 2%였다. 무지를 통한 공정성을 이용해 인종 간 차이는 1%로 줄었지만, 성별 간 차이는 변화가 없다. 따라서 무지를 통한 공정성은 공정성을 보장하지 않는다는 것을 알 수 있다. 다른 특성이 이러한 보호 집단과 높은 상관관계가 있을 수 있으며 성별 및 인종에 대한 프록시proxy 역할을 할 수 있다. 또한 이전 랜덤 포레스트 모델과 비교했을 때 AUC가 감소한 모든 집단에 대한 모델 성능이 떨어진 것을 볼 수 있다. 앞서 언급한 바와 같이 일부 규제 산업은 법률에서 무지를 통한 공정성을 사용하도록 요구한다. 모델이 공정하다고 보장할 수는 없지만, 법률을 준수하기 위해 해당 산업에서는 모델에 보호 속성을 사용하지 않아야 한다.

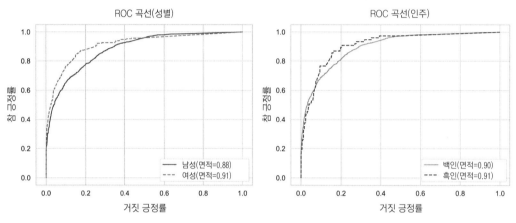

▲ 그림 8.19 성별 및 인종에 대한 ROC 곡선: 무지를 통한 공정성

8.4.2 가중치 재설정을 통한 라벨 편향 수정

하인리히 장Heinrich Jiang과 오피르 나쿰Ofir Nachum은 2019년에 공정성을 보장하는 다른 전처리 기술을 제안했다. 다음 링크(https://arxiv.org/abs/1901.04966)에서 볼 수 있는 연구 논문에서 그들은 훈련 데이터 세트에서 나타날 수 있는 편향을 계산하는 수식을 제안했다. 데이터 세트의 관찰된 라벨에서 편향(라벨 편향이라고도 함)이 발생할 수 있으며, 이는 관찰된 라벨을 바꾸지 않고 훈련 데이터 세트의 데이터 포인트에 가중치를 반복적으로 다시 설정하는 가중치 재설정 과정을 통해 수정할 수 있다고 가정했다. 인구통계학적 동등성, 기회/배분의 평등과 같은 다양한 공정성 개념을 대상으로 이런 가정을 이론적으로 증명했다. 수식과 증명을 자세히 알아보려면 해당 논문을 참조할 수 있다. 이번 절은 해당 알고리듬을 소개하고 저자가 다음 링크(http://mng.bz/Ygjj)에 제공한 구현을 사용한다.

가중치 재설정을 통해 편향을 수정하는 알고리듬은 하나의 주요 가정을 기반으로 한다.

데이터 세트의 관찰된 라벨은 드러나지 않지만, 참(True)이면서 편향되지 않은 어떤 라벨 세트를 기반으로 붙여졌다는 것을 가정한다. 관찰된 데이터 세트에 편향이 생기는 이유는 라벨을 붙이는 사람 또는 프로세스 때문이다. 핵심 가정은 이러한 편향의 원인이 의도적이지 않으며 무의식적으로 또는 내재된 편향 때문이라는 것이다. 이 가정을 기반으로 논문의 저자는 관찰된 편향된 데이터 세트의 특성에 대한 가중치를 재설정하면 편향되지 않은 데이터 세트로 훈련된 편향되지 않은 분류기를 구축할 수 있다는 것을 수학적으로 증명했다. 이를 그림 8.20에서 보여 주고 있다.

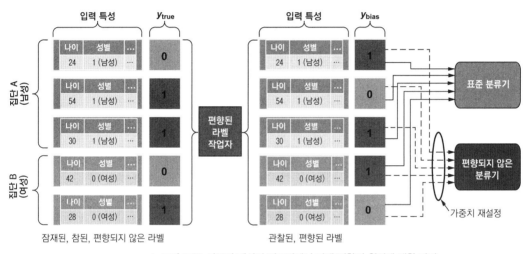

▲ **그림 8.20** 가중치 재설정 접근법에서 라벨 편향의 원인에 대한 가정

라벨 편향 가중치 재설정 알고리듬은 반복적으로 수행되며 그림 8.21에 그런 과정이 요약돼 있다. 데이터 세트에 K개의 보호 집단과 N개의 특성이 있다고 가정해 보자. 성인 소득 데이터 세트의 경우, 고려되는 보호 집단 수는 4개이다(성별 집단 2개와 인종 집단 2개). 데이터 세트는 14개의 특성이 포함하고 있다. 알고리듬을 실행하기 전에 각 보호 집단에 대한 계수를 0으로 초기화해야 한다. 또한 각 특성에 대한 가중치를 1로 초기화해야 한다.

계수와 가중치를 초기화하면 다음 단계는 이러한 가중치로 모델을 훈련하는 것이다. 8장은 랜덤 포레스트 모델을 다루고 있기 때문에 이 단계에서 훈련하는 모델은 8.1.2절에서 훈련한 모델과 같은 것이다. 다음 단계는 K개의 보호 집단 각각에 대해 이 모델의 공정성 위반 정도를 계산하는 것이다. 공정성 위반은 관심을 두는 개념에 따라 달라진다. 공정성 개념이 인구통계학적 동등성인 경우, 보호 집단에 대한 공정성 위반은 모델의 전체 평균 긍정 비율과 해당 보호 집단에 대한 평균 긍정 비율의 차이가 된다. 공정성 개념이 기회의 평등이라면 전체 평균 참 긍정률과 해당 보호 집단에 대한 평균 참 긍정률의 차이를 고려해야 한다. 공정성 위반을 계산한 다음 단계는 각 보호 집단에 대한 계수를 수정하는 것이다. 알고리듬의 목적은 공정성 위반을 최소로 하는 것이므로 공정성 위반 정도를 빼서 계수를 업데이트한다. 마지막 단계는 보호 집단에 대한 계수를 사용해 각 특성의 가중치를 업데이트하는 것이다. 가중치를 업데이트하는 수식은 그림 8.21에 나와 있으며 이 알고리듬 원저자의 논문에서 수식의 여러 변형을 확인할 수 있다. 그리고 여기서 설명한 과정이 T번 반복되는데, T는 알고리듬 실행 횟수를 나타내는 초매개변수이다.

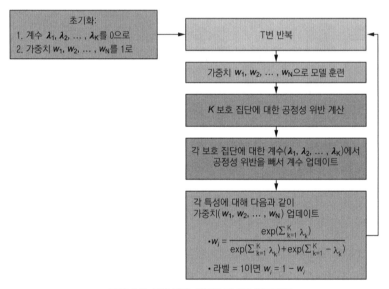

▲ **그림 8.21** 라벨 편향 가중치 재설정 알고리듬

이제 이 알고리듬을 이전 모델이 훈련한 성인 소득 데이터 세트에 적용해 보자. 알고리듬을 실행하기 전에 다음 코드를 사용해 데이터를 준비해야 한다. 기본 개념은 라벨로 인코딩된 성별 및 인종 특성을 원 핫$^{one-hot}$ 인코딩된 특성으로 변환하는 것이다. 각 보호 집단(남성, 여성, 백인, 흑인)에 대한 열이 네 개 생기고 집단에 속하는 경우에는 값이 1이 되고 속하지 않는 경우에는 0이 된다.

```
from functools import partial                                    ❶
def prepare_data_for_label_bias(df_X, protected_features,        ❷
                                protected_encoded_map):          ❷
    df_X_copy=df_X.copy(deep=True)                               ❸
    def map_feature(row, feature_name, feature_encoded):         ❹
        if row[feature_name]==feature_encoded:                   ❹
            return 1                                             ❹
        return 0                                                 ❹

    colname_func_map={}                                          ❺
    for feature_name in protected_features:                      ❺
    protected_encoded_fv=protected_encoded_map[feature_name]     ❺
    for feature_value in protected_encoded_fv:                   ❺
        colname=f"{feature_name}_{feature_value}"                ❺
        colname_func_map[colname]=partial(map_feature,           ❺
            feature_name=feature_name,                           ❺
            feature_encoded=protected_encoded_fv[feature_value]) ❺

    for colname in colname_func_map:                             ❺
        df_X_copy[colname]=df_X_copy.apply                       ❺
        ➥ (colname_func_map[colname], axis=1)                    ❺
    df_X_copy=df_X_copy.drop(columns=protected_features)         ❻
    return df_X_copy                                             ❼
```

❶ 파이썬 functool 라이브러리가 제공하는 partial 함수 임포트
❷ 라벨 편향 가중치 재설정 알고리듬을 위해 데이터 세트를 준비하는 헬퍼 함수
❸ 원본 데이터프레임의 복사본을 만들고 변경사항을 복사본에 적용
❹ 각 특성을 인코딩된 값에 매핑하는 헬퍼 함수
❺ 보호 특성을 모두 살펴보면서 각 집단에 대해 이진 인코딩 값을 명시하는 개별 열 생성
❻ 데이터프레임 복사본에서 원래 보호 특성 열 삭제
❼ 새로운 열이 추가된 데이터프레임 복사본 반환

그런 다음, 이 헬퍼 함수를 사용해 다음과 같이 데이터 세트를 준비할 수 있다. 헬퍼 함수를 호출하기 전에 각 보호 집단과 해당 라벨 인코딩 값의 매핑을 만들게 된다.

```
protected_features=['gender', 'race']                            ❶
protected_encoded_map={                                          ❷
    'gender': {                                                  ❷
        'male': 1,                                               ❷
        'female': 0                                              ❷
```

```
        },                                              ❷
        'race': {                                       ❷
            'white': 1,                                 ❷
            'black': 0                                  ❷
        }                                               ❷
}                                                       ❷
df_X_lb=prepare_data_for_label_bias(df_X,               ❸
                                 protected_features,    ❸
                                 protected_encoded_map) ❸
X_train_lb=df_X_lb.iloc[X_train.index]                  ❹
X_test_lb=df_X_lb.iloc[X_test.index]                    ❹

PROTECTED_GROUPS=['gender_male', 'gender_female', 'race_white', 'race_black']   ❺
protected_train=[np.array(X_train_lb[g]) for g in PROTECTED_GROUPS]             ❺
protected_test=[np.array(X_test_lb[g]) for g in PROTECTED_GROUPS]               ❺
```

❶ 처리할 보호 특성 목록
❷ 각 보호 집단을 해당 라벨 인코딩 값에 매핑
❸ 라벨 편향 가중치 재설정 알고리듬을 위한 데이터 세트를 준비하는 헬퍼 함수 호출
❹ 새 데이터 세트를 훈련 및 테스트 세트로 분할
❺ 보호 집단 열 추출

데이터 세트를 준비하면 라벨 편향 가중치 재설정 알고리듬에 쉽게 입력할 수 있다. 이 알고리듬의 소스 코드는 논문 저자의 깃허브 저장소(http://mng.bz/Ygjj)에서 찾을 수 있다. 지면 관계상 이번 절에 해당 코드를 다시 설명하지 않는다. 실습으로 알고리듬을 실행하고 훈련 데이터 세트의 각 데이터 포인트에 대한 가중치를 판단해 보자. 가중치를 결정한 후 다음 코드를 사용해 편향되지 않은 랜덤 포레스트 모델을 다시 훈련할 수 있다.

```
model_lb=create_random_forest_model(10, max_depth=20)   ❶
model_lb.fit(X_train_lb,                                 ❷
            y_train,                                     ❷
            weights)                                     ❷
```

❶ 3장에서 배운 헬퍼 함수를 사용해 랜덤 포레스트 모델 생성
❷ 피팅(fitting) 메서드를 호출하고 준비된 데이터 세트와 라벨 편향 가중치 재설정 알고리듬을 사용해 얻은 가중치 전달

ROC 곡선으로 묘사된 재훈련된 모델의 성능은 그림 8.22에 나와 있다. 성별 집단과 인종 집단 간의 AUC 차이가 모두 1%라는 것을 알 수 있다. 따라서 이 모델은 기회와 배당의 평등 측면에서 성별과 인종을 특성으로 갖고 있으면서 훈련에는 사용하지 않은 앞서 훈련한 모델보다 공정하다고 할 수 있다.

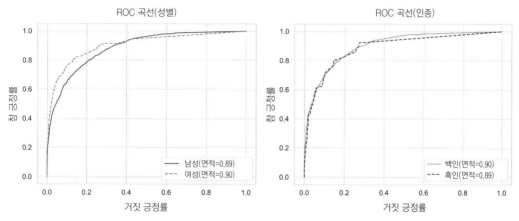

▲ **그림 8.22** 라벨 편향 수정 후 성별 및 인종에 대한 ROC 곡선

8.5 데이터 세트용 데이터시트

8.1.1절에서 성인 소득 데이터 세트를 탐색하는 동안, 일부 보호 집단(예 여성과 흑인)이 제대로 대표되지 않았으며 이러한 집단의 라벨에 편향이 있다는 것을 발견했다. 편향의 원인 중 일부, 즉 샘플링 편향과 라벨 편향은 식별했지만, 편향의 근본 원인은 알아 내지 못했다. 가장 큰 이유는 데이터 세트를 만들기 위한 데이터 수집 프로세스[process]를 알 수 없기 때문이다. 2020년에 팀니트 게브루[Timnit Gebru]와 구글과 마이크로소프트의 몇몇 연구원이 발표한 논문에 데이터 세트 정보를 문서화하기 위한 표준 프로세스가 제안됐다. 개념은 데이터 생성자가 데이터 세트를 만든 동기, 그것의 구성, 데이터 수집 프로세스 및 사용에 관한 주요 질문에 답하는 데이터시트를 구성하자는 것이다. 주요 질문 중 일부는 다음에 나와 있지만, 보다 자세한 내용은 원본 논문에서 찾을 수 있다(https://arxiv.org/pdf/1803.09010.pdf).

- 동기
  - 데이터 세트는 어떤 목적으로 생성했는가? 이 질문의 의도는 데이터 세트가 특정 과업을 위한 것인지, 어떤 특정 요구사항을 해결하기 위한 것인지 이해하는 것이다.

  - 누가 데이터 세트를 만들었는가? 의도는 개인, 팀, 회사, 조직 또는 기관이 될 수 있는 데이터 세트 소유자를 식별하는 것이다.

  - 누가 데이터 세트 생성에 자금을 지원했는가? 의도는 데이터 세트가 연구 보조금 또는 기타 자금 출처와 연결돼 있는지 이해하는 것이다.

- 구성
  - 데이터 세트는 무엇을 대변하고 있는가? 의도는 데이터가 문서, 사진, 비디오, 사람, 국가 또는 기타 표현을 대변하고 있는지 이해하는 것이다.

  - 데이터 세트에 몇 개의 예제가 있는가? 이 질문은 자명한 것으로, 데이터 포인트 또는 예제 수를 기준으로 데이터 세트의 크기를 이해하기 위한 것이다.

  - 데이터 세트에 가능한 모든 예가 포함돼 있는가, 더 큰 데이터 세트를 샘플링한 것인가? 의도는 데이터 세트가 더 큰 데이터 세트 또는 모집단에서 가져온 표본인지 이해하는 것이다. 이런 정보는 샘플링 편향이 있는지 확인하는 데 도움이 된다.

  - 데이터 세트가 라벨링돼 있는가? 목표는 데이터 세트가 원시 데이터인지, 라벨링된 것인지 확인하는 것이다.

  - 데이터 세트가 외부 출처에 의존하는지? 목표는 웹 사이트, 트위터 트윗 또는 기타 데이터 세트 등에 데이터 세트가 의존하거나 종속성을 갖는 외부 출처가 있는지 식별하는 것이다.

- 수집 과정
  - 데이터는 어떻게 수집됐는가? 이 질문은 데이터 수집 프로세스를 이해하는 데 도움이 된다.

- 해당하는 경우, 사용한 샘플링 전략은 무엇인가? 이는 구성 영역에 있는 샘플링 질문을 확장한 것으로, 샘플링 편향이 있는지 확인하는 데 도움이 된다.

- 데이터가 수집된 기간은 언제인가?

- 데이터가 개인으로부터 직접 또는 제3자를 통해 수집됐는가?

- 데이터가 사람과 관련된 경우, 데이터 수집에 대한 동의를 얻었는가? 데이터 세트가 사람과 관련된 경우, 인류학 등 다른 영역의 전문가와 협력하는 것이 중요하다. 이 질문에 대한 답은 데이터 세트가 EU(유럽 연합)의 GDPR(일반 데이터 보호 규정)과 같은 규정을 준수하는지 확인하는 데도 필수적이다.

- 개인이 향후 동의를 철회할 방법이 있는가? 이는 데이터 세트가 규정을 준수하는지 판단하는 데 필수적이다.

- **용도**
  - 데이터 세트는 무엇에 사용되는가? 의도는 데이터 세트로 가능한 모든 과업 또는 용도를 식별하는 것이다.

  - 어떤 과업에 데이터 세트를 사용하면 안 되는가? 이 질문의 답은 데이터 세트가 의도하지 않은 과업에 사용되지 않도록 하는 데 도움이 된다.

데이터 세트용 데이터시트^{datasheet}가 이미 연구 및 산업에 채택된 경우도 있다. 질문 답변에 사용하는 QuAC 데이터 세트(https://quac.ai/datasheet.pdf), 요리 레시피로 구성된 RecipeQA 데이터 세트(http://mng.bz/GGnA), 오픈 이미지 데이터 세트(https://github.com/amukka/openimages)에 적용되고 있다. 데이터 세트에 대한 데이터시트는 데이터 세트 생성자에게 추가적인 부담이 되지만, 투명성과 책임을 개선하고 편향의 원인이 있는 경우, 그것을 식별하는 데 도움이 되며 유럽 연합의 GDPR과 같은 규정을 준수할 수 있도록 해 준다.

요약

- 샘플링 편향 및 라벨 편향과 같은 다양한 이유로 데이터 세트에 편향이 생길 수 있다. 샘플링 편향은 데이터 세트가 실제 모집단을 제대로 반영하지 않을 때 발생한다. 라벨 편향은 모집단의 다양한 집단에 대한 라벨을 기록하는 방식에 편향이 있을 때 발생한다.

- 공정성 개념에는 인구통계학적 동등성, 기회와 배당의 평등, 예측 품질 동등성, 무지를 통한 공정성, 반사실적 공정성이 포함된다. 일반적으로 사용하는 공정성 개념은 인구통계학적 동등성과 기회 및 배당의 평등이다.

- 인구통계학적 동등성은 때때로 독립성 또는 통계적 동등성이라고도 하며 법적으로는 이질적 영향이라고 부르고 있다. 서로 다른 보호 집단에 대한 긍정 예측 비율에 동등성이 있어야 한다는 것을 내포한다. 인구통계학적 동등성의 개념은 모집단 내 비율과 관계없이 모든 보호 집단의 처리에 동등성을 보장하려는 상황에 유용하다. 소수 집단이 다수 집단과 동일한 방식으로 취급되도록 보장한다.

- 보호된 모든 집단에 대한 실제 라벨의 분포를 고려하려는 상황의 경우, 기회 평등 및 배당 공정성 개념을 사용할 수 있다. 집단 간의 참 긍정률에 동등성이 존재할 때 기회의 평등이 존재한다고 말한다. 배당의 평등은 기회 평등의 정의를 거짓 긍정률이라는 또 다른 체계적인 측정값으로 확장한다.

- 공정성의 모든 개념을 집단 공정성과 개별 공정성이라는 두 범주로 분류할 수 있다. 집단 공정성은 모델이 서로 다른 보호 집단에 대해 공정하다는 것을 보장한다. 개별 공정성은 모델이 비슷한 개인에 대해 비슷한 예측을 하도록 한다.

- 이 책에서 배운 해석 기술을 사용하면 모델 차별의 원인을 탐지할 수 있다. 차별의 원인은 크게 입력 특성을 통한 차별과 표현을 통한 차별의 두 가지 유형으로 분류할 수 있다.

- 입력을 통한 차별은 차별 또는 공정성 문제를 입력 특성으로 다시 추적한다. SHAP 해석 기술을 사용해 공정성 문제를 다시 입력으로 추적할 수 있다.

- 이러한 유형의 공정성 문제는 특히 이미지나 텍스트와 같은 입력을 처리하는 딥러닝 모델에서 입력 특성으로 역추적하기 어렵다. 이런 경우, 차별의 원인을 모델

이 학습한 심층 표현으로 추적할 수 있다. 6장과 7장에서 배운 망 해부 프레임워크와 t-SNE 기술을 사용해 모델이 학습한 표현에 나타나는 차별의 원인을 추적할 수 있다.

- 편향을 완화하기 위해 사용할 수 있는 두 가지 기술의 예는 무지를 통한 공정성과 라벨 편향을 수정하는 가중치 재설정 기법이다. 무지를 통한 공정성은 공정성을 보장하지 않지만, 가중치 재설정 기법은 공정성을 보장한다.

- 데이터시트를 사용해 데이터 세트 정보를 문서화하는 표준 프로세스가 있다. 데이터시트의 목표는 데이터 세트의 동기, 구성, 데이터 수집 프로세스, 사용에 대한 주요 질문에 답하는 것이다. 데이터 세트를 설명하는 데이터시트는 데이터 세트 생성자에게 추가적인 부담이 될 수 있지만, 투명성과 책임을 높이고 편향의 원인이 있는 경우, 그것을 식별하는 데 도움이 되며 유럽 연합의 GDPR과 같은 규정을 준수할 수 있도록 해 준다.

9

설명 가능한
AI로 가는 길

9장에서 다루는 내용

- 이 책에서 배운 해석 기술 요약
- 설명 가능한 AI 시스템의 속성 이해
- 설명 가능한 AI 시스템에 대해 많이 묻는 질문과 그에 답하기 위한 해석 기술 사용
- 반사실적 예제를 사용한 대조적 설명 제시

해석 가능한 AI의 세계를 탐험하는 여정의 끝에 도달하고 있다. 그림 9.1은 이 여정을 설명하는 지도를 보여 주고 있다. 배운 것을 잠시 되짚어 보고 요약해 보자. 해석 가능성은 AI 시스템에서 원인과 결과를 이해하는 것이다. 이해는 AI 시스템 중심에 있는 모델이 주어진 입력에 대해 예측하는 결과를 일관되게 추정할 수 있는 정도, 모델이 어떻게 예측에 도달했는지 이해하고 입력 및 알고리듬 매개변수를 바꾸는 것이 예측에 어떤 영향을 주는지, 마지막으로 모델이 실수한 지점을 이해하는 것을 말한다. 머신러닝 모델이 금융, 의료, 기술, 법률과 같은 다양한 산업에 적용되고 있기 때문에 해석 가능성도 점점 더 중요해지고 있다. 모델이 한 결정은 투명성과 공정성을 가져야 한다. 이 책에서 배운 기법들은 투명성을 높이고 공정성을 보장하는 강력한 도구들이다.

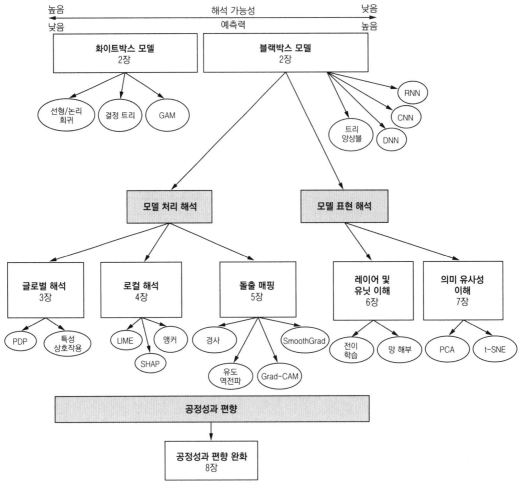

▲ **그림 9.1** 해석 가능한 AI 세계 여정 지도

이 책에서는 크게 두 가지 머신러닝의 분류를 살펴봤다. 한 가지는 블랙박스 모델, 나머지는 화이트박스 모델이다. 이 둘은 해석 가능성과 예측력의 평가 대상이 된다. 화이트박스 모델은 본질적으로 투명하고 해석하기 쉽다. 그러나 이런 모델의 예측력은 보통 낮거나 평이한 수준이다. 선형 회귀, 논리 회귀, 결정 트리, GAM에 중점을 두고 모델의 내부를 이해해 이를 해석하는 방법을 배웠다. 블랙박스 모델은 본질적으로 불투명하고 해석하기 어렵지만, 훨씬 높은 예측력을 제공한다. 이 책에서는 트리 앙상블, 신경망과 같은

블랙박스 모델을 해석하는 데 대부분의 시간을 집중했다.

블랙박스 모델을 해석하는 방법에는 두 가지가 있다. 그중 하나는 모델 처리를 해석하는 것이다. 즉, 모델이 입력을 처리하고 최종 예측에 도달하는 방법을 이해하는 것이다. 모델 표현을 해석하는 다른 방법은 심층 신경망에만 적용할 수 있다. 모델 처리 해석을 위해 입력 특성이 글로벌 수준에서 모델 예측에 미치는 영향을 이해할 수 있게 하는 PDP와 특성 상호작용 도표 등 사후 모델 애그노스틱한 기법을 배웠다. 또한 LIME, SHAP, 앵커와 같이 범위가 로컬인 사후 모델 애그노스틱한 기법도 살펴봤다. 이러한 기법을 사용해 모델이 개별 예측에 도달한 방법을 설명할 수 있다. 또한 시각 과업에 사용하는 신경망에 어떤 입력 특성 또는 이미지 픽셀^{pixel}이 중요한지 이해하기 위해 돌출 맵과 같은 시각적 귀속 기법을 사용했다. 모델 표현을 해석하기 위해 신경망을 분해하는 방법과 망의 중간 또는 히든^{hidden} 레이어가 학습한 데이터 표현을 이해하는 방법을 배웠다. PCA 및 t-SNE와 같은 기술을 사용해 모델에서 학습한 고차원 표현을 시각화하는 방법도 배웠다.

마지막으로 공정성이라는 주제에 초점을 맞추고 다양한 공정성 개념과 공정성을 측정하기 위해 해석 기술을 사용하는 방법을 배웠다. 무지를 통한 공정성 및 반복적인 라벨 편향 수정 기술과 같은 여러 전처리 기술을 사용해 편향을 완화하는 방법도 살펴봤다.

이 책에서 해석 가능성과 설명 가능성은 명확하게 구분하고 있다. 해석 가능성은 주로 모델이 어떻게 동작하고 "어떻게" 예측에 도달했느냐는 질문에 답하는 것과 관련이 있다. 설명 가능성은 해석 가능성을 넘어선 "왜"라는 질문에 답하고자 한다. 즉, 모델이 다른 예측이 아닌 그런 예측을 왜 했는지에 초점을 둔다. 해석 가능성은 AI 시스템을 구축, 배포, 사용하는 전문가가 대부분 구성할 수 있으며 설명 가능성에 도달하는 데 도움이 되는 요소가 된다. 9장은 설명 가능한 AI로 가는 길에 초점을 두고자 한다.

9.1 설명 가능한 AI

설명 가능한 AI 시스템의 구체적인 예와 그런 시스템에 기대하는 점을 살펴보자. 8장에서 사용한 미국 성인의 소득을 예측하는 예를 다시 사용한다. 교육, 직업, 연령, 성별, 인종과 같은 입력 특성이 주어지면 성인의 연간 소득이 50,000달러보다 많을 것인지를 예측하는 모델을 훈련했다. 이 책에서 배운 해석 기술을 적용해 이 모델을 배포할 준비가 됐다. 사람들은 해당 서비스로 자신의 특성을 입력했을 때 얼마나 벌 수 있는지 판단할 수 있다. 설명 가능한 AI 시스템은 시스템 사용자가 모델이 내린 결과에 의문을 제기하고 이러한 예측에 이의를 제기할 수 있는 기능을 제공해야 한다. 그림 9.2는 사용자에게 설명을 제공하는 기능이 설명 에이전트^{agent}에 내장된 모습을 보여 주고 있다. 사용자는 모델의 예측에 대해 에이전트에게 다양한 질문을 할 수 있으며 의미 있는 답변을 제공할 책임이 에이전트에게 있다. 그림 9.2에 나와 있는 것처럼 사용자가 물을 수 있는 한 가지 질문은 모델이 급여가 50,000달러 이하일 것으로 예측한 이유이다.

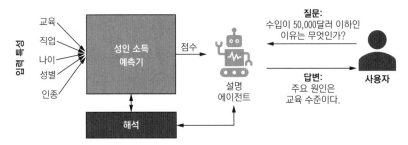

▲ **그림 9.2** 모델의 예측을 시스템 사용자에게 설명하는 에이전트

그림 9.2에서 사용자가 하는 질문은 다양한 특성 값이 모델 예측에 어떻게 영향을 미치는지 이해하는 데 중점을 두고 있다. 이것은 시스템에 물어볼 수 있는 다양한 질문 중 한 유형일 뿐이다. 표 9.1은 질문할 수 있는 몇 가지 광범위한 분류와 질문을 할 때 적용할 수 있는 이 책에서 배운 기법을 보여 주고 있다. 표 9.1에서 볼 수 있듯이 이제 독자는 모델 동작 방식이 무엇인지, 결과에 영향을 미친 주요 특성은 무엇인지, 모델이 특정 사례에 대한 예측에 도달한 방법과 모델이 공정하고 편향되지 않았는지에 대한 질문에 답할

준비가 돼 있다. 하지만 앞에서 강조했듯이 아직은 "왜"라는 질문에 답할 준비는 돼 있지 않으므로 9장에서 이에 대해 간략하게 다룬다.

▼ 표 9.1 질문 유형 및 설명 기법

기법 범주	질문 유형	설명 기법
모델 설명	• 모델은 어떻게 동작하는가? • 모델에 가장 중요한 특성 또는 입력은 무엇인가?	• 모델에 따른 설명(이 책은 다양한 화이트 박스와 블랙박스 모델이 어떻게 동작하는지 적절히 설명하고 있다) • 글로벌 특성 중요도(2장과 3장) • 모델 표현(6장과 7장)
예측 설명	• 내가 제공한 사례에 대해 모델이 예측에 어떻게 도달했는가?	• 로컬 특성 중요도(4장) • 시각적 귀속 기법(5장)
공정성	• 모델은 특정 보호 집단 사람들을 어떻게 대하는가? • 내가 속한 집단에 대해 모델이 편향돼 있는가?	• 공정성 개념 및 측정 방법(8장)
대조 또는 반사실적	• 모델이 나를 위해 이 결과를 예측한 이유는 무엇인가? • 다른 결과가 아닌 이유는 무엇인가?	• 반사실적 설명(9장에서 논의)

이 책에서 배운 해석 기술이 표 9.1에 나와 있는 대부분의 질문에 대한 답을 찾는 데 도움이 되지만, 사용자가 원하는 답이나 설명을 제공하는 데는 더 많은 요소가 있다. 질문과 관련된 정보, 설명으로 제공할 정보의 양, 사용자가 설명을 받아들이거나 이해하는 방법(즉, 사용자가 가진 배경) 등을 알아야 한다. 설명 가능한 AI[XAI, eXplainable AI]라고 하는 분야가 이 문제를 해결하는 데 전념하고 있다. XAI는 그림 9.3처럼 AI 그리고 이에 속한 머신러닝뿐만 아니라 인간 컴퓨터 상호작용[HCI, Human-Computer Interaction]이나 사회 과학과 같은 다른 분야도 다루고 있다.

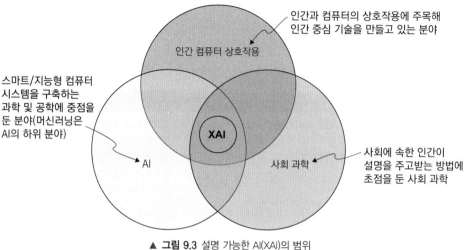

인간과 컴퓨터의 상호작용에 주목해
인간 중심 기술을 만들고 있는 분야

인간 컴퓨터 상호작용

스마트/지능형 컴퓨터
시스템을 구축하는
과학 및 공학에 중점을
둔 분야(머신러닝은
AI의 하위 분야)

XAI

AI

사회 과학

사회에 속한 인간이
설명을 주고받는 방법에
초점을 둔 사회 과학

▲ **그림 9.3** 설명 가능한 AI(XAI)의 범위

팀 밀러$^{Tim\ Miller}$는 XAI와 관련된 사회 과학을 연구한 주요 논문(https://arxiv.org/pdf/1706.07269.pdf)을 발표했다. 이 논문에서 제시하는 주요 발견 사항은 다음과 같다.

- **설명은 대조적이다** – 사람들은 일반적으로 모델이 특정 결과를 예측한 이유가 아니라 왜 다른 결과가 예측하지 않았는지를 묻는다. 이는 표 9.1에 대조적 또는 반사실적 설명 방법으로 명시돼 있으며 다음 절에서 이에 대해 간략하게 설명한다.

- **설명은 일반적으로 편향된 방식으로 선택된다** – 예측에 대한 설명이나 원인이 사용자에게 많이 제공되는 경우, 사용자는 보통 그중 하나 또는 2개만 선택하며 선택이 편향된 경우가 많다. 따라서 제공할 정보의 양과 설명에 가장 중요한 정보가 무엇인지 아는 것이 중요하다.

- **설명은 사회적이다** – AI 시스템이 사용자에게 정보를 전달하는 과정은 상호작용을 하는 것처럼 보여야 하며 대화 형식을 가져야 한다. 따라서 질문을 이해하고 의미 있는 답변을 제공할 수 있는 그림 9.2와 같은 설명 에이전트를 갖는 것이 중요하다. 상호작용의 중심에 사용자가 있어야 하며, 그러한 시스템을 구축하기 위해서 HCI 분야를 살펴보는 것이 중요하다.

다음 절은 대조적이거나 반사실적 설명을 제공하는 데 사용할 수 있는 기술, 즉 "왜?"와 "왜 아닌가?"라는 질문에 답하는 데 사용할 수 있는 기술을 구체적으로 살펴본다.

9.2 반사실적 설명

반사실적 설명(대조적 설명이라고도 함)은 모델이 다른 값이 아닌 특정 값을 예측한 이유를 설명하는 데 사용할 수 있다. 구체적인 예를 들어 보자. 이진 분류 문제인 성인 소득 예측 모델을 사용하고 설명의 편의를 위해 연령과 교육이라는 두 가지 입력 특성에만 집중한다.

두 가지 특성은 그림 9.4의 2차원 평면에 표시돼 있다. 성인 소득 예측 모델의 결정 경계도 윗부분과 아랫부분을 구분하는 곡선으로 표시돼 있다. 하단에 있는 성인에 대해서 모델은 50,000달러 이하의 소득을 예측하고 상단에 있는 성인의 경우, 모델은 50,000달러를 초과한 소득을 예측한다. 얼마나 많은 소득을 벌 것인지 예측하기 위해 시스템에 정보를 제공할 사람이 있다고 가정해 보자. 그림 9.4에 "원본 입력"이라고 표시돼 있다. 이 성인은 고등학교를 졸업했고 나이는 30세(여기서는 관련 없음)라고 가정한다. 이 입력값은 결정 경계의 아래에 있기 때문에 모델은 그 사람이 50,000달러 이하의 소득을 올릴 것이라고 예측한다. 그렇게 됐을 때 사용자는 다음과 같은 질문을 던질 수 있다. "내 소득이 50,000달러 이하이고 50,000달러보다 많지 않은 이유는 무엇인가?"

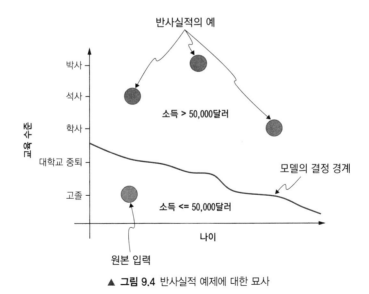

▲ **그림 9.4** 반사실적 예제에 대한 묘사

반사실적 또는 대조적 설명은 해당 사용자가 특정 기준을 충족해서 원하는 결과, 즉 50,000달러보다 많은 소득을 얻을 것으로 예상되는 반사실적 세계의 예제를 제공한다. 그림 9.4는 반사실적의 예를 보여 주고 있다. 사용자의 교육 수준이 높을수록(학사, 석사, 박사) 50,000달러보다 많이 벌 가능성이 더 높다는 것을 보여 주고 있다.

이러한 반사실적 사례를 어떻게 만들 수 있을까? 그림 9.5에 나와 있는 전체 과정에 다음과 같은 정보를 입력받는 설명 에이전트가 필요하다.

- **원본 입력** – 사용자가 제공한 입력
- **원하는 결과** – 사용자가 원하는 결과
- **반사실적 예제 수** – 설명에 표시할 반사실적 예제의 수
- **모델** – 반사실적 예제에 대한 예측을 얻기 위해 사용되는 모델

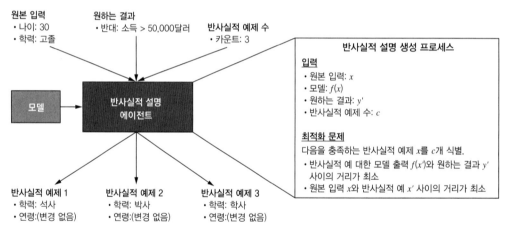

▲ **그림 9.5** 반사실적 설명 생성 프로세스

그런 다음, 설명 에이전트는 반사실적 예제를 생성하는 알고리듬을 실행한다. 기본적으로 다음 조건을 충족하는 반사실적 예제를 찾는 최적화 문제이다.

- 반사실적 예제에 대한 모델 출력은 가능한 한 원하는 결과에 가깝다.
- 반사실적 예제는 특성 공간에서 원본 입력에 가깝다. 즉, 원하는 결과를 얻기 위해 수정하는 가치가 큰 특성 값 세트를 최소로 유지한다.

9장은 반사실적 설명을 만들기 위해 DiCE^{Diverse Counterfactual Explanations, 다양한 반사실적 설명}라는 기술에 집중한다. DiCE에서 최적화 문제는 앞에서 했던 것과 같이 진행된다. 사용자가 원하는 결과를 얻을 수 있도록 특성은 다양하도록, 변경에 적합하도록 교란된다. 연관된 수학적 내용은 이 책의 범위를 벗어나지만, DiCE 라이브러리를 사용하면 성인 소득 예측 문제에 대한 반사실적 설명을 만들 수 있다. 라이브러리는 다음과 같이 설치할 수 있다.

```
$> pip install dice-ml
```

다음 코드는 데이터를 가져와서 DiCE 설명 에이전트가 처리할 수 있는 방식으로 준비하는 방법을 보여 주고 있다.

```
import dice_ml                                   ❶
from dice_ml.utils import helpers                ❷

dataset=helpers.load_adult_income_dataset()      ❸

d=dice_ml.Data(dataframe=dataset,                ❹
               continuous_features=['age',
                  ➡ 'hours_per_week'],           ❺
               outcome_name='income')            ❻
```

❶ DiCE 라이브러리 임포트
❷ DiCE 라이브러리에서 헬퍼 모듈 임포트
❸ DiCE에서 제공하는 헬퍼 모듈을 사용해 성인 소득 데이터 세트 로딩
❹ DiCE 설명 에이전트를 위해 데이터 준비. Data 클래스의 DataFrame 인수를 미리 로딩한 성인 소득 데이터 세트로 설정
❺ Data 클래스의 continuous_features 인수를 DataFrame에서 연속형인 특성의 열 목록으로 설정
❻ 목표 변수를 포함하는 DataFrame 열의 이름으로 output_name을 설정

다음 단계는 성인 소득을 예측하도록 모델을 훈련하는 것이다. 8장에서 랜덤 포레스트 모델을 사용해 이미 이 작업을 수행했기 때문에 여기서 해당 코드를 설명하지는 않는다. 모델을 훈련했으면 이제 DiCE 설명 에이전트를 초기화할 준비가 된 것이다. 다음 코드로 그것을 수행할 수 있다.

```
m=dice_ml.Model(model=adult_income_model,          ❶
                backend="sklearn")                 ❷

exp=dice_ml.Dice(d, m,                             ❸
                 method="random")                  ❹
```

❶ model 인수를 훈련한 성인 소득 모델로 설정해 DiCE Model 클래스 초기화
❷ 모델이 사이킷런 라이브러리에서 제공하는 RandomForestClassifier이기 때문에 Model 클래스의 backend
   인수를 "sklearn"으로 설정
❸ DiCE 데이터 및 모델을 전달해 DiCE 설명 에이전트를 초기화
❹ DiCE 설명 에이전트에서 method를 "random"으로 설정

DiCE 설명 에이전트를 초기화한 후 아래 코드로 반사실적 예제를 만들 수 있다. 이 함수는 기본적으로 원본 입력, 반사실적 예제 수, 원하는 결과 등을 입력으로 받는다. 여기에서 주어진 입력에 대해 모델은 저소득(즉, < 50,000달러)을 예측했고 사용자가 원하는 결과는 고소득(즉, > 50,000달러)이다.

```
original_input=dataset[0:1]                                       ❶

cf_examples=exp.generate_counterfactuals
➡   (original_input,                                              ❷
     total_CFs=3,                                                 ❸
     desired_class="opposite")                                    ❹
cf_examples.visualize_as_dataframe(show_only_changes=True)        ❺
```

❶ 반사실적 예를 생성할 입력 선택
❷ DiCE 설명 에이전트를 사용해 해당 입력에 대한 반사실적 결과 생성
❸ total_CFs 인수는 생성할 반사실적 예제 수로 설정
❹ 반사실적 예제에 대해 desired_class 인수를 원하는 결과로 설정
❺ 판다스 데이터프레임으로 반사실적 예제 시각화

코드는 반사실적 예제를 판다스 데이터프레임으로 출력한다. 결과를 표로 재구성해 그림 9.6에 그려 놓았다. 그림 9.6에서 모델이 저소득을 예측한 주요 원인이 교육 수준이라는 것을 알 수 있다. 교육 수준이 높을수록(박사, 석사, 전문 학사) 사용자가 원하는 결과를 얻을 가능성이 커진다. 바뀌지 않은 특성은 그림에 "––"로 표시하고 있다.

원본 데이터
결과: 소득 <= 50,000달러

Age	Work class	Education	Marital status	Occupation	Race	Gender	Hours per week
38	Private	High school	Married	Blue collar	White	Male	44

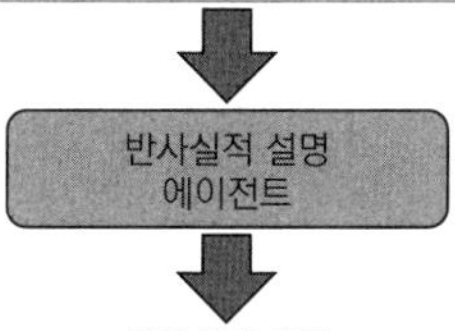

반사실적 설명 에이전트

반사실적 예제
결과: 소득 > 50,000달러

Age	Work class	Education	Marital status	Occupation	Race	Gender	Hours per week
--	Government	Doctorate	--	--	--	--	--
--	--	Master's	--	--	Other	--	--
68	--	Professional school	--	--	--	--	--

▲ **그림 9.6** DiCE 반사실적 설명 에이전트 결과

DiCE 반사실적 설명 에이전트는 회귀 모델에도 사용할 수 있다. 분류 모델일 경우, 반사실적 예제를 만들 때 generate_counterfactuals 함수의 desired_class 매개변수를 설정해 원하는 결과를 지정했다. 회귀의 경우, 동일한 함수에서 desired_range라는 다른 매개변수를 모델 예측에 적합한 값 범위로 설정해야 한다.

반사실적 예제는 대조적인 설명을 제공하는 좋은 방법이다. "특성 X, Y, Z값이 A, B, C 이므로 모델 예측은 P였지만, 특성 X의 값이 D 또는 E인 경우, 모델은 다른 결과 Q를 예측했을 것이다"는 많은 정보를 제공하는 쉬운 설명으로, 모델이 다른 결과를 내지 않고 특정 결과를 예측한 이유를 이해하는 데 도움을 준다. 앞서 말했듯이 AI 시스템 사용자에게 좋은 설명을 제공하기 위해서는 많은 노력이 필요하다. XAI는 AI, 사회 과학, HCI 등 여러 분야를 함께 매우 활발하게 연구하는 분야이다. 이 책의 범위를 벗어나지만, 여기서 배운 것은 XAI의 세계, 특히 그중 AI 분야로 모험을 떠날 수 있는 견고한 기반을 제공할 것이다.

이것으로 이 책의 끝에 도달했다. 습득한 다양한 해석 기술은 복잡한 머신러닝 모델의 동작 방식과 모델이 예측에 도달하는 방법을 이해하는 데 유용할 것이다. 또한 그것을 사용해 모델의 성능을 디버깅^{debugging}하고 개선할 수 있다. 그리고 투명성을 높이고 공정하고 편향되지 않은 모델을 구축할 수도 있다. 설명 가능한 AI 시스템을 구축하는 길을 여는 데도 이 책의 내용이 도움이 될 것이다. 매우 활발하게 연구되고 있는 분야를 더욱 구체적으로 배우는 데 필요한 견고한 기초가 될 것이다. 즐거운 구축과 학습이 되기를 기원한다!

요약

- 해석 가능성은 AI 시스템의 중심에 있는 모델이 어떻게 예측하는지 이해하고 입력 또는 알고리듬 매개변수를 바꾸는 것이 예측에 어떤 영향을 미치는지 이해할 수 있게 한다. 또한 모델이 실수한 지점을 이해할 수 있게 해 준다.

- 설명 가능성은 "왜?"라는 질문에 답한다는 점에서 해석 가능성을 넘어선다. 모델은 "왜" 다른 결과가 아닌 특정 예측을 했는가? 해석 가능성은 AI 시스템을 구축, 배포, 사용하는 전문가가 대부분 판별할 수 있으며 이런 기술은 설명 가능성에 도달하는 데 도움이 되는 요소이다.

- XAI는 AI의 여러 분야 중 하나인 머신러닝뿐만 아니라 HCI, 사회 과학과 같은 다른 분야도 고려한다.

- 사회 과학에서 다음 세 가지 주요 사항이 설명 가능성과 관련이 있다.

  - 설명은 대조적이다 - 사람들은 일반적으로 모델이 특정 결과를 예측한 이유가 아니라 왜 다른 결과가 예측하지 않았는지를 묻는다. 반사실적 설명은 이러한 질문에 답하는 데 사용할 수 있다.

  - 설명은 일반적으로 편향된 방식으로 선택된다 - 제공할 정보의 양과 설명과 가장 관련된 정보를 아는 것이 중요하다.

  - 설명은 사회적이다 - AI 시스템이 사용자에게 정보를 전달하는 과정은 상호작용을 하는 것처럼 보여야 하며 대화 형식을 가져야 한다. 이러한 시스템을 구축하기 위해서는 HCI 분야를 살펴보는 것이 중요하다.

부록 A

준비하기

A.1 파이썬

이 책의 모든 코드는 파이썬으로 작성돼 있다. 파이썬 언어의 웹 사이트(https://www.
python.org/downloads/)에서 운영 체제에 맞는 최신 버전을 다운로드해 설치할 수 있다. 이
책에서 사용하는 파이썬 버전은 3.7이지만, 이후 버전에서도 잘 동작할 것이다. 이 책에서
는 머신러닝 모델을 구축하고 이를 해석하고 시각화하기 위해 다양한 오픈소스 파이썬 패
키지를 사용하고 있다. 이 책에 사용된 모든 코드를 다운로드하고 관련 파이썬 패키지를
모두 설치해 보자.

A.2 깃 코드 저장소

이 책의 모든 코드는 웹 사이트(https://www.manning.com/books/interpretable-ai)와 깃
저장소 형태로 깃허브GitHub에서 다운로드할 수 있다. 깃허브 저장소(https://github.com/
thampiman/interpretable-ai-book)는 장별 폴더로 구성돼 있다. 깃과 깃허브를 사용한 버
전 제어를 처음 해 보는 경우, 깃허브에서 제공하는 자료(http://mng.bz/KBXg)로 자세히
알아볼 수 있다. 명령줄에 다음과 같이 입력하면 저장소의 내용을 다운로드하거나 복제
할 수 있다.

```
$> git clone https://github.com/thampiman/interpretable-ai-book.git
```

A.3 콘다 환경

콘다^{Conda}는 파이썬과 기타 언어의 패키지, 종속성, 환경 관리에 사용하는 오픈소스 시스템이다. 콘다 웹 사이트(http://mng.bz/9Keq)를 참조하면 운영체제에 맞는 콘다를 설치할 수 있다. 콘다를 설치하면 파이썬 패키지를 쉽게 찾아 설치하고 시스템 환경을 내보내서 다른 시스템에 다시 구축할 수 있다. 이 책에서 사용하는 파이썬 패키지는 콘다 환경으로 구성해서 독자의 컴퓨터에 쉽게 구축할 수 있게 돼 있다. 환경 파일은 YAML 파일로 저장되며 저장소의 package 폴더에서 찾을 수 있다. 컴퓨터에 다운로드한 경로에서 다음 명령을 실행해 콘다 환경을 구성할 수 있다.

```
$> conda env create -f packages/environment.yml
```

이 명령은 이 책에 필요한 모든 파이썬 패키지를 설치하고 interpretable-ai라는 콘다 환경을 만든다. 환경을 구성한 후 업데이트하려는 경우, 다음 명령을 사용할 수 있다.

```
$> conda env update -f packages/environment.yml
```

환경을 생성하거나 업데이트한 후 다음 명령을 실행해 콘다 환경을 활성화해야 한다.

```
$> conda activate interpretable-ai
```


A.4 주피터 노트북

이 책의 코드는 주피터 노트북^{Jupyter notebook}으로 구성돼 있다. 주피터는 파이썬 코드, 수식, 시각화, 마크업^{markup} 텍스트를 쉽게 만들고 실행하는 데 사용하는 오픈소스 웹 애플리케이션이다. 주피터 노트북은 데이터 과학 및 머신러닝 커뮤니티에서 널리 사용하고 있다. 소스 코드를 다운로드하고 관련 파이썬 패키지를 모두 설치하면 주피터에서 코드를 실행할 준비가 된다. 컴퓨터에 다운로드한 저장소 경로에서 다음 명령을 실행해 주피터 웹 애플리케이션을 시작할 수 있다.

```
$> jupyter notebook
```

주피터 웹 애플리케이션을 사용하면 http://〈HOST−NAME〉:8888에 브라우저로 접근할 수 있다. 〈HOSTNAME〉을 사용 중인 시스템의 호스트 이름 또는 IP 주소로 수정해야 한다.

A.5 도커

콘다 패키지/환경 관리 시스템은 몇 가지 제약 사항이 있다. 서로 다른 운영 체제, 같은 운영 체제의 다른 버전, 다른 하드웨어에서 기대와 달리 동작하는 경우가 있다. 앞에서 설명한 콘다 환경을 구축할 때 문제가 발생하면 도커Docker를 사용할 수 있다. 도커는 소프트웨어 종속성을 패키징하는 데 사용하는 시스템으로, 모든 사람에게 동일한 환경이 제공될 수 있도록 보장한다. 도커 웹 사이트(https://www.docker.com/get−started)의 설명에 따라 운영 체제에 도커를 설치할 수 있다. 설치가 완료되면 컴퓨터에 다운로드한 저장소 경로에서 다음 명령을 실행해 도커 이미지를 빌드할 수 있다.

```
$> docker build . -t interpretable-ai
```

도커 이미지에 interpretable-ai 태그를 사용한다. 명령이 성공적으로 실행되면 도커는 빌드된 이미지의 식별자를 출력한다. 다음 명령을 실행해 빌드된 이미지의 세부 정보를 확인할 수 있다.

```
$> docker images
```

다음 명령을 실행해 빌드된 이미지를 사용해 도커 컨테이너를 실행하고 주피터 웹 애플리케이션을 시작할 수 있다.

```
$> docker run -p 8888:8888 interpretable-ai:latest
```

이 명령은 주피터 노트북 애플리케이션을 시작해서 브라우저를 통해 http://〈HOSTNAME〉:8888에 접속해 이 책의 모든 코드를 실행할 수 있게 해 준다. 〈HOSTNAME〉을 사용 중인 시스템의 호스트 이름 또는 IP 주소로 바꿀 필요가 있다.

부록 B

파이토치

B.1 파이토치는 무엇인가?

파이토치^{PyTorch}는 컴퓨터 비전, 자연어 처리 등 과학적 컴퓨팅과 딥러닝 애플리케이션에 사용하는 무료 오픈소스 라이브러리이다. 파이썬 기반이며 페이스북의 AI 연구소^{FAIR}에서 개발했다. 파이토치는 학계와 산업 종사자들이 많이 사용하고 있다. 호레이스 헤$^{Horace\ He}$는 최근 연구(http://mng.bz/W7Kl)를 통해 2019년에 열린 주요 머신러닝 콘퍼런스에서 발표된 대부분의 기술이 파이토치로 구현됐다는 것을 보여 줬다. 텐서플로^{TensorFlow}, 케라스^{Keras}, CNTK, MXNet 등 다른 라이브러리와 프레임워크를 사용해 신경망을 구축하고 훈련할 수 있지만, 이 책에서는 파이토치를 사용한다. 라이브러리는 파이썬 고유 규칙을 준수하며 파이썬 관용구를 잘 활용하고 있다. 따라서 파이썬에 이미 익숙한 연구원, 데이터 과학자, 엔지니어가 사용하기 쉽다. 또한 파이토치는 최신 신경망 아키텍처를 구현할 수 있는 훌륭한 API를 제공한다.

B.2 파이토치 설치

다음과 같이 콘다 또는 pip를 사용하면 최신 안정 버전의 파이토치를 설치할 수 있다.

```
$> conda install pytorch torchvision -c pytorch

$> pip install pytorch torchvision

# Installing PyTorch using Conda=# 콘다를 사용해 파이토치 설치
# Installing PyTorch using pip=# pip를 사용해 파이토치 설치
```

파이토치와 함께 torchvision 패키지도 설치된다. 이 패키지(https://pytorch.org/vision/
stable/index.html)는 널리 사용하는 데이터 세트, 최신 신경망 아키텍처, 컴퓨터 비전 과
업을 위해 이미지에 수행하는 보편적인 변환 기능 등을 포함하고 있다. 다음과 같이 파이
썬 환경에서 라이브러리를 임포트해서 설치가 성공했는지 확인할 수 있다.

```
import torch
import torchvision
```

B.3 텐서

텐서^{tensor}는 넘파이^{NumPy} 배열과 매우 비슷한 다차원 배열이다. 텐서는 같은 데이터 유형
으로 구성되며 빠른 처리를 위해 그래픽 처리 장치^{GPU}상에서 사용할 수 있다. 다음과 같
이 파이썬 목록에서 파이토치 텐서를 초기화할 수 있다. 이번 절의 코드는 주피터 노트북
또는 아이-파이썬^{iPython} 환경을 고려해서 작성돼 있다. 입력해야 하는 명령 앞에는 In:
표시, 출력 앞에는 Out: 표시가 있다.

```
In: tensor_from_list=torch.tensor([[1., 0.], [0., 1.]])
In: print(tensor_from_list)
Out: tensor([[1., 0.],
             [0., 1.]])
```

머신러닝 문제의 경우, 넘파이가 널리 사용된다. 이 라이브러리는 대형 다차원 배열을 지
원하며 배열에 적용할 수 있는 다양한 수학적 함수를 제공한다. 다음과 같이 넘파이 배열
에서 텐서를 초기화할 수 있다. print문은 요소의 dtype, 즉 데이터 유형과 함께 텐서를
출력한다. 이는 B.3.1절에서 다룬다.

```
In: import numpy as np
In: tensor_from_numpy=torch.tensor(np.array([[1., 0.], [0., 1.]]))
In: print(tensor_from_numpy)
Out: tensor([[1., 0.],
            [0., 1.]], dtype=torch.float64)
```

텐서의 크기 또는 다차원 배열의 차원 수는 다음과 같이 구할 수 있다. 앞에서 초기화한 텐서는 2개의 행과 2개의 열로 구성돼 있다.

```
In: tensor_from_list.size()
Out: torch.Size([2, 2])
```

어떤 크기의 텐서라도 다음과 같이 초기화할 수 있다. 다음 텐서는 3개의 행과 2개의 열로 구성돼 있다. 텐서에 저장되는 값은 연관된 메모리 비트에 저장된 값에 따라 정해진다.

```
In: tensor_empty=torch.empty(3, 2)
In: print(tensor_empty)
Out: tensor([[ 0.0000e+00, -1.5846e+29],
            [-7.5247e+03, 2.0005e+00],
            [ 9.8091e-45, 0.0000e+00]])
```

모든 요소가 0인 텐서를 초기화하려면 다음과 같이 할 수 있다.

```
In: tensor_zeros=torch.zeros(3, 2)
In: print(tensor_zeros)
Out: tensor([[0., 0.],
            [0., 0.],
            [0., 0.]])
```

모두 1로 구성된 텐서는 다음과 같이 초기화할 수 있다.

```
In: tensor_ones=torch.ones(3, 2)
In: print(tensor_ones)
Out: tensor([[1., 1.],
            [1., 1.],
            [1., 1.]])
```

다음과 같이 난수로 텐서를 초기화할 수 있다. 난수는 0과 1 사이에 균일하게 분포된다.

```
In: tensor_rand=torch.rand(3, 2)
In: print(tensor_rand)
Out: tensor([[0.3642, 0.8916],
             [0.4826, 0.4896],
             [0.9223, 0.9286]])
```

앞 명령을 실행했을 때 난수 생성기의 시드^{seed}가 다를 수 있으므로 항상 같은 결과를 얻지 못할 수 있다. 일관되고 재현 가능한 결과를 얻으려면 다음과 같이 파이토치에서 제공하는 manual_seed 함수를 사용해 난수 생성기의 시드를 설정해야 한다.

```
In: torch.manual_seed(24)
In: tensor_rand=torch.rand(3, 2)
In: print(tensor_rand)
Out: tensor([[0.7644, 0.3751],
             [0.0751, 0.5308],
             [0.9660, 0.2770]])
```

B.3.1 데이터 유형

넘파이 dtypes(http://mng.bz/Ex6X) 등 데이터 유형(dtype)은 데이터의 유형과 크기를 설명한다. 많이 사용하는 텐서 데이터의 유형은 다음과 같다.

- torch.float32 또는 torch.float: 32비트 부동 소수점
- torch.float64 또는 torch.double: 64비트 부동 소수점
- torch.int32 또는 torch.int: 32비트 부호 있는 정수
- torch.int64 또는 torch.long: 64비트 부호 있는 정수
- torch.bool: 부울^{boolean}

모든 데이터 유형 목록은 https://pytorch.org/docs/stable/tensors.html에서 찾을 수 있다. 다음과 같이 텐서의 데이터 유형을 식별할 수 있다. 앞에서 초기화한 tensor_from_list 텐서를 사용한다.

```
In: tensor_from_list.dtype
Out: torch.float32
```

다음과 같이 특정 데이터 유형으로 텐서를 초기화할 수 있다.

```
In: tensor_from_list_float64=torch.tensor([[1., 0.], [0., 1.]],
                                           dtype=torch.float64)      ❶
In: print(tensor_from_list_float64)
Out: tensor([[1., 0.],
             [0., 1.]], dtype=torch.float64)                        ❷
```

❶ dtype 매개변수를 torch.float64로 설정
❷ 64비트 부동 소수점으로 초기화된 텐서

B.3.2 CPU 및 GPU 텐서

파이토치의 텐서는 기본적으로 CPU에 로딩된다. 다음과 같이 텐서가 있는 장치를 확인하면 이를 확인할 수 있다. 앞에서 초기화한 랜덤 텐서(tensor_rand)를 사용한다.

```
In: tensor_rand.device
Out: device(type='cpu')
```

좀 더 빠른 처리를 위해 GPU에 텐서를 로딩할 수 있다. 파이토치를 포함한 널리 사용되는 모든 딥러닝 프레임워크는 CUDA^Compute Unified Device Architecture, 컴퓨팅 통합 장치 아키텍처를 사용해 GPU에서 범용 컴퓨팅을 수행할 수 있다. CUDA는 NVIDIA에서 구축한 플랫폼으로 GPU에 직접 접근할 수 있는 API를 제공한다. CUDA 지원 GPU 목록은 https://developer.nvidia.com/cuda-gpus#compute에서 확인할 수 있다. 다음과 같이 사용하는 컴퓨터에 CUDA를 사용할 수 있는지 확인할 수 있다.

```
In: torch.cuda.is_available()
Out: True
```

사용 가능한 경우, 이제 다음과 같이 GPU에 텐서를 초기화할 수 있다.

```
if torch.cuda.is_available():                       ❶
    device=torch.device("cuda")                     ❷
    tensor_rand_gpu=torch.rand(3, 2, device=device) ❸
```

❶ 먼저 CUDA가 사용 가능한지 확인

❷ 가능한 경우, CUDA 지원 장치 획득

❸ 텐서를 초기화하고 장치를 CUDA 지원 장치로 설정

다음 코드는 CPU 텐서를 GPU로 전송하는 방법을 보여 주고 있다.

```
if torch.cuda.is_available():
    device=torch.device("cuda")
    tensor_rand=tensor_rand.to(device)
```

B.3.3 운영

텐서로 여러 작업을 수행할 수 있다. 2개의 텐서를 더하는 간단한 작업을 살펴보자. 먼저 다음과 같이 2개의 임의 텐서 x와 y를 초기화한다.

```
In: x=tensor.rand(3, 2)
In: x
Out: tensor([[0.2989, 0.3510],
             [0.0529, 0.1988],
             [0.8022, 0.1249]])

In: y=tensor.rand(3, 2)
In: y
Out: tensor([[0.6708, 0.9704],
             [0.4365, 0.7187],
             [0.7336, 0.1431]])
```

다음과 같이 add 함수를 사용하거나 x + y를 실행해 두 텐서의 합을 얻을 수 있다.

```
In: torch.add(x, y)
Out: tensor([[0.9697, 1.3214],
             [0.4894, 0.9176],
             [1.5357, 0.2680]])
```

파이토치는 이 밖에도 다양한 수학 연산과 함수를 제공한다. 가능한 연산의 최신 목록은 다음 링크(https://pytorch.org/docs/stable/torch.html)에서 찾을 수 있다. 파이토치는 다음과 같이 텐서를 넘파이 배열로 변환하는 넘파이 브리지[bridge]도 제공한다.

```
In: x_numpy=x.numpy()
In: x_numpy
Out: array([[0.29888242, 0.35096592],
            [0.05293709, 0.19883835],
            [0.8021769 , 0.12490124]], dtype=float32)
```

B.4 데이터 세트 및 데이터로더

파이토치는 모델 훈련에 사용할 사용자 정의 데이터 세트를 로딩하고 생성할 수 있는 Dataset 클래스를 제공한다. 하나의 예를 살펴보자. 먼저 다음과 같이 사이킷런^{Scikit-Learn}을 사용해 임의의 데이터 세트를 생성한다.

```
In: from sklearn.datasets import make_classification      ❶

In: X, y=make_classification(n_samples=100,               ❷
                             n_features=5,                ❸
                             n_classes=2,                 ❹
                             random_state=42)             ❺
```

❶ 임의의 n-클래스 분류 데이터 세트를 만들기 위해 make_classification 함수 임포트
❷ 표본 수를 100으로 설정
❸ 입력 특성 수를 5로 설정
❹ 이진 분류 데이터 세트를 만들기 위해 클래스 수를 2로 설정
❺ 난수 생성기 시드 설정

데이터 세트는 100개의 표본 또는 행으로 구성된다. 각 표본은 5개의 입력 특성과 2개의 클래스 중 하나가 될 수 있는 목표 변수로 구성된다. 각 특성의 값은 정규 분포에서 샘플링된다. 입력 특성의 첫 번째 행을 다음과 같이 확인할 수 있다.

```
In: X[0]
Out: array([-0.43066755, 0.67287309, -0.72427983, -0.53963044, -0.65160035])
```

이제 파이토치에서 제공하는 Dataset 클래스를 상속하는 사용자 정의 데이터 세트 클래스를 만든다. 이는 다음과 같이 할 수 있다.

```
from torch.utils.data import Dataset        ❶

class CustomDataset(Dataset):               ❷
    def init(self,                          ❸
             X, y,                          ❹
             transform=None):               ❺
        self.X=X
        self.y=y
        self.transform=transform

    def len(self):                          ❻
        return len(self.X)                  ❻

    def getitem(self, idx):                 ❼
        x, label=X[idx], y[idx]             ❽

        if self.transform:                  ❾
            x=self.transform(x)             ❾

        return x, label                     ❿
```

❶ 파이토치 Dataset 클래스 임포트

❷ Dataset를 상속하는 CustomDataset 클래스 생성

❸ 생성자를 초기화

❹ 생성자에게 제공하는 위치 인수는 입력 특성 행렬 X와 목표 변수 배열 y임.

❺ 데이터에 적용할 수 있는 변환을 나타내는 선택적 인수

❻ 데이터 세트의 길이를 반환하도록 __len__ 메서드 재정의

❼ 인덱스 idx에 있는 요소를 반환하도록 __getitem__ 메서드 재정의

❽ 입력 특성을 추출하고 인덱스 idx 변수를 목표로 함.

❾ 정의된 경우, 특성에 변환 적용

❿ 인덱스 idx에 있는 특성 및 목표 변수 반환

CustomDataset 클래스의 생성자는 2개의 위치 인수를 사용해 입력 특성 행렬 X와 목표 변수 y를 초기화한다. 데이터 세트에 변환 함수를 적용하는 데 사용할 수 있는 transform이라는 선택적 인수도 있다. 데이터 세트의 길이를 반환하고 지정된 인덱스에 있는 데이터를 추출하려면 Dataset 클래스에서 제공하는 __len__ 및 __getitem__ 메서드를 재정의해야 한다. 다음과 같이 사용자 지정 데이터 세트를 초기화하고 데이터 세트의 길이를 확인할 수 있다.

```
In: custom_dataset=CustomDataset(X, y)
In: len(custom_dataset)
Out: 100
```

이제 다음과 같이 입력 특성 행렬의 첫 번째 행도 살펴보자.

```
In: custom_dataset[0][0]
Out: array([-0.43066755, 0.67287309, -0.72427983, -0.53963044, -0.65160035])
```

이제 사용자 지정 데이터 세트를 만들고 변환 함수를 적용해 보자. 입력 특성 배열을 텐서로 변환하기 위해 torch.tensor 함수를 사용한다. 다음은 이를 보여 주고 있다. 이제 입력 특성의 첫 번째 행이 64비트 부동 소수점 값으로 구성된 텐서라는 것을 알 수 있다.

```
In: transformed_dataset=CustomDataset(X, y,
                                      transform=torch.tensor)
In: transformed_data[0][0]
Out: tensor([-0.4307, 0.6729, -0.7243, -0.5396, -0.6516], dtype=torch.float64)
```

자르기, 뒤집기, 회전, 크기 조정과 같이 많이 사용하는 이미지 변환 함수는 Torchvision 패키지의 일부로, 파이토치에 구현돼 있다. 전체 변환 목록은 다음 링크(https://pytorch.org/vision/stable/transforms.html)에서 찾을 수 있다. 5장에서 이를 사용한다.

알아야 할 또 다른 유용한 데이터 유틸리티^{utility} 클래스는 DataLoader이다. 이 클래스는 Dataset 클래스를 상속하는 오브젝트와 데이터를 반복해서 처리할 수 있게 하는 몇 가지 선택적 매개변수를 입력으로 사용한다. DataLoader 클래스는 데이터 일괄 처리와 셔플링 ^{shuffling}(섞기) 외에 다중 처리 작업자에게 병렬 데이터 로딩 등과 같은 기능도 제공한다. 다음 코드는 DataLoader 오브젝트를 초기화하고 앞에서 만든 사용자 정의 데이터 세트를 처리하는 방법을 보여 주고 있다.

```
from torch.utils.data import DataLoader                                    ❶

dataloader=DataLoader(transformed_dataset,                                 ❷
                      batch_size=4,                                        ❸
                      shuffle=True,                                        ❹
                      num_workers=4)                                       ❺
for i_batch, sample_batched in enumerate(dataloader):                      ❻
    print(f"[Batch {i_batch}] Number of rows in batch: {len(sample_batched[0])}")  ❼
```

❶ 파이토치에서 제공하는 DataLoader 클래스 임포트
❷ DataLoader를 초기화하고 앞에서 초기화한 transform_dataset 전달
❸ 데이터를 4개의 배치(batch)로 분할
❹ 데이터 세트를 셔플링
❺ 4개의 코어 또는 CPU를 사용해 병렬로 데이터 로딩
❻ 로더를 반복해 배치 데이터를 로딩
❼ 배치 번호와 배치에서 로딩된 행 수를 출력

입력 데이터 세트의 길이가 100, `DataLoader` 클래스의 `batch_size` 인수가 4로 설정돼 있기 때문에 이 코드를 실행하면 각 배치에 4개의 행이 25개의 배치를 얻게 된다. `Dataset` 및 `DataLoader` 클래스는 B.5.3절과 5장에서 사용한다.

B.5 모델링

이번 절은 모델링과 파이토치를 사용해 신경망을 구축하고 훈련하는 방법에 중점을 둔다. 경사를 효율적으로 계산하는 방법과 신경망에서 가중치를 최적화하는 데 사용하는 자동 미분부터 살펴본다. 그런 다음 모델 정의와 모델 훈련을 다룬다.

B.5.1 자동 미분

4장에서 신경망에 대해 배운다. 신경망은 엣지^{edge}로 상호 연결된 여러 레이어^{layer}의 유닛^{unit}으로 구성된다. 신경망 레이어의 각 유닛은 해당 유닛의 모든 입력을 갖고 어떤 수학적 연산을 수행하고 출력을 후속 레이어에게 전달한다. 유닛을 상호 연결하는 엣지는 가중치를 갖고 있으며 훈련 알고리듬의 목적은 신경망의 예측이 라벨로 지정된 데이터 세트의 목표 변수에 근접하도록 모든 엣지의 가중치를 결정하는 것이다.

가중치를 결정하는 효율적인 방법은 역전파 알고리듬을 사용하는 것이다. 4장에서 이에 대해 자세히 알아본다. 이번 절은 자동 미분과 그것이 파이토치에 어떻게 구현돼 있는지 알아본다. 자동 미분은 함수의 도함수를 수치적으로 도출하는 방법이다. 역전파는 자동 미분의 한 가지 유형이다. 간단한 예를 살펴본 후 파이토치에서 자동 미분을 적용하는 방법을 살펴보자. x라고 표현된 입력 텐서를 생각해 보자. 이 입력 텐서에서 수행하는 첫

번째 작업은 인수 2로 크기를 조정하는 것이다. 이 작업의 결과를 w로 표현해 보자. 여기서는 $w = 2x$이다. 주어진 w에 대해 이제 두 번째 수학 연산을 수행하고 출력 텐서를 y로 나타내 보자. 이 연산은 다음과 같다.

$$y = w^3 + 3w^2 + 2w + 1$$

수행할 마지막 작업은 텐서 y의 모든 값을 합하는 것이다. 최종 출력 텐서를 z로 나타내보자. 이제 입력 x에 대한 이 출력 z의 경사를 계산하려면 다음과 같이 체인 규칙을 적용해야 한다.

$$\frac{dz}{dx} = \frac{\partial z}{\partial y} \cdot \frac{\partial y}{\partial w} \cdot \frac{\partial w}{\partial x}$$

이 방정식의 편미분 값은 다음과 같다.

$$\frac{\partial z}{\partial y} = 1$$

$$\frac{\partial y}{\partial w} = 3w^2 + 6w + 2$$

$$\frac{\partial w}{\partial x} = 2$$

이러한 경사 계산은 함수가 복잡하면 어려울 수 있다. 파이토치 autograd 패키지를 사용해 이를 쉽게 할 수 있다. autograd 패키지는 자동 미분을 사용해 함수의 도함수를 수치적으로 도출할 수 있게 한다. autograd는 앞에서 살펴본 체인 규칙을 적용해 임의 순서의 함수 경사를 자동으로 계산할 수 있게 한다. 텐서를 사용해 앞의 수학 연산을 구현하고 실제로 동작하는 모습을 살펴보자. 먼저 모든 원소가 1인 2×3 크기의 입력 텐서 x를 초기화한다. 텐서를 초기화할 때 require_grad라는 인수는 True로 설정한다. 이 인수는 autograd가 자동 미분 작업을 기록하도록 한다.

```
In: x=torch.ones(2, 3,
                 requires_grad=True)
In: x
Out: tensor([[1., 1., 1.],
             [1., 1., 1.]], requires_grad=True)
```

이제 텐서 w를 얻기 위해 텐서 x를 2배로 확대하는 첫 번째 수학 연산을 구현해 보자. 텐서 w의 출력은 w를 얻기 위해 x에 수행된 작업을 기록하고 있는 grad_fn이 표시된다. 이 함수는 자동 미분을 사용해 경사를 수치적으로 표현하는 데 사용된다.

```
In: w=2 * x
In: w
Out: tensor([[2., 2., 2.],
            [2., 2., 2.]], grad_fn=<MulBackward0>)
```

이제 텐서 w를 y로 변환하는 데 사용하는 두 번째 수학 연산을 구현해 보자.

```
In: y=w * w * w + 3 * w * w + 2 * w + 1
In: y
Out: tensor([[25., 25., 25.],
            [25., 25., 25.]], grad_fn=<AddBackward0>)
```

마지막 작업은 다음과 같이 z를 얻기 위해 텐서 y의 모든 값을 더하는 것이다.

```
In: z=torch.sum(y)
In: z
Out: tensor(150., grad_fn=<SumBackward0>)
```

다음과 같이 backward 함수를 호출해 입력 x에 대한 텐서 z의 경사를 쉽게 계산할 수 있다. 체인 규칙을 적용해 입력에 대한 출력의 경사를 계산한다.

```
In: z.backward()
```

다음과 같이 경사에 대한 수치적 결과를 볼 수 있다.

```
In: x.grad
Out: tensor([[52., 52., 52.],
            [52., 52., 52.]])
```

답이 맞는지 확인하기 위해 앞의 방정식을 이용해 x에 대한 z의 도함수를 수학적으로 도출해 보자. 이는 다음과 같이 진행한다.

$$\frac{dz}{dx} = \frac{\partial z}{\partial y} \cdot \frac{\partial y}{\partial w} \cdot \frac{\partial w}{\partial x}$$

$$\frac{dz}{dx} = 2.(3w^2 + 6w + 2)$$

실습으로 텐서를 사용해 이 방정식을 평가해 볼 것을 권한다. 실습의 해답은 이 책의 깃허브 저장소에서 찾을 수 있다(https://github.com/thampiman/interpretable-ai-book).

B.5.2 모델 정의

이제 파이토치를 사용해 신경망을 정의하는 방법을 살펴보자. 완전 연결 신경망에 초점을 맞출 것이다. A.4절에서 만든 데이터 세트는 5개의 입력 특성과 1개의 이진 출력으로 구성돼 있다. 이제 1개의 입력 레이어, 2개의 히든 레이어, 1개의 출력 레이어로 구성된 완전 연결 신경망을 정의해 보자. 데이터 세트에 5개의 입력 특성이 포함돼 있으므로 입력 레이어는 5개의 유닛으로 구성돼야 한다. 1개의 이진 출력이 있기 때문에 출력 레이어는 1개의 유닛으로 구성한다. 히든 레이어 2개의 유닛 수는 유연하게 선택할 수 있다. 첫 번째와 두 번째 히든 레이어에 각각 5개와 3개의 유닛을 사용해 보자. 신경망의 각 유닛에서 입력의 선형 조합을 취하며 히든 레이어는 ReLU^{Rectified Linear Unit, 정류된 선형 유닛} 활성화 함수, 출력 레이어는 시그모이드 활성화 함수를 사용한다. 신경망과 활성화 함수에 대한 자세한 내용은 4장을 참조하기 바란다.

파이토치에서 `torch.nn.Sequential` 컨테이너를 사용해 신경망의 유닛과 레이어를 순서대로 정의할 수 있다. 파이토치의 각 유닛 레이어는 `torch.nn.Module` 기본 클래스를 상속해야 한다. 파이토치는 이미 선형, 합성곱, 순환 레이어를 포함한 신경망에 널리 사용하는 많은 레이어를 제공한다. ReLU, 시그모이드, tanh^{hyperbolic tangent, 쌍곡선} 등 보편적인 활성화 함수도 구현돼 있다. 레이어 및 활성화 함수의 전체 목록은 다음 웹 페이지(https://pytorch.org/docs/master/nn.html)에서 찾을 수 있다. 이제 다음과 같이 이러한 이런 요소를 사용해 모델을 정의할 준비가 됐다.

```
model=torch.nn.Sequential(
    torch.nn.Linear(5, 5),
    torch.nn.ReLU(),
    torch.nn.Linear(5, 3),
    torch.nn.ReLU(),
```

```
        torch.nn.Linear(3, 1),
        torch.nn.Sigmoid()
)
```

여기서 Sequential 컨테이너는 레이어를 순서대로 정의한다. 첫 번째 선형 모듈은 데이터 세트에서 5개의 특성을 가져와 다음 레이어로 전달하는 5개의 출력을 생성하는 첫 번째 히든 레이어에 해당한다. 선형 모듈은 입력에 대해 선형 변환을 수행한다. 컨테이너의 다음 모듈은 첫 번째 히든 레이어의 ReLU 활성화 함수를 정의한다. 이후 다음 선형 모듈은 첫 번째 히든 레이어에서 5개의 입력 특성을 가져와 선형 변환을 수행하고 다음 레이어에 공급할 3개의 출력을 만들어 낸다. 두 번째 히든 레이어도 ReLU 활성화 함수를 사용한다. 그런 다음 최종 선형 모듈은 두 번째 히든 레이어에서 3개의 입력 특성을 가져와 1개의 출력을 생성하는 출력 레이어가 된다. 이진 분류이기 때문에 출력 레이어는 시그모이드 활성화 함수를 사용한다. print(model) 명령을 실행해 모델 정보를 출력해 보면 다음을 얻게 된다.

```
Sequential(
    (0): Linear(in_features=5, out_features=5, bias=True)
    (1): ReLU()
    (2): Linear(in_features=5, out_features=3, bias=True)
    (3): ReLU()
    (4): Linear(in_features=3, out_features=1, bias=True)
    (5): Sigmoid()
)
```

다음 코드는 레이어 및 유닛 수를 쉽게 정할 수 있는 클래스로 신경망을 정의하는 방법을 보여 주고 있다.

```
class BinaryClassifier(torch.nn.Sequential):              ❶
    def init(self, layer_dims):                           ❷
        super(BinaryClassifier, self). init()             ❸

        for idx, dim in enumerate(layer_dims):            ❹
            if(idx < len(layer_dims) - 1):                ❺
                module=torch.nn.Linear(dim, layer_dims[idx + 1])    ❺
                self.add_module(f"linear{idx}", module)   ❺
```

```
            if idx < len(layer_dims) - 2:                    ❻
                activation=torch.nn.ReLU()                   ❻
                self.add_module(f"relu{idx}", activation)    ❻
            elif idx==len(layer_dims) - 2:                   ❼
                activation=torch.nn.Sigmoid()                ❼
                self.add_module(f"sigmoid{idx}", activation) ❼
```

❶ Sequential 컨테이너를 확장하는 BinaryClassifier 클래스

❷ 생성자는 망의 구조를 정의하는 layer_dims 배열을 입력받음.

❸ Sequential 컨테이너 초기화

❹ layer_dims 배열에 대해 반복

❺ 모든 레이어에 선형 모듈을 추가하고 이름을 "linear" + "레이어 인덱스"로 함.

❻ 모든 히든 레이어에 ReLU 모듈을 추가하고 이름을 "relu" + "히든 레이어의 인덱스"로 함.

❼ 출력 레이어의 경우, Sigmoid 모듈을 추가하고 이름을 "sigmoid" + "출력 레이어 인덱스"로 함.

BinaryClassifier 클래스는 torch.nn.Sequential를 상속한다. 생성자는 레이어의 수와 각 레이어의 유닛 수를 정의하는 layer_dims라는 정수 배열을 위치 인수로 입력받는다. 배열의 길이는 레이어 수를 정의하고 인덱스 i에 있는 수는 레이어 i+1의 유닛 수를 정의한다. 생성자는 layer_dims 배열을 거치면서 add_module 함수를 사용해 컨테이너에 레이어를 추가한다. 모든 레이어에 선형 모듈을 사용하고 이름을 linear + "레이어 인덱스"로 하다. 모든 히든 레이어에 ReLU 활성화 함수를 사용하고 출력 레이어에 시그모이드 활성화 함수를 사용한다. 이 사용자 지정 클래스를 사용하면 이진 분류기를 초기화하고 다음과 같은 배열을 사용해 구조를 쉽게 정의할 수 있다.

```
num_features=5                                    ❶
num_outputs=1                                     ❷
layer_dims=[num_features, 5, 3, num_outputs]      ❸

bc_model=BinaryClassifier(layer_dims)             ❹
```

❶ 입력 특성 수를 5로 설정

❷ 출력 수를 1로 설정

❸ 입력 레이어는 유닛 5개, 첫 번째 히든 레이어는 유닛 5개, 두 번째 히든 레이어는 유닛 3개, 출력 레이어는 유닛 1개로 구성된 망 구조를 정의하는 layer_dims 배열을 초기화

❹ BinaryClassifier 클래스를 사용해 모델 초기화

이제 print(bc_model)를 실행해 망의 구조를 살펴볼 수 있다. 결과는 다음과 같다. 4장에서 이와 비슷한 구현을 사용한다.

```
BinaryClassifier(
    (linear0): Linear(in_features=5, out_features=5, bias=True)
    (relu0): ReLU()
    (linear1): Linear(in_features=5, out_features=3, bias=True)
    (relu1): ReLU()
    (linear2): Linear(in_features=3, out_features=1, bias=True)
    (sigmoid2): Sigmoid()
```

B.5.3 훈련

모델이 준비됐으므로 이제 앞에서 만든 데이터 세트로 훈련할 준비가 됐다. 훈련 과정은 대략 다음과 같은 단계로 구성된다.

1. 에포크만큼 반복: 각 에포크에서 데이터 배치 모두 반복

   a. 데이터의 각 미니 배치에 대해

      − 데이터를 모델에 입력해서 출력을 얻는다.

      − 손실을 계산한다.

      − 역전파 알고리듬을 실행해 가중치를 최적화한다.

에포크^{epoch}는 전체 훈련 데이터를 신경망에 순방향과 역방향 전파 횟수를 정의하는 초매개변수이다. 각 에포크에서 데이터 배치를 로딩하고 각 배치를 망에 입력해 출력을 얻고 손실을 계산한 후 역전파 알고리듬을 사용해 해당 손실을 기반으로 가중치를 최적화한다.

파이토치는 최적화를 위한 여러 손실 함수 및 기준을 제공한다. 다음은 가장 많이 사용하는 것들이다.

- torch.nn.L1Loss − 출력 예측과 실제 값의 평균 절대 오차(MAE)를 계산한다. 일반적으로 회귀 작업에 사용한다.

- torch.nn.MSELoss − 출력 예측과 실제 값의 평균 제곱 오차(MSE)를 계산한다. L1 손실과 마찬가지로 회귀 작업에 많이 사용한다.

- torch.nn.BCELoss — 출력 예측과 실제 값의 이진 교차 엔트로피 또는 로그 손실을 계산한다. 일반적으로 이진 분류 과업에 사용한다.
- torch.nn.CrossEntropyLoss — 소프트맥스^{softmax}와 네거티브 로그 우도^{negative log likelihood} 손실 함수를 결합하며 분류 과업에 많이 사용한다. 5장에서 BCE 손실과 교차 엔트로피 손실을 자세히 알아본다.

손실 함수의 전체 목록은 다음 링크(http://mng.bz/Dx5A)에서 찾을 수 있다. 앞에서 만든 데이터 세트는 2개의 목표 클래스만 다루기 때문에 BCE 손실 함수를 사용한다.

파이토치는 역전파 중 가중치를 업데이트하는 데 사용할 수 있는 다양한 최적화 알고리듬도 제공한다. 이번 절에서는 아담^{Adam} 최적화를 사용한다. 파이토치에 구현된 모든 최적화 알고리듬 목록은 다음 링크(https://pytorch.org/docs/stable/optim.html)에서 찾을 수 있다. 다음 코드는 이전 절에서 초기화한 모델의 모든 매개변수 및 가중치에 대한 최적화를 위한 손실 함수 및 기준과 아담 최적화를 초기화한다.

```
criterion=torch.nn.BCELoss()
optimizer=torch.optim.Adam(bc_model.parameters())
```

다음과 같이 훈련 과정을 구현할 수 있다. 여기서 에포크는 10회 사용하고 있다. 각 에포크에서 A.4에서 초기화한 DataLoader 오브젝트를 사용해 데이터와 라벨을 배치 단위로 로딩한다. 각 데이터 미니 배치에 대해 해당 미니 배치의 경사를 계산하기 전에 먼저 경사를 0으로 재설정해야 한다. 그런 다음 모델을 순방향으로 거쳐 출력을 얻게 된다. 그리고 출력을 사용해 BCE 손실을 계산한다. backward 함수를 호출하면 자동 미분을 통해 입력에 대한 손실 함수의 경사가 계산된다. 그런 다음 최적화에서 step 함수를 호출해 계산된 경사를 기반으로 가중치 또는 모델 매개변수를 업데이트한다.

```
num_epochs=10                                                     ❶

for epoch in range(num_epochs):                                   ❷
    for idx,(X_batch, labels) in enumerate(dataloader):          ❸
        optimizer.zero_grad()                                     ❹
        outputs=bc_model(X_batch)                                 ❺
        loss=criterion(outputs, labels)                          ❻
```

```
        loss.backward()                                    ❼
        optimizer.step()                                   ❽
```

❶ 에포크 수 변수 초기화
❷ 에포크를 위한 For문
❸ 각 데이터 및 라벨 미니 배치에 대해 반복
❹ 각 미니 배치를 위해 경사를 0으로 재설정
❺ 데이터를 모델에 순방향으로 전파해 출력 예측 획득
❻ 실제 라벨과 비교해 손실 계산
❼ 역전파를 수행해 입력에 대한 손실 함수의 경사 계산
❽ step을 호출해 모델 매개변수 업데이트

모델을 훈련하면 다음과 같이 데이터 포인트에 대한 예측을 얻을 수 있다. 다음은 주피터 노트북 또는 아이–파이썬 환경을 모방하기 위해 코드 형식을 바꾸고 있다.

```
In: pred_var=bc_model(transformed_dataset[0][0])
In: pred_var
Out: tensor([0.5884], grad_fn=<SigmoidBackward>)
```

모델의 출력은 확률 측정값으로 구성된 텐서이다. 이 확률 측정값은 신경망 마지막 레이어의 시그모이드 활성화 함수의 출력에 해당한다. 예측을 스칼라^{scalar}로 얻기 위해서는 다음과 같이 할 수 있다.

```
In: pred_var.detach().numpy()[0]
Out: 0.5884
```

이것으로 파이토치를 다룬 기나긴 여정을 마친다. 이 책의 코드를 이해하고 언급된 신경망을 구축하고 훈련할 수 있는 충분한 내용이었기를 바란다. 다음(https://bookauthority. org/books/new–pytorch–books) 및 다음 웹 페이지(http://mng.bz/laBd)에서 파이토치를 설명하는 다양한 책과 자료를 찾을 수 있다. 다음 링크(https://pytorch.org/docs/stable/index.html)에 있는 파이토치 문서도 라이브러리를 훨씬 깊이 이해할 수 있는 좋은 자료이다.

찾아보기

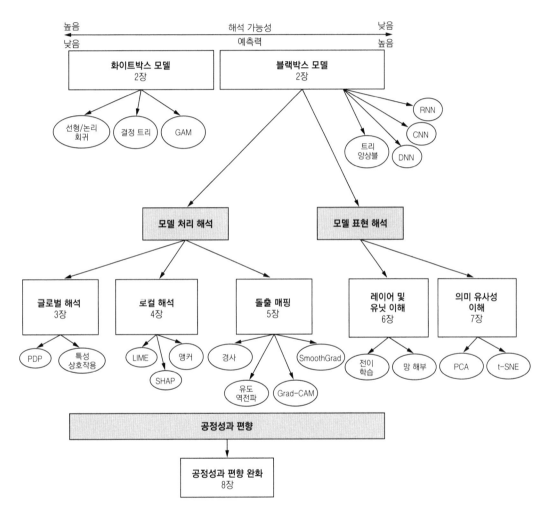

▲ 이 책에서 다루는 해석 기법

해석 가능한 AI

설명 가능한 머신러닝 시스템 구축

발 행 | 2024년 4월 30일

지은이 | 아제이 탐피
옮긴이 | 최 영 재

펴낸이 | 권 성 준
편집장 | 황 영 주
편 집 | 김 진 아
　　　　임 지 원
　　　　김 은 비
디자인 | 윤 서 빈

에이콘출판주식회사
서울특별시 양천구 국회대로 287 (목동)
전화 02-2653-7600, 팩스 02-2653-0433
www.acornpub.co.kr / editor@acornpub.co.kr